“十三五”国家重点出版物出版规划项目

知识产权经典译丛（第5辑）

国家知识产权局专利局复审和无效审理部◎组织编译

国家出版基金项目
NATIONAL PUBLICATION FOUNDATION

生命科学发明在欧洲的保护和执法

在欧洲专利公约和欧盟法的框架下

（原书第2版）

［德］佛朗茨–约瑟夫·席默（Franz-Josef Zimmer）
［美］史蒂文·M. 泽曼（Steven M. Zeman）
［德］詹斯·哈穆尔（Jens Hammer） ◎著
［德］克莱尔·高德芭（Klara Goldbach）
［德］贝恩德·阿莱科特（Bernd Allekotte）

黎邈 张颖 钟辉 等◎译

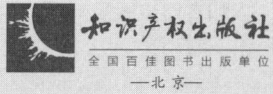

知识产权出版社
全国百佳图书出版单位
—北京—

图书在版编目（CIP）数据

生命科学发明在欧洲的保护和执法：在欧洲专利公约和欧盟法的框架下：原书第2版/（德）佛朗茨－约瑟夫·席默（Franz－Josef Zimmer）等著；黎邈等译. —北京：知识产权出版社，2020.3
书名原文：Protecting and Enforcing Life Science Inventions in Europe under EPC and EU Law
ISBN 978－7－5130－6632－7

Ⅰ. ①生… Ⅱ. ①佛… ②黎… Ⅲ. ①生命科学—知识产权保护—研究—欧洲 Ⅳ. ①D950.3

中国版本图书馆CIP数据核字（2019）第275166号

内容提要

本书系统讲解了欧洲在生命科学领域专利保护和执法的相关案例和法律，对我国在该领域的专利制度发展和政策考量具有借鉴意义。此外，伴随着全球化的日益加深和生命科学领域的飞速发展，我国众多的医药创新型企业和研究机构也面临在全球特别是在欧洲保护其研发成果的迫切需求，本书对此提供了丰富的兼具实用性和操作性的意见。

责任编辑：李　潇　刘晓琳　　**责任校对**：潘凤越
封面设计：博华创意　　**责任印制**：刘译文

知识产权经典译丛
国家知识产权局专利局复审和无效审理部组织编译

生命科学发明在欧洲的保护和执法

在欧洲专利公约和欧盟法的框架下（原书第2版）
Protecting and Enforcing Life Science Inventions in Europe under EPC and EU Law

[德] 佛朗茨－约瑟夫·席默（Franz－Josef Zimmer）
[美] 史蒂文·M. 泽曼（Steven M. Zeman）
[德] 詹斯·哈穆尔（Jens Hammer）　著
[德] 克莱尔·高德芭（Klara Goldbach）
[德] 贝恩德·阿莱科特（Bernd Allekotte）
黎邈　张颖　钟辉　等译

出版发行：知识产权出版社有限责任公司　　网　址：http://www.ipph.cn
社　址：北京市海淀区气象路50号院　　邮　编：100081
责编电话：010－82000860转8133　　责编邮箱：3275882@qq.com
发行电话：010－82000860转8101/8102　　发行传真：010－82000893/82005070/82000270
印　刷：三河市国英印务有限公司　　经　销：各大网上书店、新华书店及相关专业书店
开　本：720mm×1000mm　1/16　　印　张：30.5
版　次：2020年3月第1版　　印　次：2020年3月第1次印刷
字　数：578千字　　定　价：158.00元
ISBN 978-7-5130-6632-7
京权图字：01-2017-5944

《知识产权经典译丛》
编审委员会

总 序

当今世界，经济全球化不断深入，知识经济方兴未艾，创新已然成为引领经济发展和推动社会进步的重要力量，发挥着越来越关键的作用。知识产权作为激励创新的基本保障，发展的重要资源和竞争力的核心要素，受到各方越来越多的重视。

现代知识产权制度发端于西方，迄今已有几百年的历史。在这几百年的发展历程中，西方不仅构筑了坚实的理论基础，也积累了丰富的实践经验。与国外相比，知识产权制度在我国则起步较晚，直到改革开放以后才得以正式建立。尽管过去三十多年，我国知识产权事业取得了举世公认的巨大成就，已成为一个名副其实的知识产权大国。但必须清醒地看到，无论是在知识产权理论构建上，还是在实践探索上，我们与发达国家相比都存在不小的差距，需要我们为之继续付出不懈的努力和探索。

长期以来，党中央、国务院高度重视知识产权工作，特别是十八大以来，更是将知识产权工作提到了前所未有的高度，作出了一系列重大部署，确立了全新的发展目标。强调要让知识产权制度成为激励创新的基本保障，要深入实施知识产权战略，加强知识产权运用和保护，加快建设知识产权强国。结合近年来的实践和探索，我们也凝练提出了“中国特色、世界水平”的知识产权强国建设目标定位，明确了“点线面结合、局省市联动、国内外统筹”的知识产权强国建设总体思路，奋力开启了知识产权强国建设的新征程。当然，我们也深刻地认识到，建设知识产权强国对我们而言不是一件简单的事情，它既是一个理论创新，也是一个实践创新，需要秉持开放态度，积极借鉴国外成功经验和做法，实现自身更好更快的发展。

自 2011 年起，国家知识产权局专利复审委员会*携手知识产权出版社，每年有计划地从国外遴选一批知识产权经典著作，组织翻译出版了《知识产权经典译丛》。这些译著中既有涉及知识产权工作者所关注和研究的法律和理论问题，也有各个国家知识产权方面的实践经验总结，包括知识产权案

---

* 编者说明：根据 2018 年 11 月国家知识产权局机构改革方案，专利复审委员会更名为专利局复审和无效审理部。

件的经典判例等，具有很高的参考价值。这项工作的开展，为我们学习借鉴各国知识产权的经验做法，了解知识产权的发展历程，提供了有力支撑，受到了业界的广泛好评。如今，我们进入了建设知识产权强国新的发展阶段，这一工作的现实意义更加凸显。衷心希望专利复审委员会和知识产权出版社强强合作，各展所长，继续把这项工作做下去，并争取做得越来越好，使知识产权经典著作的翻译更加全面、更加深入、更加系统，也更有针对性、时效性和可借鉴性，促进我国的知识产权理论研究与实践探索，为知识产权强国建设作出新的更大的贡献。

当然，在翻译介绍国外知识产权经典著作的同时，也希望能够将我们国家在知识产权领域的理论研究成果和实践探索经验及时翻译推介出去，促进双向交流，努力为世界知识产权制度的发展与进步作出我们的贡献，让世界知识产权领域有越来越多的中国声音，这也是我们建设知识产权强国一个题中应有之意。

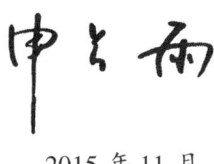

申长雨

2015 年 11 月

翻译和审校

（按章节顺序排列）

翻　译

黎　邈（A.、B.、C. Ⅱ.、D. Ⅰ.、E.、原书索引）

张　颖（C. Ⅰ.、D. Ⅶ.）

于仁涛（D. Ⅱ.、D. Ⅷ.）

钟　辉（D. Ⅲ.、D. Ⅳ.）

李子东（D. Ⅴ.、D. Ⅵ.）

审　校

黎　邈（全书）

译者简介

黎 邈 LexisNexis 亚洲区知识产权顾问，曾任宝洁公司专利律师，法律硕士，具有中国律师资格和中国专利代理人资格

张 颖 国家知识产权局专利局专利审查协作北京中心医药生物发明审查部副室主任，理学硕士，助理研究员

钟 辉 国家知识产权局专利局专利审查协作北京中心医药生物发明审查部生物工程一室副主任，理学博士，副研究员

李子东 国家知识产权局专利局专利审查协作北京中心医药生物发明审查部高级审查员，理学博士，副研究员

于仁涛 中国远大集团有限责任公司专利总监，理学博士，副研究员

再版序言

自本书1997年初版至今已18年。18年间，我们见证了生命科学领域的快速发展。许多那时处于研发前沿的生物科技公司已不复存在，而新的公司取代了它们，继续推进科学研究。在本书初版问世数年之后完成的人类基因组测序，基于对所获得的许多新基因的阐明和属于特定个体的基因，开创了疗法的新纪元，从而迎来个体化医疗的黎明。生物制药如今已成为畅销药的重要组成部分，其中有许多都是基于抗体的疗法。胚胎干细胞具有提升社会整体健康状况的潜力，然而同时也以严肃的伦理问题挑战着社会。植物基因工程的快速进步改变着我们对于人类生存最古老和最基本的问题的答案——我们和我们的子孙后代吃什么。最后，就威胁人类健康的疾病建立模型时，转基因动物已成为不可或缺的工具，而我们究竟如何在对健康的追求和对动物可能造成的伤害之间达到伦理上正当的平衡呢?

研发者和立法者在21世纪初继续忙于解决上述问题和其他问题。过去的20多年中，立法者和欧洲专利局上诉委员会投入大量精力调整涉及生命科学发明的法律和实践，从而适应快速变迁的技术格局。在此期间，法律和相关解释多次修改，表明了生命科学领域研究有多么活跃。受到本书第一版出版后的这些变化所激发，以及世界各地朋友和同事们的不停询问所鼓舞，我们感到推出新版生命科学领域专利手册的时机已然到来。

尽管存在上述种种变化和发展，本书的本质和目标读者仍然不变。同初版一样，本次再版仍定位于帮助那些有志于将研发成果转化为在欧洲受保护的、可执法的权利人的实践手册。本书无意于成为生命科学领域所有法律发展和判决的详尽解释；其他许多书已经很好地满足了这一需求。相反地，我们意在通过相关判决和权利要求的具体例子，来解释有关专利性要求和专利执法的问题。从这一点上来讲，对于可能没有受过律师训练，但仍需要关于生命科学发明的专利保护因素以及权利要求用语示例的一般指引的读者，本书可作为学习的起点。为此，如同初版一样，本书再版的每一章都包含权利要求用语的一般性和具体性的示例。

同时，再版的内容在许多重要方面有别于初版。2007年12月，欧洲专利公约2000年修订案生效实施，代表了欧洲专利公约自1973年生效以来最全面的改革，并涉及与生命科学有关的许多新的实质性条款。实际上，欧洲专利公约的许多重要修改都与关于生物技术发明的法律保护第98/44/EC号欧盟指令有关。该生物技术指令在本书初版发行时尚未生效，而是于1999年才通过欧洲专利公约实施。这些基本法条的修订本身也意味着基于1973年版欧洲专利公约的书籍都需要更新。

尽管初版主要聚焦于生物技术主题，但本次再版讨论了生命科学领域更广泛的话题。其中，对化学领域，特别是初版中没有涉及的小分子药物疗法做了更详细的探讨。

本次再版与初版之间的另一个重要变化是删除了德国国内法和法律实践的相关内容。尽管德国仍旧引领欧洲医药市场，但申请人越来越倾向于通过在欧洲专利局的专利申请审查和集中授权获得在德国的专利保护。单单凭借所处理的案件量，欧洲专利局就已成为生命科学发明领域新判例法发展的领头羊。在这种情况下，再版仅关注欧洲层面是合理的。

最后，再版针对欧洲专利权执法增加了一章内容。众所周知，专利的价值只有在执法时才变得清晰。与此观念相对应，新增的一章讨论了在欧洲各国国内和各国之间执法的问题，这些问题在边界如此靠近的欧洲尤其重要。我们希望新增的这一章能就针对涉嫌侵权人执法专利的范围及考虑因素有所助益，从而使执法获得最大可能的成功。

生命科学技术和法律的发展不会随着本书的出版而停滞；该领域的变化永无止境，而变化本身就是好的。但是，为了准备本书底稿，我们不得不确定一个时间截点，超过了该时间截点的所有进一步发展都不予考虑。我们将时间截点定在2014年8月1日，本次再版对这一日期以后的法律修订和判例不予考虑。

因此，本书代表了截至2014年下半年，围绕着生命科学发明的专利保护和执法这一主题，欧洲法律环境的实际概貌。希望本书能帮助有兴趣的读者进入这令人兴奋的领域。

弗朗茨－约瑟夫·席默 *Franz-Josef Zimmer*
史蒂文·M. 泽曼 *Steven M. Zeman*
詹斯·哈穆尔 *Jens Hammer*
克莱尔·高德芭 *Klara Goldbach*
贝恩德·阿莱科特 *Bernd Allekotte*
2014年9月，于慕尼黑

缩略语

Art.	Article 条
BeckRS	Beck – Rechtsprechung (Beck – Case Law) Beck 案例法
BIE	Bijblad bij De Industriële Eigendom (since March 2010: Berichten Industriële Eigendom) 荷兰知识产权公报
BGH	Bundesgerichtshof (German Federal Court of Justice) 德国联邦最高法院
CJEU	Court of Justice of the European Union 欧盟法院
CPVO	Community Plant Variety Office 欧盟植物品种局
CPVR	EU Regulation on Community Plant Variety Rights 欧共体植物品种权保护条例
EC	European Community 欧共体
EMA	European Medicine Agency 欧盟药品局
EPC	European Parent Convention 欧洲专利公约
EPO	European Patent Office 欧洲专利局
EU	European Union 欧盟
EWCA	England and Wales Court of Appeal Decisions 英格兰和威尔士上诉法院判决
EWHC	England and Wales High Court of Justice Decisions 英格兰和威尔士高等法院判决
FSR	Fleet Street Reports《舰队街报告》
GRUR	Gewerblicher Rechtsschutz und Urheberrecht (Intellectual Property and Copyright Law)《知识产权和著作权法》
GRUR Int.	Gewerblicher Rechtsschutz und Urheberrecht – International Part《知识产权和著作权法——国际部分》

GRUR – RR	Gewerblicher Rechtsschutz und Urheberrecht – Rechtsprechungs – Report (Case Law Report)《知识产权和著作权法——案例法报告》
Guidelines	Guidelines for Examination in the EPO 欧洲专利局审查指南
IIC	International Review of Industrial Property and Copyright Law, Since 2004: International Review of Intellectual Property and Competition Law《国际知识产权和版权法评论》, 2004 年以后为《国际知识产权和竞争法评论》
InstGE	Entscheidungen der Instanzgerichte zurn Recht des geistigen Eigentums (Decisions of courts concerning intellectual property)《有关知识产权的法院判决》
JW	Juristische Woche (Journal)《法律周刊》
LS	Die Leitsatzkartei des deutschen Rechts (Catalog of headnotes from German law)《德国法判决要旨目录》
MSPC	Supplementary Protection Certificate for Medicinal Products 欧盟关于对药品提供补充保护证书的条例
OJ EPO	Official Journal of the EPO《欧洲专利局公报》
OJL	Official Journal of the European Union (L series)《欧盟公报》
PCT	Patent Cooperation Treaty 专利合作公约
PE	Pediatric Extension 儿科药品保护期延长
PSPC	Supplementary Protection Certificate for Plant Protection Products 欧盟关于对植物保护产品提供补充保护证书的条例
RGZ	Entscheidungen des Reichsgerichts in Zivilsachen (Decisions by the former Supreme Court in civil cases) 前最高法院民事案件判决
RPC	Reports of Patent, Design and Trade Mark Cases《有关专利、外观设计和商标案件的报告》
Rule	Rule from Implementing Regulations to the EPC on the Grant of European Patents 欧洲专利公约有关专利授权的实施条例中的条款

Sec.	Section 节
SPC	Supplementary Protection Certificate 补充保护证书
TRIPS	Agreement on Trade – Related Aspects of Intellectual Property Rights 与贸易有关的知识产权协议
UKHL	United Kingdom House of Lords Decisions 英国上议院判决
UPOV	International Union for the Protection of New Varieties of Plants 国际植物新品种保护公约
WIPO	World Intellectual Property Organization 世界知识产权组织

目　录

A.
生命科学主题

A. Ⅰ. 历史沿革

生命科学发明属于最早提交专利申请的发明行列。芬兰专利局于1843年将第三号专利授予一项制备酵母菌的新方法，而1873年的法国专利授予Louis Pasteur——涉及一种改进的酵母制备方法，这些都是生命科学专利的早期代表。1877年开始实施的第一部德国专利法，意在保护无生命的技术方案，但同样也为保护生命科学主题提供了可能。从那时起，在对生命科学主题，特别是生物技术主题提供较广范围保护的可能性方面，已经取得长足进步。

从1978年版欧洲专利公约（EPC）生效伊始，对于生命科学主题的保护就是可能的。此后，欧洲专利局（EPO）逐步扩大了可保护主题的范围。标志性的决定是T 19/90（肿瘤鼠/哈佛）决定，其从原则上认可动物不被排除于EPC的保护之外。EPO扩大委员会作出的其他一系列决定包括：G 1/98（转基因植物/诺华Ⅱ），G 1/04（诊断方法/-），G 2/06（胚胎的使用/WARF），G 1/07（手术治疗/MEDI-PHYSICS），G 2/07（西兰花/PLANT BIOSCIENCE LTD），G 1/08（西红柿/以色列）和G 2/08（给药方案/雅培）。这些决定既表明了该领域的进步，也体现了生命科学主题对于EPO判例和实践发展的重要性。

目前，对于快速发展中的生命科学和生物科技领域的所有发明创造，EPO提供了广阔的保护可能性。申请人可以就如下主题获得专利，如植物、植物细胞、种子和根、动物及其组成部分、微生物及细胞系、核酸和蛋白质，甚至人体的组成部分。

通过修订欧洲专利公约实施细则（以下简称“实施细则”）以适应欧盟生物技术指令，EPO进一步强化了其随技术发展而主动变革的立场，确保不断发展的生命科学和生物技术领域的专利保护的可行性。

1995 年 4 月，欧共体植物品种权保护条例（CPVR）生效，为植物品种提供了在整个欧共体范围的统一保护。但就动物而言，目前还没有对应的工业产权。欧盟关于对药品和植物保护产品提供补充保护证书（SPC）的条例，使这些产品的专利期得以延长。这些延长专利期的特殊方式在其他技术领域并不存在，这进一步表明了生命科学和生物技术领域的发明具有高度的商业重要性。

A. Ⅱ. 生命科学主题的释义

EPC 和欧盟条例都没有对术语“生命科学主题”给出法律释义。在生物技术发明领域，术语“生物学的”首次由德国最高法院在 *Rote Taube* 判决中予以定义。EPC 最初不包含对于“生命科学主题”或“生物技术主题”的释义。1996 年实施新规则时，EPO 通过对术语“生物材料”提供释义，部分解决了这类术语缺乏释义的问题。随着实施细则依照欧盟关于生物技术发明的法律保护指令（以下简称“生物技术指令”）的修订，其第 26 ~ 30 条目前也针对生物技术领域提供了释义，特别是对于术语“生物技术发明”“生物材料”“植物品种”“本质上属于生物学的方法”和“微生物方法”的释义。实施细则第 28 ~ 29 条定义了生命科学领域的不可专利的例外情形，第 29 条还涉及包含人体及其组成部分的发明。

B.
法律法规

依照欧洲专利公约，生命科学发明可获得专利保护。在特定情况下，药品和植物保护产品的保护期可通过 SPC 获得延长。儿科药品的 SPC 还能进一步延长。

此外，不在上述法条保护范围内的植物品种能通过 CPVR 获得保护。

本书附录 1 ~ 8 列出了有关生命科学主题及确定其保护范围的相关法律法规集合。这些法律法规是基于以下生效版本：

欧洲专利公约（EPC，如非特别指明，均指 2000 年版欧洲专利公约）

欧盟关于生物技术发明的法律保护指令（98/44/EC）（生物技术指令）

2009 年欧盟关于对药品提供补充保护证书的第 469/2009 号条例（MSPC）

1996 年欧盟关于对植物保护产品提供补充保护证书的第 1610/96 号条例（PSPC）

1994 年欧共体植物品种权保护条例（No. 2100/94）（CPVR）

欧盟关于人用药品的共同体守则指令（2001/83/EC）的修订指令（2004/27/EC）（Bolar 例外指令）

B. Ⅰ. 欧洲专利公约

除了附录 1 列出的 EPC 相关条款，附录 2 ~ 5 也涉及对于生命科学发明很重要的实施细则条款。

EPC 第 52（1）条规定了专利性的实质要求，即新颖性、创造性和工业实用性。第 2 款则涉及不具备可专利性的主题，在本书的语境下只讨论其中对科学发现和数学方法的专利性排除。实施细则若干条款也特别涉及生物主题的可专利性及其作为一项“发明”而非发现的界定（参见附录 2，实施细则第 26 条、第 27 条和第 29 条）。

EPC 第 53 条明确规定了被排除专利性的发明，包括违反公共秩序或道德的发明［（a）项］，动物或植物品种及本质上属于生物学的产生动物或植物的方法［（b）项］和针对人体或动物体的手术或治疗方法及施用于人体或动物体上的诊断方法［（c）项］。然而，微生物方法或其生产的产品，以及为用于（c）项的任何方法的产品，尤其是物质或组合物，具备专利性。

EPC 第 53（b）条中表示被排除专利性动物的术语在 EPC 的三种官方语言中曾经各有不同的含义。具体而言，1973 年版 EPC 第 53（b）条的英语版用词“animal varieties”，对应于德语版的“Tierarten”和法语版的“races animales”。在 EPC 对该条德语版的修订中，该术语改为“Tierrassen”，意在与其他版本保持一致（对应的英语版和法语版术语未作修改）。

EPC 第 54 条规定了新颖性的要求，其中符合第 2 款和第 3 款所定义的申请日的，也包括有效要求了一项在先申请的优先权的情况（EPC 第 89 条）。

依照 EPC 第 54（3）条，只有已经提交的在先欧洲专利申请才包括在现有技术内，不包括已经提交的（非欧洲）国家在先专利申请。依据 EPC 第 153（5）条，当已经提交的在先国际专利申请（PCT）将 EPO 作为指定局时，满足特定条件后也视为现有技术。

EPC 第 55 条列举的公开只有在不早于欧洲专利申请前 6 个月时，才被视为无损害的公开。

依照 EPC 第 56 条判断创造性时，虚拟的本领域技术人员的知识是判断标准。

依照 EPC 第 57 条，发明能在产业中生产或使用，便足以满足工业应用性的要求。

EPC 第 82 条规定了欧洲专利申请应具备单一性。也就是说，所有权利要求的主题应涉及一个具备新颖性和创造性的、单一的共同发明概念。

EPC 第 83 条要求发明应充分公开。实施细则第 30 条列出了对于核苷酸和氨基酸序列的特殊格式要求（附录 3）。实施细则第 31 ~ 34 条涉及生物材料的保藏和公开要求（附录 4）。

EPC 第 84 条指明，除其他要求之外，权利要求书还应清楚、简明，并得到说明书支持。权利要求书的形式和内容要件列举在实施细则第 43 条（附录 5）。

EPC 第 87 ~ 89 条涉及优先权，基本上与《巴黎公约》的第 4 条相对应。

EPC 第 69 条所定义的欧洲专利保护范围应按照关于公约第 69 条的释义协定书（附录 1）来解释。根据 EPC 第 164（1）条（附录 1），关于公约第 69 条的释义协定书构成 EPC 的组成部分。

EPC 第 64（2）条规定，对一件方法专利的保护延伸至由该方法所直接获得的产品。

关于欧洲专利的效力，EPC 第 2（2）条具体规定，在欧洲专利有效的各缔约国中，欧洲专利与该缔约国授予的本国专利具有同样的效力并受到同样的约束。

B. Ⅱ. 欧盟法

本章讨论就生命科学主题申请专利保护时需要考虑的其他相关欧盟法。

B. Ⅱ. 1. 欧盟生物技术指令及其在欧洲专利公约中的实施

生物技术指令旨在协调和统一欧盟各成员国对于生物技术发明的保护标准。该指令特别澄清了以下问题：发明和不具备可专利性的发现的区别，人胚早期发育要素的可专利性，涉及生物技术发明的专利保护范围，以及除书面公开的公开方式之外的使用生物保藏的权利。

尽管 EPO 不是欧盟成员，亦无对应修改义务，但 EPO 还是实施了生物技术指令。1999 年，EPO 修订其实施细则，将欧盟生物技术指令纳入其中。对应的条款见附录 2。

B. Ⅱ. 2. 欧盟关于对药品提供补充保护证书的条例，对儿科药品延长保护期的条例和对植物保护产品提供补充保护证书的条例

关于具体药品的基础国家专利或基础欧洲专利，如该药品在基础专利的保护范围内且在药品上市的核准范围内，那么 MSPC 允许延长该基础专利的专利期。上市核准由有资格的国家机构或欧盟药品管理局（EMA）颁发。基础专利可保护一种药品、其制备方法或使用方法。如果该药品对儿童的适用性也经过测试，还可能获得进一步的儿科保护期延长（PE）。

MSPC 和 PSPC 的相关条款参见附录 7。

MSPC 第 1 条定义了可申请补充保护证书（SPC）的产品，以及 SPC 可基于的专利类型。

MSPC 第 4 条规定 SPC 延长只适用于上市核准的产品范围。该上市核准既包括首次上市核准所覆盖的药品使用，也包括在 SPC 到期前，后续上市核准所涵盖的其他使用。

MSPC 第 13 条规定，SPC 在相关基础专利到期后生效，最长的保护期是 5 年。儿科药品可进一步延长 6 个月。

欧盟法院（CJEU）就取得 SPC 的条件及其保护范围形成了大量的判例法。相关判例的概述参见 C. Ⅱ. 1。

鉴于 MSPC 和 PSPC，EPC 第 63 条也作了相应修订，参见附录 1。

B. Ⅱ. 3. 欧共体植物品种权保护条例

CPVR 相关条款见附录 8。

CPVR 第 5 条定义了欧共体植物品种权的保护对象，第 6 ~ 10 条是关于实质保护要件。

CPVR 第 63 条涉及有关植物品种的品种名的注册例外情形。

CPVR 第 52 条部分对应于修订的国际植物新品种保护公约（UPOV）第 11 条。

CPVR 中没有关于保护范围的条款。

C. Ⅱ. 2 中将对 CPVR 作详细讨论。

B. Ⅱ. 4. 欧盟 Bolar 例外指令

Bolar 例外指令第 10（6）条所规定的 Bolar 例外见附录 9。

C.
保护的概述

C. Ⅰ. 欧洲专利公约体系下的保护

EPC 第 52 ~ 57 条提供了 EPO 对于生命科学发明保护原则的法律框架。实施细则第 26 ~ 34 条、第 41 ~ 50 条指明了生命科学发明申请的重要要求（例如涉及生物材料的条款）以及欧洲专利申请形式上的一般要求。

C. Ⅰ. 1. 不具备可专利性的主题

EPC 第 52（1）条概括地指出，所有技术领域的任何发明只要具备新颖性、创造性并能在工业中应用，均可被授予欧洲专利权。EPC 第 52（2）~（3）条进一步对不属于发明的主题作出规定，包括发现，数学方法，执行智力行为的计划、规则和方法以及计算机程序。在生命科学领域，不授予专利权的问题主要涉及天然存在的产品专利以及涉及数据处理的发明，例如在医疗领域。

C. Ⅰ. 1. a. 发现

根据 EPC 第 52（2）（a）条，发现不被视为发明。该条款尤其与请求保护自然界存在、先前未确认的（任何类型）物质的发明相关。

在 T 272/95（松弛素/霍华德 · 弗洛里研究所）判决中，EPO 上诉委员会认为：

1973 年版实施细则第 23（e）（2）条［基本对应于现行的实施细则第 29（2）条］规定了何种源自人体的生物材料可以被授予专利权，其指出：（2）分离自人体或者通过其他技术方法获得的人体物质，包括基因序列或部分基因序列，即使该物质的结构与其天然结构是一致的，仍属于可授予专利权的发明。

因此，上诉委员会认可了涉及编码人前松弛素蛋白的 DNA 和其蛋白本身的权利要求，并强调：

在该案的专利中描述了其是通过技术方法获得的。因此，该权利要求符合实施细则第 23（e）（2）条对可授予专利权的人体物质的规定。因此，其未列入由于不能被授予专利权属于发现的发明类型中［EPC 第 52（2）（a）条］。

T 666/05（突变/犹他大学）判决作出了类似的考虑。上诉委员会认为，由于权利要求涉及含有人类 BRCA1 基因部分 DNA 序列的核酸探针，且该案专利描述了其是通过技术方法获得的，因此属于实施细则第 29（2）条规定的由人体分离的物质，可授予专利权。

在 T 80/05（诊断方法/犹他大学）判决中，上诉委员会认为，T 272/95 判决对于产品的观点更适用于方法权利要求。

在 T 338/00（多聚受体/索尔克研究所）判决中，上诉委员会认为，当评价请求保护的主题是否属于发现时，需要根据上下文考虑该主题的工业实用性。上诉委员会指出：

在该案中，对于请求保护的异二聚受体或二聚体以及调节基因转录活性的方法，审查其说明书是否体现了其用于工业开发的方法是必要的……该问题直接与如下问题相关：其公开的受体相互作用以形成异二聚体是否仅仅是一种“发现”，也就是说，是否是单纯智力活动的结果，不具有实用性或技术特征。上诉委员会同意了上诉人如下的观点，该案不仅公开了视黄酸受体 RXR 和其他类固醇/甲状腺受体激素超家族成员形成异二聚受体时的协同性相互作用，而且进一步证实了上述异二聚体具有调节适合的转录表达体系的用途。

上诉委员会总结认为，申请中公开的活性和产品不是针对抽象的或智力的特征，而是针对直接的技术效果，其可清楚地应用于工业领域（在特定表达系统中调节特定基因/产物的表达，筛选具有特定药理学活性的产品等），因此该发明不属于发现。

在 T 2050/07（DNA 混合物分析/柏林大学）判决中，上诉委员会探讨了如下问题：对于方法权利要求，其包括基于分析扩增 DNA 样本获得的数据来解特定线性方程组的步骤，是否属于数学方法，而不被视为可授予专利权的发明。上诉委员会认为：

在确立的判例法中，不会仅由于权利要求的主题包括了非技术性的特征，便依据 EPC 第 52（2）条的规定将其视为非发明并排除在可授予专利权范围之外。在本案中，权利要求1以及从属权利要求2~21涉及了分析DNA样本的方法。该方法中包括：扩增DNA样本的步骤，其中扩增产物产生了具有信号峰的信号（参见步骤a）；检测信号峰值的步骤，以及通过包括计算设备在内的定量装置对峰值进行定量的步骤……（参见步骤b）。仅由于步骤a和b显然通过实验专用设备和装置进行，请求保护的方法就不能被视为缺少技术性的特征。

上诉委员会据此认为，包含数学方法步骤的权利要求，由于还包括了上诉委员会认为属于技术性特征的其他步骤，因此满足了EPC第52（2）条的要求。

C. Ⅰ.2. 排除专利性

EPC第53条规定了若干排除专利性的情形，均与生命科学领域的发明相关。下文对此予以论述。

C. Ⅰ.2.a. 违反公共秩序或道德的发明

EPC第53（a）条规定了因违反公共秩序或道德而不能被授予专利权的情形。根据该条款，一项专利，如果发明的商业开发违反了公共秩序或道德，则不能被授予专利权。然而，上述开发不应仅仅因为被某些或全部缔约国的法律或法规所禁止，而被认为违反公共秩序或道德。

除了发明的开发外，1973年版EPC第53（a）条还提及了发明的公开。随着与贸易有关的知识产权协议（TRIPS协议）第27（2）条和1998年7月6日生物技术指令的生效，发明的“公开”不再被认为是对于公共秩序或道德的潜在阻碍。因此，术语“公开”被删除，术语“商业”被添加并将其与上述“开发”关联起来。生物技术指令第6（1）条以排他性的方式规定，如果发明的商业开发违反了公共秩序或道德，则不具备可专利性。生物技术指令第6（2）条特别列举了4项不具备可专利性的主题，即：

（a）克隆人的方法；

（b）改变人种系/基因同一性的方法；

（c）为了工业或商业目的使用人胚胎；

（d）改变动物基因同一性的方法，该方法可能导致动物遭受痛苦，而对人类或动物以及由该方法产生的动物没有任何实质性的医学益处。

生物技术指令第6（2）条的规定完全被1973年版EPC采用，即实施细则

第23（d）条，现为实施细则第28条。

法律解释普遍采用的原则为，对于一般性条款的例外情形进行解释时，需要以狭义的方式进行，该原则同样适用基于公共秩序或道德对可专利性的例外情形的解释。事实上，EPC 工作组历史记录文档文件 IV/2071/61-E 的第5页第2点第1段指出，“欧洲专利法中，可专利性的概念应当是尽可能广义的”。EPO 上诉委员会在大量判决中对 EPC 第53（a）条采用了狭义的解释方式。因此，处理这一点的基本方法应是：

这一主题是否能被保护？

而不是

这一主题是否被排除在专利保护范围之外？

为了回答上述问题，需要更深入地研究公共秩序和道德的含义。

上诉委员会在至少两个判决中对公共秩序和道德的含义作出了界定。

在 T 356/93（植物细胞/植物遗传系统公司）判决中，“公共秩序”的含义被解释为涵盖：

保障公共安全和作为社会一部分的个体的完整性，以及对环境的保护。因此，依据 EPC 第53（a）条的规定，发明的利用如果可能破坏公共和平或者社会秩序，或者严重损害环境，则其将会由于违反公共秩序而被排除在可授予专利权的范围之外。

之后的 T 866/01（安乐死组合物/密歇根州立大学）判决提及了公共秩序的特定基本原则，其认为：

一般而言，“公共秩序”基于宪法或者其他法规通过伦理形成，通常由刑法等相关规定提供支持，其反映了社会和行业主流的基本价值观。该受保护的价值观尤其包括了公共安全和个体完整性，以及现今社会特别关注的环境保护问题……

根据 T 356/93（植物细胞/植物遗传系统公司）判决，道德的含义是指：

涉及一种信念，认为某些行为是正确的和可接受的，而其他一些行为则是错误的，这种信念基于全部被公认且深深地源自特定文化中的规范。对于 EPC 来说，所述的文化显然是欧洲社会和文明形成的文化。因此，依据 EPC 第53（a）条，如果发明的利用不符合该文化普遍接受的标准，则应因违反道德而被排除在可授予专利权的范围之外。

T 866/01（安乐死组合物/密歇根州立大学）判决提及了道德的特定基本

原则，其认为：

> 道德是一种古老的法律概念，其源自罗马法律中的“善良习俗”，而后被西方立法系统所采纳。道德是我们法律体系的基本原则之一，同时形成了法律中超越法律原则的道德性内容的基础。EPC 基于道德的法律理念可以从欧洲文化与法律体系的内涵中发现。道德构成了实际上的、基于伦理的行为规范，被社会普遍认可并形成约束力。发明的利用仅在其被社会普遍或至少相关行业谴责时，才被认为违背了道德［参见 Singer/Stauder/Schatz，Art. 53，Rdnr. 16 ~ 18；同时参见 T 356/93（如上引文），理由第 6 点］。

下文提及的判决均基于上文所述的公共秩序和道德的概念。

近年来，在生物技术领域相关发明的道德问题上，出现了一些非常具有争议的观点，尤其是对于转基因动物和植物、人类基因、基因治疗、人胚胎干细胞。在论述这些主题之前，先关注以下小分子领域的判决。

T 866/01（安乐死组合物/密歇根州立大学）判决涉及一种组合物，包括一种中毒剂量的心脏毒性化合物和另一种致死性麻醉剂量的化合物。根据专利记载，该组合物用于人类杀死低等动物。上诉委员会认为，根据该专利声称的用途已足以判断其是否违背了 EPC 第 53（a）条的规定。如果发明还能被用于某些不违背或将不违背公共秩序和道德的用途，则不能因为仅仅存在滥用的可能而依据 EPC 第 53（a）条对专利保护进行驳回。

对于转基因动物，早期的 T 19/90（肿瘤鼠/哈佛）判决建立了一种判断涉及动物的判例是否违背 EPC 第 53（a）条规定的方法。上诉委员会认为，一方面是发明对于动物遭受的痛苦以及对环境可能的危害性，另一方面是发明对人类的益处，需要谨慎地权衡二者。如果优点超过了缺点，则不应以不道德为由，将其排除在可授予专利权的范围之外。在该专利接下来的异议程序中，上诉委员会作出了 T 315/03（转基因动物/哈佛）判决，详细论述了 T 19/90 和实施细则第 28（d）条在判断方法上的区别，该法条在同时期以第 23（d）（d）条的形式加入 1973 年版 EPC 中。上诉委员会指出 T 19/90 的判断方法将对动物遭受的痛苦与对人类的益处进行权衡，而非实施细则第 28（d）条的判断方法所采用的、对人或动物实质性的医学利益进行权衡，因此 T 19/90 的判断方法更上位。此外，实施细则第 28（d）条的判断方法仅要求考虑动物遭受痛苦的可能性以及获得实质性医学利益的可能性，而 T 19/90 要求对权衡的对象进行“谨慎地衡量”。上诉委员会强调，实施细则第 28（d）条的判断方法需要确立以下三个问题：第一，动物可能遭受的痛苦；第二，可能获得的实质性的医学利益；第三，对于动物来说，前述二者之间必要的对应性。并且，如果某案件属于实施细则第28（d）条规定的例外的情形，则其理应依据EPC第53（a）条予以驳回。然而，当某案件不属于实施细则第28（d）条规定的有限的情形时，仍需基于EPC第53（a）条更上位的规定进行审查。基于上述原因，上诉委员会在T 315/03（转基因动物/哈佛）判决中认为，依据EPC第53（a）条的驳回，事实上存在两种非常不同的形式：

一方面是“细则第23（d）条类型的”、依据EPC第53（a）条的驳回，其仅需要审查发明是否落入了细则第23（d）条所规定的有限的四种需排除的情形中；另一方面是“真正的”依据EPC第53（a）条的驳回，其需要审查该发明的利用是否违背道德或公共秩序的问题。当进行后一方面审查时，判例法提供了一些指导。

上诉委员会认为，“真正的”依据EPC第53（a）条的审查，其唯一的出发点见于T 19/90判决对动物基因操作进行审查的判断方法。

对于转基因植物或其组成部分的保护，很显然如果获得的结果是对人类有益的，如提高产量、抗病害虫害等，则其在道德层面上应适用相对上述转基因动物较不严格的标准。T 356/93（植物细胞/植物遗传系统公司）判决强调，必须确定权利要求的主题是否涉及植物生物技术被滥用或被破坏性利用。此外，以发明的利用会严重损害环境为理由，依据EPC第53（a）条驳回时，需要能预期在EPO作出决定时对环境的危害是能被充分证实的。这一观点在判决T 475/01（草胺膦—抗性基因/拜耳）中被采纳。

对于人类基因，T 272/95（松弛素/霍华德弗洛里研究所）判决涉及1973年版实施细则第23（e）（2）条［2000年版实施细则第29（2）条］，指出人类基因通常不被认为属于EPC第53（a）条规定的可授予专利权的例外情形。

在之后的T 1213/05（乳腺和卵巢癌/犹他大学）判决中，上诉委员会注意到，EPC没有规定申请人需要提交涉及事先知情同意书或利益共享协议书的证据，有鉴于此，按照生物技术指令第（26）条的规定，从其身体取得材料的人应有充分的、国家法律所保障的自由表达和知情同意的机会。该判决进一步强调，EPC第53（a）条涉及的是“发明的利用”，而非“专利的利用”。对于利用人类遗传物质的诊断方法专利，基于其所带来的社会经济学和伦理学的后果而作出的驳回，涉及了专利的利用，因此没有落入EPC第53（a）条规定的范围［也参见T 80/05（诊断方法/犹他大学）和T 666/05（突变/犹他大学）］。

对于人胚胎干细胞，扩大上诉委员会在2006年的T 1374/04（干细胞/WARF）判决中提出如下问题：

①1973 年版实施细则第 23（d）（c）条［现行实施细则第 28（c）条］适用于细则生效前提出的申请吗？

②如果问题①的答案为肯定的话，则对于产品（这里指：人胚胎干细胞培养物）权利要求，如果根据申请文件的记载，在申请日时唯有通过必须破坏人胚胎的方法制备，且所述产品也是由此衍生而获得的，则 1973 年版实施细则第 23（d）（c）条［现行实施细则第 28（c）条］禁止上述权利要求获得专利权吗？如果上述方法不属于权利要求的一部分呢？

③如果问题①或②的答案为否定的话，则 EPC 第 53（a）条禁止上述权利要求获得专利权吗？

④申请日后不需重复该必须破坏人胚胎的方法就能获得同样的产品（这里指：例如衍生自可获得的人胚胎干细胞系），与问题②和③相关吗？

扩大上诉委员会在 G 2/06（胚胎的使用/WARF）判决中对问题①和②给出了肯定的答案，因此问题③不需回答。对于问题④，上诉委员会认为，鉴于问题②的答案，申请日后不需借助必须破坏人胚胎的方法而获得同样的产品，与其是不相关的。

在回答问题②时，扩大上诉委员会特别提到了生物技术指令第 6（2）（c）条［对应实施细则第 28（c）条，即 1973 年版实施细则第 23（d）（c）条）］关于排除“人胚胎的工业或商业利用”的规定，并且指出欧盟和 EPC 立法者均未对术语“胚胎”作出解释。然而，欧盟法院在之后的一个判决（C 34/10，Brüstle case）给出了定义，认为从受精卵阶段开始即可视为“胚胎”。由于实施细则第 28（c）条涉及的是“发明”的利用，因此需要从整体上审视专利申请的技术教导，而非仅关注权利要求的明确措辞。至于实施细则第 28（c）条的术语“为了工业或商业目的”，使用该术语的目的在于将人胚胎的工业或商业利用（被排除在可授予专利权范围之外）与用于人胚胎且对其有益的治疗或诊断类发明（不被排除的）进行区分。实践中，要确定在胚胎上实施的方法在何时可能是有益的，其实是非常困难的。诊断方法是否对胚胎有益，可能很大程度依赖于该诊断方法所获得的结果。

与 G 2/06 判决一致，上诉委员会在 T 522/04（干细胞/加利福尼亚大学）判决中认定，依据 EPC 第 53（a）条和实施细则第 28（c）条，涉及破坏人胚胎的方法被认为是不具备可专利性的。T 329/06（灌注微组织/MIT）判决同样也认为，包括存在于阵列通道中的细胞且所述细胞包括人源胚胎干细胞的装置，也适用于该规定。

在 T 1836/10（胚胎干细胞的获得/WüRFEL）判决中，上诉委员会在附属意见中认为，使用人胚胎作为原始材料以分离干细胞的权利要求，是与实施细则第28（c）条抵触的，即使请求保护的方法不破坏该胚胎。因此，从胚胎直接获得干细胞的用途是不被允许的，这与胚胎最终的命运无关。

在近期的T 2221/10（干细胞培养/以色列理工学院）判例中，上诉委员会裁定涉及利用干细胞系且其最初是通过破坏人胚胎而获得的发明，应依据EPC第53（a）条和实施细则第28（c）条的规定，被排除在可授予专利权的范围之外。

在欧盟法院近期的C-364/13案中，总法律顾问提出了个人观点，其认为被诱导而进入胚胎形成期的活化的卵母细胞（孤雌生殖体），不应被视为胚胎，其原因在于该孤雌生殖体不能发育为人。尚不确定欧盟法院是否会在终审判决中采纳该观点。

C. Ⅰ.2. b. 植物和动物品种

依据EPC第53（b）条，植物和动物品种被排除在可授予专利权的范围之外。

C. Ⅰ.2. b. a. 植物品种

术语“植物品种”的定义见于EPO上诉委员会此前作出的大量判决的主题中,特别是T 49/83（繁殖材料/CIBA-GEIGY）、T 320/87（杂交植物/路博润公司）以及T 356/93（植物细胞/植物遗传系统公司）。目前，实施细则第26（4）条对术语“植物品种”给予了正式的法律定义，具体如下：

“植物品种”是指位于单一植物分类系统中已知最低等级的任何植物种群，与是否完全符合植物品种权的授权要件无关，该植物种群能：

（a）通过由特定基因型或多基因型组合而导致其表达的特征而界定，

（b）通过表现至少一种所述特征，将其与其他植物种群区分开来，并且

（c）基于繁殖过程中保持不变的稳定性将其视为一个单元。

该规定明确了立法者的意图，即为了成为植物品种，所述植物必须同时是遗传同质和繁殖稳定的。

实施细则第26（4）条实质上相当于1991年UPOV第1（vi）条（参见附录8），以及涉及欧盟植物品种权的理事会条例2100/94（CPVR）第5（2）条（参见附录8），其建立的目的就是保护植物品种的育种者权。UPOV、CPVR和EPC对“植物品种”定义的统一，对在EPC体系外对“植物品种”进行保护的可能性产生了影响，尽管依据EPC植物品种是被排除在可授予专利权的范围之外的。相反地，EPC存在对非植物品种进行保护的可能性，而在如

CPVR 体系下，则是不可能的，这是因为 CPVR 仅适用于植物品种。正如 EPO 上诉委员会在 T 1854/07（种子油/CONSEJO SUPERIOR）判决中概略提到的：

专利排除的范围是和植物品种权的可获得范围相对立的。

在 G 1/98（转基因植物/诺华Ⅱ）判决中，扩大上诉委员会对依据 EPC 第 53（b）条对植物品种进行的排除作了进一步的澄清。该判决指出，包括植物品种的权利要求，只要不单独地请求保护该植物品种，则不会依据 EPC 第 53（b）条被排除在可授予专利权的范围之外。这导致含有单一植物品种的一个植物种属在获得 EPO 专利保护上具有了基本的可能性，但前提条件是只要该权利要求的主题不涉及单一植物品种。

G 1/98 还指出在审查产生植物品种的方法权利要求时，不应考虑 EPC 第 64（2）条的规定。依照 EPC 第 64（2）条，如果欧洲专利的主题是方法，则该专利的保护范围会延伸到该方法直接获得的产品（而非其他方法获得的同样的产品），那么对于产生某一特定植物的方法权利要求，其保护范围也涵盖了通过请求保护的方法所获得的植物。G 1/98 的裁定意味着，即使某特定植物属于实施细则第 26（4）条意义上的“植物品种”，也不能依据 EPC 第 53（b）条将方法权利要求排除在可授予专利权的范围之外。因此，G 1/98 提出，就 EPC 第 53（b）条对“植物品种”的排除来说，对方法权利要求的处理方式应与产品权利要求不同。

最后，扩大上诉委员会在 G 1/98 判决中还指出 EPC 第 53（b）条对植物品种的排除，适用于任何植物品种本身（当请求保护的对象是产品时），而这与该品种产生的方法无关。因此 G1/98 判决澄清了如下问题：对于某一植物是否作为植物品种而被排除，仅依赖于其是否符合实施细则第 26（4）条所规定的标准。

C. Ⅰ. 2. b. b. 动物品种

EPC 第 53（b）条将“动物品种”（英文“animal variety”、德文“Tierrassen”、法文“races animales”）排除在可授予专利权的范围之外。EPC 在可授予专利权的生物技术发明中提到了动物品种。实施细则第 27（b）~（c）条规定：

生物技术发明也属于可授予专利的发明，条件是其涉及：

……

（b）植物或动物，其技术的可行性不限于某一特定植物或动物品种；

（c）微生物学方法或其他技术性方法，或通过上述方法获得的产品，其中植物或动物品种除外。

与实施细则第26（4）条对术语“植物品种”作出了明确定义不同，EPC或EPO上诉委员会的判例均未对术语“动物品种”作出过正式的定义。然而，T 315/03（转基因动物/哈佛大学）判决在判例摘要7.2中指出：

参考分类等级给出术语“动物品种”的定义，既与植物品种的定义方式一致，又符合立法的确定性。通过该定义，可以依据EPC第53（b）条以及解释其相关的实施细则第27（b）条审查权利要求的主题是否被排除在可授予专利权的范围之外，亦即在涉及动物的案件中，发明的技术可行性是否不限于某一特定动物品种。

遗憾的是，上诉委员会没有进一步明确何种水平的“分类等级”足以满足界定“动物品种”的要求。当与实施细则第26（4）条对植物的要求一致时，如下所述的分类等级，尽管存有疑问，但有可能界定出特定的动物品种，即位于单独一个分类单元下的任何动物种群，其为：（a）表现由一特定基因型或多基因型组合而导致的特征；（b）通过表现至少一种所述特征，而将其与其他动物种群区分；以及（c）基于繁殖过程中保持不变的稳定性将其视为一个单位。

需要注意上述与实施细则第26（4）条定义的一致性，仅是将动物套用于植物。然而，上诉委员会的多个意见表明EPO认为EPC第53（b）条涉及植物的排除条款同样应适用于动物，这样的延伸看起来是合理的。

C. Ⅰ.2.c. 本质上属于生物学的产生植物或动物的方法

除了植物和动物品种，EPC第53（b）条还将“本质上属于生物学的产生植物或动物方法”排除在可授予专利权的范围之外。仅从描述该排除的措辞来说，本质上属于生物学的方法是明确地被排除在可授予专利权的范围之外的，无论其所产生的植物或动物是否属于“品种”。对该排除性条款的解释应是狭义的，尤其可以确定的是，其不适用于微生物学方法或由其获得的产品［EPC第53（b）条后半句的规定］。

术语“本质上属于生物学的”在实施细则第26（5）条中有正式定义，其指出：

［a］如果产生植物或动物的方法全部仅由如杂交或选择的自然行为组成，则其是本质上属于生物学的。

对于该规定，困难之处在于对术语“杂交”和“选择”的解释，尤其是当考虑这些动词是否需要按照及物或不及物的形式来解释时。立法者试图将实施细则第 26（5）条中的这些动词解释为及物的，例如植物或动物是通过人工干预而被杂交或被选择的。然而，这些动词也具有不及物的含义，即自然界发生的行为，包括植物自交（如通过授粉）以及自我选择（如在繁殖时由优势特征导致的植物存活差异）。因此，实施细则第 26（5）条的定义就显得不足了。

对于术语“本质上属于生物学的”所涉及的问题，可见于扩大上诉委员会的两个判决 T 83/05（花椰菜/植物生物科学公司）和 T 1242/06（番茄/以色列）。并且，在 G 2/07（花椰菜/植物生物科学公司）和 G 1/08（番茄/以色列）的两个判决中，扩大上诉委员会对前述两个案件分别作出了进一步的回应，这两个判决的判例摘要是相同的，具体如下：

①产生植物的非微生物学方法，若含有或仅有植物全基因组有性杂交以及后续对植物进行选择的步骤，原则上，属于 EPC 第 53（b）条所指的“本质上属于生物学的”方法，需被排除在可授予专利权的范围之外。

②仅因为该方法进一步含有的步骤，或杂交和选择步骤中的部分内容，是技术性的，且用于帮助或协助植物全基因组有性杂交或实现后续对植物进行的选择，则该方法仍不能避免被 EPC 第 53（b）条的规定所排除。

③然而，对于在有性杂交和选择步骤中进一步含有技术性步骤的方法，如果该步骤本身在所获植物的基因组中导入了某一特征或对基因组的某一特征进行了修饰，以至于该导入和修饰的特征不是通过有性杂交而使所选择的植物产生了基因杂交的结果，则该方法是不能依据 EPC 第 53（b）条被排除在可授予专利权的范围之外的。

④在审查该方法是否因为属于 EPC 第 53（b）条意义上的“本质上属于生物学的方法”而被排除在可授予专利权的范围之外时，该技术性步骤是否为新的或已知的方法，对已知方法的改变是否为微小或重大的，是否存在于自然界或能在自然界发生，或者是否发明的本质依赖于此，均与之不相关。

根据上述观点可知，扩大上诉委员会明确了依据 EPC 第 53（b）条对“本质上属于生物学的方法”的排除，适用于“杂交”和“选择”的及物含义，即植物（或动物）的被杂交和被选择是一种人为的行为。在进一步的裁定中，上诉委员会基于如下方面，对“本质上属于生物学的”或不属于生物学的方法作出了更明确的界定，即“本质上属于生物学的方法”是非微生物学的，且仅由植物全基因组有性杂交以及后续对植物进行选择的步骤组成。

欧洲专利局审查指南（以下简称“审查指南”）对 G 2/07（花椰菜/植物

生物科学公司）和G 1/08（番茄/以色列）判决可适用的情形，给出了一些有用的例子。其中一些涉及动物，意味着G 2/07（花椰菜/植物生物科学公司）和G 1/08（番茄/以色列）判决对于术语“本质上属于生物学的方法”的裁定不应限制在植物范围，也应适用于动物。根据审查指南规定，杂交、异种繁殖或选择性繁殖动物（例如马）的方法，若仅涉及对具有特定性状的动物（或其配偶）的选择性繁殖和群体性培育，则属于“本质上属于生物学的”，不能被授予专利权。即使该方法含有进一步的技术性特征，例如利用基因分子标记选择亲本或后代，仍为“本质上属于生物学的”，不能被授予专利权。然而，通过基因工程技术在植物中插入基因或特性的方法，如果是不依赖于全基因组的重组和植物基因的自然杂交时，其具备可专利性。此外，为了提高品质、产量、促进或抑制生长的处理植物或动物方法，例如修剪树的方法，不是“本质上属于生物学的”产生植物或动物的方法，这是因为其不是基于植物或动物的全基因组有性杂交和后续的选择。该观点同样适用于通过施用生长刺激物或辐射处理植物的方法。最后一个例子中，审查指南指出通过技术方法处理土壤以抑制或促进植物生长的方法也不应被排除在可授予专利权的范围之外。

基于前述扩大上诉委员会的G 2/07 和G 1/08 判决，结合审查指南提供的例子可以看出，EPO 明确认为，植物（或动物）全基因组有性杂交以及对所获生物体的后续选择，是判定某一方法是否为“本质上属于生物学的”且需根据EPC 第53（b）条被排除在可授予专利权的范围之外的重要依据。

然而，EPC 第53（b）条的排除性规定不适用于微生物学方法或其所获产品。T 19/90（肿瘤易感小鼠/哈佛）判决指出，微生物学方法或其产品的可专利性事实上是EPC 第53（b）条的“可专利性的例外中的例外”。因而，通过微生物学方法产生动物的发明是具备可专利性的。术语“微生物学方法”（作为例外中的例外）应从广义范围解释。

根据T 356/93（植物细胞/植物遗传系统公司）判决，上述审查动物可专利性的原则应同样适用于植物品种。尤其需要注意的是，上诉委员会认可了如下内容：

> 鉴于近期微生物领域的重要发展，根据客观的目的论标准对EPC 第53（b）条后半句进行解释是恰当的做法，并且该解释方式与该条款的立法本意具有一致性。在这些标准中，对于同等或类似事物平等对待的原则是非常重要的。(第32 点)

上诉委员会还指出根据EPO 目前的实践，术语“微生物”包括：

> 不仅有细菌和酵母，还有真菌、藻类、原生动物和人、动物和植物细胞，

即在可视范围下具有空间维度且能在实验室繁殖和操作的、全部的一般单细胞生物。质粒和病毒也被认为落入该定义的范围内（参见审查指南 C-Ⅳ 3.5）。（第 34 点）

相应地，术语“微生物的”被解释为：

限于如下技术行为，即其直接的应用是基于上述定义的微生物。这不仅包括传统的发酵和生物转化方法，还包括通过基因工程或融合技术对微生物进行操作、在重组系统中制备或修饰产品等，简单来说，整个应用中的全部行为由生物化学或微生物学技术构成，包括遗传和化学工程技术，其目的在于利用微生物和培养细胞……（第 35 点）

在上诉委员会的判决中，“微生物学方法”的含义是指：

上述定义的微生物……或其部分用于制备或修饰产品，或为了特定用途获得新微生物的方法。因而，对于 EPC 第 53（b）条后半句来说，“其产品”的含义包括了通过微生物制备或修饰的产品以及所获的新微生物。（第 36 点）

上诉委员会进一步总结道：

“包括微生物学步骤的技术方法”不能简单地等同于“微生物学方法”。该技术方法所获的最终产品（例如植物品种）不能被认为属于 EPC 第 53（b）条后半句所指的“微生物学方法的产品”。（第 39 点）

基于与“非微生物学的”相反的角度，G 2/07 和 G 1/08 对术语“微生物学方法”作出了定义（或相当于定义）。“非微生物学方法”是指该方法含有或仅有植物全基因组有性杂交和后续对植物进行选择的步骤。“非微生物学方法”的定义是在对 EPC 第 53（b）条所指的术语“本质上属于生物学的”进行澄清时作出的。

后续的 T 1199/08（选择精子/XY 公司）判决肯定了 G 2/07 的方法是产生植物的“非微生物学方法”，其包括了植物全基因组有性杂交和后续对植物进行选择的步骤，即其是一种传统的培育新植物品种的方法。

从上述相反角度的定义可知，EPC 第 53（b）条意义上的微生物学方法是指通过进一步的技术性步骤，例如通过重组技术改变植物基因组，从而使其在本质上不同于传统的培育方法。

对于由本质上属于生物学的方法所获得的产品，目前出现了一些新问题。EPC 第 53（b）条没有将由“本质上属于生物学的”方法所获得的产品排除在可授予专利权的范围之外。有两个判决已将涉及该 EPC 条款的相关问题提交给了扩大上诉委员会进行复审：T 1242/06（番茄Ⅱ/以色列地区）和T 83/05（花椰菜/植物生物科学公司）都考虑了如下问题，且请求扩大上诉委员会对其进行澄清，即EPC第53（b）条“对本质上属于生物学的”产生植物的方法进行排除，是否会对涉及植物或植物材料（如植物部分）且通过制备方法限定的产品权利要求的可专利性产生负面影响（参见第C.Ⅰ.3.e.a节，对通过方法限定产品的解释）。特别是对于涉及植物或植物材料而非植物品种的权利要求，如果其方法特征限定了（而非排除）通过“本质上属于生物学的方法”产生植物，则其具备可专利性？单从EPC第53（b）条字面上的规定看来，仅三种情况被排除在了可授予专利权的范围之外：植物品种、动物品种和本质上属于生物学的产生植物或动物的方法。在T 1242/06和T 83/05判决中，上诉委员会向扩大上诉委员会提出的问题，从本质上问出了是否上述情况应扩大到涵盖第四种排除：当产品权利要求以制备方法来限定时，通过本质上属于生物学的产生植物或动物的方法所获得的产品。在扩大上诉委员会的G 2/12（番茄/以色列地区）（T 1242/06复审）和G 2/13（花椰菜/植物生物科学公司）（T 83/05复审）判决之前，这些问题悬而未决。当本书出版时❶，扩大上诉委员会仍没有就该问题做出回应。

C.Ⅰ.2.d. 针对人体或动物的手术或治疗方法，以及施用于人体或动物的诊断方法

生物技术方法及其产品经常被用于针对人体或动物的手术或治疗方法，以及施用于人体或动物的诊断方法。依据EPC第53（c）条的规定，上述方法需被排除在可授予专利权的范围之外［1973年版EPC第52（4）条］。

该可专利性排除的立法目的之一在于，确保任何想使用上述方法对人或动物进行医学治疗的人都不会被专利所禁止。然而，作为排除性条款，对其所禁止内容的解释必须是狭义的。

如下的EPO判决涉及了该条款。

在T 19/86（猪Ⅱ/杜发公司）判决中，上诉委员会认为治疗方法同时包括疾病的预防和治愈。

同样地，在T 81/84（痛经/乐安公司）案中，上诉委员会指出：

> 不管疼痛、不适或缺陷由何导致，通过施用适当的药剂，使其得以缓解，应被认为属于EPC第52（4）条意义上的“治疗”或“治疗用途”……（判例摘要）

---

❶ 译者注：即英文版的截稿时间2014年8月1日。

T 116/85（猪 I/威康公司）判决指出，治疗动物的方法属于 1973 年版 EPC 第 52（4）条［现行 EPC 第 53（c）条］规定的禁止被授予专利权的方法，原因在于：

就法律来说，不可能对是农民实施该方法还是兽医实施该方法加以区别，也不可能认为农民实施该方法属于工业行为，依据第 57 条是具备可专利性的，而当兽医实施该方法则属于治疗行为，依据第 52（4）条是不具备可专利性的。（判例摘要Ⅱ）

在 T 290/86（清除牙斑/ICI）案中，上诉委员会认为：

如果请求保护的发明不仅涉及美容效果，还必然包括针对人体的治疗，则该权利要求被排除在可授予专利权的范围之外（省略引用）。（判例摘要Ⅰ）

在 T 24/91（眼角膜/汤普森公司）判决中，上诉委员会裁定：

考虑到与该处理相关的健康风险，请求保护的处理方法必须经由医生或在其监控下实施……（第 2.4 点）

该案中处理人体的方法属于 1973 年版 EPC 第 52（4）条［现 EPC 第 53（c）条］规定的需排除的内容。

此外，上诉委员会在 T 820/92（避孕方法/综合医院）判决中指出涉及施用两种或更多种物质的方法落入了 EPC 第 53（c）条规定的禁止范围：

如果施用其中一种物质的行为属于治疗方法，且该物质的施用是权利要求的一个特征。（第 5.9 点）

从上述判决可知，在欧洲的实践中，只要某一方法具有治疗性的应用，则不论其是否还有其他非治疗性的应用，该方法都被认为需从可授权专利权的范围中排除。

根据多年以来所确立的判例法，只要含有一个治疗步骤的方法就被专利保护所排除，从这一点上看起来完全约束了申请人。所幸的是，在医疗领域的判例法中，允许所谓的限定用途的产品权利要求成为请求保护发明的一种权利要求类型。判例法基本上认可构成治疗方法一部分的任何手段都能用于可专利性的确立，即使该权利要求唯一具备新颖性的特征是如特定药物施用时间点的特征。只要权利要求的类型是适合的，基本上已知药物的任何新用途都能用于确立权利要求的可专利性。G 2/08（给药方案/雅培呼吸）对该观点进行了解释。以下判例提示了一些可用于将权利要求与现有技术医疗方法进行区分的方法。

在标志性的 G 5/83（第二医疗适应症/卫材公司）判决中，扩大上诉委员会认可了涉及制备用于新医疗适应症的药物的权利要求。相对于现有技术具备新颖性的技术特征是一种已知物质治疗的新疾病。在该案中，上诉委员会认为：

对于物质或组合物在制备用于特定治疗用途的药物的用途，且该治疗用途具备新颖性和创造性时，欧洲专利局可以对涉及上述内容的权利要求授予专利权。

其他更多判决沿袭了该判例，例如 T 1127/05（抑制血管生成/SCRIPPS 研究所），上诉委员会认为，某一已知有机化合物抑制 αvβ3 介导的血管生成的用途，相对于已公开的、同一化合物治疗 αvβ5 介导的血管生成的用途，是一种新的教导。

除了使用已知物质治疗新疾病，判例法还认为其他构成治疗方法一部分的技术特征也可以用于区分权利要求和现有技术的教导。所述其他技术特征可以是请求保护的技术方案与现有技术相比具有不同的剂量。例如，在 T 230/01（地氯雷他定/塞普拉柯公司）判决中，上诉委员会认为现有技术没有启示使用与之推荐量相比明显低的剂量治疗过敏症，因此认为该权利要求基于该区别，即低剂量水平，具备新颖性。

另一个用于区分治疗用途权利要求的技术特征是给药途径/方式。在 T 51/93（HCG/雪兰诺公司）判决中，上诉委员会认为皮下给药与现有技术记载的肌内给药相比，具备新颖性。在另一判例 T 290/86（清除牙斑/ICI）中，上诉委员会解释道，给药方式是治疗方法中的重要影响因素，没有理由先天禁止基于该特征对权利要求和现有技术进行区分。在判例 T 904/98（真皮阿司匹林/GUNDERSON）中，上诉委员会认为阿司匹林的皮下注射和舌下含服有所不同。

另一个就治疗用途权利要求与现有技术进行区分的方式是限定不同患者群。在 T 19/86（猪Ⅱ/杜发公司）判决中，上诉委员会认为血清反应阴性的猪群与血清反应阳性的猪群相比，具备新颖性；新动物群体可以体现第二医疗用途权利要求的新颖性。其他一些判决肯定了该案的裁定，包括 T 233/96（肾上腺素/MEDCO 研究所），其中受试者的新群体通过其生理或病理状况与现有技术的群体得以区分。

在一些判例中，新技术效果也可以成为将权利要求和现有技术区分开来的基础。在 T 836/01（干扰素 - β2/耶达研发有限公司）判决中，上诉委员会指出该发明依赖于与现有技术不同的技术效果，现有技术公开了干扰素 - β2 活化成熟淋巴细胞进而使其产生针对癌细胞的细胞毒性T细胞活性，即其教导了干扰素－β2针对癌细胞的间接效果，而该发明实现的技术效果是干扰素－β2对癌细胞生长产生的直接效果。因此，上诉委员会认为该发明实现的技术效果不仅仅是对干扰素－β2如何治疗癌症进行了解释，更确切地说，新确定的直接效果导致了针对新患者亚群进行治疗的新临床处理方式，其能更好地靶向癌细胞本身，而非如现有技术所述需经由淋巴细胞。与上述理由一致，上诉委员会在T 509/04（脑瘫/艾尔建）中基于新技术效果认可了其新颖性，即使该技术效果可能是在现有技术已知的实施过程中自然产生的。

当然，判例法中确实还存在新技术效果不足以使权利要求的新颖性成立的例子。例如，在T 486/01（IGF－1/基因泰克公司等）判决中，上诉委员会认为申请人关于治疗方法能减少CNS损伤后胶质细胞损失的发现，相对于现有技术公开的使用同一化合物治疗CNS损伤的治疗方法，新颖性不成立。该案中，“胶质细胞损失”作为观察到的技术效果，显然没有导致任何T 836/01意义上的新的临床处理方式，其至多是对现有技术的治疗为何是有效的这一问题进行了解释。

最后但并非最不重要的一点是，当现有技术公开了在其他方面相同的治疗方法时，仅仅是治疗方案的不同（即给药时间点，其是唯一能与现有技术进行区别的技术特征）也能带来新颖性。代表性的判决如T 1020/03（IGF－1/基因泰克公司），上诉委员会在其中指出：

> 1973年版EPC第52（4）条［现行EPC第53（c）条］第一句所指的任何用途……认可涉及制备用于第二用途的组合物的第二医药疗途权利要求，不论该用途为了使其具备新颖性和创造性而具体限定了哪些内容。对于2000年EPC第54（5）条规定的新颖性，同样取决于治疗用途是否是新的，而不论权利要求对该治疗具体限定了哪些内容。

因此，上诉委员会认为治疗中的给药方案可以成为区分权利要求和现有技术教导的适合的特征。该判例与其他判例的观点是矛盾的，例如T 317/95（胃肠道组合物/宝洁）和T 584/97（尼古丁的用途/伊兰公司）。在此后的判例T 1319/04（剂量方案/KOS LIFE SCIENCES，INC.）中，上诉委员会发现了该矛盾之处，并将其提交至扩大上诉委员会进行复审。由此形成上文提及的判决G 2/08（给药方案/雅培呼吸），基本上肯定了T 1020/03的观点。

如上所述，扩大上诉委员会的判决G 5/83指出，需被排除的涉及“通过施用物质X治疗疾病Y的方法”权利要求，允许被重新撰写成“物质X在制备治疗疾病Y的药物中的用途”（这就是已知的传统的“瑞士型”用途权利要求)。2000 年 EPC 第 54（5）条，其与 EPC 第 53（c）条一致，确立了目的限定型产品权利要求，允许上述被排除的治疗方法权利要求重新撰写为“物质 *X*，用于治疗疾病 *Y* 的方法”。EPO 上述规定的意图在于将旧的“瑞士型”，与新的目的限定型产品权利要求，视为等同的。近期，上诉委员会的一个判例讨论了该等同性问题。在 T1780/12（癌症治疗/德克萨斯大学系统董事会）中，上诉委员会认为撰写为“瑞士型”的第二医疗用途权利要求的主题不同于目的限定型产品权利要求的主题。上诉委员会认定“瑞士型”权利要求的保护范围——如同用途限定的方法权利要求——与以用途限定的产品权利要求是不同的。由此可见，从上诉委员会的态度可以看出，毫无疑问，专利申请的母案可以涉及一种形式，而分案可以涉及其他形式。

专利撰写时需要注意化合物同时具有医疗和非医疗效果的情况。与医疗效果能撰写为目的限定型产品权利要求不同，非医疗效果仅能撰写为通常的用途权利要求。在 T 1635/09（避孕组合物/拜耳先灵医药股份有限公司）案中，上述观点给申请带来了严重的影响，申请人最终败诉，原因在于权利要求的撰写没有采用常规认可的形式（目的限定型产品权利要求仅适用于涉及医疗用途的申请）且没有体现新颖性（涉及非医疗用途的申请不能以用途限定型产品权利要求体现其新颖性）。

对于医疗用途权利要求，尤其是涉及第二或更多医疗用途时，其基础通常是特定物质用于声称的治疗目的的用途。实际上，该所用物质中最常见的是施用给患者的治疗剂的活性成分。T 2003/08（扩张型心肌病/爱德华）是一个令人关注的判例，上诉委员会考虑到当制备的产品并非药物，而是一带有活性成分的柱时，第二医疗用途权利要求是否也是可行的。该判决中，权利要求涉及的是“特定配体……在制备偶联有该配体的柱……的用途”，该柱通过离体血液处理以去除患者血浆中的抗体。上诉委员会裁定，第二医疗用途权利要求适用于治疗方法中的任何“物质或组合物”。上诉委员会认为依据 EPC，所述“物质或组合物”非必须是药物，重点在于是由“物质或组合物”而非设备来实现医疗效果（第 18 点）。

在 G 1/04（诊断方法/－）判例中，扩大上诉委员会认定诊断方法是被专利保护所排除的，条件是且仅是该方法包括了进行诊断所必需的所有步骤，并且所有步骤都是在人体上实施的。

含有在人体外或包括至少一个在人体外实施的步骤，例如基于身体组织或体液（如血液或尿）的诊断方法，是不会依据 EPC 第 53（c）条所规定的诊断方法而被排除在可授予专利权的范围之外的。

近年发展起来的一个较新领域中，出现了被称为“伴随诊断”或“个体化用药”的名词，下文将对其进行论述。

该领域将诊断方法和治疗方法进行了合并。对患者预先通过诊断方法进行分析，以确定例如该患者可能为特定药物的响应者，或对治疗方法的副作用具有较高风险者。在多数情形下，该治疗就是真正意义上的、已确立的、使用已知药物治疗已知疾病的方法，但是诊断方法的目的在于辅助确定对治疗特别有效的患者亚群（“响应者”）。通过将治疗有针对性地用于那些更能从昂贵的治疗方法中受益的特定患者，该方法也有助于降低费用。一般来说，用于限定治疗患者亚群的基因标记是唯一的新特征，而如给药方案或给药途径等特征，则是现有技术已知的。因此，涉及伴随诊断的权利要求涵盖了“治疗”特征以及“诊断”特征。对于涉及使用已知化合物治疗已知疾病的权利要求，并且在治疗方法中唯一的新特征在于具有特定基因标记的患者时，其通常的撰写方式为：

用于治疗疾病 *y* 的化合物 *x*，其中患者具有基因标记 *z*。

假设现有技术（隐含地）公开了用化合物 *x* 针对至少一位带有基因标记 *z* 的患者治疗同样的疾病 *y*，上述权利要求的可专利性就可能存在问题。该“隐含公开”如审查指南 G-Ⅵ 6 所述，可能会影响新颖性。如果例如通过现有技术方法治疗的患者数量是非常高的（尽管不知晓基因标记 *z* 的存在），则根据上述已被治疗过的大量患者，且没有理由怀疑现有技术已经治疗过带有基因标记 *z* 的患者，EPO 很可能会对其作出驳回。在这种情况下，申请人可能被迫增加更多在患者群中检测基因标记 *z* 的细节，使权利要求中出现关于如何实施基因标记 *z* 检测的步骤。然而，当药品生产者本身不会主动实施检测基因标记 *z* 的步骤时，上述权利要求中增加的限定反而可能会对权利要求的可实施性带来负面影响。关于“隐含公开”了治疗带有标记 *z* 的患者是否足以否定新颖性的问题，可能具有较大争议。上述争议可见于 G 2/88（减少添加剂的摩擦/美孚石油Ⅲ）或 G 6/88（植物生长调节剂/拜耳）判决，其提到基于技术效果，即使是现有技术本身已取得但没有意识到的技术效果，也可确认用途权利要求的新颖性。涉及伴随诊断的权利要求也存在类似的争议，其技术效果针对的是仅治疗有限的患者群（表现标记 *z*）而非现有技术公开的广大的、没有进一步限定的患者群。依据 G 2/08 的观点，将已知的治疗方法用于更小的患者群应认为是具备新颖性的用途。T 1399/04（联合治疗 HCV/先灵）判决认为，与现有技术较大患者群存在重叠的较小患者群，能成为区分权利要求和现有技术的特征。然而，在该领域 EPO 仍未得出最终的定论。

在医学领域，获得适当专利保护的困难还涉及了医疗设备，尤其是保护已知设备的新医疗用途。虽然 EPC 第 53（c）条认可了在涉及医疗用途时，一般意义上的产品，并非仅限于物质或组合物，仍具备可专利性，但是，以能满足新颖性的方式撰写医疗设备权利要求，通常还是困难的。类似于目的限定型产品权利要求，可以将设备权利要求撰写为“用于治疗 *Y* 的医疗设备 *X*”的形式。虽然对于物质和组合物来说，新目的/用途能使目的限定型产品权利要求与现有技术相比具备新颖性［参见 EPC 第 54（4）～（5）条］，但该规定事实上仅限于物质或组合物。这继而导致 EPC 的上述规定不能惠及既非物质也非组合物的医疗设备。更确切地说，以特定用途/目的为特征的医疗设备将会面对如下问题，即根据已知的判例法，对于现有技术已公开的、具有同样特征但不同用途的设备，该特定用途不会导致该设备具备新颖性。这符合审查指南 F-Ⅳ节 4.13 的规定。然而，当医疗设备含有能用于治疗的物质或组合物时，EPC 第 54（5）条可能会适用。对于这一类产品，权利要求可按照如下方式撰写：

用于治疗疾病 *Y* 的化合物/组合物 *X*，其中该化合物/组合物被含在具有如下特征……的设备中，且通过如下步骤施用……

判例 T 559/08（物质的皮内递送/贝克顿—迪金森公司）正式认可了该类权利要求。虽然该权利要求由于缺乏创造性而被驳回，但上诉委员会对该权利要求的形式没有提出任何正式的反对意见。

对于手术治疗，扩大上诉委员会在 G 1/07（通过外科手术的治疗/MEDI-PHYSICS）判决中裁定，在人体上实施的且含有侵入性步骤的方法，即使是在必要的专业护理以及专业指导下进行仍可能导致实质上的健康风险时，该步骤被视为外科手术步骤，进而导致该方法被专利保护所排除。判定特定方法的步骤是否属于扩大上诉委员会所定义的外科手术，可能并不容易。

C. Ⅰ.3. 授权条件

对于任何依据 EPC 第 52 条可视为发明的主题，为了得到专利授权还需满足若干标准。

C. Ⅰ.3.a. 新颖性、创造性和工业实用性

可授予专利权的基本条件，即新颖性、创造性和工业实用性，适用于任何化学产品以及生命科学和生物技术领域中的物质，因此本文将不再赘述。然而，其中一些特别之处，将在下文论述。

C. Ⅰ.3. a. a. 天然存在的产品

生命科学中的许多产品是天然存在的，例如蛋白质、核酸等。实施细则第27条明确提及了上述产品的可专利性，并且EPO上诉委员会的多个判决涉及了天然产品的新颖性。

根据T 301/87（α－干扰素/百健）判决，对于存在于已知基因库的DNA序列，只要是在其分离和表征时所需的特定杂交探针是非已知的，则该DNA序列具备新颖性。

在T 272/95（松弛素/霍华德弗洛里研究所）判决中，上诉委员会指出：

没有存档的文献记载了H2－松弛素基因的存在，更不用说其基因序列以及相应的H2－松弛素蛋白质序列。因此，新颖性是认可的。

上诉委员会肯定了异议部门最初的观点，裁定：

承认天然物质的新颖性，因其首次被分离且之前没有被确定存在。

因此，天然存在的产品的新颖性在于该分离的产品是首次被获得和记载的。

C. Ⅰ.3. a. b. 通过手术、治疗或诊断方法施用于人体或动物，用于在人体或动物的治疗方法中的产品

一般原则认为，现有技术已知的物质或组合物不具备新颖性，即其不能通过产品权利要求来保护，而EPC第54（4）～（5）条的规定是该一般原则中的特例。根据上述规定，即使在现有技术已知为非药物，产品仍可作为医药产品被保护（以目的限定型产品权利要求进行保护）。该产品的新颖性在于其在医疗领域的第一（或第二或更多）用途。EPO的基础性判决是G 5/83（第二医学适应症/EISAI），其允许涉及任何第二或更多医学适应症的用途权利要求撰写为“瑞士型”权利要求。随着EPC 2000的施行，EPC第54条的修订导致了第二或更多医疗用途权利要求在撰写方式上的改变。在G 2/08（给药方案/雅培呼吸）判决中，上诉委员会裁定：

对于第二或更多医学适应症，EPC目前允许将用途相关的产品权利要求形式用于物质本身，然而根据1973年版EPC的判决G 5/83，其允许的权利要求形式是物质在制备用于医学适应症的药物中的用途（“瑞士型”权利要求）……目前EPC第54（5）条认可目的限定型产品权利要求，由已知药物在治疗方法中的任何其他特定用途而得到保护……如果权利要求的主题仅因为药物的新治疗用途而具备了新颖性，则该权利要求可以不再采用如G 5/83所

述的“瑞士型”权利要求。

对于药物产品权利要求的撰写方式，参见C. Ⅰ.2.d. 和C. Ⅰ.3.e.d.。

C. Ⅰ.3.a.c. 类似工艺

生命科学领域的许多工艺流程是类似的，其通过实质上已知的方式获得了新产品。T 119/82（凝胶化/EXXON）判决指出，该类似工艺是允许的，尤其是当该工艺产生了新技术效果或产生了具有预料不到性质的新产品而使其具备了创造性时。上诉委员会在该决定中还认为：

类似工艺被认为是具备可专利性的，前提条件是其产生了具备新颖性、创造性的产品。究其原因在于类似工艺的全部特征均源自仍未知与不能预期的效果（问题发明）。

在T 2/83（二甲基硅油片/RIDER）判决中，上诉委员会认为：

基于仍未被意识到的问题而做出发现，在特定情况下，可以产生可专利性的主题，尽管请求保护的解决方法回过头来看是微小的且本身是显而易见的（问题发明）。

例如，在化学领域，所谓的类似工艺具备可专利性的唯一原因在于其涉及的问题，即通过效果体现的具备可专利性的特定产品，在现有技术中还未记载过。

同样地，在T 1131/05（热塑性弹性体/巴斯夫）判决中，上诉委员会认为涉及类似工艺的工艺流程权利要求是满足新颖性和创造性要求的，前提条件在于，本领域技术人员仅在已知晓了该需要解决的问题的情况下，且非后见之明，才能得出工艺流程是微小和显而易见的结论。

C. Ⅰ.3.b. 充分公开

与其他任何发明一样，依据EPC第83条，生命科学领域发明的公开必须是充分清楚的，本领域技术人员基于其能完全地实施该发明。一般来说，权利要求的保护范围越宽，说明书公开的内容就应越多。如T 435/91（六面液晶凝胶/联合利华）判决所述，该规定基于：

一般的法律原则，即专利请求保护的范围应与其对现有技术做出的技术贡献相当，而所述贡献是由该发明公开的内容来体现的，这防止了专利垄断扩大到本领域技术人员在阅读专利说明书后仍不能实现的主题。

EPC对实施例没有要求，为了满足发明充分公开的要求，实验数据也不是必需的。然而，发明的实验数据和实施例是不同的。发明的实施例记载了请求保护的发明可实施的方式，这与数据无关。T 1191/03（病毒增殖/美亚）判决清楚地阐述了这种区别。该案的权利要求涉及用于人类基因治疗，尤其是用于阻断繁殖的反义 HIV。该反义病毒通过 HIV 包膜制备获得，其基因组中插入了含有反向 HIV 基因组和逆转录酶的核酸。上诉委员会审查了该申请公开的内容，以判断本领域技术人员能否制备出该病毒。上诉委员会指出该说明书非常概括，没有单独说明如何制备该请求保护的病毒，也缺少对于如何在病毒中以请求保护的方式插入逆转录酶的说明。上诉委员会认为，缺少这些说明会迫使本领域技术人员进行独立的实验，这构成了过度负担。上诉委员会虽然承认 EPO 对实施例没有要求，然而，上诉委员会确实注意到实施细则第 42（1）（e）条要求说明书需详细记载至少一种发明实施方式。在上诉委员会看来，该申请提交的说明书没有符合上述规定。上诉委员会指出，EPC 第 83 条以及实施细则第 41（1）（e）条的意图都在于防止申请人就需通过深入探究才能获得的教导得到保护，而不是由申请人在说明书中提供的教导得到保护。该判决很好地例证了请求保护的发明可实施的重要性，即说明书应至少提供一个实施方式，但不限于实施例。

在化学申请领域，概括的权利要求通常必须经由说明书的若干实施例才能得以支持，以提供充分的信息使本领域技术人员在权利要求整个保护范围内都能实施该发明［T 409/91（燃料油/EXXON）］。对于涉及生物技术的案件，即使说明书仅包括一个用于实施该发明的实施例（或甚至没有实施例，如上所述），概括的权利要求也是被允许的。这种较开放的情况正如 T 292/85（多肽表达/基因泰克 I）判决所示，其认为发明是充分公开的：

> 前提条件是清楚说明了至少一种方式，能使本领域技术人员实施该发明。

上诉委员会在 T 412/93（促红细胞生成素/麒麟—安进）判决中沿袭了这种对 EPC 第 83 条的字面解释方式。从该判决可知，如果申请公开了制备权利要求范围内某物的任何实施方法，则 EPC 第 83 条的要求是满足的。

经常提出的问题是为了满足充分公开的要求而需提供实施例的问题，T 127/02（疱疹病毒突变体引起的基质性角膜炎/哈佛）判决对此作了进一步论述。该案的权利要求涉及具有特定结构和功能特征的疱疹病毒在治疗特定种类的疾病中的医疗用途，该申请不包括任何实验数据。然而，上诉委员会认为没有提供特定的实验数据不会导致其提供的教导成为不充分的（决定第 7 点），原因在于不存在特别的问题或特殊的困难，妨碍或阻止本领域技术人员去实施该申请的教导。该决定表明，充分公开不是仅提供结果就行，而是使本领域技术人员能实施请求保护的发明。

然而，在 T 923/92（人 t-PA/基因泰克）判决中，上诉委员会采用了此前提及的 T 409/91 和 T 435/91 判决中阐述的原则。T 409/91 和 T 435/91 判决涉及传统化学物质，要求提供能反映请求保护的全部范围的充分信息，该观点在生物技术领域被越来越多地采用，其强调为了满足可实施程度的公开这一要求，权利要求的保护范围越大，则需要提供的实施例也越多。

对于医疗用途权利要求的充分公开，除了之前阐述的一般要求，EPO 还采用了特定的附加要求。T 801/06（HSV 突变体治疗癌症/CRUSADE）判决很好地说明了该附加要求，该案的权利要求涉及将具有特定基因特征的单纯疱疹病毒突变体用于治疗特定来源的转移肿瘤的用途。在该判决中，上诉委员会提及了此前的 T 609/02（AP-1 复合物/萨克生物研究学院）判决，其认为，除了充分公开的一般要求外，医疗用途权利要求只有在以下情形时才能被认为是充分公开的，即当专利和/或公知常识存在证据能表明权利要求声称的医疗效果事实上存在时。因此在 T 801/06 判决中，上诉委员会考虑了具有请求保护特征的 HSV 病毒突变体是否事实上能用于治疗请求保护的转移癌类型的问题。虽然证据支持的仅是突变的 HSV 能治疗癌症，但上诉委员会相信这足以证明权利要求限定的溶瘤效果，因此认为请求保护的主题是充分公开的。

在 T 491/08（提高的免疫原性/美国政府）判决中，上诉委员会采用了同样的方法对医疗用途权利要求的充分公开问题进行了审查，但得出了相反的未充分公开的结论。该案中，权利要求涉及动脉注射重组 NYVAC 或 ALVAC 痘病毒疫苗以在人类患者中增强 CD8 + 对 HIV-1 表位响应的用途。上诉委员会承认，在专利体系中不需要提供绝对的证据来证明，在申请前化合物就已被批准为药物。但对于医疗用途权利要求，上诉委员会强调专利申请需要对请求保护的化合物提供一些涉及效果的信息，即按照权利要求限定的方法施用后，对代谢机理（尤其是对所列举疾病的代谢机理）具有直接效果。该机理可以从现有技术或在后公开出版的证据上获知，并且此类证据仅用于表明专利申请的发现是得到支持的，而非仅基于此类证据本身确定发明是充分公开的（参见判决第 6 点）。该案中，上诉委员会总结道，该申请对于权利要求声称的技术效果未提供充分的信息以满足充分公开的要求，据此认为公开不充分。

在医药领域，对于充分公开的要求，可能会提到是否需要临床数据的问题。上诉委员会在 T 433/05（融合蛋白抑制剂/CONJUCHEM）判决中认为：

当涉及治疗的申请以如下方式请求保护时，即物质或组合物在制备用于特定治疗目的的药物中的用途时，请求保护的取得的医疗效果属于权利要求中以功能限定的技术特征。因此，根据EPC第38条，该申请必须公开制备的产品适用于请求保护的治疗用途的内容。考虑到事实上化合物被正式批准为药物是困难的，上诉委员会采取了如下做法，即为了使专利或专利申请中治疗用途的充分公开问题得到认可，不必总是在相关日就提交临床试验结果，但是需要专利/专利申请提供一些信息，以表明请求保护的化合物对代谢机理，尤其是对所涉及疾病的代谢机理，具有直接效果。

一旦从专利/专利申请中可以获得这些证据，则可以基于在后公开的证据考虑该专利申请公开内容得到支持的问题。

因此，上诉委员会确认了一个有关EPO申请程序的重要原则，即如果原始公开的内容是源自申请日提交的申请，则可以在程序中提交补充信息，以作为表明充分公开得到支持的证据，即使该信息仅是在该申请的相关日之后获得的。

然而，此前所述的T 609/02判决表明，在申请的相关日后取得的实验数据不是总能用于证明充分公开问题的。该案所述的权利要求涉及特定的功能性固醇激素或其类似物在制备治疗AP-1激活的肿瘤形成以及其他医学适应症的药物中的用途，所述激素需通过一个请求保护的方法鉴定出来。然而说明书完全没有就请求保护的用途提供证据，没有鉴定出任何激素，也没有特定的数据表明该激素（假设其已鉴定出来）对所述任何一个特定疾病中能产生影响。该申请在提交时对可能的用途仅进行了非常简略的描述。基于此，上诉委员会裁定：

简而言之，专利说明书没有对请求保护的内容提供技术依据。

在T 609/02判决中，考虑到专利权人提供的在后出版的证据列举了适合的激素且证明其对请求保护的治疗用途有效，上诉委员会参照上述判例T 433/05的考虑方式对充分公开的问题进行了审查，并且指出：

当涉及治疗的申请以扩大上诉委员会在G 5/83判决中认可的方式请求保护时，即物质或组合物在制备用于特定治疗目的的药物中的用途时，请求保护的取得的医疗效果属于权利要求中以功能限定的技术特征。因此，根据EPC第38条，该申请必须公开制备的产品适用于请求保护的治疗用途的内容……专利需要以一定方式提供一些信息，例如实验检测，以表明请求保护的化合物对代谢机理，尤其是对所涉及疾病的代谢机理，具有直接效果……一旦从专利申请中可以获得这些证据，则对在后公开的（如果存在的所谓的）专家证据可以加以考虑，但其仅用于对专利申请使用该成分作为药物的相关发现能否得到支持的考虑，而非基于其本身证实公开充分。

因此，相对于 T 433/05 判决，上诉委员会在 T 609/02 判决中得出了不同的结论，即在专利申请提交时缺乏技术证据的情况下，不能将在后公开的证据用于考虑公开充分的问题。

在 T 920/10（皮脂腺紊乱/综合医院公司）判决中，上诉委员会从（EPC 第 83 条）充分公开的角度对申请中医疗用途的数据质量进行了审查。上诉委员会认为，针对用于支持请求保护的治疗效果的数据，对其质量或数量的要求没有固定标准。为了使请求保护的效果可信，明确的“绝对证据”不是必需的。况且，审查部门仅提出数据不充分的问题，并没有指出理由时，不足以依据 EPC 第 83 条以公开不充分为由作出驳回（参见第 8 点）。

在 T 1150/09（－/－）判决中，上诉委员会认为，在第二医疗用途权利要求中请求保护的医疗效果是权利要求中的功能性技术特征。因此，申请必须公开该产品能适用于该请求保护的治疗用途的内容，其可以通过任何形式的数据来证明，只要这些数据能直接和不含糊地反映该治疗用途（参见第 4 点）。

对于内容涉及功能性限定的发明以及随着高通量筛选方法的发展，EPO 不得不对专利申请中涉及功能性限定的化合物或其应用进行考虑。对此，基于上诉委员会形成的法理，EPO 认为仅在如下情况下能满足充分公开的要求，即对于如独立权利要求限定的发明，本领域技术人员无过度负担，且结合公知常识和申请公开的更多信息，即能在整个权利要求范围内实施发明。上诉委员会已将该原则应用于任何发明，无论权利要求是以结构限定还是以功能限定。例如，上诉委员会已着手考虑所谓的遍延式权利要求的充分公开问题。遍延式权利要求涉及还未被确认但通过以期望的技术效果形成的功能性特征来限定的产品（例如“靶向 X 的抑制剂”）。在该问题上，上诉委员会通常认为该形式的限定包括了一组不确定且无法计算出数量的结构各异的可选物，只有在所有这些可选物都能获得期望的效果且能被本领域技术人员获得时，其才能被接受。上诉委员会的观点反映了如下的一般原则和规律，即所获的保护必须与发明对现有技术做出的技术贡献相当。一般来说，上诉委员会认为延展性权利要求没有满足上述标准，因为当以获得所有适用的可选物为目标时，就不得不进行实验研究，因而构成过度负担。

在 T 1063/06（延展性权利要求/拜耳先灵医药股份有限公司）判决中，上诉委员会认为：

通过新型研究工具经由说明书记载的筛选方法获得的、以功能限定的化合物类权利要求，构成遍延式权利要求，其也涉及基于目前公开的内容而获得的在后发明。由于申请人仅能因其对现有技术做出的实际贡献才能获得要求的专利保护，因此对权利要求的主题作出相应的限制是合理和必要的。

功能性限定的化合物（在本案中为遍延式权利要求）涵盖了所有具备权利要求所述能力（例如与特定靶结合）的化合物。在申请本身没有提供任何选择规则，也不能从公知常识中获得时，本领域技术人员必须对任意选择的化合物进行试错实验，以确定其是否具有所列举的活性。这代表对本领域技术人员做出了进行研究的邀请，因此属于过度劳动。这与上述讨论过的 T 609/02 判决一致，其也强调如果说明书对还未确认的化合物的可能治疗用途仅提供了含糊的暗示，则在后的更多详细证据不能用于弥补严重的公开不充分缺陷。

在 T 155/08（IMPDH – 抑制剂/拜耳公司）判决中，上诉委员会不得不考虑涉及使用特定来源的 IMP 脱氢酶抑制剂抑制植物病原真菌的用途权利要求。上诉委员会认为其对杀真菌化合物的限定是基于功能性的，没有限定化合物的种类或化学结构，这导致权利要求的范围涵盖了所有具备该功能的化学物质的用途。上诉委员会认为该限定将再次要求本领域技术人员为了验证无限量的化合物而进行实验研究。因此，上诉委员会将前述 T 1063/06 判决中提出的原则应用于本案，认为该权利要求应视为公开不充分。

同样地，T 852/09（增强剂/安万特制药公司等）判决中，上诉委员会不得不对涉及增强剂的用途权利要求的公开充分问题进行了考虑。该增强剂在制备用于降低患者 LDL 胆固醇水平的组合物时，能优先增强特定的酶反应。该申请在提交时限定该增强剂能提高多肽的表达或增强特定的酶活性，即采取了功能性限定。就这一点，上诉委员会认为：

权利要求 1 的增强剂没有通过特定结构特征限定，而是仅通过功能性特征，即降低患者 LDL 胆固醇水平的能力，对其进行限定。因此，权利要求 1 对化合物的种类与化学结构没有作出任何限定，而是涉及了提高 LIPG 多肽表达或提高 LIPG 多肽酶活性，或能降低患者 LDL 胆固醇水平的全部化学物质。

上诉委员会同意上诉人的如下观点，即申请记载了一些能用于鉴定权利要求所述组合物涉及的 LIPG 活性增强剂和抑制剂（调节剂）的分析方法……并且，虽然申请确实提供了一些理论性的实施例，涉及怎样鉴定获得提高 LIPG 多肽表达或提高 LIPG 多肽酶活性的增强剂，但原始申请文件没有为本领域技术人员提供任何教导，以使他能合理预期出，例如何种特定的化学结构类型属于权利要求 1 所述的增强剂。并且，申请也没有对如何有效地选择出具有降低患者 LDL 胆固醇水平这一功能性特征的化合物提供任何教导。

因此，在筛选获得权利要求 1 所述增强剂时，本领域技术人员事实上不得不检测无限数量的、具有各种化学结构的化合物。上诉委员会据此判决，原始申请在申请的相关日时没有为本领域技术人员提供任何教导，以使他在无需付出过度实验的情况下，能确定出权利要求1定义的增强剂。

另外，上诉委员会在审查中提及了T 1063/06判决的原则，鉴于使用的增强剂仅以功能为特征，因而属于向本领域技术人员提出了实验研究的邀请，在没有过度负担的基础上，于权利要求请求保护的全部范围内实施该发明是不可能的。因此，上诉委员会以公开不充分进行了驳回。

T 32/97（缺失tk－PRV的疫苗/NOVAGENE）判决表明如下观点，即为了充分公开，专利公开的内容不是必须从科学的立场看来是绝对正确的。该案的权利要求，除了其他内容之外，涉及由于缺失tk基因而不能产生任何具有功能的TK蛋白的伪狂犬病病毒。专利记载该tk基因基本上为如图5所示的tk基因序列。另外，表3显示了在tk－突变体中TK的表达结果。然而，即使是tk－突变体仍显示有残留的TK表达。驳回是以充分公开为由作出的，其基于表3尽管缺失tk仍残留TK表达，以及图5中的序列错误。然而，对于表3，上诉委员会认为该分析是一种相对的分析，不能要求TK表达的“零水平”总是具有同样的值或总为零。作为相对分析，重点在于其在将任何tk－突变进行比较分析时，建立了一个波动的TK表达零水平。至于图5，上诉委员会认为，相对于本领域技术人员获得缺失突变的能力来说，序列的错误是不重要的，这是因为相关的限制性位点是已知的，即使在不知晓基因特定序列的情况下，基于其去掉tk基因片段也是能实现的。在撰写专利申请时，当然需要尽力使数据准确、结果正确。但是，该案清楚地表明，即使数据是不正确或不完整的，也不会必然否定发明的充分公开性，前提条件是基于该带有错误的公开内容，本领域技术人员在没有过度负担的基础上仍能实施该发明。

在涉及充分公开时，权利要求含有参数限定的发明也是相关的。在对其进行考虑时，同样适用下文关于清楚问题的观点（参见第C.Ⅰ.3.e.b节）。对于权利要求的参数必须十分谨慎。如果本领域技术人员不能基于公知常识确定参数，测量每一个参数的全部关键细节就必须充分限定。如果检测的关键条件必须任意或主观地选择，则仅提及标准的检测方法或可商业获得的设备是不够的。

上诉委员会在T 815/07（－/宝洁公司）判决中指出：

在通过参数对发明主题进行限定的权利要求中，参数由此成为限定发明的必要技术特征。以通过参数限定出特定质量或数量的产品为例，参数的重要性在于产品基于其显示出了特定的质量或数量，并因此体现了其对发明解决的技术问题做出的贡献。不显示该特定质量或数量的产品不能解决该问题。

另外，EPC 第 83 条要求本领域技术人员在解决专利的技术问题时，应确定所获得的产品能解决该问题。如该案所述，鉴于请求保护的产品是通过特定方法测量到的参数范围来限定的，且与任意特定产品相关，该方法测出的值有时落入、有时又明显不在权利要求的保护范围之内，因此本领域技术人员无法知晓某特定产品能否解决技术问题。这导致在试图再现发明时需要付出过度的、即使不是不能克服的劳动。

T 120/08（–/–）判决采用了类似的考虑方式，其认为方法权利要求的充分公开是必须考虑的问题。该方法权利要求包括的步骤需要同时采用“真空 1000 mbar”。由于该术语可被解释为不同的方式，且经仔细审查可知该专利没有就该步骤参数的解读披露任何其他信息，因此上诉委员会认为应以公开不充分为由予以驳回。

在 T 593/09（–/东洋钢板有限公司）判决中，上诉委员会考虑了含有参数限定的权利要求的充分公开问题，其中参数的任意测量结果主要依赖于加热率，然而其并没有被原始申请明确记载。基于此，上诉委员会认为：

由于 LTC 温度主要依赖于采用的加热率，且无法知晓使用何种加热率，因此本领域技术人员不能确定特定的聚对苯二甲酸乙二醇酯膜是否如异议专利所请求的，具有 LTC 温度，从而获得预期的耐剥落、耐渗透、耐冲击效果。因此，由于参数“加热率”不清楚，导致关键的 LTC 温度不明确，以至于本领域技术人员在试图实施异议专利的发明时，不得不检测每一个聚对苯二甲酸乙二醇酯的耐剥落、耐渗透、耐冲击效果。

这相当于为了解决异议专利声称的技术问题需要付出过度的劳动。

需要特别注意不常见的参数，尤其是涉及取得的技术效果、以功能形式限定的参数。在 T 1914/11（尼古丁的液体制剂/MCNEILL）判决中，上诉委员会认为：

当专利解决技术问题的技术方案以技术效果的形式来表现时（如该案），专利权人有义务不仅对具有该效果的组合物的制备提供足够的技术教导，还需在说明书中定义该效果，以确保本领域技术人员在权利要求保护的全部范围内能实现对其的再现和检测，且无需过度劳动或实验。对于测定技术效果的方法，专利必须谨慎地撰写，以避免不确定性及猜测。

总体来说，鉴于该主题的性质，对于生命科学领域的专利申请来说，EPC 第 83 条规定的充分公开问题是非常重要的。

C. Ⅰ.3. b. a. 核苷酸和氨基酸序列

实施细则第30（1）条与2011年4月28日EPO主席决定（EPO官方公报2011，372）规定，如果申请公开了核苷酸或氨基酸序列，则需向EPO提交符合WIPO标准ST.25（ST.25）的电子序列表。ST.25适用于任何具有4个或更多个氨基酸，以及10个或更多核苷酸的无支链序列［ST.25第2（ii）段］。

序列表必须以电子形式提交，如果额外提交了纸件，则必须附上声明，以表明纸件与电子序列表是一致的。如果申请日没有提交符合ST.25的序列表，则申请人必须在2个月内提交，且不可延期。超期可以通过继续处理补救，且需要支付继续处理费。若电子序列表不完整或不可读，受影响的部分将被视为未提交。任何申请日后提交的序列表，其内容不得超出原始申请的内容，且必须附上确认该情况的声明。

申请日提交的序列表，作为说明书的一部分，将与申请文件和专利说明书一起公开。

EPO推荐使用软件BiSSAP生成符合ST.25的序列表，其可从EPO网站首页下载。该软件也可以用于检查已知序列表是否符合ST.25的要求。

如果EPO作为国际检索单位、国际补充检索单位或国际初审单位，且没有收到符合ST.25的电子序列表，则申请人需依据PCT实施细则第13条之三在1个月内提交序列表，且不可延期。当EPO作为指定局或选定局（欧洲－PCT申请），且没有收到符合ST.25的电子序列表时，申请人需依据实施细则第163（3）条在两个月内补交缺失的序列表，且不可延期。同样地，上文所述的条款也适用于欧洲直接专利申请。关于序列表提交的最新规定发布于2013年10月18日，并由EPO官方公报出版（参见附录3）。

C. Ⅰ.3. b. b. 微生物

实施细则第31条和第34条（参见附录4）对EPC第83条的一般性规定进行了补充。

实施细则第31条涉及的“生物材料”，是公众不能获得的，且本领域技术人员通过欧洲专利申请对其的文字描述，不能实施该发明。EPC实施细则第26（3）条“生物材料”定义为任何含有遗传信息的材料，且其本身能繁殖或能在生物系统中被繁殖。

根据实施细则第31（1）条，当发明使用或涉及“生物材料”时，该发明当且仅当在如下情况下被认为是充分公开的：

（a）生物材料的样品在不晚于申请日时已经被保藏在规定的保藏单位；

（b）在提交申请时提供了申请人所能获知的、涉及该生物材料的特征的相关信息；

（c）保藏单位和培养物的保藏号记载在申请文件中。

进一步在（d）小段中，实施细则第31（1）条规定当生物材料由他人而非申请人保藏时，按照EPC规定，保藏者的姓名和地址必须记载在申请中，且需向EPO提交文件以证明保藏者已授权申请人在申请中提及该保藏的生物材料，并已无保留和不可改变地同意公众可以获得该保藏的生物材料。

根据T 223/92（HIF-Gamma/基因泰克）判决，实施细则第31（1）条不应按照如下方式理解：

如果能基于说明书的书面内容再现发明，即使与仅对该微生物进行培养相比，保藏微生物为更繁琐的方法，申请人仍有义务对材料进行保藏以便于发明的再现。（第3.2点）

上诉委员会在T 412/93（促红细胞生成素/麒麟—安进）判决中肯定了该观点，其认为当请求保护的发明不需依赖于保藏的微生物再现时，保藏不是必需的。需要强调的是，EPC不要求公开实现发明的“最佳方式”。

在T 418/89（单克隆抗体/ORTHO）判决中，上诉委员会不认为杂交瘤的保藏满足了充分公开的要求：

如果当再现发明的唯一可能在于，需多次向保藏单位提出请求，并采用与保藏单位推荐相比更为复杂的技术时（忽略引证）。（判例摘要Ⅰ）

对于提交涉及第（1）（c）~（d）段的信息，实施细则第31（2）条规定了3个期限。首先届满的是控制期。G 2/93（甲型肝炎病毒/美利坚合众国Ⅱ）判决中，扩大上诉委员会认定依据实施细则第31（2）（a）条，对于实施细则第31（1）（c）条中涉及的信息，其提交不可晚于申请的申请日（或优先权日）后16个月。

依据实施细则第31（2）条第3句，提交的涉及实施细则第31（1）（c）或（d）条的信息，是申请人无保留和不可改变地同意公众可以获得该保藏的生物材料。

正如T 118/87（淀粉分解酶/CPC INT.）判决所强调的：

涉及微生物学方法发明的申请人和微生物的保藏人原则上必须是相同的。如果母公司对子公司提交的保藏物具有完全的控制权，则依据实施细则第28条，在这种特殊情况下可以将母公司及子公司视为一个整体。（判例摘要Ⅱ）

保藏微生物的获得不依赖于保藏人的许可［也参见T 239/87（微生物/纳

贝斯克）和 T 106/88（微生物/CPC）判决］。

在专利申请的说明书中，申请人应尽可能准确地记载微生物，即写明其形态和生化特征以及建议的分类等级。审查指南对一些非常重要的微生物列出了说明（例如参见审查指南 F-Ⅲ6.3）。

实施细则第 31（1）（a）条规定，保藏必须在认可的保藏单位进行，保藏单位符合《布达佩斯条约》所规定的要求。

从专利申请公开日起，任何提出请求的人均可获得保藏的培养物。该可获得性经由保藏单位向请求人分发微生物样品来实现。仅当请求人承诺不将该保藏培养物或任何衍生自其的培养物给予第三方且仅用于实验目的时，该样品分发才能进行。“衍生自其培养物”是指微生物的任何培养物，其仍具有保藏培养物用于实施发明所必需的特征。

除了将微生物样品发放给任何第三方，申请人还可以要求微生物样品仅发放给请求人提名的独立专家（也称为“专家选择”，实施细则第 32 条规定）。依据实施细则第 32（2）条，专家可由请求人提名，或由 EPO 主席认定。

如果不能再从保藏单位获得实施细则第 31 条规定的微生物，则该微生物可依据实施细则第 34 条重新保藏。

如果欧洲在 PCT 申请被指定，需要注意涉及微生物发明的 PCT 实施细则第 13 条之二。

C. Ⅰ.3. c. 优先权

在生命科学领域，优先权通常是非常重要的，一方面是因为请求多项优先权是很常见的，另一方面是因为在审查或异议期间，经常会引证在请求的优先权日前申请、在之后公开的相关专利申请［EPC 第 54（3）条的现有技术］或在优先权日和申请日期间公众可获得的文献。在对请求保护的主题的可专利性要求（新颖性和创造性）进行审查时，需要事先确定其相关日。

EPC 第 87 ~ 89 条对请求优先权的一些要求作出了规定。

在 T 81/87（前凝乳酶原/COLLABORATIVE）判决中，上诉委员会认为，为了享有优先权，欧洲申请的权利要求主题在在先申请中必须是能从整体上清楚确定的。（判例摘要）

上诉委员会进一步认为：

> 优先权文件必须在其提交的内容中明确地公开，或直接和清楚地隐含了全部基本要素（即发明的特征）。因此，未被记载、仅在日后被认为是必不可少的要素不属于公开的内容。（判例摘要）

在 T 301/87（α－干扰素/百健）判决中，上诉委员会表达了如下观点：

对于本领域技术人员来说，一个整体本身被公开，并不必然意味着为了优先权目的的某一组成部分也被公开，如该组成部分不能从本质上直接和清楚地被获知，而是需要大量研究才能被揭示（第 6.3 点）的情况。

在 T 296/93（HBV 抗原生产/百健股份有限公司）判决中，上诉委员会基于优先权文件公开的实体内容，判决申请享有优先权。上诉委员会认为，权利要求和其要求的优先权属于 EPC 第 87（1）条规定的同样的发明，原因在于：

对于请求保护的发明的基本要素（即特征），没有任何一个能被认为仅是在后被认识到的或被加入的，进而也不能被视为不属于优先权文件公开的内容……（第 4.6 点）

在 T 923/92（人 t-PA/基因泰克公司）判决中，对于通过序列限定的蛋白质，上诉委员会没有认可其享有请求的优先权，原因在于优先权文件中的蛋白质序列与请求保护的蛋白质序列不是完全一致的。上诉委员会判定这两个单独的多肽是"可能具有类似但并非完全一致特征的人 t-PA 的不同变体"。上诉委员会进而认为由于该权利要求与优先权文件记载的内容不属于同样的发明，因此不能享有优先权。

扩大上诉委员会的判决 G 3/93（优先权期间/－）认为：

如果请求优先权的欧洲专利申请所请求的优先权是无效的，则在优先权期间公开的文献，当其技术内容与优先权文件相同时，构成了 EPC 第 54（2）条所指的现有技术。（判例摘要 Ⅰ）

同样情况，当优先权文件没有公开欧洲专利申请请求保护的主题，进而导致优先权文件和在后的欧洲申请不属于相同的发明时，该请求的优先权也是无效的。（判例摘要 Ⅱ）

随后，扩大上诉委员会在 G 2/98（基于"相同发明"请求优先权的要求/－）判决中对审查某权利要求是否享有优先权日的问题，给出了适用的法律标准：

根据 EPC 第 87（1）条，基于"相同发明"请求优先权的要求是指对于欧洲专利申请的某权利要求来说，其涉及的依据 EPC 第 88 条的在先申请的优先权仅在如下情况下是被认可的，即通过普通常识，本领域技术人员能从在先申请的整体上直接和明确地获得该权利要求的主题。

对于"相同的发明"的含义，理由第（9）点解释道：

依据EPC第87（1）条，将概念“相同的发明”以开放或广义的方式进行解释，即将涉及与不涉及发明功能和效果的技术特征区别开来，结果可能导致即使修饰或删除某特征，或进一步增加某特征，请求保护的发明仍可以被视为与原来相同（参见上文第8.3点），这种解释方式在优先权的正确行使中是不适合和不恰当的。相反，根据以上分析，将概念“相同的发明”以保守或狭义的方式进行解释，即相当于EPC第87（4）条的概念“同样的主题”［参见理由第（2）点］，对优先权的正确行使是必要的。

对于“具体放弃”，扩大上诉委员会在G 1/03（放弃/PPG）判决中认为：

如判决G 2/98（与G 1/93的相关性参见上文的理由第2和2.1.2.点）所述，优先权的权利范围由优先权申请所公开的内容决定，且同时仅限于优先权申请公开的内容。为了避免任何不一致，作为EPC第87（1）条优先权和EPC第123（2）条申请修改的基础，对公开的解释应采用同样的方式。具体放弃没有做出如上所述的技术贡献，且在欧洲专利申请审查期间是允许的，这意味着从EPC第87（1）条的角度来说，其没有改变发明本身。因此，当撰写和提交欧洲专利申请时，允许引入具体放弃，并不影响享有不含有该具体放弃的首次申请的优先权。

在适用G 2/98判决时，上诉委员会在若干判决中对概念“相同的发明”和“同样的主题”给出了定义，尤其是对涉及核苷酸和氨基酸序列的发明。

T 351/01（组织因子蛋白/基因泰克）判决涉及特征在于结构和功能上的多聚核苷酸。优先权文件公开的多聚核苷酸与请求保护的多聚核苷酸具有相同功能，但在结构上有五个碱基不同，且均位于序列的非编码区上。对于这一点，上诉委员会认为该序列在结构上是不同的，因此不能认为属于同样的主题，不能享有优先权。

在T 30/02（木聚糖酶/诺维信）判决中，上诉委员会裁定，序列中现有技术文件出现而优先权文件缺失的两个鸟嘌呤残基导致了DNA序列的不同；而且没有在案的证据显示该特定的序列是源自相同的克隆DNA插入物。因此，该序列不能被认为属于同样的主题，进而也不属于相同的发明，该现有技术文件不能享有优先权。

在T 70/05（凋亡/基因泰克）判决中，上诉委员会认为现有技术文件限定的受体特定胞外片段不能享有请求的优先权，原因在于优先权文件没有公开该特定片段。上诉委员会还指出，根据优先权文件公开的“错误”的核苷酸或氨基酸序列，在后的专利申请从宽范围中可能选择出和公开“正确”序列并进而获得权利，是不公平的。这种行为只会鼓励且从长期来看导致优先权的滥用。

如下的三个判决涉及基于同一优先权文件的专利。T 666/05（突变/犹他大学）判决涉及的专利请求保护诊断方法，包括在组织样品中确定特定基因上是否具有特定突变。在相关优先权文件中，该核苷酸序列与专利公开的相应序列相比，有15个核苷酸残基的差别，其中6个没有导致序列中氨基酸残基的改变。并且这15个核苷酸残基的变化都不属于插入、缺失或形成终止密码子。上诉委员会认为，上述序列的区别不会对请求保护的发明产生任何影响，且本领域技术人员基于优先权文件的信息，在实施请求保护的方法时不存在任何问题，因此请求的优先权有效。

在相关的T 1213/05（乳腺和卵巢癌/犹他大学）判决中，上诉委员会则认为权利要求1不能享有优先权，原因在于其涉及特定的、分离的核酸的产品权利要求，其氨基酸序列是发明的技术特征，且与优先权文件公开的氨基酸序列存在区别。

T 80/05（诊断方法/犹他大学）判决也涉及诊断方法，包括在组织样品中确定特定基因序列上是否存在移码突变。与前述的T 666/05判决一致，上诉委员会裁定本领域技术人员能依赖于mRNA序列信息确定该可能缺失的移码突变。并且上诉委员会不认为优先权文件缺失内含子序列信息的行为会导致错误的结果，因此可以享有优先权。

C. I.3.d. 本领域技术人员

与审查新颖性、创造性和充分公开相关人被称为“本领域技术人员”。通常来说，本领域技术人员是一个假设的人，其具有普通技术背景以及该发明领域所涉及的特定知识和技能。

由于生物技术领域的迅速发展以及随之产生的相关特殊问题，EPO判例法特别对生物技术领域的本领域技术人员作出了定义。其中，定义所述技术人员的技术时，发明产生的时间是一个重要的参数。

在T 60/89（融合蛋白/哈佛）判决中，上诉委员会认为：

> 对于1978年遗传工程领域的本领域技术人员来说，其不能被定义为诺贝尔奖得主，而是一名具备该技术的已毕业的科学工作者或一个团队，其在由分子遗传发展到遗传工程技术期间在实验室工作。

T 500/91（α－干扰素/百健）判决也沿用了该解释，强调本领域技术人员是实用导向的（忽略引证）且通常预期不具有在未开发领域进行科学研究以解决技术问题的能力。（第2.2点）

在T 223/92（HIF-γ/基因泰克）判决中，上诉委员会指出，鉴于在1981

年相当多的基因成为克隆和表达方法的主题，该技术领域的所述技术人员不是指一个团队，而是指一名实施项目的高水平技术人员，其基于最初收到的指示就足以知晓如何克服可能产生的任何问题。（第5.5点）

T 455/91（酵母表达/基因泰克）判决述及生物技术领域的技术人员在对已知产品或方法进行可能的变化、修改和/或调整时的态度。在上诉委员会看来，所述本领域技术人员以谨慎的方式，持一种保守的态度……（第5.1.3.3点）

上诉委员会还认为他既不会违背既定的偏见，也不会不计风险地试图进入不可侵犯或不可预期的领域。（第5.1.3.3点）然而，他会像采用本领域已知可用技术手段一样，便利地采用相近领域的技术手段……前提条件是这种技术知识的转换是常规的。（第5.1.3.3点）

T 493/01（无细胞疫苗/CELLTECH）判决进一步强调，本领域技术人员的定义虽然是谨慎和保守的，但是这不代表他会因为非该专业领域研究的主流或仅在世界的部分范围内应用，而不考虑相关信息。本领域技术人员的技术和知识不受地域限制；反之，他具有全球观。

在T 412/93（促红细胞生成素/麒麟—安进）判决中，上诉委员会和当事人都认为，1983年的本领域技术人员是：

一个由三个人组成的团队，其一是在所涉及的基因技术或生物化学领域具有多年经验的博士研究员，另两名是协助前者的、完全掌握该相关领域已知技术的实验室技术人员。（第4点）

关于EPC第56条，T 530/95（XmaI/纽英伦生物技术有限公司）判决认为：

对于EPC第56条，所述本领域技术人员的技术不包括在未开发或有困难的领域进行科学研究以解决技术问题的能力。虽然不得不承认在本发明优先权日（1989年）时，遗传工程领域的平均技术已经发展到相当水平，但是对于该案，需要认识到的是，仅在本发明出现的前一年（1988年），文献（3）的作者，对于type-Ⅱ RM系统的克隆未能成功获得该请求保护的结果，即克隆XmaI系统。因此，进一步的研究是必需的。因此，对于EPC第56条意义上的本领域技术人员，仅能预期其能基于常规的手段，使用已知知识，在填补知识空白的常规技术的框架内，实施实验工作。

在T 1380/05（蛋白质稳定/诺维信）判决中，上诉委员会认为：

所述“本领域技术人员”被视为该发明（例如1994年11月21日T 412/

93 判决）所属领域的一个工作团队，这是正确的。因此，这意味着在审查创造性时，考虑该团队的全部知识和技术经验是“理所当然的”。相反地，这不代表该团队中的本领域技术人员具有“创造力”。随后一些涉及本领域技术人员能力的其他判例［1993 年 11 月 22 日 T 391/91 判决，常规实验能力；1992 年10 月 21 日 T 500/91 判决，保守的态度；T 207/94 判决（EPO 官方公报 1999，273），缺乏想象力和创造力］也完全肯定了该观点。

关于 EPC 第 83 条，上诉委员会在 T 946/02（蛋白质分离/诺维信）判决中认为：

即使上诉委员会的判例法认可，对于充分公开，例如在未开发或存在很多技术困难的领域，本领域技术人员可能会进行合理数量的重复实验，但本领域技术人员本身必须能从说明书或基于公知常识获得足够的信息，以使其从对最初失败的评估中取得必然和直接的成功。［参见 T 226/85 判决，官方公报 EPO 1988，336，第（8）点］

在药物领域，一些判决也对本领域技术人员及其能力作出了类似定义。

T 463/06（17－脱乙酰基炔诺酮的透皮吸收/ORTHO-MCNEILL PHARMACEUTICAL）判决强调，当审查创造性时，预期该本领域技术人员与 EPC 第 83 条涉及的本领域技术人员具有相同的资格。

对于专家意见，上诉委员会在 T 885/02（甲磺酸帕罗西汀/史克必成）判决中认为：

由于多种原因，专家意见并不必然反映技术人员的观点。专家声明必须是专利申请日之后作出的。该案中的专家属于知名科学家，其自身具有经验，但该经验不必然为公知常识。并且除了若干特例外，这些声明不能通过参考教科书获得支持，因此上诉委员会不能容易地根据该声明的内容将公知常识与非公知常识区分开来。

在 T 505/03（共轭亚油酸/LODERS CROKLAAN）判决中，上诉委员会就创造性地总结道：

对于“本领域技术人员在现有技术状况下会做出什么”这一问题，其答案在很大程度上依赖于本领域技术人员预期获得的技术效果。也就是说，不会假定所述“本领域技术人员”在缺乏具体的技术原因时试图实施某特定行为。反之，必须假定他不是基于随机的好奇心，而是基于存在于内心的特定技术目的而实施该行为。（T 939/92，第 2.42 点）

C. Ⅰ.3. e. 权利要求书

依据 EPC 第 84 条，权利要求应当：

1）限定请求保护的内容；

2）是清楚和简要的；

3）得到说明书支持。

权利要求的形式和内容应符合实施细则第 43 条的规定，其明确规定权利要求应通过发明的技术特征来限定请求保护的内容。

C. Ⅰ.3. e. a. 权利要求类型

权利要求有两种基本类型，即产品权利要求和方法权利要求。产品权利要求包括化学物质（如 DNA 或蛋白质）、化学组合物（如药物组合物）以及设备或制品（如检测试剂盒）。

方法权利要求包括制造方法（如制备抗生素的方法）以及操作方法（如通过施用除草剂控制杂草的方法）。根据 EPC 第 64（2）条，对于涉及制造方法的专利，其请求保护的范围延伸到由该方法直接获得的产品（参见 B. Ⅰ.）。

用途权利要求属于方法权利要求中的一类［参见 G 5/83（第二医学适应症/卫材）以及审查指南 F-Ⅳ 3.1］。该请求保护的用途可以涉及产品的改变，如 DNA 在制备蛋白质中的用途或条件的改变，如化合物在提高植物生长率中的用途。

药物领域具有一个特殊的权利要求类型，即用途限定的产品权利要求，其被解读为产品权利要求，但是其保护范围包括了所指明的用途［参见 EPC 第 54（4）~（5）条］。

只要有可能，产品权利要求中的生命科学产品应通过结构限定，优选通过化学式或其组成限定。在特殊情况下，如果不能通过如上方式限定，则也允许通过特性进行限定，例如物理或化学参数（如熔点、光谱特征、分子量等），前提条件是该特性能被清楚且可靠地确定（参见审查指南 F-Ⅳ 4.11）。

如果仅能通过制备方法对产品进行限定，则该方法限定的产品权利要求形式是允许的。该方法限定的产品权利要求被解释为产品权利要求，因此仅在所获产品具备新颖性时，才能被视为允许的［参见 T 150/82（权利要求类型/IFF）和 T 412/93（促红细胞生成素/麒麟—安进）］。对于方法限定的产品权利要求的撰写，优选的方式可为“能通过方法 *Y* 获得的产品 *X*”或其他类似方式，而非“方法 *Y* 获得的产品 *X*”。或者方法限定的产品权利要求可引用方法权利要求，例如“能通过权利要求……的方法获得的产品 *X*”。方法限定的产品权利要求可以包括产品特征以及方法特征。

一般来说，一个专利申请的每一类权利要求应包括不多于一个的独立权利要求。根据实施细则第43（2）条，一个申请的同类权利要求可以具有多于一个独立权利要求（产品、方法、设备或用途）的条件是，仅当申请的主题涉及如下内容时：

（a）多个相关产品，

（b）产品或设备的不同用途，

（c）针对特定问题的不同替代解决方案，前提条件是当在单独一个权利要求中包括上述替代方案不合适时。

C. Ⅰ. 3. e. b. 权利要求清楚

通常仅在审查程序中指出权利要求清楚的问题，这是因为EPC第84条不是提出异议的理由。然而，如果异议程序中提交了修改的权利要求，则也会依据EPC第84条对其进行审查。根据现行的判例法，当修改是基于已授权权利要求的组合时，就不应对权利要求的清楚问题进行讨论，只有当说明书的特征被引入权利要求时，才是可以的。然而，近期的判例法出现了在异议程序中对授权权利要求的组合质疑不清楚的情形［T 1459/05（－/EBM-PAPST LANDSHUT）和T 656/07（－/百时美施贵宝）］。

实际上，在第三方评估权利要求是否侵权时，权利要求的清楚性对于确立法律的确定性是重要的。如果对权利要求覆盖的主题，即权利要求保护范围存在质疑，则没有满足权利要求清楚的要求。

根据T 908/04（－/金佰利）判决：

基于本领域常识，但不包括由专利申请说明书获得的任何认识，权利要求本身必须是清楚的（参见2003年10月30日判决T 988/02，EPO官方公报未公开；理由第3.3.1点）。

T 1018/02（电信系统/BTG）判决进一步认定：

尽管权利要求不能以不合逻辑的或无意义的方式来解释，但是也不能通过说明书对权利要求的特征赋予不同的含义，即使说明书本身给予了本领域技术人员清楚、明确的技术教导。这也适用于当特征没有以权利要求中出现的形式而被原始公开的情况（标注）。

在T 2256/08（含叶酸的药物组合物/ORTHO-MCNEIL）判决中，上诉委员会认为：

只要权利要求主题涵盖的一个可选物存在矛盾或不一致之处，就足以导致该权利要求不清楚。

对于权利要求的复杂性，上诉委员会在 T 574/96（多西环素/美国氰氨公司）判决中认为：

EPC 第 84 条没有为由于权利要求太复杂而对其作出驳回提供依据。在上诉委员会的判决中，所述复杂性不等同于不清楚。当权利要求请求保护的主题和保护范围基于其本身或基于说明书，对本领域技术人员来说是清楚和明确的，则不会仅由于权利要求的复杂性而依据 EPC 第 84 条对其提出清楚性的质疑。并且在对权利要求的主题进行审查时，上诉委员会不能从该被诉案件的说明书中看出何谓“在合理的时间内”，除了其可能是指耗费高于平均水平的时间。

与该判决一致，上诉委员会在 T 1020/98（安全剂/拜耳）的判例摘要中指出：

符合 EPC 第 84 条规定的“清楚”，不依赖于确定产品权利要求是否涵盖了某特定化合物所花费的时间。清楚性的规定并非是权利要求由于复杂性而进行驳回的依据。一个权利要求的简单与否不是 EPC 规定的可授予专利权的标准。

需要特别注意权利要求中的参数，测定每个参数的所有关键细节都应充分限定。如果检测的关键条件必须任意或主观地选择，则仅提及标准检测方法或商业可获得的设备是不够的。

在 T 1156/01（ –/日本石油化学公司）判决中，上诉委员会认为：

因此，如果发明以参数为特征，则只要是合理的，权利要求本身需要完全限定测量的方法和设备，或者如果方法过长以至于影响权利要求的简要，则可以依据实施细则第 29（6）条的规定通过引证说明书的方式来对其进行限定。仅当本领域技术人员从初始就知晓参数测定使用的方法或条件，例如，因为其是该技术领域通常采用的测定该参数的方法，或是在已知相关技术领域中测定该参数的全部方法，且上述方法在适当的测量精度范围内均能产生同样的结果时，在权利要求中限定参数的测定方法才可以被认为是不必要的（参见 2004 年6 月 16 日 T 412/02 判决，EPO 官方公报未公开；理由第 5.8 点和第 5.9 点）。

需要特别注意新的或不常见的参数。在 T 1525/10（氟伐他汀的持续释放/

诺华公司）判决中，上诉委员会裁定：

如果在该案中，该测定参数的方法是特别设定的，且在本领域中是不常见的，则申请人会被要求必须详尽并非常谨慎地对其进行描述，从而避免引起猜测以及产生不确定性。

对于权利要求中以功能性限定的特征，上诉委员会在 T 936/06（噬菌体制备/耐莫斯）判决中指出其与参数特征一样，适用同样的标准：

根据法律确定性这一原则，上诉委员会的判决认为，当请求保护的产品是通过权利要求中的特定参数来限定时，本领域技术人员必须能够清楚和可信地确定该参数，而这既可通过该申请提供的技术信息，也可通过本领域通常实际采用的方法来实现（参见包括 T 94/82 和 EPO 官方公报 1984，75）。上述观点同样适用于功能性限定的特征，其是基于所获的结果对产品进行限定。该特征应提供明确的指示以使本领域技术人员足以清楚地实施（T 68/85，EPO 官方公报 1987，228；2003 年 1 月 29 日 T 437/98，29）。

含有具体放弃式限定的权利要求也必须符合 EPC 第 84 条关于清楚的规定。

在 G 1/03（放弃/PPG）判决中，扩大上诉委员会强调道：

在任何情况下，EPC 第 84 条规定的简要和清楚也适用于含有具体放弃式限定的权利要求。一方面，这意味着，依据实施细则第 29（1）条第一句的规定，如果该必要的限定可以通过肯定的原始公开的特征这一较简单的方式来表达时，则具体放弃的方式是不被允许的。并且对于基于多个具体放弃式限定而撰写出的权利要求，可能会导致公众为了确定其保护的内容或不保护的内容而承受不合理的负担。对于清楚的其他问题，必须注意申请人获得足够保护与公众在合理劳动下确定保护范围这两方面利益的平衡。如果包括一个或多个具体放弃式限定的权利要求没有满足后者，则不能被允许。另一方面，如果该申请的术语和预期的不一致，且权利要求使用了不同的、矛盾的术语，则对权利要求的理解可能是相当复杂的。在这种情况下，EPC 第 84 条会要求对术语作出必要的适应性的具体放弃式限定以恢复新颖性。

事实上，清楚和充分公开（参见 C. Ⅰ. 3. b.）这两个问题有时是关联的。T 923/92（人 t-PA/基因泰克）判决阐述了这种内部关联性。该案中，授权的权利要求涉及一种方法，包括自特定黑色素瘤细胞系提取 mRNA 以制备 cDNA，并从其中分离具有特定限制性图谱的假定成熟组织纤溶酶原激活剂的 DNA 序列，其编码特定蛋白序列且具有人组织纤溶酶原激活剂功能。在审查中，上诉委员会考虑了特征“具有人组织纤溶酶原激活剂功能”是否是不清楚且公开不充分的。异议人声称对于人 t-PA 衍生物，其专利独占的范围过大，部分原因在于参数“具有人 t-PA 功能”具有“含糊和不清楚的定义”。上诉委员会指出该权利要求没有限定任何特定序列，仅包括功能性限定的特征和参数，例如编码 cDNA 的限制性图谱。对于衍生物的限定，该权利要求没有提供任何人 t-PA 的参考结构。如上所述，上诉委员会还指出术语“具有人 t-PA 功能”是含糊和不清楚的，例如，理由在于人 t-PA 是一个具有多功能的分子。因此，上诉委员会裁定该权利要求是公开不充分和不清楚的。

C. Ⅰ. 3. e. c. 权利要求得到说明书支持

除了权利要求的清楚问题，第 84 条还规定权利要求必须得到说明书支持。同样地，由于第 84 条不是异议的理由，因此通常仅在审查程序中考虑权利要求是否得到说明书支持。

对此需要考虑两点问题。第一点，权利要求必须包括说明书公开的、能解决提出的问题的全部必要特征。例如判决 T 821/96（哌嗪/惠氏兄弟）和 T 2068/10（固定化的干燥血小板/北卡罗来纳大学）概括指出的，EPC 第 84 条所规定的“得到说明书支持”，

应被理解为权利要求必须限定能解决发明关注的技术问题的全部必要特征。相应地，说明书记载的、对所述发明明显必要的全部技术特征，尤其是一些能将发明与最接近的现有技术区分开来的特征，必须限定在权利要求中。

上诉委员会在 T 939/92（三唑/艾格福）判决的判例摘要中指出：

Ⅰ. 如果权利要求涉及一组化合物本身，不能仅基于说明书没有记载能证实请求保护的所有化合物都具有声称的技术效果（即使该技术效果并非请求保护的化合物限定的部分内容）的足够信息，就依据 EPC 第 84 条以得不到说明书支持为由对其进行驳回（参见理由 No. 2. 2. 2）。

Ⅱ. 如果该技术效果是该化合物具有声称的创造性的唯一原因，则应依据 EPC 第 56 条，审查该权利要求中是否所有化合物都具有该技术效果。

第二点，权利要求在其保护范围内应得到说明书支持，以使请求保护的发明在其整个范围内能实施。

T 409/91（燃料油/EXXON）判决强调：

虽然第 83 条和第 84 条的规定涉及专利申请的不同方面，第 83 条涉及发明的公开，而第 84 条涉及通过权利要求对发明进行限定，但是就实质而言，对于得到说明书支持这一规定的根本目的与充分公开的根本目的是一致的，即

基于发明实际对现有技术做出的贡献而确保专利的独占性是合理的。(第3.4点)

同样地，上诉委员会在T 1486/08（过滤材料/宝洁）判决中指出：

上诉委员会注意到，上诉委员会的判决认为权利要求的保护范围不得超出说明书内容证实的范围以及对现有技术的贡献（T 0409/91，EPO官方公报9/1994，653，理由第3.2点倒数第二句以及理由第3.3点第二句)。

在T 127/02（疱疹病毒突变体引起的基质性角膜炎/哈佛）判决中，上诉委员会认为在审查是否满足EPC第84条时，EPC第84条所涉及的支持是主要问题。该权利要求涉及疱疹病毒的医疗用途，其具有特定结构以及治疗不同疾病的功能。上诉委员会认为，形式上的支持仅意味着说明书和权利要求的文字记载是相同的，而这不足以满足EPC第84条的规定。反之，需要说明书能提供技术性的支持，体现申请人对现有技术做出的有效贡献（决定第3点)。上诉委员会认为该说明书在技术上证明了单纯疱疹病毒突变体能用于治疗所述疾病。该判决表明，在说明书撰写中，尽量为权利要求保护的范围提供确保其能得到足够技术支持的重要性。

C. Ⅰ.3. e. d. 药品权利要求

在医药领域，使用了许多通过合成或生物技术方法获得的产品，例如抗生素、生长因子等。

依据EPC第53（c）条，对于针对人体或动物的手术或治疗方法，以及施用于人体或动物的诊断方法，其使用的产品是具备可专利性的。在下文中，所述产品被称为药品。MSPC第1（a）条（参见B. Ⅱ.2和附录7）也明确地对药品作出了类似的解释。

与非药品相比，药品存在一个重要的例外之处。

对于涉及已知产品的发明，且在先没有公开该产品可以用于上述方法（外科手术、治疗或诊断方法）时，该产品仍然可以通过限定到医疗领域而获得保护（“用途限定的产品保护”)。对于产品权利要求需具有绝对新颖性这个一般原则来说，这是一个例外（参见C. Ⅰ.3. a. b.)。

考虑到该重要的例外之处，药品可以采用如下三种类型的权利要求：

(i) 具有医疗效果的新产品

涉及产品的权利要求可以获得绝对的产品保护，即涵盖了所有可能的制备该产品的方法以及该产品所有可能的用途，包括医药领域的用途。

上述权利要求可以撰写为：

物质 X（或组合物 X）。

(ii) 已知产品，其医疗效果是首次被发现的

涉及医疗用途的产品权利要求可以通过用途限定的产品而获得保护（用途限定的产品权利要求）。

上述权利要求可以撰写为：

物质 X（或组合物 X），用作药品。

该权利要求的保护范围延伸到全部的医药领域，而不限于治疗特定疾病。

(iii) 已知产品，其部分医疗效果是已知的，而新医疗效果首次被发现

依据 1973 年版 EPC，可以采用涉及第二或更多医疗用途的用途权利要求（即"瑞士型"权利要求）。根据 G 5/83（第二医疗适应症/卫材公司）判决，EPO 要求权利要求包括制备医药产品的步骤。

上述权利要求可以撰写为：

物质 X（或组合物 X），用于制备治疗疾病 Y 的药品。

依据 EPC，相关日在 2011 年 1 月 28 日之后的申请不可再采用"瑞士型"权利要求。例如，在 G 2/08（给药方案/雅培呼吸）判决中，扩大上诉委员会认为：

当权利要求的主题仅通过新医学治疗用途就能体现新颖性时，该权利要求不可再采用 G5/83 判决所谓的"瑞士型"权利要求形式。

且规定对于符合上述时间限制的在后申请，应与本决定一致。对于用于医药方法中任何特定用途的任何物质或组合物，且该用途是现有技术未公开的，EPC 第 54（5）条明确地认可了其具备可专利性。

涉及第二或更多医疗用途的权利要求目前可撰写为如下形式：

物质 X（或组合物 X），用于治疗疾病 Y。

物质 X（或组合物 X），用于疾病 Y 的治疗方法。

C. Ⅰ. 3. e. e. 发明单一性

对于 EPC 第 82 条规定的发明单一性，实施细则第 44 条规定，仅当不同发明在技术上具有相关性、涉及一个或多个相同或相应特定技术特征时，其才满足单一性的要求。概念"特定技术特征"是指该特征导致每一个请求保护的发明，在整体上对现有技术做出了贡献。实施细则第 44 条还规定，在确定一组发明是否能构成一个基本的发明构思时，不能基于请求保护的发明是在不同

权利要求中或在一个权利要求中。

实施细则第 64 条涉及当申请不符合发明单一性时的处理方法。在这种情况下，EPO 将会依据 EPC 第 82 条的规定，基于权利要求最先出现的发明或一组发明，对部分申请做出部分检索报告。并且会通知申请人，为了对其他发明做出欧洲检索报告，必须为每一个涉及的发明缴纳附加检索费。EPO 将仅对申请中已缴纳检索费的部分发明做出检索报告。在审查期间，如果申请人要求退款，且审查部门认为依据实施细则第 64 条第 1 段的规定，审查意见是不正确时，任何费用都会被退回。

在 G 2/92（未缴纳附加检索费/ –）判决中，扩大上诉委员会指出当没有为不具有单一性的申请缴纳附加检索费时，申请人不能就该申请中未缴纳附加检索费的主题继续寻求保护。如果该申请人期望对该主题进行保护，则必须提交分案申请。

发明缺乏单一性可以在考虑现有技术之前提出（事先的）或在考虑现有技术之后提出（事后的）。如果由于缺乏单一性而驳回是基于事后的判断，则其通常是由缺乏新颖性或创造性的驳回而导致的。

同一申请中，通常不会基于如下不同类型独立权利要求的组合作出涉及单一性的驳回：

（i）产品独立权利要求，制备该产品的方法独立权利要求，以及该产品的用途独立权利要求；

（ii）产品独立权利要求，制备该产品的方法独立权利要求，以及特别设计以用于实施该方法的设施或装置的独立权利要求；

（iii）方法独立权利要求，以及特别设计的用于实施该方法的设施或装置的独立权利要求。

一个申请中可以包括多于一个的同一类型的独立权利要求，条件是所有独立权利要求经由一个相关产品而联系起来。因此通常来说，在一个申请中允许存在涉及核酸、其编码的蛋白质、表达其的宿主细胞等的权利要求。

对于中间产品和最终产品，T 470/91（单一性/ICI）指出：

> 上诉委员会技术部门在法理上认可如下问题，即原则上，当涉及若干组新的中间产品和一组新的最终产品时，如果基于中间产品对最终产品基本结构元件而做出的贡献，能证实该组为了获得最终产品的中间产品在技术上是足够相关的，且满足 EPC 第 82 条，则发明具有单一性［参见 T 110/82（苄基酯类），EPO 官方公报 1983，274，以及 T 35/87（羟基吡唑/巴斯夫），官方公报 1988，134］。

该决定还指出：

> 由于获得最终产品的两组中间产品中的每一个均能解决一个技术问题，且该问题是该中间产品联合起来能解决的全部技术问题整体中的一个，该两组特定用途的中间产品均对其做出贡献时，认为两组中间产品在结构上彼此不相关的观点是不成立的。

在 W 13/89（－）判决中，对于涉及第一和第二医学适应症的权利要求，上诉委员会指出：

> 混合物或其单独组分在制备用于治疗特定适应症（第二医学适应症）的药物中的用途权利要求，与仅将混合物作为药物组合物的权利要求（第一医学适应症），显然属于一个发明。

扩大上诉委员会在 G 1/91（单一性/西门子）判决中强调，对于欧洲专利的授权文本或之后的修改文本不符合单一性规定的问题，在异议程序中是不相关的。

C. Ⅰ.3. f. 说明书

实施细则第 42 条对欧洲专利申请的说明书内容作出规定。依据该条款，说明书应指出发明涉及的技术领域，提供有助于理解发明的背景技术以及公开该发明，包括发明有益的技术效果及通过适当的实施例详细公开实现请求保护的发明的至少一种方式。尤其是对于参数限定的发明，正如上文所述对于充分公开和权利要求清楚问题来说，详细且准确地记载测定相关参数的检测方法是重要的（参见 C. Ⅰ. 3. b. 和 C. Ⅰ. 3. e. b. ）。

同时，说明书提供了技术信息库，从而确保申请人对于提交分案申请、对于审查和异议程序中为了对如公开充分和创造性等问题提供支持性证据而提交补充数据的选择。欧洲专利申请说明书的公开还决定了申请人基于效果将请求保护的发明与所述现有技术区别开来的能力。在这一点上，EPO 实际上仅在如下条件下认可未在申请文本中而是在后程序中提交的实验数据，即原始提交的申请暗示了该效果，或至少原始申请涉及了相关的技术问题。

C. Ⅰ. 3. f. a. 选择发明

选择发明涉及单个要素的选择，例如特定化合物，其属于现有技术未明确公开的小范围或小组，但是落入了已知的较大范围或组中。在生命科学领域，发明经常涉及对已知物质中特定化学物质或一组化学物质的确认，其中，在后发明落在了该现有技术之中，但是没有被其明确公开。生命科学领域的另一种发明涉及由参数范围（组分比例、方法参数、剂量等）限定的发明，相似地，现有技术已经公开了较宽的参数范围。

虽然上述两种类型的发明在典型特征上存在差别（特定化合物或一组化合物与参数范围相比），但是EPO在审查上采用了相同的方式，两者均被认为是化学选择发明。

T 12/81（非对映异构体/－）是一个标志性的判决，涉及了化学领域化合物发明的新颖性问题，其被上诉委员会的判例法以及审查部门的通知书多次引用。上诉委员会在该判决中认为：

物质选择的含义是指从一组物质中选择一个特定或一小组特定化合物。因此，如果引证的文献没有提供任何额外的信息，则从引证文献通式1涵盖的多种化合物中恰当地选择出请求保护的异型化合物，显然属于一种真正的选择。对于选择出的一个或一小组化合物，当然也必须具备新颖性，但如上述第7条和第8条所示（通过现有技术的方法可获得请求保护的化合物），这一点在此并非是关键的。对物质的选择可以通过不同途径实现，例如，在缺乏起始物质任何信息的情况下，从现有技术公开的通式范围中发现其未提及的一个或一组化合物。

仅仅基于请求保护的化合物代表了现有技术涵盖的多种可能化合物中的一种这一事实，不能确保选择发明本身具备新颖性。如果现有技术公开了获得该请求保护的化合物的途径，则该化合物虽然是众多选择之一，也是缺乏新颖性的。该判决指出的这种对立性，构成了对于选择发明新颖性的核心观点，并且一直被EPO广泛应用：对于落入了现有技术较宽范围结构通式中的请求保护的特定化合物，在现有技术对其没有提供特别指引的情况下，该化合物是具备新颖性的。

上诉委员会T 12/90（－/－）判决涉及通式限定的化学物质权利要求。上诉委员会认为，现有技术明确指引了特定的优选取代基组合，其落入了请求保护的范围，因此选择发明不能被认可：

在已知集合中进行的选择，其新颖性的确立……需要在已知内容上增加新要素，进而带来技术上的新教导。对已知内容的单纯复制不能带来新技术教导，也没有对技术做出贡献。

对于何为单体的问题，上诉委员会进一步阐述：

单体的概念仅适用于对单一化合物的结构的定义，而非对集合；根据上诉委员会的判例法，一个基于通式限定的集合没有公开其涵盖的单一个体。

EPO判例法一直认为，请求保护的化合物如果作为在先较大范围公开的化合物中的一类，则构成了化学选择发明。只要现有技术没有单独公开该化合物，也没有公开必然能由特定起始物质获得该请求保护的化合物的特定方法，则该化学选择相对于现有技术是具备新颖性的。

由现有技术较宽范围内的参数范围限定的选择发明，被认为是生命科学领域的另一种选择发明。上诉委员会的判例法早在T 198/84（硫代氯甲酸酯/－）和T 279/89（－/－）判决中就对在已知较宽范围内进行选择的发明的新颖性审查，建立了一套特定标准。如其所述，认可选择发明具备新颖性的条件是：

1）当与现有技术公开内容相比，选择的小范围是窄的；

2）选择的小范围足够远离实施例（现有技术中）所示的已知范围；

3）该选择不是基于现有技术做出的任意选择，即其不单纯是现有技术说明书中的一个实例，而是另一个发明（其必须是一种有目的的选择）。

对于“窄的”和“足够远离”的含义，其是一种基于个案的审查，并且EPO上诉委员会认为上述的第三个条件同样是与个案相关的。也就是说，上述T 12/81和T 12/90判决中采用的原则，也适用于对涉及小参数范围的选择发明的审查。对此，上诉委员会强调，对于从大范围单独选出的小范围，确定其具有新发现的效果是不足以认可新颖性成立的，而是选择的小范围本身必须在本质上具备新颖性。

C. Ⅰ. 3. f. b. 分案申请

EPC第76条以及实施细则第36条给予了申请人就任何未决在先专利申请提交分案申请的选择。EPC第76（1）条规定分案申请仅可以涉及母案申请中公开的主题。

对于提交分案申请，两个最主要的问题是实施细则第36条规定的提交分案的期限（“只要母案申请未决”）以及EPC第76（1）条规定的分案可请求保护的主题（“不得超出母案申请的范围”）。

由于欧洲专利申请授权通知书公开的日期终止了申请的未决期这一点是公知和惯例，这要求任何分案必须在该日期前至少一天提交。因此。当申请被审查部门驳回时，出现了一些问题。具体而言，任何分案申请是否都必须在驳回前提交（该驳回可能在听证时出现，以至于特别是分案申请不得不在听证前提交）；或者在提交正式上诉声明期间，即使该上诉声明实际上未提交时，提交分案申请是否仍是有效的。事实上，该问题指的是对于欧洲专利申请在驳回后，只要还存在对其进行上诉的可能性时，其是否仍被视为处于未决期。

G 1/09（未决申请/索尼）判决涉及了对于实施细则第 36 条的概念“未决”，在申请被 EPO 审查部门驳回后如何解释的问题。该判决中，上诉委员会不得不对如下问题作出认定：

被审查部门驳回的申请，在上诉请求提交期届满前仍未提交上诉请求时，是否仍属于实施细则第 36 条所指的未决？

上诉委员会肯定了该问题，其强调：

在没有提交请求时，被审查部门驳回的欧洲专利申请，直到上诉请求提交期届满前，属于实施细则第 36 条所指的未决。

因此，在审查部门作出驳回后，即使没有对驳回决定提请上诉，分案申请仍可提交，但前提条件是分案应在上诉请求提交期届满前提交。

EPO 扩大上诉委员会的另两个判决 G 1/05（分案/ASTROPOWER INC.）和 G 1/06（涉及序列的分案/精工）合并为 G 1/05，涉及了对 EPC 第 76 条进行解释的问题。第一个判决涉及一个重要的问题，即不符合 EPC 第 76（1）条的规定是否是应被驳回的，即使该缺陷在实施细则第 36 条规定的期限届满前，能通过修改而克服。

尤其是在 G 1/05 判决中，上诉委员会不得不考虑如下问题：

在实际提交日，由于分案申请超出了在先申请的范围从而导致其不符合 EPC 第 76（1）条规定时，能否通过在后的修改使其成为有效的分案申请？

上诉委员会肯定了该问题，其强调：

就 EPC 第 76（1）条而言，当分案申请在其实际提交日提交的内容包括了超出在先申请范围的主题时，能通过在后的修改以使其主题不再超出范围，即使当在先申请不再处于未决状态时。该原则同样适用于其他（非分案）申请的修改。

因此，为了符合 EPC 第 76（1）条的规定，上诉委员会给申请人提供了改变分案申请内容的机会，即使在分案提交和实施细则第 36 条规定的届满期限之后，（在母案申请未决期终止之后）。

最后，如 G 1/05 所述，上诉委员会还述及如下问题：

对于包含原始申请及每一个均由在先申请分出的在后分案申请的一系列申请，为了使该系列申请的任一个分案申请符合 EPC 第 76（1）条的规定……是否必须要求该分案申请在提交时公开的任何内容，是直接、毫无疑义且独立地源自每一个在先申请的公开内容的？

该问题的提出源自EPO上诉委员会在判决中对如下问题提出质疑，即申请人能否在源自另一个在先分案申请的分案中请求保护特定主题，而该在后请求保护的主题本身在在先申请中没有请求保护。上诉委员会在回答该问题时强调：

对于每个来自其在先申请的一系列分案申请，如果每一个在先（较早）申请在提交时就公开了该主题，且每一个较早在先申请在分案申请提交时仍含有该主题，以至于从原始申请提交并公开后直到待分案申请提交的整个期间，每一个较早在先申请一直含有该主题……则只有在这种条件下，分案申请享有原申请首次公开相关主题的申请日才是被认可的。

在一系列分案申请中，某在先申请遗漏的内容不能被补充进该申请，也不能补入源自其的在后申请。

因此，如果一系列分案申请的所有分案均包括了一主题（但不必是请求保护的），则当从在先申请分案时，在后的分案申请都可以请求保护该特定主题。

关于上述一系列分案申请问题，EPO在2014年4月1日制定了有关费用的条款，即基于任何本身是分案的在先申请而提交的分案申请，需缴纳补充分层费，且对于第二、第三、第四、第五或任何在后分案，需缴纳的费用是逐步升高的。该费用的提出是基于实施细则第38（4）条的规定，其认为有关费用的条款可以规定将附加费作为申请费的一部分，前提条件是该分案申请的提交是基于任何本身已是分案的较早申请。

C. Ⅰ. 3. f. c. 数据的质量和提交

根据上诉委员会长期以来的判例法，在EPO程序中可以提交比较实验。

然而，对于实验数据产生和提供的方式，上诉委员会形成和确立了重要的标准。

在T 984/03（黏附组合物/BMG）判决中，上诉委员会不得不对申请人提交的证实创造性的实验数据是否属于基于最接近的现有技术而提供的、合理的比较实验数据作出判定。该判决指出：

根据上诉委员会形成的判例法，为了审查创造性，确定最接近的现有技术，基于其确定发明声称的和能成功解决的技术问题，且基于现有技术状况对为解决该问题而请求保护的技术方案的显而易见性进行审查是必要的。

为了表明确定的技术问题被成功地解决，在审查程序中，申请人可提交将最接近的现有技术的示例与请求保护的发明的实施例进行比较的实验数据。当对该实验数据进行审查时，上诉委员会强调道：

（审查程序中提交）比较实验是恰当的，这是由于其真实地反映了能将请求保护的组合物与最接近的现有技术区别开来的必要技术特征的影响。因此，该实验提供的比较是合理的，在创造性审查中应予以考虑。

因此，任何为了证实相对最接近的现有技术具有创造性而提交的实验数据，必须真实地反映使请求保护的发明相对于现有技术具备新颖性和创造性的技术特征的相关性。

对于任何现有技术教导的重现必须准确地与现有技术公开的示例一致这一问题，一些判决对其程度进行了考虑。在 T 1872/08（墨水套件/精工爱普生）判决中，上诉委员会对于 EPO 审查实践中实验数据的提交问题做出了总结，指出：

当选择通过比较实验来证明在所属领域取得了提高的效果从而具备创造性时，与最接近的现有技术进行的比较必须保证其效果确信是由发明的区别技术特征带来的。为此，可能必须对比较的要素做出调整，从而保证二者的区别仅在于区别技术特征……（T 197/86）

对于该调整可实施的程度，上诉委员会指出：

对比较实验的要素的调整，可以通过对最接近现有技术的实施例、在诉专利的实施例或二者的调整而实现。因此，只要“效果确信是由发明的区别技术特征带来的”，则可通过比较实验证明提高的效果，而不必完全重复现有技术的实施例。

在任何情况下，对于纳入考虑范围的实验数据，当事人有义务在递交该数据时提供实验完成条件的信息。在 T 246/01（染发组合物/KPSS）判决中，虽然实验数据是在审查程序中适时提交的，上诉委员会没有对其进行考虑，认为由于缺乏有关数据产生条件的信息，阻碍了对其进行详细分析的可能。因此，不仅实验结果在所述数据提供时必须构成其提交的一部分，使用的方法以及所有相关实验步骤和条件也必须一并提交，从而确保 EPO 将其纳入考虑范围之内。

然而，在特定情形下，EPO 完全不会考虑实验数据，即当申请提交时没有恰当地公开其请求保护的教导所能解决的技术问题时。EPO 采用该方法是基于发明对现有技术能做出贡献这一本质的理解，即解决技术问题，而非仅提出问题，要求基于申请公开的内容，至少使通过申请的教导能真正地解决其声称解决的技术问题这一事实看起来是可信的。在缺少上述原始公开时，在后公开的证据，即使在适当的情形下能被认识到，也不能成为证明在审申请能实质上解决其声称解决的技术问题的唯一基础。

在T 1329/04（因子－9/JOHN HOPKINS）判决中，关于在审查程序中对创造性提出质疑时，是否需要对提交的在后公开证据进行考虑这一问题，上诉委员会作出了判定。对上诉委员会来说，该问题实际上与原始提交的申请是否实质上公开了请求保护的主题能解决特定技术问题这一事实相关。对于在审申请的实质上公开问题，上诉委员会认为：

如果申请提交时已经证实GDF-9与转化因子β发挥相同的作用，则情况很可能是不同的（如该案中所有因子最初被视为一超家族）。然而，该案对此没有提供任何证据。事实上，该申请仅公开了GDF-9在卵巢组织表达，虽然该信息本身是有用的，但是其不足以证明该分子所可能具有的任何功能。

因此，对于该提交的在后公开的数据，上诉委员会完全没有考虑。上诉委员会认为该在审申请的原始公开是有缺陷的，原因在于其仅提供了对可能解决的技术问题的推测。上诉委员会认为：

申请人提交的在后公开的证据表明了GDF-9事实上为一种生长分化因子，但是由于该申请提交时对此没有提供任何证据，因此其不能被认为是对原始证据的支持。所述在后公开的文献事实上属于在推测之外的首次公开。因此，在后公开的证据完全不能被纳入考虑范围之内。事实上，如果反其道而行，对于请求保护的主题来说，则意味着认可了其解决的特定技术问题是可以随时间变化而变化的。

例如，在最早的相关在后公开文献的公开日之前审查该案时，不会确信GDF-9能解决发现TGF-β超家族新成员这一技术问题，且创造性也是不能被认可的，然而，在该在后公开文献公开之后进行审查时，则可能会认可GDF-9属于该成员之一。上述考虑方法与下述原则是矛盾的，如同其他所有可专利性的标准一样，创造性的确定必须基于专利的有效日。

基于上述原因，上诉委员会没有对该在后公开的数据进行考虑，并驳回了就该申请审查决定提起的上诉。该判决表明，当审查部门越来越多地采用了上述重要原则时，在生命科学领域的申请中，以实验数据或令人信服的说明作为证据，来证明请求保护的主题事实上能解决申请提出的技术问题是重要的。

C. Ⅱ. 欧盟法律体系下的保护

C. Ⅱ. 1. 补充保护证书

补充保护证书（SPC）可在其基础专利到期后再提供至多5年的延长保护。如果该证书所涉药品的临床试验数据是按照已审批的儿科研究计划（PIP）进行且已提交，则还可再延长6个月。该延长保护意在补偿专利权人为获得上市核准而在专利保护期上的损失。

SPC只适用于覆盖人用药品、兽用药物或植物保护产品（如杀虫剂、除草剂）的专利。与生命科学领域的整体专利数量相比，尽管授予SPC的专利数量很少，但SPC对于医药行业具有重要的经济价值。

欧盟的各成员国均可获得SPC，途径为向意在获得SPC的成员国专利局提交申请。

本章总结了欧盟法院（CJEU）的一些重要判决。本书未考虑欧盟成员国法院的判决，这是因为实践中各国专利局在各方面都有很大差异，而确定SPC的欧盟法应在各成员国获得一致解释。

关于首次上市核准，CJEU在C 207/03（诺华）和C 252/03（千年制药公司）的判决中认为：瑞士主管当局发布并在列支敦士登自动生效的上市核准，构成在欧盟上市的首次核准。然而，为应对这两份判决，瑞士和列支敦士登于2005年修订了两国间协议，瑞士上市核准在列支敦士登不再自动生效。现在，瑞士的药品上市核准于发布后12个月才在列支敦士登生效。

关于欧盟补充保证书条例（SPC条例，附录7）第1（b）条中的术语“产品”，CJEU在C 392/97（法玛西亚）中指出：

> 当上市核准中涉及的产品形式被有效基础专利保护时，SPC还可覆盖该产品作为药品的其他任何形式，只要这些形式在基础专利的保护范围内。

该决定特别涉及当一种活性成分以盐的形式被核准上市的情形。SPC能够覆盖该活性成分的此种形式及其各种衍生形式，如各种盐和酯，也就是说，SPC可比上市核准的实际产品范围宽。

但是，CJEU对SPC条例第1（b）条中的术语“活性成分”采取了严格解释。

在C 431/04（Polifeprosan）中，CJEU强调：

第 1768/92 号条例第 1（b）条必须被解释为，“药品活性物质的组合”概念中不包括如下两种物质的组合，其中只有一种物质有针对特定适应症的医疗效果，而另一种物质仅使该药品的剂型成为可能，从而使第一种物质能产生针对该适应症的医疗效果。

关于何种情形下批准涉及组合产品的 SPC，CJEU 在 C 322/10（梅迪瓦）中指出：

如果包含两种活性成分的组合物对应基础专利的权利要求中所引述的组合物，且该药品已获得上市核准，那么即使此药品不仅包括该两种活性成分，还包括其他活性成分，也可批准对于该组合物的 SPC。

继 C 322/10（梅迪瓦）之后，CJEU 在 C 630/10（昆士兰大学）和C 422/10（乔治城大学）中确认：基础专利的权利要求中没有明确引述的活性成分，不能授予 SPC。这些决定及相关其他决定提出了关于 SPC 条例的第 3（a）条的解释问题，即为了使某活性成分符合该条款所规定的“被有效基础专利保护”，该活性成分必须在该专利的权利要求中以结构式确认，还是当该活性成分被专利权利要求中的通式覆盖时，也视为被保护？此外，也不确定当产品是单一活性成分时，相较于活性成分组合，其评判标准是否有所不同。在此方面，CJEU 在 C 493/12（礼来 v. 人类基因组科学公司）认为：

欧洲议会和欧洲理事会 2009 年 5 月 6 日关于对药品提供补充保护证书的第 469/2009 号条例第 3（a）条必须被解释为，为了使某活性成分符合该条款所规定的“被有效基础专利保护”，该活性成分无需在专利的权利要求中以结构式确认。当活性成分被欧洲专利局授权的专利权利要求中的通式覆盖时，条例第 3（a）条在条件满足时从原则上并不排除对该活性成分授予 SPC。该条件为，依照关于公约第 69 条的释义协定书的要求，结合发明的说明书解释权利要求，有可能得出如下结论：权利要求以暗示、但必要且具体的方式，涉及所争议的活性成分。该条件满足与否由提请法院决定。

在上述 C 630/10 和 C 422/10 中，CJEU 还指出：

当某活性成分在基础专利的权利要求中被确认，即使上市核准不仅包含该活性成分，还包含其他活性成分时，也可对该活性成分授予 SPC。

判例 C 518/10（耶达研发有限公司）涉及当基础专利的权利要求引述某活性成分与其他活性成分的结合时，就该活性成分是否可授予 SPC。CJEU 决定，组合物的某一分离出来的活性成分不能授予 SPC，也就是说，SPC 的范围不能宽于其所基于的专利范围。

关于SPC条例第1（c）条中的术语“基础专利”，CJEU在C 181/95（百健公司/史克必成生物公司）中指出：

当某药品被多个基础专利覆盖时，第1768/92号条例……并不排除将SPC授予每一个基础专利的权利人。

对于单个专利权人，针对特定产品只能授予一项SPC，但是专利权人可决定其多件专利中的哪件构成SPC的基础。专利权人甚至可以基于同样的上市核准提交多件SPC请求，但专利局最终只会授权一项SPC。

在同一基础专利覆盖多个不同活性成分的情况下，是否可以授予多项SPC？就该问题，CJEU曾作出过两个决定。

CJEU在C 484/12（乔治城大学）一案中认为：

如果基于一件基础专利和包括多个活性成分组合的药品的上市核准，专利权人已经就该活性成分组合取得了补充保护证书，且依照欧洲议会和欧洲理事会2009年5月6日关于对药品提供补充保护证书的第469/2009号条例第3（a）条，该活性成分组合被专利所保护，那么该条例的第3（c）条应当被解释为，不排除该权利人也就受基础专利保护的多个活性成分之一获得SPC。

然而，在C 443/12（阿特维斯集团EHF，阿特维斯香港公司v. 赛诺菲）中CJEU进一步澄清：

如果基于一件保护某创新性活性成分的专利和包含该活性成分作为唯一活性成分的药品的上市核准，专利权人已经就该活性成分取得补充保护证书，此证书授权专利权人阻止他人就该活性成分单独或与其他活性成分结合的使用，则欧洲议会和欧洲理事会2009年5月6日关于对药品提供补充保护证书的第469/2009号条例的第3（c）条应当被解释为，基于同样的基础专利和包含该活性成分与其他活性成分结合的药品的后续上市核准，如果该活性成分组合未被专利保护，则排除权利人就活性成分组合获得第二项SPC。

关于SPC条例第3（d）条中的术语“首次核准”，CJEU在C 31/03（意大利法玛西亚公司）中作出决定：某活性成分的兽用药品上市核准阻却就同一活性成分的首次人用药品上市核准的SPC授权。

在判例C 202/05（Yissum研发公司）中，CJEU决定：

当基础专利保护某活性成分的第二医疗用途时，该用途不构成核准产品的定义中不可或缺的一部分。

CJEU 接下来指出，在某产品的上市核准已经获得的情况下，不能就该产品的进一步特殊医疗用途授予 SPC。然而，CJEU 在最近的判例中并未延续这一限制性解释方式。

在判例 C 130/11（Neurim 制药公司）中，CJEU 就何种情形构成首次上市核准采取了更自由化的解释方式：

> 兽用药品获得的上市核准的存在本身并不排除就已获得上市核准的该药品的不同应用授予 SPC，只要该应用在 SPC 基础专利的保护范围内即可。

CJEU 在该案中进一步指出：

> 如果同样活性成分的新疗法得到新专利的保护，那么作为该新疗法商业应用的新药品的上市，将可使权利人获得 SPC。

也就是说，同一专利权人可就同样活性成分的不同疗法获得多项 SPC，但并未明确不同疗法之间应有多大的不同。

关于 SPC 期限的计算，CJEU 在 C 125/10（默沙东）中作出决定，药品 SPC 的基础专利申请和首次上市核准颁布之间可能少于 5 年，那么将产生 SPC 负期限。此种情形在考虑其后提出儿科药品延长请求时是有意义的。儿科药品延长请求一旦获批，保护期将从 SPC 终止时起算。由此，有可能获得负期限少于 6 个月的 SPC，并允许其后在儿科研究计划（PIP）完成时提交儿科药品延长请求。

关于 SPC 的保护范围，CJEU 在 C 442/11（瑞士诺华 v. 阿特维斯英国公司）和 C 574/11（诺华）中认为，权利人如果就包含某活性成分的产品获得 SPC，且其基础专利包括该活性成分与其他活性成分的结合，则可采取行动阻止包含该结合的药品的经销行为。

综合 CJEU 的判例法，可归纳出获得 SPC 的情形如下表：

基础专利保护范围	上市核准授予产品	SPC 申请对象	SPC 能否获批
A	A + B	A	是
A + B	A + B + C	A + B	是
A + B	A + B + C + D	A + B	是
A + B + C	A + B + C + D	A + B + C	是
A	A + B	A + B	否
A + B	A + B	A	否
A + B	A + B	B	否
A + B	A + B + C	A + B + C	否

此外，为了使活性成分被认为受到专利权利要求“保护”，专利权利要求应撰写的尽可能具体。鉴于 CJEU 的判例法特别是在 C 493/12（礼来公司 v. 人类基因组科学公司）作出的决定，下列情形适用：

专利中的定义	SPC 申请对象	是否被基础专利保护？
组合物，包含 A 和一种抗生素	A + B（B 为一种抗生素）	是
组合物，包含 A 和 B	A + B	是
马库什结构式，覆盖 A	A	可能是
组合物，包含 A 和另一种活性成分	A + B（B 为一种抗生素）	可能否
组合物，包含 A	A + B	否

C. Ⅱ. 2. 植物品种权保护条例提供的保护

C. Ⅱ. 2. a. 一般背景

欧盟植物品种权体系允许育种者保护其培育的植物新品种，如达到更高的植物质量、疾病防御能力、产量和/或在变化或不同的环境下生长的能力。植物新品种权所依据的法律框架是由欧共体 1994 年植物品种权保护第 2100/94 号条例（CPVR，附录 8）确定的。该条例以 1991 年 UPOV 公约确立的原则为模板。

CPVR 第 6 条的用语清楚表明，植物品种权授权的前提条件是申请的主题与植物品种有关。CPVR 第 5 条给出的植物品种定义涵盖了所有植物属、种的各品种。CPVR 第 5（2）条对应于实施细则的第 26（4）条。CPVR 第 5（3）条进一步定义了术语“品种构成”，即为一种包括整株植物或植物一部分的植物聚集体，其能够繁殖整株植物。从 CPVR 第 5（3）条的用语可清楚看出，品种构成既包括植物种子也包括实际植物本身。

CPVR 第 5（2）条对“植物品种”的定义与 UPOV 第 1（vi）条和实施细则第 26（4）条中的对应定义是一致的。前文解释过，EPC 第 53（b）条将植物品种从专利保护中排除。由此，EPC、CPVR 和 UPOV 中对术语“植物品种”完全相同的定义产生的效果便是，当依照 EPC 不能对植物品种提供专利保护时，可以依照 CPVR（在欧盟范围内）和 UPOV（国际上）对其进行保护。当然，反过来也同样适用：EPC 排除专利保护的主题定义与 CPVR 的授权主题一致，意味着只有植物品种可依照 CPVR 获得保护，而其他非植物品种相关的植物主题仍可依照 EPC 获得专利保护。按照 EPC 专利申请流程，申请人提交一份专利申请便可在EPC所有成员国获得专利保护；类似的，申请人只需提交单份植物品种申请，便可在整个欧盟范围内获得植物品种权。位于法国安格斯的欧盟植物品种局（CPVO）负责接收、处理和审查所有欧盟植物品种权申请。CPVO的统计数据显示，该局每年收到约2800件植物品种申请。这些品种中，大约60%为观赏植物，20%为农作物，另有水果和蔬菜品种各占10%。

C. Ⅱ. 2. b. 植物新品种授权的形式和实质要件；依法追索

任何植物品种申请必须满足CPVR第50条所规定的最低形式要件。归纳起来，植物品种申请必须包含至少如下要素：

a. 欧盟植物品种权的授权请求；

b. 植物类群的确认；

c. 确定申请人或适当时确定共同申请人的信息；

d. 育种者姓名，以及尽申请人所知，没有其他人参与该品种的育种或其发现和生长的保证；

e. 对品种的临时指定；

f. 品种的技术描述；

g. 品种的地理来源；

h. 任何程序性代理人的证书；

i. 品种此前商业化的详细信息；

j. 与品种相关的其他申请的详细信息。

CPVR的实施条例可对上述要求作更详尽的规定。此外，还要求申请人在提交申请时建议品种名称。

一旦植物品种申请通过上述形式审查并被视为有效申请，CPVO就开始对植物品种权授权的技术要件予以审查。CPVR第6条（附录8）简要列举了这些技术要件，要求欧盟植物品种权具有特异性、一致性、稳定性和新颖性。

CPVR第6条的用词表明了对植物品种授权的推定。具体而言，第6条指出，只要其满足特异性、一致性、稳定性和新颖性的四要件，植物品种就应当获得授权。如果CPVO的审查表明这四个要件得到满足，那就授予植物品种权。

CPVR对第6条列出的四要件的每一个都给出了法条释义，归纳如下：

根据CPVR第7（1）条（附录8），如果一个品种的由某一特定基因型或基因型组合所致的性状表达，清晰区别于申请日当天公知存在的其他品种，则该品种被视为具有特异性。因此，如一植物品种可区分于其他已知品种，则该品种就是“特异的”。CPVR 第7（2）条还（非穷尽性地）列举了就所考虑的另一品种在申请日当天的存在，是否可被视为公共知识的某些原因。

CPVR 第8条（附录8）详细指出，一个品种从其繁殖的特点预期可能出现变异的情况下，如果其在特异性审查和品种说明书的其他地方所涵盖的性状表达足够一致，则该品种被视为具有一致性。因此，如一植物品种所定义的特性从植株到植株是相同的，其中允许因繁殖环境的变化所致的非实质性改变，则该品种就是“一致的”。

CPVR 第9条（附录8）详细指出，如果一个品种经过反复繁殖，或者在特定繁殖周期的每个周期末尾，其在特异性审查和品种说明书的其他地方所涵盖的性状表达保持不变，则该品种被视为具有稳定性。因此，只要一植物品种的相关特性在此后的每一子代中保持不变，则该品种是“稳定的”。

最后，CPVR 第10条（附录8）详细指出，一个品种应被视为具有新颖性，如果在申请日，该品种的构成或收获材料尚未因利用该品种之目的被育种者（育种者依照 CPVR 第11条定义）本人或经其同意出售或转让他人：

a. 在欧盟领土内距该申请日未超过1年；

b. 在欧盟领土外距申请日未超过4年，或在该品种是树木或藤木的情况下未超过6年。

由此，CPVR 第10条定义了不同的法定宽限期，依其类型和地理位置，所考虑的品种不得早于此宽限期出售或给予他人。第10条进一步列出了不视为构成对所考虑品种的处理的几种具体情形，即不破坏新颖性的情形。

C. Ⅱ.2. c. 欧盟植物品种权的形式和期限

依照 CPVR 授权的植物品种权所有人既享有自己实施某些特定行为的正权利，也享有阻止他人实施同样行为的“负权利”。这不同于专利保护，其仅赋予专利权人禁止性的“负权利”，而没有给予专利权人实施所要求保护的主题的“正权利”。

赋予植物品种权所有人的“正权利”和“负权利”都规定在 CPVR 第13条（附录8）。CPVR 第13（1）条确定了所有人的“正权利”，具体而言，欧盟植物品种权应当具有以下效果：欧盟植物品种权的所有人应有权实施 CPVR 第13（2）条所列出的行为。CPVR 第13（2）条进而详细列出了欧盟植物品种权所有人可阻止他人实施的行为，这些行为与被保护品种的品种构成或收获材料有关。以下为需要得到权利人许可的行为：

a. 生产或繁殖；

b. 为繁殖而进行的种子处理；

c. 许诺销售；

d. 销售或其他市场行为；

e. 从欧盟出口；

f. 进口到欧盟；

g. 用于上述目的 a ~ f 的仓储。

至于植物品种权的期限，CPVR 规定了一个明显长于发明专利保护期的期限。专利是从申请日起 20 年有效，而 CPVR 第 19（1）条规定植物品种权的保护期从授权后下一年开始直到第 25 个日历年年末。如果植物品种与藤木和树木品种有关，则其保护期到授权后下一年的第 30 个日历年年末截止。欧盟植物品种权的保护期是从授权日起算，而非如欧洲专利从申请日起 20 年，也就意味着植物品种权的申请人不会因申请程序和审查所占用的时间而遭到损害。

CPVR 第 19（2）条进一步指出，以上植物品种权的保护期还可再延长 5 年。

D. 生命科学领域可专利性的主题

生物技术主题通常包含聚合物产品，如 DNA、RNA 和蛋白质（也被称为生物聚合物），甚至更复杂的产品，如原核或真核细胞。这些产品的专利保护在以下章节中予以讨论。

当然，小分子也是生命科学专利的重要主题。一直以来，非生物技术类聚合物，例如以吸收促进剂和高分子形式构成的药物，就是生命科学领域可保护主题的一部分。对于低分子量的生物技术产品，如核碱基、核苷酸、寡核苷酸、氨基酸和寡肽，如果其可获得保护，则授权要求与对于其他低分子量的化学产品的要求是一样的。唯一的不同在于包含 10 个或以上连续核苷酸的无支链序列的寡核苷酸和包含 4 个或以上连续氨基酸的无支链序列的寡肽必须依照实施细则第 30（1）条的规定提交序列表（见 C. Ⅰ. 3. b. a. ）。

由于本书的重点是为保护复杂生物技术主题提供实践指导，下一节只总结有关低分子量产品和化学聚合物保护的重要原则。

D. Ⅰ. 小分子和聚合物

一般来讲，一个产品如果在至少一项可靠特征方面有别于已知产品，即被视为具备新颖性［T 296/87（对映体/赫希斯特）］。该特征可能是结构特征（化学式或化学组合物），但也可能由参数来定义，如某给定化合物或化学式的物理性能。对于参数定义的发明，重要的是就特征的清楚和充分公开问题，考虑与之相关的影响（见 C. Ⅰ. 3. e. b. 和 C. Ⅰ. 3. b. ）。

如果一份现有技术文件披露了某产品的结构和其生产步骤，但本领域技术人员不能从该现有技术文件或公知技术中找到如何获得所需的原料或中间体，则该现有技术文件不破坏所要求保护的该产品的新颖性［T 206/83（除草剂/ICI）］。因此，现有技术的披露必须达到可实施的程度，才能破坏新颖性。

如果某已知产品的第一医疗用途被发现，具体指明该对应用途的产品权利要求可授权，为目的限定型产品权利要求（见 C. Ⅰ. 3. a. b. 和 C. Ⅰ. 3. e. d.）。随着 EPC 的生效，第二和更多医疗用途的目的限定型产品权利要求也可授权，见决定 G 2/08（给药方案/雅培呼吸）。

如果新产品丰富了现有技术，则新产品的创造性可基于产品本身［T 648/88，(R，R，R) –α–生育酚/巴斯夫］。在新产品近似于已知产品的情况下，创造性可由该新产品的令人惊讶或不可预见的效果来确定。必须与结构上最相近的已知产品对比效果（T 164/83，抗组胺药/卫材药业）。

对于获得产品权利要求，在专利申请的申请日就已实际制备出产品不是必要的；然而基于申请中给出的教导，产品必须能被制备。

如果说明书披露的有限的几种发明实施方式能使本领域技术人员在整个所要求的范围内实施该发明，则被认为充分公开（T 409/91，Hexagonal liquid crystal gel/UNILEVER，燃料油/埃克森；T 435/91，六方液晶凝胶/联合利华）。说明书必须提供至少一种发明实施方式。但是，披露是否充分，必须基于可获得的证据和个案的盖然性权衡来决定（T 548/91，双肽/先灵）。

方法权利要求如果在至少一个起始物或一个生产步骤方面不同于已知方法，则被视为具备新颖性。首个判例是关于以已知方式进行的类似工艺（见 C. Ⅰ. 3. a. c.）。生产新产品的类似工艺的创造性可由最终成品的不可预料的特性来确定（T 119/82，凝胶化/埃克森）。

当发现某已知产品具备新颖性和创造性的用途时，用途权利要求可授权。具备新颖性和创造性的产品的产品权利要求和用途权利要求均可授权。

当某药品的更多医疗用途被发现时，如果申请的相关日是 2011 年 1 月 29 日或更早，用途权利要求可依照 G 5/83（第二医疗适应症/卫材药业，见 C. Ⅰ. 3. a. b. 和 C. Ⅰ. 3. e. d.）撰写和/或采用目的限定形式。对于相关日在此之后的申请，依照决定 G 2/08（给药方案/雅培呼吸）确定的原则，第二/更多适应症只允许目的限定型产品权利要求。

用途权利要求的创造性可由为了特定目的使用已知化合物所获得的令人惊讶的效果来确定。

D. Ⅰ. 1. 小分子产品和聚合物的产品权利要求

权利要求撰写

化学产品通常在权利要求中以结构定义，优选以化学式或组合物定义。如果无法以前述方式定义，可以其他特征（如物理或化学性质）或以方法定义的产品权利要求的方式来定义（见 C. Ⅰ.3. e. a.）。

小分子产品和化学聚合物的权利要求可有如下方式：

a）以结构或组合物定义的产品：

物质 *X*（或组合物 *X*）；
聚合物，包含结构 *X* 的重复单元。

b）以性质定义的产品：

物质 *X*（或组合物 *X*），分子量为……熔点为……NMR 光谱的特征峰位位于……等电点为……在水溶液中的 pH 为……

c）以生产过程定义的产品（以方法定义的产品权利要求）：

物质 *X*（或组合物 *X*），可由化合物 A 和化合物 B 在如下反应条件下反应得到……

方法定义的产品权利要求还可以包括产品参数和工艺参数，例如：

物质 *X*（或组合物 *X*），分子量为……熔点为……可由化合物 *A* 和化合物 *B* 在如下反应条件下反应得到……

d）用于小分子产品的目的限定型产品权利要求：

物质 *X*（或组合物 *X*），用于一种医疗产品；
物质 *X*（或组合物 *X*），用于治疗疾病 *Y*。

以下是授权的产品权利要求举例：

EP-B1-1827438-权利要求 1 和 10

权利要求 1. 化合物，具有通式（Ⅰ）：

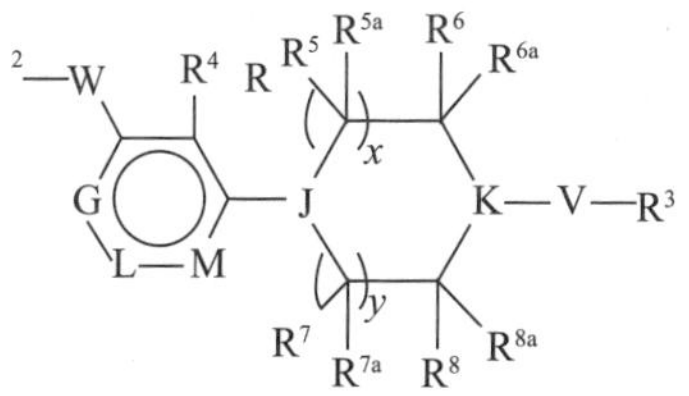

(I)

其中：
x 和 *y* 独立选自 0、1、2 或 3；
G 为—N═或—C（R^4）═；
J 和 K 独立选自 N 或 C（R^{10}）；
L 和 M 独立选自—N═或—C（R^4）═，其前提是当 G 为—C（R^4）═时，

L和M不同时为—C（R^4）＝，以及当G为—N＝时，L和M不同时为—C（R^4）＝；

V为化学键、—N（R^1）＝、—N（R^1）C（O）—、—O—、—C（O）—、—C（O）O—、—C（S）—、—C（O）N（R^1）—、—S（O）$_p$—（其中p为0、1或2）或—S（O）$_p$N（R^1）—（其中p为1或2）；

W为化学键、—N（R^1）C（O）—、—C（O）N（R^1）—、—OC（O）N（R^1）—、—N（R^1）C（O）N（R^1）—、—O—、—N（R^1）—、—S（O）$_t$—（其中t为0、1或2）、—N（R^1）S（O）$_p$—（其中p为1或2）、—S（O）$_p$N（R^1）—（其中p为1或2）、—C（O）—、—OS（O）$_2$N（R^1）—、—OC（O）—、—C（O）O—或—N（R^1）C（O）O—；

每一R^1独立选自由氢、C_1～C_{12}烷基、C_2～C_{12}羟烷基、C_4～C_{12}环烷基烷基和C_7～C_{19}芳烷基组成的组；

R^2选自由C_1～C_{12}烷基、C_2～C_{12}烯基、C_2～C_{12}羟烷基、C_2～C_{12}羟烯基、C_2～C_{12}烷氧基烷基、C_3～C_{12}环烷基、C_4～C_{12}环烷基烷基、芳基、C_7～C_{19}芳烷基、C_3～C_{12}杂环基、C_3～C_{12}杂环基烷基、C_1～C_{12}杂芳基和C_3～C_{12}杂芳烷基组成的组；

或R^2为具有2～4个环的多环结构，其中所述环独立选自由环烷基、杂环基、芳基和杂芳基组成的组，且其中部分或所有的所述环可彼此稠和；

R^3选自由氢、C_1～C_{12}烷基、C_2～C_{12}烯基、C_2～C_{12}羟烷基、C_2～C_{12}羟烯基、C_2～C_{12}烷氧基烷基、C_3～C_{12}环烷基、C_4～C_{12}环烷基烷基、芳基、C_7～C_{19}芳烷基、C_3～C_{12}杂环基、C_3～C_{12}杂环基烷基、C_1～C_{12}杂芳基和C_3～C_{12}杂芳烷基组成的组；

或R^3为具有2～4个环的多环结构，其中所述环独立选自由环烷基、杂环基、芳基和杂芳基组成的组，且其中部分或所有的所述环可彼此稠和；

每一R^4独立选自氢、氟、氯、C_1～C_{12}烷基、C_1～C_{12}烷氧基、卤代烷基、氰基、硝基或N（R^9）$_2$；

或两个相邻的R^4基团和其所连接的碳可形成芳基、杂芳基或杂环基环体系；

R^5、R^{5a}、R^6、R^{6a}、R^7、R^{7a}、R^8和R^{8a}独立选自氢或C_1～C_3烷基；

或者R^5与R^{5a}一起、R^6与R^{6a}一起、R^7与R^{7a}一起或R^8与R^{8a}一起为氧代基团，其前提是当V为—C（O）—时，R^6与R^{6a}一起或R^8与R^{8a}一起不形成氧代基团，而其余的R^5、R^{5a}、R^6、R^{6a}、R^7、R^{7a}、R^8和R^{8a}均独立选自氢或C_1～C_3烷基；

或 R^5、R^{5a}、R^6 和 R^{6a} 之一与 R^7、R^{7a}、R^8 和 R^{8a} 之一一起形成化学键或亚烷基桥，而其余的 R^5、R^{5a}、R^6、R^{6a}、R^7、R^{7a}、R^8 和 R^{8a} 均独立选自氢或 C_1 ~ C_3 烷基；

每一 R^9 独立选自氢或 C_1 ~ C_6 烷基；

R^{10} 独立选自氢、氟、氯、C_1 ~ C_{12} 烷基或 C_1 ~ C_{12} 烷氧基，

其立体异构体、其对应异构体或其互变异构体，其立体异构体的混合物，其药物可接受的盐或其醇或胺官能团的醋酸盐、甲酸盐、苯甲酸盐衍生物。

权利要求10. 化合物，具有通式（I）：

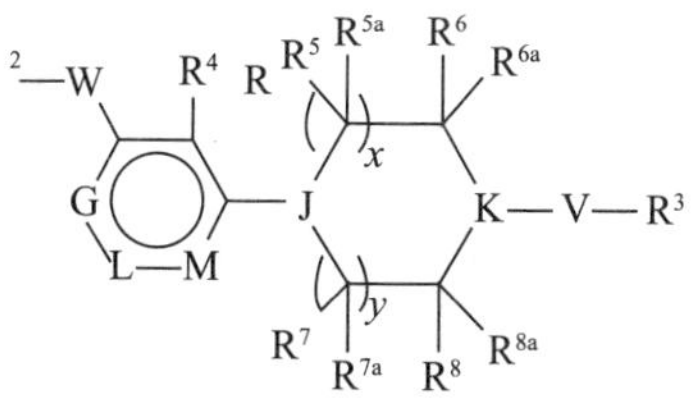

（I）

其中：

x 和 y 独立选自0、1、2或3；

G为—N＝或—C（R^4）＝；

J和K独立选自N或C（R^{10}）；

L和M独立选自—N＝或—C（R^4）＝，其前提是当G为—C（R^4）＝时，L和M不同时为—C（R^4）＝，以及当G为—N＝时，L和M不同时为—C（R^4）＝；

V为化学键、—N（R^1）＝、—N（R^1）C（O）—、—O—、—C（O）—、—C（O）O—、—C（S）—、—C（O）N（R^1）—、—S（O）$_p$—（其中 p 为0、1或2）或—S（O）$_p$N（R^1）—（其中 p 为1或2）；

W为化学键、—N（R^1）C（O）—、—C（O）N（R^1）—、—OC（O）N（R^1）—、—N（R^1）C（O）N（R^1）—、—O—、—N（R^1）—、—S（O）$_t$—（其中 t 为0、1或2）、—N（R^1）S（O）$_p$—（其中 p 为1或2）、—S（O）$_p$N（R^1）—（其中 p 为1或2）、—C（O）—、—OS（O）$_2$N（R^1）—、—OC（O）—、—C（O）O—或—N（R^1）C（O）O—；

每一 R^1 独立选自由氢、C_1 ~ C_{12} 烷基、C_2 ~ C_{12} 羟烷基、C_4 ~ C_{12} 环烷基烷基和 C_7 ~ C_{19} 芳烷基组成的组；

R^2 选自由 C_1 ~ C_{12} 烷基、C_2 ~ C_{12} 烯基、C_2 ~ C_{12} 羟烷基、C_2 ~ C_{12} 羟烯基、C_2 ~ C_{12} 烷氧基烷基、C_3 ~ C_{12} 环烷基、C_4 ~ C_{12} 环烷基烷基、芳基、C_7 ~ C_{19} 芳烷基、C_3 ~ C_{12} 杂环基、C_3 ~ C_{12} 杂环基烷基、C_1 ~ C_{12} 杂芳基和 C_3 – C_{12} 杂芳烷

基组成的组；

或 R^2 为具有 2～4 个环的多环结构，其中所述环独立选自由环烷基、杂环基、芳基和杂芳基组成的组，且其中部分或所有的所述环可彼此稠和；

R^3 选自由氢、C_1～C_{12} 烷基、C_2～C_{12} 烯基、C_2～C_{12} 羟烷基、C_2～C_{12} 羟烯基、C_2～C_{12} 烷氧基烷基、C_3～C_{12} 环烷基、C_4～C_{12} 环烷基烷基、芳基、C_7～C_{19} 芳烷基、C_3～C_{12} 杂环基、C_3～C_{12} 杂环基烷基、C_1～C_{12} 杂芳基和 C_3～C_{12} 杂芳烷基组成的组；

或 R^3 为具有 2～4 个环的多环结构，其中所述环独立选自由环烷基、杂环基、芳基和杂芳基组成的组，且其中部分或所有的所述环可彼此稠和；

每一 R^4 独立选自氢、氟、氯、C_1～C_{12} 烷基、C_1～C_{12} 烷氧基、卤代烷基、氰基、硝基或 N（R^9）$_2$；

或两个相邻的 R^4 基团和其所连接的碳可形成芳基、杂芳基或杂环基环体系；

R^5、R^{5a}、R^6、R^{6a}、R^7、R^{7a}、R^8 和 R^{8a} 独立选自氢或 C_1～C_3 烷基；

或者 R^5 与 R^{5a} 一起、R^6 与 R^{6a} 一起、R^7 与 R^{7a} 一起或 R^8 与 R^{8a} 一起为氧代基团，其前提是当 V 为—C（O）—时，R^6 与 R^{6a} 一起或 R^8 与 R^{8a} 一起不形成氧代基团，而其余的 R^5、R^{5a}、R^6、R^{6a}、R^7、R^{7a}、R^8 和 R^{8a} 均独立选自氢或 C_1～C_3 烷基；

或 R^5、R^{5a}、R^6 和 R^{6a} 之一与 R^7、R^{7a}、R^8 和 R^{8a} 之一一起形成化学键或亚烷基桥，而其余的 R^5、R^{5a}、R^6、R^{6a}、R^7、R^{7a}、R^8 和 R^{8a} 均独立选自氢或 C_1～C_3 烷基；

每一 R^9 独立选自氢或 C_1～C_6 烷基；

R^{10} 独立选自氢、氟、氯、C_1～C_{12} 烷基或 C_1～C_{12} 烷氧基，

其立体异构体、其对应异构体或其互变异构体，其立体异构体的混合物，其药物可接受的盐或其醇或胺官能团的醋酸盐、甲酸盐、苯甲酸盐衍生物，用于治疗哺乳动物的由硬脂酰－CoA 去饱和酶（SCD）介导的疾病或病情，其中所述疾病或病情选自痤疮、Ⅱ型糖尿病、糖耐量受损、胰岛素抗性、肥胖症、脂肪肝、非酒精性脂肪性肝炎、血脂异常和代谢综合症，及上述的任意结合。

前述第一个权利要求（权利要求 1）是产品权利要求，而第二个权利要求（权利要求 10）是目的限定型产品权利要求，限定于特定疾病的治疗（见下划线部分）。

EP－B1－0466030－权利要求 1

N－酰基双肽，具有通式：

$$R^2—NH—CHR^1—CO—AS \quad (Ⅰ)$$

其中AS代表异亮氨酸、酪氨酸、谷氨酰胺或半胱氨酸，其前提是R^1为氢且R^2为甲酰基，或AS代表缬氨酸、异亮氨酸、酪氨酸、谷氨酰胺或半胱氨酸，其前提是R^1为甲基且R^2为甲酰基，或AS代表异亮氨酸、谷氨酰胺或半胱氨酸，其前提是R^1为氢和R^2为乙酰基，或AS代表异亮氨酸或半胱氨酸，其前提是R^1为甲基且R^2为乙酰基，或AS代表缬氨酸、亮氨酸、异亮氨酸、酪氨酸、谷氨酰胺或半胱氨酸，其前提是R^1为氢或甲基，且R^2为包含3~6个碳原子的除甲基丙烯酸外的脂肪族单羧酸或二羧酸的酰基官能团，但R^1为甲基且AS为异亮氨酸时，R^2非3-甲基丁酸的酰基官能团，及其具有生理相容性的羧酸盐。

EP-B1-0386563-权利要求1

化学修饰反义寡核苷酸，序列拮抗TAR序列及其前导序列nt 21-53、74-161、202-279，Tat基因的第二和第三外显子nt 5368-5403、5421-5548、5583-5617和HIV I基因组nt 7967-8366、8385-9183。

EP-B1-0402402-权利要求

一种用于治疗的制剂，包含长度为8~50个核苷酸的单链修饰寡核苷酸，其中所述修饰寡核苷酸的核苷间磷酸盐被修饰，生成磷酸吗啉酯、磷酸哌嗪酯或氨基磷酸酯衍生物，所述寡核苷酸能够有选择性地与HTLV-Ⅲ基因组的高度保守区杂交，以诱导HTLV-Ⅲ复制和/或基因表达的选择性杂交捕获，所述高度保守区包含以下任一：

(i) $tRNA^{lys}$引物结合位点；

(ii) HTLV-Ⅲ基因组从5’端临近$tRNA^{lys}$引物结合位点的区域；

(iii) $tRNA^{lys}$引物结合位点和HTLV-Ⅲ基因组从5’端临近$tRNA^{lys}$引物结合位点的区域；

(iv) mRNA供体剪接位点；

(v) mRNA受体剪切位点；

(vi) 用于gag基因的起始密码子；

(vii) 用于env基因的起始密码子；

(viii) 用于tat基因的起始密码子；

(ix) 用于sor基因的起始密码子；

(x) 用于3’orf基因的起始密码子；

(xi) HTLV-Ⅲ基因组的加帽核苷酸；

（xii） art 基因或其组成部分；

（xiii） HTLV-Ⅲ基因组编码移码的区域。

D. Ⅰ.2. 小分子产品和聚合物的方法权利要求

权利要求撰写：

方法权利要求通常定义目标化合物和所反应的离析物，在某些情况下也涉及特定反应步骤和/或条件。

制备小分子产品的方法权利要求可有如下方式：

制备物质 *X*（或组合物 *X*）的方法，包括起始化合物 *A* 与起始化合物 *B* 发生反应；

制备物质 *X*（或组合物 *X*）的方法，包括起始化合物 *A* 与起始化合物 *B* 在如下的反应条件下发生反应……

以下是授权的方法权利要求举例：

EP－B1－0326364－权利要求 47

制备如权利要求 1～45 中任一项所述的化合物的方法，包括以下步骤：

两化合物在传统肽合成反应条件下一起反应，其中一化合物为末端羧基或其活性衍生物，另一化合物为末端氨基或其活性衍生物，所述两化合物对应于所述具有通式（Ⅰ）的化合物或其活性衍生物中的任一肽键分裂产生的片段；且如有必要，对所得到的化合物进行去保护和/或盐化反应。

该专利的权利要求 1～45 涉及寡肽。

EP－B1－0220923－权利要求 11

制备如权利要求 1～4 中任一项所述的双肽，包含：

将以下通式中 B 取代的天冬氨酸或其盐，

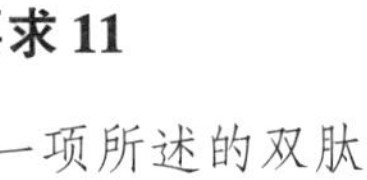

和以下通式中第二氨基酸反应

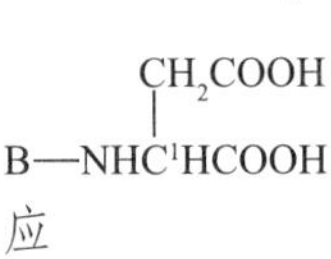

其中 *B*、*X*、*Y* 和 *V* 依照权利要求 1 中的定义，C^2 具有天然存在的氨基酸的常见自然形态；所述反应以如下方式进行：

d) 在金属蛋白酶的存在下，在与水不混溶的溶剂中；

e) 在非金属蛋白酶的存在下，在具有水溶性的溶剂中；

f) 在非金属蛋白酶的存在下，在与水不混溶的溶剂中。

该专利的权利要求1~4涉及（S）-α-门冬氨酰-（2S，3S）-β取代的苯基丙氨酸。

EP-B1-0402402-权利要求3

一种阻止HTLV-Ⅲ在含HTLV-Ⅲ的细胞中复制、基因表达或同时阻止两者的体外方法，包含向细胞中导入如权利要求1或2中所述的修饰寡聚脱氧核苷酸。

权利要求1和2涉及一种用于治疗的制剂，包含长度为8~50个核苷酸的单链修饰寡核苷酸。

EP-B1-0313100-权利要求1

一种在电解池中通过电解纯化二肽酯的方法，电解池包含以离子交换膜分隔的一个阳极室、一个阴极室和一个中央室，所述方法包含：

将一含无机和有机阳离子和阴离子并具有pH为3.5~7.0的二肽酯水溶液，注入由阴离子和阳离子交换膜或由阴离子交换膜定义的中央室，

将一酸性电解质水溶液注入阴极室，

将一电解质水溶液注入阳极室，

且通过所述阴离子交换膜将所述的无机和有机阴离子从中央室电解去除至所述阳极室，

可选的，通过所述阳离子交换膜将所述无机和有机阳离子从中央室电解去除至所述阴极室。

D. Ⅰ.3. 小分子产品和聚合物的用途权利要求/目的限定型产品权利要求

权利要求撰写

用途权利要求通常可有如下方式：

使用物质*X*（或组合物*X*）作为食品添加剂。

（“瑞士型”）第二医疗用途权利要求可有如下方式：

使用物质*X*（或组合物*X*），用于生产治疗疾病*Y*的医药产品。

目的限定型产品权利要求可有如下方式：

物质 *X*（或组合物 *X*），用于疾病 *Y* 的治疗方法。

物质 *X*（或组合物 *X*），用于治疗疾病 *Y*。

以下是授权的用途权利要求举例：

EP－B1－0386563－权利要求 7

使用如权利要求 1～4 中任一项所述的反义寡核苷酸，包含其互补序列，作为基因探针。

EP－B1－0460030－权利要求 2

使用具有以下通式的 N－酰基双肽，以混合物和溶液的方式作为 C 端氨基酸的来源，用于细胞培养营养介质的肠内或肠外营养，通式：

$$R^2—NH—CHR^1—CO—AS \quad (\text{I})$$

其中 AS 代表缬氨酸、亮氨酸、异亮氨酸、酪氨酸、色氨酸、谷氨酰胺或半胱氨酸，R^1代表为氢或甲基，R^2代表甲酰基或乙酰基或包含 3～6 个碳原子的脂肪族单羧酸或二羧酸的酰基官能团，及其具有生理相容性的羧酸盐。

EP－B1－0326364－权利要求 48

使用依照权利要求 1～45 任一项所定义的具有通式（I）的化合物或其药物可接受的盐，用于生产治疗或预防血管紧张素所致的高血压的药物。

该专利的权利要求 1～45 涉及一种寡肽。

EP－B1－0402402－权利要求 4

使用依照前述任一权利要求所述的制剂（或其修饰衍生物），用于生产用于 AIDS 化疗的药物，如阻止人外周血受到 HTLV-Ⅲ感染时的 HTLV-Ⅲ复制和/或基因表达。

该专利的权利要求 1 和 2 涉及一种用于治疗的制剂，包含长度为 8～50 个核苷酸的单链修饰寡核苷酸。

D. Ⅱ. 核酸

D. Ⅱ. 1. 导言

本章讨论在 EPC 框架下保护核酸的可能性。

这里的核酸（NA）包括脱氧核糖核酸（DNA）、核糖核酸（RNA）以及核酸类似物，如锁核酸（LNAs）和肽核酸（PNAs）。核酸可以是单链或双链、线性片段或环状以及任何种类的载体，如质粒、黏粒、病毒或噬菌体基因组。进一步地，核酸可以是天然来源的、重组产生的、化学合成的或者是上述的组合。

原则上，核酸是化合物，其可专利性是根据已建立的化学领域发明的专利实践而确定的。然而，核酸不仅可通过经典的化学合成获得，也可从生物材料中分离获得，由此而出现一些特殊的难题，如关于其表征和可重复性。在专利申请中，大多数请求保护的核酸包含一个编码区，如一段脱氧核糖核酸或核糖核酸，经过转录和/或翻译生成 RNA 或者蛋白质。给定核酸的序列决定了其直接产物，如蛋白质的基本序列，而蛋白质可能会进一步经历翻译后加工过程。一个蛋白质可以对应于大量编码该蛋白质序列的核酸序列，但这些序列中只有一条（或几条）是在自然界中存在的。氨基酸序列和相应核酸序列之间的这种已知的关系是蛋白质和核酸发明领域的特性，将会在本章中予以特别考虑。

D. Ⅱ. 2. 依照欧洲专利公约保护核酸

如同生命科学领域的任何其他主题，有关核酸的权利要求必须符合 EPC 的法律要求，尤其是不能违背 EPC 第 52 条和第 53 条规定的排除条款。其次，所要求保护的主题必须满足授权的进一步相关要求，即新颖性、创造性和工业实用性。此外，申请必须满足在 C. Ⅰ. 3. b. 、C. Ⅰ. 3. e. b. 和 C. Ⅰ. 3. e. c. 中讨论的充分公开、清楚和得到说明书支持的要求。

在下面的讨论中，将简要考虑 EPO 关于适用于核酸的可专利性要求和申请要求的若干决定。笔者认为这些决定是非常重要的，可提供很多信息，因此，在撰写涉及核酸的申请时应纳入考虑范围之内。

D. Ⅱ. 2. a. 发现

根据 EPC 第 52（2）条，科学发现不被视为发明，因此被排除在专利保护范围外。在“松弛素（RELAXIN）”判定中，EPO 异议部门在处理关于发现编码人类松弛素或其生物前体之一的 DNA 是否属于 EPC 第 52 条第 2 款所述的科学发现的问题时，认为请求保护的 DNA 是天然物质。在原因阐述中，异议部门提到了审查指南规定（当时为 C-Ⅳ 2. 3，现在为 G-Ⅱ 5. 2. ）：

发现天然存在的物质仅仅是科学发现而不能被授予专利权。然而，如果在自然界发现的物质是第一次从其环境中被分离并且开发了获得该物质的过程，则该过程是可以被授权的。更进一步，如果该物质是绝对意义上的新的、没有

被现有技术所公开并且能够通过其结构被恰当地表征，则该物质本身可被授予专利权。（第5.1点）

异议部门总结：

上述指导原则非常适用于本案，人类H2－松弛素没有被现有技术公开，申请人开发了一种获得H2－松弛素的方法和其编码DNA，已经通过其化学结构对这些产品进行了表征并且发现了蛋白质的用途。根据EPC第52条第2款，产品因此可被授予专利权。（第5.2点）

上述结论也被处理松弛素案的上诉委员会所确认，在T 272/95（松弛素/HOWARD FLOREY研究所）中，上诉委员会维持该权利要求没有落入EPC第52（2）条的结论，并提到当时有效的实施细则第23（e）（2）条［现在实施细则第29（2）条］，见该决定的第7点理由。因此，根据该判例以及审查指南，从天然材料中获得的核酸被认为是天然存在的产品、可被授予专利权。关于天然存在的产品的更多信息，见C. Ⅰ.3. a. a。

D. Ⅱ. 2. b. 公共秩序和道德

在下面的判例中，一些异议者曾经试图根据EPC第53（a）条的排除条款无效人或植物DNA专利，认为公布或利用这些专利会违反公共秩序或道德。

与前述异议部门关于“松弛素”的决定和随后的上诉委员会T 272/95决定相关的专利，涉及编码人类H2松弛素或其生物学前体的DNA片段。

在决定中，上诉委员会提到了审查指南提供的准则（当时C-Ⅳ 3.1，现在为G-Ⅱ 4.1.）：

直接的判断方法是：考虑一般公众是否会非常憎恶，以至于授予专利权将是令人难以接受的，如果发明很明显属于这种情况，则应当根据公约第53（a）条提出反对意见，如果不属于这种情况则不适用。

异议部门认为该专利并不违反公约第53（a）条，该决定在申诉程序中被确认（T 272/95）。

我们将在D. Ⅵ. 2. 中详细讨论T 356/93（植物细胞/植物遗传系统）决定，其涉及转化植物细胞的载体专利。应用在C. Ⅰ. 2. a. 中引述的关于公共秩序和道德的定义，上诉委员会得出结论认为，涉诉专利的任何权利要求都不包含违反EPC第53（a）条的主题。

D. Ⅱ. 2. c. 治疗方法

根据EPC第53（c）条，针对人体或动物体的手术或治疗方法，以及施用于人体或动物体的诊断方法，不应当授予欧洲专利权。

在人体外操作核酸，以处理取自人体的样品所进行的如诊断方法为例，一般认为不会与EPC第53（c）条冲突，参见T 666/05（突变/犹他大学）和T 80/05（诊断方法/犹他大学）以及审查指南（G-Ⅱ 4.2.1）。

D. Ⅱ.2. d. 新颖性

申请人可以有几种不同的方法证明核酸权利要求的新颖性。申请人可以反驳现有技术，认为其不能使用，如果该理由成立，会导致现有技术无法评述新颖性。申请人可以进一步通过证明请求保护的序列或组合物与现有技术存在实质上的不同。可以通过新的参数描述核酸，如分子量或纯度，作为与现有技术划界的手段。此外，可以通过功能特征或用途特征描述核酸，例如请求保护的核酸编码的特定蛋白，这样的特征也能用来与现有技术划界。

另外，已知核酸的新用途也可以用来对发明进行限定。最后，可以通过制备方法对核酸进行限定，该限定能够将权利要求与现有技术予以充分区分。

下面的判例，采用了一种或多种上述方法证明发明的新颖性，其中一些判例涉及蛋白发明，但也同样适用于本章描述的核酸发明。

现有技术包含不可实施的公开

[在T 81/87（前凝乳酶原/COLLABORATIVE）中，上诉委员会确认，生物技术领域的发明如同其他任何领域一样，能够使后提出的专利申请不具备新颖性的现有技术的披露，必须是达到可实施程度的且无需过度负担。] 在该案中，现有技术文献通过提供构建和分离用于编码前胰凝乳酶原（与前凝乳酶原相同）蛋白质的载体的前体或中间体物质的一般方法，公开了获得所要求保护的最终产品前凝乳酶原所需的所有步骤。由于构建所述预建立载体的质粒的确切组成是不确定的，上诉委员会同时质疑了该质粒的公众可获得性以及该质粒的公开充分性。上诉委员会因此总结道：

> 虽然从理论上讲，在引用的基础上研究并非是绝对不可能的，但是根据标准做法，破坏新颖性的文件必须达到可实施的程度，而不会对本领域技术人员造成过度负担。在这种情况下，需要在文件中给出能够使公众根据详细指示付诸实施的实际范例，以便作为现有技术的一部分用于EPC第54条的目的。（第18点）

在T 301/87（α－干扰素/百健）中，上诉委员会必须确定某一现有技术噬菌体基因库（“Lawn 基因库”）中包含的DNA序列是否破坏了与核苷酸序列相关的权利要求的新颖性，该序列可能已经包含在这样一个基因文库中。上诉委员会认为：

> 该情况类似于天然物质的情况，因为噬菌体的可及性不是直接的，而是像从其他无用材料混合存在的土壤中分离成分或细菌。因此，基因库本身会一次性破坏与可能包含在其中的核苷酸序列相关发明的新颖性的观点是不能被支持的。(第 5.8 点)

这一观点在 T 412/93（促红细胞生成素/麒麟—安进）中被再次确认，其中规定：

> 上诉委员会认为，不能仅因为在 Lawn 基因库或其他可能的库中存在，就认为 Epo 基因的核苷酸序列是现有技术的一部分。(第 117 点)

因此，未被分离和表征未达到其能够重复获得程度的 DNA 不破坏后来要求保护的 DNA 的新颖性。T 18/09（嗜中性白细胞因子/人类基因科学公司）也给出了类似的结论。

在 T 576/91（质粒 pTR2030/北卡罗来纳州立大学）中确认了 T 81/87 的上述原则。在这里，上诉委员会需要决定，公开了质粒 pTR2030 以及通过两个菌株的杂交制备该质粒的预先发表的科学文献，是否会破坏相同质粒的权利要求的新颖性。两个杂交菌株之一是公众可获得的，另一个是根据研究协议从一个公司获得的。

在回答关于新颖性的问题之前，上诉委员会必须考虑是否仅仅凭借不成文的道德规则，即作者……早已经准备提供（根据要求）样品 pTR2030 给每一个有兴趣获得它的人，所引用的现有技术文件就可以被认为实质上达到了可实施的程度。(第 2.2 点)

在没有任何相反证据的情况下，上诉委员会认为科学出版物作者没有义务向公众发放其在出版物中披露的微生物。由于含有质粒 pTR2030 的微生物不是公众可以获得的，因此不认为该质粒是可获得的。

此外，由于没有证据表明根据研究协议提供的菌株是公众可以获得的，因此上诉委员会得出结论，该预发表的文件没有包含制备该质粒的有效披露。因此，现有技术不能破坏该申请的新颖性。

在 T 179/01（抗除草剂植物/孟山都）中，权利要求 1 的新颖性存在争议。权利要求 1 涉及编码 EPSPS 酶的 DNA 序列，其进一步由各种参数表征。一个竞争对手引用了一篇现有技术文献（文献 2）质疑权利要求 1 的新颖性，该文献披露了编码据称具有 EPSPS 功能的多肽的 DNA 片段，其功能是基于推理得到的。

上诉委员会指出，为了在评估新颖性方面具有相关性，现有技术文件对权利要求请求保护的主题的公开不仅必须是清晰而明确的，而且必须是可实施程度的。上诉委员会决定，由于现有技术文件没有实验证明所披露的 DNA 的 EPSPS 活性，也没有提供获得所述蛋白的教导，因此其没有提供可实施程度的披露，故而与新颖性无关。

有趣的是，竞争对手提供了后发表的证据，以支持所披露 DNA（文献 2）的 EPSPS 活性；不过，上诉委员会驳回了这一证据，并决定：

> 由于文献 2 本身既不指示也没有实现任何这些数据，因此不代表现有技术的“固有”教导，就此，后发表的证据是否表明文献 2 的 DNA 具有编码权利要求中表征的蛋白质的固有特性都不相干了。(第 15 点)

因此，上诉委员会确认了权利要求 1 的新颖性。

发明是用新的组合物或序列表征的

在 T 886/91（乙型肝炎病毒/百健）的上诉程序中，异议者之一认为，相对于现有技术序列，要求保护的 DNA 和/或氨基酸序列的小差异不足以使请求保护的序列具备新颖性。上诉委员会不同意这一观点，认为众所周知的是，即使一个氨基酸的变化也可以显著地改变蛋白质分子的性质，因而确认了权利要求的新颖性。

此外，异议者之一认为，所要求保护的序列和已知序列中存在共同一致性延伸，所以所要求的序列应当缺乏新颖性。上诉委员会认为这仅仅是理论上的，因为所引用的文件都没有公开或暗示报告序列的任何离散片段作为可用于比较的可鉴定实体。(第 8. 1. 2 点)

关于 DNA，上诉委员会进一步澄清，在没有相同片段的情况下相同的序列延伸不能破坏要求保护的 DNA 序列的新颖性，并且说明：

> 文件（1）……没有报道任何可以用来影响所讨论的权利要求的新颖性的确定的序列数据。事实上，尽管后者所提及的核苷酸序列很可能被包含在所述片段中，但是它们没有被确定并且没有用确切的一级结构来表征，因此它们不属于 EPC 第 54（2）条意义上的可获得的。(第 8. 1. 3 点)

在判例 T 429/96（丝氨酸蛋白酶抑制剂/安进）中，上诉委员会必须决定涉及由单个未分裂多肽链组成的纯化的丝氨酸蛋白酶抑制剂的权利要求的新颖性，该抑制剂用氨基酸序列所表征。相关的现有技术公开了一种组合物，其中含有降解形式的所要求保护的抑制剂，是其片段的混合物。上诉委员会认为涉及未降解的多肽链的权利要求相对于降解的蛋白质片段的混合物来说具备新颖性。

在 T 1121/96（促红细胞生成素/GENETICS INSTITUTE）中，考虑了权利要求 1 的新颖性，该权利要求涉及在真核细胞中产生促红细胞生成素的方法，其包括 DNA 序列的技术特征。异议者指称，根据现有技术文献，权利要求 1 不具备新颖性，该现有技术文献公开了在含有基因组 DNA 序列的真核细胞中产生红细胞生成素，据其声称，该基因组 DNA 序列涉及含有与权利要求 1 所述序列相同的序列。

然而，上诉委员会认为权利要求 1 具备新颖性，因为所引用的现有技术所公开的基因组 DNA 序列仅含有权利要求 1 的 DNA 序列的一部分。上诉委员会明确指出，DNA 序列仅能被不间断核苷酸序列组成的相同 DNA 序列的公开破坏新颖性。在这一点上，上诉委员会将所披露的 DNA 序列视为单一化合物。

在 T 351/98（HIV-I/CHIRON CORPORATION）的异议上诉程序中，要求保护的重组 DNA 的特征在于编码来自 HIV 的抗原性蛋白质，其特征在于序列。现有技术公开了 HTLV-3 基因组的一个区域，该区域比专利权人要求的 DNA 大得多。上诉委员会得出的结论是，专利权人所请求保护的具体 DNA 不能从现有技术文件的披露中得到，该权利要求具备新颖性（该决定的第 58 ~ 62 点）。

在 T 58/00（肝生长因子/三菱）中，和只公开了 SDS 凝胶上的蛋白条带的现有技术相比，用特定氨基酸序列表征的细胞生长因子权利要求是具备新颖性的。此外，现有技术公开的蛋白质仅公开了信号序列，这些信号序列是要求保护的蛋白质的一部分。因为异议者未能证明现有技术中公开的蛋白质对应于所要求保护的蛋白质，因此权利要求具备新颖性。

在 T 1072/00（Borrelia Burgdorferi/MIKROGEN）中，要求保护的肽通过特定的氨基酸序列组成加以表征。现有技术公开了比所要求保护的肽更短的序列。由于现有技术没有公开所要求保护的具体肽，上诉委员会认为权利要求具备新颖性。

新参数赋予的新颖性

多年来，上诉委员会已经承认以新参数为特征的发明的新颖性，例如活性成分的纯度或要求保护的分子的分子量。

在 T 412/93（促红细胞生成素促红细胞生成素/麒麟—安进）的判例中，认为以分子量为特征的多肽的权利要求相对于具有较低分子量的天然存在的产物具备新颖性。

在 T 378/95（因子 VIIIC/CHIRON CO.）的判例中，除了其他方式限定之外，请求保护的蛋白质组合物还通过包含基于总蛋白的纯度至少为 30% 的复合物来定义。这种复合物纯度的特征足以让上诉委员会承认其具备新颖性，因为上诉委员会认为，现有技术没有公开任何制剂，其中复合物形成组合物占总蛋白质的至少30%。

在另外的T 767/95（白细胞介素-1/IMMUNEX CORPORATION）判例中，上诉委员会必须确定一个权利要求的新颖性，除了其他特征，该权利要求中所要求保护的蛋白质组合物的特征还包括由SDS-PAGE法测定的分子量。上诉委员会确认了这一权利要求的新颖性，原因在于，没有证据表明现有技术中公开的蛋白质制剂显示出权利要求中所包含的分子量特征。

在T 877/90（T细胞生长因子/HOOPER）判例中，权利要求涉及无血清和无丝分裂素的生长因子制剂。上诉委员会认为无血清和无丝分裂素的特征是所要求保护的产品的基本特征，这种产品在现有技术中没有公开，因而认可了该权利要求的新颖性。

在另外的T 90/03（植酸酶/巴斯夫）判例中，上诉委员会再次将要求保护的组合物的纯度作为确认新颖性的特征。在该判例中，上诉委员会提及了小分子领域的早期判例T 990/96（红细胞-化合物/诺华），其中上诉委员会不承认纯度可作为确认化合物新颖性的特征。上诉委员会在T 90/03中特别指出：

> 相反，该申请涉及从粗天然生物材料获得的大分子量酶的纯化。虽然蛋白质纯化的方法是本领域技术人员已知的，但是其远没有标准化，因为必须针对每种蛋白质建立适应于该蛋白质的特定性质的方案。事实上，支持这一点的证据可以在对比文件5本身中找到，其显示额外的（常规的）纯化步骤，即阳离子色谱法仅能使纯化酶的纯度和比活性略微增加（参见第74页最后一段）。因此，T 990/96决定与该案无关。
>
> 于2000年9月5日作出的关于纯化高分子量蛋白质（17.5kDa）白细胞介素-1β（IL-1β）的T 767/95决定，可作为适当判例的代表。在该决定中，认为纯化均一的IL-1β制备物相对于含有IL-1β蛋白质的半纯化混合物是具备新颖性的。在该案中，相关考虑是所提供的IL-1β的纯度达到能够允许测定其（部分）氨基酸序列的程度，然而现有技术没有公开对于IL-1的氨基酸序列的分析，此分析将提供IL-1制备物均一性的确定性证据（参见该决定的第6点）。

D. Ⅱ.2.e. 创造性

在T 609/90（保护细菌/礼来）决定中，上诉委员会评估了一种重组克隆载体以及使用载体保护细菌的方法的创造性，该载体用于保护细菌免受自由生活在环境中的细菌噬菌体的降解，其含有特定限制性位点的双链 DNA。该载体的特征在于包含编码限制性修饰系统的基因和编码蛋白质的基因，期望能够在细菌中表达。携带所使用的限制性修饰系统的质粒已经是现有技术，尽管其不是表达载体的一部分。

上诉委员会首先考虑了几种保护大规模发酵细菌免受噬菌体不利影响的替代方案，然后讨论了使用该发明载体保护细菌的方案和使用替代方案相比的优点和缺点。上诉委员会得出的结论是，由于存在若干有希望的替代解决方案，并且鉴于向细菌培养物中引入限制性修饰系统的可预见的缺点，本领域技术人员就算有这种可能性，也将不会认真考虑使用该申请的载体来保护细菌。因此，该申请具备创造性。

在 T 816/90（外切纤维素酶Ⅱ/ALKO）中，确认了一种 DNA 序列具备创造性，尽管现有技术已知相应蛋白质的部分氨基酸序列。详细来说，申请人要求保护从特定微生物中获得的编码外切纤维素水解酶Ⅱ的 DNA 序列，该 DNA 序列是编码权利要求中所述的特定氨基酸序列，或者表现出相同酶活性的基本相同的氨基酸序列。相关的现有技术文献公开了包括 N 末端 20 个氨基酸序列的蛋白质外切纤维素酶Ⅱ（CBH Ⅱ）的分离和表征，以及公开了使用基本上与涉案申请中相同的技术对编码外切核酸酶Ⅰ（CBH Ⅰ）的基因进行分子克隆和表征的方法。根据审查部门的说法，申请人对现有技术做出的贡献只是为外切纤维素酶Ⅱ制备抗血清的额外步骤。

上诉委员会认为关键的问题是，从最接近的现有技术出发的技术人员，即披露分离均匀形式的外切纤维素酶Ⅱ的以及公开了外切纤维素酶Ⅱ的 N 末端 20 个氨基酸序列的文件，在公开了克隆和表征外切纤维素酶Ⅰ的文件的启示下，能否直接得到通过重组 DNA 技术获得外切纤维素酶Ⅱ的方法。由于申请人使用了一种修饰的方法来分离 mRNA，该方法被认为对于获得足够量的 mRNA 是关键的，并且由于该申请对现有技术的贡献还在于，其不仅揭示了克隆而且公开了表达，因此其创造性得到认可。

有趣的是，上诉委员会认为应用替代实验方法的可能性是“纯粹的学术问题”，并明确指出：

> 关于本领域技术人员是否可以通过不同的实验方法获得相同的结果的问题，例如通过使用基于文件（3）中氨基酸序列信息构建的寡核苷酸探针，上诉委员会认为，在此阶段，这是一个纯粹的学术问题。首先，似乎是最可能的方法［文献（1）和（2）中描述的差异杂交技术的类似用途］，已经整体上被

认为是非显而易见的……。其次，目前没有可用的现有技术文献可以显示，从文献（3）中的信息开始，本领域技术人员将容易地获得要求保护的主题。（第5.2.8点）

在T 455/91（在酵母中的表达/基因泰克）中，上诉委员会考虑了酵母表达载体的创造性步骤。权利要求1涉及如下空载体：

适用于在酵母中表达外源基因的DNA载体，其包含在酵母中可复制的序列，包括其启动子的酵母结构基因的5′侧翼序列，所述5′侧翼序列的下游在转录方向上建立一个位点，用于将编码通常为外源的生物活性多肽的结构基因插入到酵母中，以便在所述启动子的控制下可转录，并可从DNA插入物携带的起始信号翻译，以及允许表型选择酵母转化体的序列。

权利要求9涉及另外包含编码通常异源于酵母的生物活性多肽的DNA序列和翻译起始密码子的相应载体。上诉委员会考虑了本领域技术人员是否会尝试修改最接近的现有技术文献的技术教导以得到请求保护的技术方案，该现有技术文献公开的是包括ATG（翻译起始密码子）的细菌载体，但是缺乏结构基因。

上诉委员会认为本领域技术人员容易寻求适当的、明显的变更、修饰或调整，这些变更、修饰或调整涉及很少的麻烦或工作并且没有风险或只有可预测的风险，特别是为了获得更便捷或更方便的产品或程序的简化。特殊情况下，在该领域工作的技术人员（例如在酵母中表达）将把在邻近领域（例如细菌领域）中方便采用的手段视为在该领域也容易使用，前提是这种技术知识的转移没有什么不寻常之处。（第5.1.3.3点）

上诉委员会认为，有足够动机使得本领域技术人员至少会尝试将细菌领域的知识应用到酵母上（第5.1.3.4点）；除了预期的宿主不同之外，所要求保护的载体和现有技术的载体之间的唯一区别是翻译起始密码子ATG的存在或不存在。此外，关于细菌载体的现有技术知晓其为“即用型载体”，可以插入由“起始信号—外源DNA序列（可选的）—终止信号”组成的DNA序列。因此，上诉委员会不认为其具备创造性。

T 500/91（α-干扰素Ⅱ/百健）涉及与T 301/87（α-干扰素/百健）相同的专利。在T 500/91讨论的几个问题中，有两个是令人感兴趣的：

根据T 500/91，据认为假定的本领域技术人员可由一组合适的专门人员来代表，不会预期其可以通过在尚未探索的领域进行科学研究来解决技术问题（决定第2.2点）。

反对意见认为，所要求保护的DNA分子仅代表一种“期望得到之物”，该意见被驳回，理由是EPC并没有规定“期望得到之物”被排除在可专利性之外，只要其实现手段已经被以足够清晰和完整的方式披露，能够由本领域技术人员实施，而且这种手段依照EPC第54（1）条不为公众所知并且依照EPC第56条对于本领域技术人员来说非显而易见（决定第2.3.1点）。

上诉委员会总结道：

考虑到当下正在讨论的遗传工程领域在相关日还相对较为前沿这一事实，进一步考虑到在当时影响重组DNA技术成功尝试的因素的不确定性，以及该特定技术领域一般知识尚未很好地确立，根据审查中的权利要求1和权利要求2，该重组DNA技术的成功应用具备创造性。（第2.4点）

在T 886/91（乙型肝炎病毒/百健）中，评估了下面权利要求中的创造性：

编码显示HBV抗原性的多肽的DNA序列的用途，所述DNA序列选自下式的DNA序列：

（a）……及其片段其编码显示HBV抗原性的多肽；

（b）……及其片段其编码显示HBV抗原性的多肽；

（c）由于遗传密码而与上述任何一个DNA序列具有简并性的序列，其编码呈现HBV抗原性的多肽并用于产生显示HBV抗原性的多肽。

最接近的现有技术文献报道了含有HBV基因组亚型adyw的DNA片段的克隆和表达载体的构建，审查中的专利也是同一亚型，并且为所涉及的专利进行了测序。据报道，用载体转化的细胞可产生与HBV抗原的抗体特异性反应的抗原性材料，特别是HBcAg和HBsAg。在现有技术的基础上，技术问题被认为是在已知离散DNA片段中，准确鉴定和表征HBV基因组亚型adyw的编码HBcAg和HBsAg的DNA序列。

上诉委员会认为其不具备创造性。根据上诉委员会的观点，尝试鉴定和表征HBV亚型adyw的编码HBcAg和HBsAg的DNA序列对于本领域技术人员来说是显而易见的，并且对于成功有合理的预期。该结论特别基于以下考虑：在相关时间，尝试完成最接近于现有技术文件的工作对于分子生物学领域的技术人员来说是常规的手段，因为所有这些必要的方法和手段是本领域已知的。上诉委员会强调，这个问题是HBV抗原的一般表达，而非表达的效率。

在T 223/92（HIF-Gamma/基因泰克）中，上诉委员会考虑了与人免疫干扰素以及携带编码人免疫干扰素的DNA序列的DNA分离物的相关权利要求的创造性步骤。权利要求的表述如下：

一种DNA分离物，其包含编码具有图5所示氨基酸序列的人免疫干扰素的DNA序列或具有人免疫干扰素功能的等位基因或其衍生物。

上诉委员会描述了本领域技术人员在优先权日时所面临的情形：

(i) 对该蛋白知之甚少，实际上已公开的数据相互矛盾使得情况尤其令人迷惑（参见上述第5点）；(ii) 尽管已有改良的增产方法，但由此获得的mRNA的质和量均极为不佳，因此，如果没有发现比该已有方法更好的方法，那么重组DNA技术路线成功的前景将非常渺茫；(iii) 起决定作用的筛选方法不能被认为是一种可靠的发现方法，只能被描述为“大海捞针”。(第5.11点)

考虑到这种情况，上诉委员会的结论是：

在这种情况下，没有足够的确定性使得本领域技术人员以任何合理的成功期望来尝试这种方法。换句话说，虽然有人可能选择了重组DNA技术的路线，但也仅仅是尝试，能否成功非常不确定。例如，因为他相信自己的运气、技能和创造力能够克服已知的以及未知的难题，尽管这些难题是普通技术人员预期会失败的。(第5.12点)

上诉委员会描述了申请人的处境：

被上诉人的目标可以比喻为要达到山峰，其被云层永久覆盖从而无法看到正确的到达路线。虽然不能肯定地说，被上诉人所选择路线与已知路线的差异是决定性的，但被上诉人成功达到了这一山峰，不知道他们什么时候开始攀爬，不知道在他们选择路径上已知的困难以及未知的困难是不是会迫使他们放弃并尝试其他途径。通过鉴定DNA序列，被上诉人可以说已经提供了一个通向顶峰的绳索，可以使其他人在有很少麻烦的情况下确定地达到同样的高度。上诉人需要阐明可以通过一条没有创造性的路径到达山峰，但他们没能做到这一点。(第5.15点)

因此，确认了本案具备创造性。

在T 880/92（因子IX/TRANSGENE）中，上诉委员会决定的问题是，选择某种表达系统，即用于表达DNA序列的痘病毒表达系统，其序列在本领域中已知，是否具备创造性。在这个案子中，现有技术文献提出可使用其他表达系统来获得因子IX的重组表达。

上诉委员会认可其具备创新性，因为鉴于存在因子IX的表达建议，如果没有理由怀疑其可行性，本领域技术人员实际上会遵循这些建议。只有在现有技术提供的解决方案不能令人满意并且这一点非常明显的情况下，技术人员才会寻求替代解决方案。专利权人从不同的方向解决了给定的技术问题，因此承认其具备创造性。

在T 296/93（HBV抗原生产/百健）中，上诉委员会讨论了专利权人在比竞争对手更有利的条件下工作的事实是否可能对创造性的评估有影响的问题。上诉委员会否认工作条件与确定创造性之间存在任何关系，认为：

> 如果考虑到现有技术水平，该主题对于本领域技术人员而言是非显而易见的，一个人（或一个团队，这里指上诉人）在更有利的条件下工作，或者其他人（或团队）同时在同一领域进行研究的事实，都不会减少第一人（或一个团队）与所述研究相关的专利所请求保护的主题的创造性。其他人（或团队）也在同一个项目上研究的事实可能表明其是“显而易见的尝试”或者是“热点的探索领域”，但并不一定意味着“成功的合理预期”。“成功的合理预期”不应该与可理解的“希望成功”相混淆，这意味着技术人员在研究项目开始之前在现有知识的基础上合理预测，能够在可接受的次数限制内达到成功。一个技术领域的未探索区域越多，对成功的结论做出预测就越困难，从而使成功的预期越低。(第7.4.4点)

在上述判例中，上诉委员会并没有看到解决潜在问题的成功的合理预期。因此，上诉委员会认可了创造性。

在T 412/93（促红细胞生成素/麒麟—安进）中，上诉委员会在一份关于编码已知蛋白质的DNA的可专利性问题的附言中发表了如下评论：

> 在上诉委员会讨论上诉人提供的用以证明DNA序列不具备创造性的实验证据之前，应该指出，在任何情况下，DNA编码可能不具备新颖性的技术主题的事实，并非事实上意味着在提供DNA以及随后涉及的或者包含所述DNA的任何方法、质粒或转化的细胞不具备创造性。在决定T 500/91中，上诉委员会并不因为干扰素是已知蛋白而驳回涉及DNA、质粒和重组过程的权利要求。(第121点)

在T 111/00（单核因子/FARBER）中，申请人对于审查部门的决定提出上诉，所涉权利要求请求保护编码单核因子的DNA分子，其特征在于特定的核苷酸序列。上诉人主要对所要求保护的主题的创造性进行争辩，认为公开分离编码小鼠细胞因子的cDNA的最接近的现有技术，仅以推测的方式表征了编码的蛋白质。上诉人进一步引用另一份文件来支持这一观点，即本领域技术人员不会有寻找另一个单体因子同系物的成功合理预期，即使存在预期，也不会期望找到本申请请求保护的具体序列。

上诉委员会将实际解决的技术问题归结为提供由 α – 干扰素诱导的其他细胞因子。上诉人关于最接近的现有技术的推测性质的披露的观点是没有说服力的，并且由于所使用的单核因子是使用基于最接近现有技术公开的探针以直接的方式鉴定的，上诉委员会因而认为不能从鉴定模式中得出创造性。由于分离是一个常规的问题，上诉委员会不接受成功的合理预期这一意见。最后，上诉委员会明确指出，仅仅提出请求保护特定 DNA 序列这一事实，在没有某些预料不到的性质的情况下，不足以确认。因此，上诉委员会否认了该申请的创造性。

在 T 142/03（螨过敏原/儿童保健研究所）中，申请人针对异议部门撤销专利的决定提出上诉。其中，申请人请求保护编码 Der fI 蛋白过敏原的分离的 DNA。最接近的现有技术涉及编码房屋尘螨过敏原的 cDNA 克隆的分析和表达，公开了克隆过敏原 Der pI，并进一步公开了 Der fI 和 Der pI 之间存在 80% 同源性。申请人主要争辩理由在于，由于发明人面临诸多挑战（如选择正确的杂交条件），因此通过 Der pI 的探针在 cDNA 库中检测 Der fI，不可能得到请求保护的主题的合理成功预期。

上诉委员会认为，最接近的现有技术指导本领域技术人员应用在本申请中使用的克隆方法，并且本领域技术人员在使用所述方法克隆进一步的抗原方面有成功的合理预期。上诉委员会还认为，杂交条件的调整是技术人员不需要任何创造性技能的常规实验。

针对附加请求，其在分离的编码 Der fI 蛋白的 DNA 权利要求中补入了特定序列，上诉委员会认为，既然本领域技术人员根据 Der fI 和 Der pI 之间的序列同源性有成功的合理预期，引入特定序列不会影响对于创造性的判断。

因此，上诉委员会以不具备创造性而驳回了主要和附加的请求。

在针对 T 1190/03（孤儿受体/KARO BIO）的异议上诉程序中，专利权人请求保护分离的具有特定氨基酸序列的雌激素受体（ERβ），其来自大鼠、小鼠和人。由于没有来自小鼠和人的 ERβ 的优先权，中间文件的内容可用于评估所述小鼠和人 ERβ 的新颖性和创造性。这些中间文件分别公开了克隆大鼠 ERβ 和人 ERβ。

上诉委员会的结论是，基于这些最接近的现有技术文献来达到所要求保护的主题（小鼠和人类 ERβ），对本领域技术人员而言是显而易见的，主要基于以下观点：

上诉委员会认为，一旦来自一个物种的受体的序列是已知的，使用基于已

知序列的探针直接鉴定和分离来自另一种哺乳动物物种的 cDNA 文库的相应基因便是常规的。(第 7 点)

上诉人反对这一论点，尤其是，不能想当然地认为本领域技术人员确实可以从很多可鉴定的可能的氨基酸序列中得到所要求保护的具体氨基酸序列。上诉委员会实质上不同意这一观点，指出：

要解决的决定性问题是，根据说明书中公开的图 14A 的特定小鼠的 ERβ 序列是否是“隐藏”的，即在某种意义上只能通过在许多参数中选择非常具体和异乎寻常的工具/技术（组织、文库、探针、生物活性测试等）所得到，或者在某种意义上存在不可预见的需要创造性的努力加以解决的困难。(第 10 点)

上诉委员会认为所要求保护的主题不存在如上所述的“隐藏”。原则上，上诉委员会应用了同样的理由来解决人类 ERβ 的创造性问题。因此，上诉委员会否定了所请求保护的小鼠和人类 ERβ 的创造性。

在 T 1329/04（因子 -9/约翰霍普金斯）中，审查部门认为要求保护的编码具有 GDF-9 活性并进一步通过序列限定的多肽的多核苷酸主题不具备创造性，上诉人据此提出了上诉。上诉人主要基于以下理由来争辩其具备创造性，即分离的 cDNA 的不可预期的结构性质，以及进一步支持所要求保护的由所述 cDNA 编码的蛋白质的生物学活性，该生物学活性仅于在后文献中所公开。

上诉委员会认为实际解决的技术问题是分离 TGF-β 超家族的其他成员。上诉委员会得出的结论是，该申请没有提供足够的证据证明发现了所述问题的解决方案，因此否认其创造性。上诉委员会的推论基本上包括两个论点：

这一发现和第 7 点得出的结论是，与文件（3）（最近的现有技术）中的 GDF-1 相反，无法仅通过使用“结构方法”清楚地、毫无疑义地确定 GDF-9 为 TGF-β 超家族成员。(第 8 点)

当然，如果在申请文件中已经阐明 GDF-9 发挥了类似转录因子 β［TGF-β］的作用（如最初用于定义超家族的所有因素），那么情况很有可能完全不同。然而，在这方面根本就没有证据。(第 9 点)

上诉委员会没有考虑上诉人提供的支持生物活性的文件，因为最初提交的申请中完全没有这方面的证据，而且在后发表的文件不能作为唯一的证据。上诉委员会进一步指出：

［这种方法与创造性（如专利性的所有其他标准）相矛盾，即必须从专利的有效日期确定的原则。］将发明定义为对技术的贡献，即解决技术问题而不

仅仅是提出技术问题，要求通过申请中的公开教导至少能够明确，其确实解决了所声称要解决的技术问题。因此，即使在适当的情况下补充的在后证据也可能被考虑在内，其也不可能作为确定申请确实解决了其想要解决问题的唯一依据。(第 12 点)

在这个判例中，一个主要问题是所要求保护的 GDF-9 与蛋白质家族的其他成员在结构上是相当不同的。这使得上诉委员会怀疑 GDF-9 是否是 TGF-β 家族的成员。

在 T 1165/06（白介素 17 相关多肽/先灵）中，申请人对于审查部门驳回该申请的决定提出上诉，其中，驳回理由认为缺乏创造性。权利要求是关于白介素-17 相关蛋白的多核苷酸和多肽的序列。最接近的现有技术公开了多种白介素-17 家族成员和它们的保守区域。因此，技术问题被认为是对另一白介素-17 家族成员多肽的分离。

在评估这个技术问题的显而易见性时，上诉委员会转向了合理成功预期的概念。由于该发明提供的白介素-17 家庭成员蛋白和最接近现有技术中公开的保守结构域缺乏序列同源性，上诉委员会认为没有成功的合理预期，因此所请求保护的主题具备创造性。上诉委员会指出：

在申请日时，这一事实（缺乏同源性）既不为人所知，也不可能由本领域技术人员所预见，而且只有在发明者确定了白介素-17 序列后才被披露。因此，基于对比文件 4 中给出的结构域信息所设计的筛选策略，将有很大可能性不能得到白介素-17 的序列。根据 EPO 上诉委员会的判例法，否认发明的创造性需要给出成功的合理预期，在该案的情形下，成功的合理预期是不可能假定的。(第 22 点)

在 T 414/07（乳腺疾病/雅培）中，涉案发明涉及多核苷酸和多肽序列作为乳腺癌的标志物。最接近的现有技术公开了在人乳腺癌中过表达的单一蛋白质，其根据公开的内容可用作乳腺癌的标志物。唯一额外的现有技术文献公开了分离 cDNA 克隆，其与癌症完全无关，更不用说乳腺癌（尽管其与涉案发明请求保护的序列之一存在序列同源性）。鉴于这些现有技术文件，上诉委员会决定：

唯一可能的结论是本领域技术人员在不付出创造性劳动的情况下将根本不可能获得所述多肽，(第 16 点)

并进一步决定：

权利要求 1 的多核苷酸也包含创造性步骤。(第 17 点)

在T 1450/07（TGFa-HⅡ/HUMAN GENOME SCIENCES）中，审查部门以缺乏创造性为由驳回了专利申请，申请涉及人类TGF-α同系物。其他人类TGF-α同系物在现有技术中是已知的。然而，最接近的现有技术公开了，人类基因组不含有与TGF-α基因同源的任何其他序列。因此，上诉委员会认为，分离请求保护的同系物是预料不到的，所要求保护的主体应该被赋予创造性。

在T 18/09（嗜中性白细胞因子/HUMAN GENOME SCIENCES）中，上诉委员会承认根据现有技术公开的EST数据库中的EST序列分离编码Neutrokine-a多肽的核酸分子权利要求具备创造性。上诉委员会反对使用这样的现有技术作为最接近的对比文件，其理由如下：

> 对比文件2的EST克隆未被表征和注释，如果没有客观的引人注目的选择理由，不能从公共EST数据库中存在的所有其他EST克隆中挑选出来。也就是说，作为特定的个体化产品，其仅是整个EST数据库的组成部分，尽管实际上存在于可用的克隆集合中，像这样的特定的EST克隆是不可用的。在没有任何具体信息（如其推定的编码多肽的鉴定）的情况下，仅仅披露核酸序列本身并不认为是给出了具体信息，因此，上诉委员会认为这种披露不足以使其作为或选择作为最接近的现有技术使用。(第40点)

上诉委员会进一步指出，使用可用软件对EST数据库的大规模流水线筛选方法也不是显而易见的，主要基于以下原因：

> 鉴于可能用于进行这些EST序列选择的可能的标准数量和特殊性质，以及必须协同的选择程序、参数和值，上诉委员会得出结论：没有特定的现有技术，即没有特定的EST序列组已被清楚和明确地鉴定为自动流水线筛选的起始点，也没有文件被清楚地确定为最接近的现有技术。此外，如对比文件2、22或24，这些文件中没有证据表明，每一个或所有建议的选择，或至少其中大多数，包含至少一个编码（部分）所涉专利中的Neutrokine-α序列的EST，并通过自动流水线筛选，技术人员将能够有机会立即识别该序列并成功地获得该序列。

D.Ⅱ.2.f. 工业实用性

在过去几年中，通过进一步关注DNA和蛋白质发明领域与EPC第57条的相关性，上诉委员会为生命科学领域的发明设置了新的障碍。上诉委员会在早期的T 1329/04（因素9/约翰霍普金斯）判例中为基于EPC第57条的驳回意见铺平了道路，尽管这一案件形式上是根据EPC第56条作出的决定。然而，在该案中，上诉委员会引入了“合理性概念或测试”，要求必须能够从原始申请中合理地确定DNA或蛋白质的所谓功能确实存在。基本思想是，在相关日时发明必须是完整的，并且申请必须包含足够的信息，以使所要求保护的效果看似合理的存在和/或所声称的问题解决方案与申请中所陈述相一致。在T 1329/04所涉申请中，涉及对于所要求保护的DNA编码的蛋白质的所称功能是否能够确定其为TGF-β超家族的一员这一特定问题的质疑。特别是因为要求保护的DNA编码的蛋白质与TGF-β超家族的大多数其他已知成员显示出不同的结构域结构。与T 1329/04的考虑一致，已经有进一步的决定将T 1329/04的这种合理性/可信性测试也应用到EPC第57条的审查中。

例如，在T 898/05（造血受体/ZYMOGENETICS）中，上诉委员会必须决定编码配体结合受体多肽的DNA的可专利性，所涉及的专利申请不包含任何编码蛋白所声称功能的“湿法化学”数据。相反，假定的功能是基于计算机辅助的方法获得的。上诉委员会很好地总结了之前关于与EPC第57条的申请的判例法，并得出了以下结论：

> 从上诉委员会的上述判例法中可以看出，披露新发现的蛋白质的功能在审查“工业实用性”问题时至关重要，因为功能是了解在工业上利用该发明能够带来的具体利益的途径。如T 870/04（上述）所示，如果没有披露蛋白质的有益用处，蛋白质结构的简单表征可能不足以使其符合EPC第57条的规定。另一方面，T 338/00和T 604/04（上述）表明，如果根据说明书的描述并结合现有技术的一般知识，可以很容易地确定其有益用处，那么即使没有实际的实验数据，也可以给出肯定的答案（理由的第20点）。

在T 898/05中，上诉委员会确认了申请的工业实用性。上诉委员会进一步指出，一项功能是以计算机辅助方法为基础，而不是以传统的湿法实验技术为基础的，并不意味着这一功能应该被自动忽略或被排除在仔细和严格的审查之外（标题语2）。

D. Ⅱ.2. g. 充分公开

生物技术发明和一般的化学产品发明的主要区别在于，根据实施细则第31～33条，前者可能需要提供一个保藏微生物或DNA的书面公开以满足EPC第83条的规定。在C. Ⅰ.3. b. b. 中已经讨论了关于保藏的形式要求的相关问题。评估是否充分公开的重要决定因素是本领域技术人员的定义，见C. Ⅰ.3. d. 。

下面的讨论总结了一系列涉及核酸相关发明是否充分公开这一争议点的

决定。

T 292/85（多肽表达/基因泰克Ⅰ）是一个里程碑式的决定，其涉及申请人对申请不符合EPC第83条的驳回决定的上诉。该申请引起争议的权利要求如下所示：

一种重组的适于转化细菌宿主的重组质粒，所述质粒包含一个同源调节子，异种DNA以及一个或多个终止密码子，异种DNA编码一个需要的功能性异种多肽或中间物从而不能被内源的蛋白裂解酶降解，所述DNA与调节子位于合适的读码框中使其位于同源调节子和终止密码子之间，从而在合适的细菌中翻译该异种DNA的转录产物，所产生的表达产品是可回收形式的所述需要的功能性多肽或中间体。

决定中总结了审查部门根据EPC驳回该权利要求的理由，如下所示：

专利审查部门坚持认为权利要求中的所有实施方式必须是本领域技术人员在优先权日、在不付出创造性劳动的前提下可重复实施的。权利要求不能依赖代表未来发明的组分。除了现在不能提供这样的实施方式之外，这种组分变体的未来可专利性可能会因此受到影响。实际上，权利要求应当至少限定到在优先权日能够实现的程度，即已知的细菌、质粒和与已知多肽相关的DNA。由于人类个体差异导致的DNA的不同，因此制备人类激素的方法是不可能真正重复实施的。总而言之，在这一技术领域，不能采用功能性术语限定任何组分。(第Ⅱ点)

上诉委员会驳回了审查部门的决定，并详细论述了由于未来组分、不能实施的组分和为了获得每一个和所有期望结果的变体的不可能性导致的公开充分问题。

关于未来组分，上诉委员会注意到，所有权利要求中的实施方式应当是可实施的，这既非EPC的要求，同时也不是任何一个EPC缔约国的既定原则(决定第3.1.2点)。众所周知的是，权利要求中的功能性特征将覆盖无限种可能性，包括未来的变体。上诉委员会认为与T 68/85（协同增效的除草剂/汽巴—嘉基）一致，功能性特征是容许的，如果在不限制权利要求保护范围的情况下该特征不能通过其他方法被更精确地定义并且在转化实施中不会导致过度负担。(第3.1.2点)

上诉委员会讨论了非生物技术领域的例子并继续阐述：

上面的例子显示了对于公平保护的要求，既决定了对权利要求保护范围的考虑，也决定了对于充分公开的要求的考虑。无论现在还是以后，变体同样能够达到相同的效果，而在某种意义上，如果没有该专利，这将是不能被预期的，组分的变体也包含在权利要求中，否则专利提供的保护将是无效的。上诉委员会认为，如果清楚地指明了至少一种能使本领域技术人员实施发明的方式，则发明是充分公开的。在这种情况下，不给出该发明的功能性限定的组成特征的某些具体变体对于充分性无关紧要，前提是技术人员通过所披露的内容或对发明产生相同效果的公知常识得知存在适用的变体，并提供对发明而言相同的技术效果。不需要提供如何获得功能性限定中所有可能的变体如何获得的特定操作说明。(第 3.1.5 点)

鉴于上述内容，某些细菌菌株或调节子变体可能只存在于私人保藏，或只能在特定地点被发现，或衍生自对公众来说不可及的或只曾短暂可及的来源，都是没有关系的。只要存在可及实施发明的方式，这些特殊情况不能抵消该发明能够被实施的可能性。(第 3.1.7 点)

关于不能实施的组分，上诉委员会认定：

发明中功能性限定的组分特征中的某些非详细阐明的特定变体的不适合是无关紧要的，前提是技术人员通过所披露的内容或对发明产生相同效果的公知常识得知存在适用的变体，并提供对发明而言相同的技术效果。(第 3.2.1 点)

上诉委员会强调：

可能无效的细菌变体和有效的细菌变体一起被纳入权利要求保护范围的情况，必须与完全不能获得某种有效方式的情况谨慎区分。(第 3.3.1 点)

关于为了获得任一或所有期望结果的变体的起始材料的可及性，上诉委员会认为某些起始材料或遗传前体的非可及性不会导致一般可用的生物工艺公开不充分，前提是该工艺是可重复的。(该决定第 3.3.3 点)

在 T 281/86（前索马甜原/联合利华）所涉及的申请中，申请被驳回的原因是质粒 pUR100 包含几乎全长的用来构建权利要求中请求保护的质粒的前索马甜原 cDNA，该质粒不能够被同样地再现。这一质粒既没有保藏也没有提供序列。然而，说明书披露了产生 pUR100 的方法以及编码前索马甜原、前索马甜和索马甜原的编码 DNA 序列。在申请人的上诉请求中，上诉委员会作出如下决定：

虽然承认以说明书披露的内容为基础不可能获得与原本制备的 pUR100 完全相同的质粒，但无疑这些产品也能够同样适于进一步操作，并应该同样能够使三种索马甜前体以及建议的变体蛋白表达。

在化学领域，事情总是如此，实验的结果通常呈现一些产量和质量等的变化。这与充分性无关，除非该发明在这方面需要某种特性。因此，如果只是进行某种反应的条件以及方式呈现不可避免的变化而最终结果是相同的，则更无关紧要了。以 pUR100 命名的变体就是这种性质的手段。(第 5 点)

因此上诉委员会认为，EPC 第 83 条没有以下要求：必须可以精确地重复一个详细描述的方法示例。在一个方法中使用的试剂的组分变化对公开的充分性无关紧要，但前提是要求保护的方法确实能得到期望的产物。只要方法的描述足够清楚和完整，即在将技术人员的常识考虑进来的情况下，他可以实施要求保护的方法而没有过度负担，在公开充分性方面就没有缺陷。(第 6 点)

在 T 283/86（ –/加利福尼亚大学董事会）中，专利审查部门依据 EPC 第 83 条对下述权利要求予以驳回。

权利要求 1

一种 DNA 转移载体包含编码牛生长激素前体脱氧核糖核酸序列，其中 A 为脱氧腺苷，氧核糖核酸序列具有正义链序列为 5’ –…… –3’，其中 A 为……

权利要求 4

权利要求 1 所述的 DNA 转移载体，其中转移载体是质粒 pBR348，或与其仅在多聚 A 和/或多聚 C 部分长度不同的质粒。

该申请被驳回的理由之一在于：（i）如果使用不同的供体作为起始材料(垂体)，可能导致权利要求 4 质粒的等位突变现象不可再现；以及（ii）转录物的多聚 G/C 链的精确长度并没有被披露。关于（i），在没有相反证据的情况下，上诉委员会总结了激素初步形成的独特性质，没有发现基于不受支持的和可能性的理论知识而以 EPC 第 83 条予以驳回的余地。关于（ii），上诉委员会认为制备质粒的至少一种方法已经在实施例中给出。因此，与上面讨论的 T 292/85（多肽表达/基因泰克 I）保持一致，认为已经满足了 EPC 第 83 条的规定。进一步，尽管实施例可能不能够被完全再现，没有证据显示一个具有 pBR348 特征的质粒或其变体，不能可靠地再现。因此，公开的充分性得到承认。

在 T 181/87（乙型肝炎病毒/加利福尼亚大学）中，关于公开充分，上诉委员会对涉及特定质粒的发明（权利要求）以及涉及比特定质粒实施方式更宽广的发明进行了区分。审查部门以不符合 EPC 第 83 条为由，驳回了以质粒 pEco-63 为基础的申请，该质粒是权利要求 6 请求保护的主题，包含在实施例中的其他质粒不可再现，原因在于起始材料，即某种戴恩颗粒，没有被充分地披露。根据审查部门的意见，使用不同的起始材料将导致不同的质粒化合物，因此不确定该过程是否能够重复地产生该申请所披露的特定质粒。

上诉委员会认为：

如果能够证明一个质粒是发明所要请求保护的内容，该特定质粒的可再现性在欧洲专利申请中必须被证明。然而，如果发明请求保护的内容比一个特定的质粒的范围要广，EPC 第 83 条并不要求披露的该特定质粒的制备方法必须是可相同的再现，前提是有证据表明，对于特定质粒的制备方法的披露能够产生与该特定质粒不同的可靠质粒，并且其落入权利要求规定的广泛的保护范围之内。上诉委员会所作出的更早的决定中……已经表达了这一观点。(第 7.2 点)

在这一判例中，pEco-63 已经被保藏。并且，在实施例中已经披露了该质粒以及其他质粒的制备方法，被认为是可以再现的。上诉委员会再次强调：

这里需要进一步提到的是，即便实施例中披露的质粒不能被完全相同地再现，如上所述，这也不必然导致不满足 EPC 第 83 条，只要根据该实施例将获得落入权利要求保护范围之内的产品，而该权利要求的保护范围比实施例的特定实施方式范围广。(第 7.9 点)

在 T 301/87（α－干扰素/百健）所涉及的判例中，异议者对以下权利要求（b）和（c）部分所涵盖的主题的公开充分性提出异议：

一种重组 DNA 分子用于在细菌、酵母或动物细胞中克隆一个 DNA 序列，所述重组 DNA 分子包含选择以下的 DNA 序列：

（a）……

（b）能够与上述 DNA 插入子杂交并编码 IFN-a 类型多肽的 DNA 序列；

（c）与（a）和（b）所限定的 DNA 序列或插入子具有简并性的且编码 IFN-a 型多肽的 DNA 序列。

上诉委员会认为上述权利要求所包含的材料是未知的，但可能是有限数量的人类和动物 α 型干扰素。这些材料在构成上相互有所不同，但鉴于在杂交试验中具有相似的亲和性，仍将表现出一些结构相似性。此外，作为一个类，这些成员提供的最终产品具有相同的生物活性。(第 4.4 点)

上诉委员会继续指出：

只要这是通过本发明实现的，就没有预先提供这一类中的每个成员如何被制备的说明的必要性。鉴于该技术的性质，甚至不能保证在复杂、冗长的相同重复实验之后，从相同来源能够获得完全相同的产品。在这个广泛的层面上，该类中的任何一名成员都是该发明的适当代表。（第4.4点）

因此，上诉委员会认为，在一组遗传前体（如权利要求请求保护的由结构和功能测试联合限定的重组DNA分子）中，存在的结构变体对于公开的充分性是无关紧要的，只要技术人员能够可靠地获得该组的某些成员，而无需事先知道哪个成员将被提供。（第4.5点）

在T 347/87（克隆载体/基因泰克）的审查程序中，审查部门要求包含编码人生长激素的结构基因的质粒具有完全一致的可再现性。上诉委员会不同意这一观点，并通过如下的论述确认了之前的判例法：

虽然作为来源的每个人只能提供激素的DNA前体的单个变体，当然不能保证每个和所有变体都能达到发明预期结果，即获得该产品，也不能保证这些来源将能够继续供公众使用，但只要这样的过程总是有效，关于人体激素的制备方面的披露就是充分的……（第4点）

在T 158/91（人类生长激素/基因泰克）中，上诉委员会必须评估现有技术文件是否包含有效的披露。上诉委员会认为：

当然，充分公开的问题，无论是现有技术文件还是审查中的专利申请，都必须根据其自身的实际情况进行审查。关于披露的充分性的审查取决于案件事实与某些一般参数的相关性。

例如下列参数：

（a）技术领域的性质以及在该技术领域实施某项书面公开所需的平均工作量；

（b）向公众提供披露及相应的普通技术知识；

（c）文件中披露的可靠的技术细节数量。（第2.3点）

这些规则似乎普遍适用。

在T 223/92（HIF-Gamma/基因泰克）的专利中，权利要求9授权如下：

一种DNA分离物，其包含编码具有图5所示氨基酸序列的人免疫干扰素的DNA序列，或具有人免疫干扰素功能的等位基因或其衍生物。

因此，该权利要求涉及图5中提供的蛋白质的氨基酸序列。此外，该专利提供了人免疫干扰素的DNA序列。

异议者认为，由于没有明确公开说明书中的哪些要素对于实施发明是至关重要的，而要确定这一点将是一个过度负担。其进一步认为，制备编码人免疫干扰素本身的DNA序列公开不充分。因此，根据该专利公开内容的教导再现发明便构成了所谓的过度负担。

上诉委员会承认，在提交优先权文件时（1981年），克隆和表达人免疫干扰素基因还是一项困难、复杂和耗时的任务。然而，上诉委员会认为该发明已经被充分公开了，因为DNA序列的公开允许本领域技术人员选择除了专利中描述的克隆和表达该基因之外的其他途径。上诉委员会认为再现人免疫干扰素的克隆和表达可能是耗时且繁琐的，但不属于过度的实验负担，也不需要创造性的技能。最重要的是，上诉委员会澄清，如果根据书面说明可以再现发明，则不存在微生物保藏的法定要求。

T 412/93（促红细胞生成素/麒麟—安进）是一个复杂的决定，其中审查了十多个请求的可授权性。以下总结了该决定中与EPC第83条相关的某些方面的信息。

对于主要请求，上诉委员会审查了该专利是否提供了促红细胞生成素的cDNA的问题。该专利的表Ⅵ公开了一种DNA序列，但是它不提供关于可能的起始或终止密码子的任何信息。与申请人的意见相反，上诉委员会认为该cDNA没有被隐含地披露（该决定第21点）。相反，上诉委员会发现，按表Ⅵ顺序识别cDNA将是“纯粹的猜测工作”（该决定第28点）。

这一评价符合早先的判例法T 301/87（上文讨论过），其中确定了就享有优先权而言，包含重组形式的全序列的菌株的保藏并不隐含地确立部分序列的优先权（决定第6.2点）。

在T 412/93中，由于所述cDNA序列被视为未被表Ⅵ中提供的序列所公开，所以上诉委员会研究了作为制备cDNA的方法是否公开了获得mRNA的可靠方法。关于这一问题的证据是矛盾的。上诉委员会认为这是属于所有者（被上诉人）的举证责任，证明在专利公开的非常少的信息的情况下，现有技术的普通知识能使本领域技术人员在优先权日之前获得mRNA。由于所有权人最终没有做到这一点，包括涉及cDNA的权利要求的主要请求被驳回。

在考虑附加请求11的充分公开的情况下，上诉委员会调查了专利是否公开了制备落入权利要求1保护范围内的某物的任一可行方法。（第63点）

既然该案符合这种情况，公开的充分性即得到承认。

一些异议者认为，重复该发明将导致过度的工作负担。他们认为根据EPC第83条的要求，含有Epo基因的克隆，可能已经与合适的表达载体组合，必须由专利权人根据实施细则第28条的规定保藏以保证公众能够获得，如果这将使得该发明可以比按照说明书的指示更快地被再现。（第74点）

上诉委员会首先指出，在相关判例法或慕尼黑外交会议关于引入欧洲专利授权程序及其相关准备文件的报告中，没有如此解释实施细则第28条（现行实施细则第31~33条）的任何支持。他们得出结论：

不能通过参考过度负担的概念来引入对于保藏的需要。这一概念更多地涉及以下情况，即读者要遵循的路线被标记的如此之差以至于成功是不确定的(引用省略)。如果路线是确定的但长而费力，则专利权人没有义务通过实际的物质样本（即“工厂”可制备）以协助披露。达成相反的结论将实际上引入使公众立即获得最佳模式的要求，这样的要求不是欧洲专利制度的一部分。(第76点)

T 918/94（降钙素/CELLTECH）涉及申请人对含有以下主要权利要求的申请的驳回决定的上诉：

包含编码含有人降钙素的氨基酸序列的多肽的结构基因的载体，其中所述多肽是可酶促处理的，使用酵母酶羧肽酶g的C末端修饰活性产生人降钙素。

被羧肽酶g所影响的修饰是催化CYS^{1}———— $PRO^{32}-GLY^{+1}$或CYS^{1}————PRO^{32}到CYS^{1}————$PRO^{32}-NH_2$，其是人降钙素的活性形式。在专利申请的说明书中，没有关于转化降钙素前体的方法的技术方案。相反，申请人引用了一个羧肽酶g研究组的两篇出版物。然而，该研究组后来发表的工作成果表明，羧肽酶g不能用于上诉人所指出的目的。因此，上诉委员会认为：

在这些情况下，上诉委员会不能因为考虑上诉人的利益而作出认为该方法可行的假设。如果已经证明存在一种确实可行的方法，至少在申请阶段，上诉人可能已经被给予了关于本领域技术人员是否会偶然想到这种方法的质疑。但是，在这里，没有成功的实验证据来反对该方法不可行这一坚实迹象，这是不合适的。(第10点)

在T 794/94（质粒/基因泰克）中，专利权人对异议部门决定撤销该专利而提出上诉。该发明涉及用于表达异源蛋白质的质粒。最终附加要求限于用于表达非融合蛋白的质粒，而现有技术公开了用于表达融合蛋白的相同质粒。然而，说明书没有提供用于表达非融合蛋白的实施例。关于可实施性，上诉委员会最终得出结论：

要么本领域技术人员可以根据现有技术实现权利要求1请求保护的技术方案，要么现有技术和涉诉专利中包含的信息不足以实现权利要求1请求保护的内容。(第3.4.4点)

因此，上诉委员会明确了专利申请和现有技术的充分公开是按同样标准评估的。

在 T 838/97（翻译抑制/研究基金会）中，一名异议者对异议部门决定维持该专利有效提出上诉。该发明涉及当引入细胞时拮抗基因功能的人工核酸序列。在诸多理由中，上诉人认为，申请的教导不能扩展到所有要求保护的生物上。

上诉委员会接受了被上诉人后发表的文件，表明该模式可以应用于广泛的宿主。此外，上诉委员会认为，在实施该发明时，本领域技术人员能够预期一定数量的试错。这不应该是过度负担的指标。因此，上诉委员会认为其满足EPC 第 83 条的要求。

在 T 1055/97（药物递送共轭物/ENZO）中，上诉是针对审查部门的驳回决定提出的，特别是权利要求 1 未充分公开的决定，该权利要求涉及含有多核苷酸的治疗组合物，其中多核苷酸是用复杂的马库什结构式所表征的。

上诉委员会认为，这些权利要求实际上涵盖几乎无限数量的治疗组合物，并表示：

> 如果技术人员能够按照该申请的说明书中提供的说明，在所要求保护的整个范围内重现该发明，而无需过度的实验负担，则满足公开的充分性。（第 10 点）

总而言之，上诉委员会认为，在该案中，发明的再现相当于“设计研究计划”，这是本领域技术人员不能预期的，因此，权利要求 1 不符合 EPC 第 83 条的规定。

T 1074/00（造血生长因子/遗传研究所）涉及对异议部门维持该专利的决定的上诉。该发明涉及以编码多肽的结构和功能表征的 DNA 序列。上诉人（异议者）认为，主题包含大量序列，这在权利要求的整个范围内都对所要求保护的主体的重现性产生怀疑，提供的检测不够清楚，无法测试给定的肽是否落入权利要求的保护范围。

上诉委员会驳回了所有这些论点，并再次指出（也可以参见 T 656/94），本领域技术人员显然能够制备所有要求保护的肽，并且权利要求中的功能特征将限制可能的序列数量并提供序列之间的结构联系。上诉委员会进一步认为披露的测试方法足以向技术人员提供测试所要求保护的活性的手段。有趣的是，上诉委员会还表示：

> 此外，即使如何准确地制备有活性的 IL-3 变体的精确指导没有严格地提供给本领域技术人员，其对于蛋白质的结构和功能关系的基础知识（参见上

文第16节）会给予他一个经验性的基础，以便事先估计给定的结构修改对所得变体的活动的影响；这给予了他足够的修改产生活跃变体的指导。（第20点）

根据这些讨论，上诉委员会认为其符合EPC第83条的规定。

T 397/02（内源基因表达/应用研究系统）涉及专利权人对异议部门撤销该专利的决定的上诉。该发明涉及一种通过将调控DNA序列插入基因组来激活正常转录失活基因的方法。

上诉委员会首先表明，上诉人关于可实施的争辩例子并没有证明所要求保护的方法是成功的，因此认为这个例子不适合实施要求保护的主题。上诉委员会非常详细地讨论了对于可实施性来说通常是否需要一个例子。一般来说，答案是否定的，但取决于个案情况。在考虑了该案的具体事实之后，上诉委员会得出以下结论：

对于与现有技术中的在先方法存在概念上不同的发明，专利权人如果不能给出至少一个可再现的例子，那么无法承认其公开充分。对于本领域技术人员来说，在专利唯一的一般教导基础上确定如何将该发明付诸实践是过度负担。（第18点）

因此，上诉委员会认为该专利不符合EPC第83条的规定。

D. Ⅱ. 2. h. 权利要求的清楚和支持

上诉委员会发布的数个关于核酸发明的决定中包含了涉及EPC第84条规定的陈述，即权利要求的清楚以及得到说明书的支持。

在T 292/85（多肽表达/基因泰克Ⅰ）中，上诉委员会提出数个与常规的化学产品领域的判例法的相似之处，就生物技术发明中的功能术语的可授权性以及包括未来实施例的可授权性作了明确的评论，给出允许在生物技术发明中使用功能性术语的结论，以及允许包含未来的实施例。决定中关于EPC第84条规定的相关章节如下：

尽管具有结构含义，根据上下文，权利要求中给出的特征实质上是功能性术语，可以覆盖一个无限数量的可能性。该特征可以包含对未知的或者还未展望的可能性的使用，包括可能在将来提供或发明的特定变体。本上诉委员会同意另一上诉委员会所做出的决定……如果“在不限制权利要求保护范围的情况下，该特征不能通过其他方法被更精确地定义”，并且在转化实施中不会导致过度负担，那么在权利要求中使用功能性术语的可能性是允许的。上诉委员

会没有发现和其他技术领域相比其在生物技术领域不能同样成立的正当理由。(第3.1.2点)

因为“质粒”和“细菌”中某些需要依赖还无法得到的实体而实现，因此其保护范围太大，这样的反对意见是不成立的。上诉委员会的观点是，在很多领域，术语如“载体”“弹性手段”或“放大手段”，不管是否有创造性，是很常见的并且囊括了新的组分，这是非常正常的。更不用说在权利要求中一种主题的常规表示之后，经常跟着非封闭的术语“包含”以及进行修饰的特征，导致该主题除了其功能应该如预期这一必要性之外，其余特征实质上是完全开放的。(第3.1.4点)

上述原则在T 347/87（克隆载体/基因泰克）决定的第3.1点和3.2点中被进一步确认。

在T 162/86（质粒pSG2/HOECHST）所涉及的判例中，权利要求1具有如下表述：

质粒pSG2，可从加纳链霉菌ATCC14672中获得，特征在于分子量为9.2兆道尔顿，直链长度4.58mm，分子长度13.8kb。

其被如下修改的权利要求1所替换：

质粒pSG2，其特征在于其是从加纳链霉菌ATCC 14672的纯培养中获得，其直链长度为4.58mm，分子长度为13.8kb，其不能被限制性内切酶EcoR Ⅰ、BamH Ⅰ、Sal Ⅰ、Hpa Ⅰ和Hind Ⅱ所片段化，然而其能够被限制性内切酶Hind Ⅲ切割为14kb的片段，能够被Cla I切割成两个长度分别为10.15kb和3.65kb的片段，被Pst Ⅰ 切割成两个长度为10.85kb和3.0 kb的片段，被Bgl Ⅱ切割成三个长度为11.6kb、1.25kb和1.0kb的片段。

在决定的理由部分，上诉委员会表达了如下观点：

为了清楚起见，似乎必须在驳回的权利要求特征之外补入在原始披露的范围内的其他特征，以保证对于请求保护的质粒的明确界定。就此而论，除了起源（菌株）的细节，直链长度、分子量和/或分子长度，被不同酶降解后的切断表现必须被认为是必要的，特别是因为确定分子量和/或分子长度充满了不确定性，也因为在数个可能是同一质粒的衍生物存在的情况下，以及甚至原始也并未识别的质粒存在的情况下，在任何时候必须搞清楚该权利要求保护的是哪一个。然而，并不是绝对需要在权利要求中包含所有在原始说明书中记载的酶切结果，特别是如果这些细节缺乏准确性的情况下。目前的权利要求1符合这些标准，因此满足EPC第84条的规定。(第2点)

在T 181/87（乙型肝炎病毒/加利福尼亚大学）所涉及的判例中，审查部门驳回了包含下列表述的权利要求的申请：

一个DNA转移载体包含编码乙型肝炎病毒表面抗原的核酸序列的至少一部分，并完全不含编码乙型肝炎核心抗原的核酸序列。

审查部门主张该权利要求的主题所呈现的内容没有超越对现有技术已知的技术问题的专业解释，基于问题/解决方案原则不能够被授权。据称，在权利要求中通过解决方案给出的潜在技术问题和定义之间没有技术上的差异。

上诉委员会给出了相反的决定。他们的观点认为，权利要求1的特征体现结构和功能特征，因而被理解为“发明的技术特征”。上诉委员会确认该权利要求中的功能性特征在一定条件下是允许的。上诉委员会进一步认定EPC第84条与实施细则第27（1）（d）条并非暗示权利要求需要采用问题和方案的方式进行撰写。

T 269/87（凝乳酶原/CELLTECH）涉及一个如下表述的权利要求的可授权性：质粒pCT70。

关于质粒构建以及其成分的披露很明显被认为是充分的，然而这些信息没有限定在权利要求中。上诉委员会认定：

除了绝对必要，权利要求不应当依赖说明书中的技术特征［实施细则第29（6）条），现在实施细则第43（6）条］。为了使公众能够确定保护范围，只要有可能，权利要求应当自身是清楚的，并且在这种情况下包含尽可能多的有效的和必要的结构信息。例如，以方法限定的产品权利要求，即通过不是实体本身的特征去限定材料，只在相关结构信息缺失的情况下才被允许。（第2点）

说明书，特别是在图5中，含有可以包含在权利要求9中的详尽的结构信息，这可以使公众能够比对请求保护的目标产品对该质粒进行鉴定和比较。关于过去允许通过保藏的微生物对权利要求进行限定的主张在该案中并不具备说服力，虽然这种保藏通过其含蓄的可及性确定新的微生物，它们也使公众的任何一员提供了进行比较的可能性。对于某些特定主题而言，保藏因此提供了支持和充分公开的唯一可能性。（第3点）

在T 816/90（CBH Ⅱ/ALKO）中，上诉委员会驳回了涉及通过任意指定来表征质粒的权利要求，因为其本质上不含有技术手段。另外，上诉委员会以下述方式反驳了通过参考附图对质粒进行限定的方式：

正如上诉委员会与上诉人的官方交流中所述：

i）所述质粒通过指定的方式进行限定，其实质上没有包含技术手段。此外，其结构是通过参考一个附图进行限定的，对质粒的这种限定是不能被接受的，因为其与 EPC 第 84 条的规定相违背。（第 4.1 点）

需要注意的是，EPO 的现行实践违背了 T 816/90 第 4.1 点的上述引用部分，即权利要求中参考附图的方式目前在审查指南规定的某些条件下（审查指南 F-Ⅳ 4.17）是允许的。

在 T 965/98（DNA 扩增/豪夫迈—罗氏）中，审查部门发现主题非常宽的权利要求 1 是不清楚的，原因在于请求保护的寡核苷酸是通过其结合到模板的能力限定的，而模板是非特定的。权利要求 1 的措辞如下：

一种第一和第二单链寡核苷酸，允许复制一个特定的包含单链或双链核酸或其混合的核酸序列，其中：

（a）所述寡核苷酸中的寡核苷酸实质上与所述的单链核酸或双链核酸中的一条链互补；

（b）所述寡核苷酸中的另一条实质上与所述单链核酸的互补链互补或与双链核酸中的另外一条链互补；

（c）所述寡核苷酸额外的在其 5′端包含非互补于所述核酸的序列，所述序列包含限制性位点；

（d）所述具有实质上互补的所述寡核苷酸部分是不同的，其决定了所要扩增的特定的目标核酸序列。

然而，上诉委员会指出审查部门没有考虑所请求保护的寡核苷酸是源自一个已知模板序列，并进一步认为该领域技术人员可以很容易地确定什么样的寡核苷酸会落到权利要求 1 的保护范围。

在 T 1074/00（造血生长因子/遗传研究所）中，上诉委员会也考虑了“在严格条件下杂交”的特征清楚与否，并且认为在特定情况下附加功能性特征必须被考虑（见下文 T 1084/00）。上诉委员会对判例法进行了总结，指出这一术语在科学和专利实践中经常被使用。因此，上诉委员会认为该术语是足够清楚的。

在 T 1084/00（HIV－3 变体/INNOGENETICS）中，权利要求 3 和权利要求 5 包含结构特征以及功能性特征。上诉委员会认为，根据说明书和现有技术，这些术语已经被清楚地限定。此外，上诉委员会给出了重要的论点：

权利要求 3 和权利要求 5 必须被解读为结构特征和功能特征的结合，这种特定的结合，而非这些特征中的某些特征随意地脱离其他特征，必须是清楚的

(EPC 第 84 条) 和无需过度负担的情况可再现的 (EPC 第 83 条)。(第 9.7 点)

在 T 610/01 (植物生长/LONG ASHTON RESEARCH STATION) 中，专利审查部门驳回了该申请，理由之一是一些指向 DNA 分子的权利要求是通过与一条给定序列号的序列非常低的同源性限定的，同源性只有 50%。然而，因为该被讨论的权利要求也含有涉及所编码多肽的酶活性功能性限定，而且该活性很容易测量，上诉委员会认为低同源性限定方式并不违反 EPC 第 84 条的规定。

在 T 29/05 (PVA/BRISTOL-MEYERS)，上诉委员会再一次认为特征“在严格条件下杂交”与一个附加的结构特征 (多核苷酸长度) 结合，符合 EPC 第 84 条关于清楚的要求。关于这一点，上诉委员会指出：

> 大量可能的核酸序列可能会落入权利要求 1 保护范围的事实不是以不清楚驳回的理由…… (第 5 点)
>
> 根据上述考虑，并与上诉委员会的既定判例法一致，要求申请人获得充分保护的利益和公众在合理的努力下确定保护范围的利益之间取得平衡……所要求保护的主题符合 EPC 第 84 条的要求。(第 6 点)

D. Ⅱ. 2. i. 核酸产品权利要求

涉及核酸产品的权利要求可以指向在本章介绍中提到的不同类型的核酸。多数权利要求与 DNA 和 DNA 序列和/或其片段以及载体有关。可以采用功能性术语、其编码的部分或全部氨基酸序列、其本身的部分或全部序列、参数、参考保藏微生物或 DNA、制备工艺或这些可能性中的两种或多种的结合对 DNA 进行表征。

此外，权利要求经常包括提到“等位变体”“替换”“插入”或“删除”或权利要求提到杂交到特定核酸序列或其互补序列，或者由于遗传密码的原因与一个特定的核酸具有简并性但保留其编码具有相同生物活性蛋白的能力。

上述特征意图包括没有在申请中明确披露的实施方式，和/或有时甚至是提交申请时未知的实施方式 (例如申请给出的一个特定序列的一个未知的等位变体)。下面给出了若干包含这类表述的权利要求的例子。

DNA 片段经常作为所限定 DNA 的部分来表征，在大多数情况下，也可由附加特征来表征。可用来表征 DNA 片段的特征包括，例如编码一个呈现某种特定生物学活性多肽的能力、能被某种特定抗体识别的能力或者简单的片段大小。

在多数情况下，载体是环形的 DNA 运输体，除了目标 DNA 序列，还包含调节序列，选择性标记，能够保证自主复制的复制子或能够同源整合到某种 DNA 上的序列。涉及序列的大多数申请都包括载体权利要求，以便保护一种实体，该实体提供能够在给定宿主中重组表达所需要的可扩增形式或可操作连接到调节序列上的 DNA 序列。

考虑到生物技术领域普通技术人员的公知常识，一般来说不需要在这类涉及携带特定目标结构基因的载体的权利要求中详细阐明载体的结构，例如一个特定选择标记或复制起点，除非其对于发明来说是重要的。

除了上述提到的核酸，特别是核糖核酸，其他核酸在专利申请中作用较小，尽管最近基于如 siRNA、miRNA 和变体（如 LNA）的技术发展产生了与之相关的专利申请。下面的评论还是集中于 DNA、DNA 序列、DNA 片段以及载体。可以理解的是，这些评论也可以应用于基因或噬菌体 DNA 以及其他类型的 DNA。

下面几节涉及不同类型的产品权利要求，分别用功能性术语、编码的部分或全部氨基酸序列、自身的部分或全部序列、参数、参考保藏的微生物或 DNA 或者通过制备工艺对核酸进行表征。另外，产品权利要求可以指向包含核酸作为基本元素的产品。从这些例子可以明显看出，通常不会仅用一个特征对核酸进行表征，而是通过两种或多种不同特征的结合进行表征。因此，多数权利要求可以作为例子出现在一个以上的小节中。

包含 10 个或以上核苷酸的申请必须包括一个序列表（实施细则第 30 条）。更多细节见 C. Ⅰ. 3. b. a.，EPO 于 2013 年 10 月 18 日的公告以及审查指南 A-Ⅳ 5。根据 J 8/11（序列表/DKFZ），对于已知序列不需要提供序列表。

D. Ⅱ. 2. i. a. 通过功能性术语来表征核酸的产品权利要求

这类权利要求由于覆盖了具有同样功能的所有 DNA 分子，因此是非常理想的。功能性特征的典型例子是编码一个给定活性的蛋白质的能力、与特定 DNA 杂交的能力，或者对于启动子而言，具有指导一个 DNA 序列表达的能力。

权利要求撰写

通过功能性术语来表征核酸的产品权利要求可以采用以下几种表达方式之一：

一种能够杂交到 DNA *X* 上的核酸；

一种能够编码具有生物学功能 *X* 的 DNA。

任何功能性术语都应当在说明书中限定清楚。例如，在权利要求中包括能够杂交到另外一条权利要求中规定的 DNA 的特征的情况下，说明书中应当包含关于杂交条件的进一步信息，如杂交温度、甲酰胺的浓度或盐浓度。同样地，如果 DNA 是采用所编码蛋白质的生物学活性来限定的，说明书应当包含如何确定该蛋白生物学活性的信息。总而言之，杂交或同源性术语与进一步的功能的组合，如编码蛋白的功能，有更大的机会被审查员所接受。

下面提供了包含功能性术语的授权权利要求举例，其中所包含的功能性特征用下划线标出。

EP-B1-0323806-权利要求 20

一种重组 DNA 其包含编码根据权利要求 1 的鼠轻链可变区和/或鼠重链可变区嵌合单克隆抗体的插入子。

该专利的权利要求 1 涉及一种嵌合单克隆抗体以及其衍生物，其由鼠源的原可变区和人类的恒定区组成，能够识别不在非特异性交叉反应抗原 NAC55 和 NCA95、胆汁糖蛋白或粒细胞中存在的人类癌胚抗原（CEA）表位。因此，重组 DNA 是通过其表达特定蛋白的能力进行限定的，而蛋白又是通过其生物学功能限定。

EP-B1-0237545-权利要求 30

一种编码 hpG-CSF 多肽类似物的 DNA 序列，其中多肽类似物具有 1 个或多个半胱氨酸残基被去除或被丙氨酸残基或丝氨酸残基所取代。

权利要求 30 中的 hpG-CSF（人类多能型粒细胞集群刺激因子）类似物并非通过特定序列进行限定，而是通过 hpG-CSF 的序列变化来限定。

EP-B1-0233915-权利要求 10

一种表达盒，其包含一个 DNA 序列在转录方向上有在植物细胞中发挥功能的转录和翻译起始区域、编码 γ-干扰素的结构基因以及在植物细胞中发挥作用的终止子。

上述权利要求包含能够在植物中表达 γ-干扰素的任何植物表达系统，并且包含那些被认为的基本元件，例如转录和翻译起始区域、结构基因和终止区域。既然 γ-干扰素的氨基酸序列和核酸序列都没被述及，这一权利要求覆盖了包含编码任何具有干扰素性质的已知的或未知的蛋白结构基因的表达盒。

EP-B1-0321488-权利要求 1

一种不含有内含子的结构基因，衍生自真核微生物圆红冬孢酵母的相应含有内含子的结构基因，两者编码相同的产品，其特征为不含内含子的基因能够在原核或真核微生物中表达苯丙氨酸氨基裂解酶（PAL）或者表现苯丙氨酸氨基裂解酶活性的多肽。

根据该权利要求，基因必须满足两个主要的要求，即其必须为不含有内含子并且必须能够在需要的宿主微生物中表达苯丙氨酸氨基裂解酶活性。

EP-B1-0182442-权利要求1，T 296/93（HBV抗原生产/百健）所涉及的判例

一种重组的DNA分子，其特征在于一个编码一种呈现HBV抗原特异性的多肽或其片段的DNA序列，所述DNA序列可操作地连接到重组DNA分子的一个表达控制序列上，当转化了该重组DNA分子宿主细胞被培养时，该DNA序列被表达以产生呈现HBV抗原特异性的多肽，除了该HBV抗原特异性多肽，被转化的宿主细胞不产生任何人血清蛋白以及任何灵长类血清蛋白。

EP-B1-0054331-权利要求1，T 281/86（前索马甜原/联合利华）所涉及的判例

一个编码非加工的或部分加工的前索马甜原的结构基因，包含天然存在的索马甜前体基因的内含子。

EP-B1-0264074-权利要求1

一种在大肠杆菌中表达Met-IGF-I的重组DNA表达载体，所述载体包含：

a）一个启动子编码基因；

b）第一顺反子包含一个编码分子量为500~50000的保护性多肽的基因，所述基因包含一个转录起始信号紧邻所述多肽的N端密码子，在所述多肽的C末端密码子之后是一个转录终止信号。

c）第二顺反子包含一个编码IGF-I的基因，所述基因包含一个转录起始信号紧邻IGF-I的N端密码子，在IGF-I的C末端密码子之后是一个转录终止信号；

作为限制，所述载体包含两个SD序列，位于每个蛋白的N末端密码子的上游，所述载体在大肠杆菌中是可选择和可自动复制的。

上述权利要求不同于常规类型的载体，因为在met-IGF-I之前包含一个额外的顺反子的构成是特殊的。下面的权利要求也采用了同样的结构。

EP-B1-0227260-权利要求1

一种载体包含一个芽孢杆菌属来源的增强的DNA序列，能够在芽孢杆菌中增强需要的蛋白酶的产生，所述载体的特征在于：包含第一和第二序列，所述第二序列是非 sacQ 序列的部分序列的芽孢杆菌序列，所述第一序列包含 sacQ DNA 序列的部分，第一序列和第二序列的结合导致所述的增强，所述第一序列和第二序列共同包含序列短于 sacQ 全长序列。

EP－B1－0001929－权利要求 1，在 T 292/85（多肽表达/基因泰克 I）中涉及的判例

一种重组的适于转化细菌宿主的重组质粒，所述质粒包含一个同源调节子，异种 DNA 以及一个或多个终止密码子，异种 DNA 编码一个需要的功能性异种多肽或中间物从而不能被内源的蛋白裂解酶降解，所述 DNA 与调节子位于合适的读码框中使其位于同源调节子和终止密码子之间，从而在合适的细菌中翻译该异种 DNA 的转录产物，所产生的表达产品是可回收形式的所述的需要的功能性多肽或中间体。

上述权利要求在向上诉委员会申诉的过程中被授权，明确地确认了允许使用功能性的限定。

EP－B1－002025－权利要求 1，在 T 181/87（乙型肝炎病毒/加利福尼亚大学）中涉及的判例

一种 DNA 转移载体包含至少部分编码异性肝炎病毒表面抗原的核酸并不含有编码乙型肝炎病毒核心抗原的核酸。

EP－B1－0242236－权利要求 37，在 T 356/93（植物细胞/植物遗传系统）中涉及的判例

用于转化植物细胞的载体，含有一种异源 DNA，其包含一个被所述植物细胞聚合酶识别的启动子以及一个编码一种多肽的外源基因，所述多肽在所述启动子的控制下具有导致钝化或中和谷氨酰胺合成酶抑制剂的酶活性。

接下来的两个授权权利要求举例显示了属于“杂交”的使用。

EP－B1－0032134－权利要求 1，在 T 301/87（α－干扰素/百健）中涉及的判例

一种重组 DNA 分子用于在细菌、酵母或动物细胞中克隆一个 DNA 序列，所述重组 DNA 分子包含选择以下的 DNA 序列：

（a）DNA 插入子 Z-pBR322（Pst）/HcIF-4c、Z-pBR322（Pst）/HcIF-2h、ZpBR322（Pst）/HcIF-SN35、Z-pBR322（Pst）/HcIF-SN42 和 Z-pKT287（Pst）/HcIF-2h-AH6，所述 DNA 插入子只是例证，而非限定于通过分别登记号 DSM1699－1703 的微生物所携带的重组 DNA 分子中的插入子；

（b）能够与上述 DNA 插入子杂交并编码 IFN-α 类型多肽的 DNA 序列；

（c）与（a）和（b）所限定的 DNA 序列或插入子具有简并性的并且编码 IFN-α 型多肽的 DNA 序列。

EP－B1－0148605－权利要求 1，在 T 412/93（促红细胞生成素/麒麟—安进）中所涉及的判例

一种用于在原核和真核宿主细胞中固定表达一种多肽产品的 DNA，所述多肽产品具有至少部分促红细胞生成素的一级结构构象从而容许其具有使骨髓细胞增加网织红细胞和红细胞的表达、增加血红蛋白合成或铁摄取的生物学活性，所述 DNA 选自下面的组：

（a）在表Ⅴ和表Ⅵ中所列出的 DNA 序列或它们的互补链；

（b）在严格条件下能与（a）中所定义的 DNA 的蛋白编码区或其片段杂交的 DNA 序列；

（c）如果没有遗传密码的简并性，DNA 序列就将与在（a）和（b）中所定义的 DNA 序列相杂交。

EP－B1－1509251－权利要求 1

一种分离的核酸包含一个编码一种鼠凋亡特异性 eIF－5A 多肽。

这一权利要求包含术语“分离的”，在美国的实践中经常被涉及。对于 EPO 来说，通常不需要这一术语将权利要求与在天然环境中的核酸划分明显的界限，应当删除该术语以避免执法过程中的困难，这样一个特征可能会导致问题，例如 CJEU 最近判例［Monsanto C 428/08；参考判例 Rechtbank’s-Gravenhage（荷兰）－249983］。

EP－B1－1660654－权利要求 1

一种表达载体，包含（1）一个选择性标记基因可操作地连接到一个包含转录减弱启动子的调节核酸上，和（2）一个或多个插入位点用于插入一个可操作连接到调节序列上的共连接的兴趣基因。

这是权利要求中使用“可操作地连接”表述利用启动子和在其控制下的基因的构建体的典型例子。

EP－B1－1500329－权利要求 14

一种核酸分子包含一个编码多肽的核酸序列，所述多肽选自由以下组成的组：

（a）根据权利要求 1 的人抗体的重链；

(b) 根据权利要求1的人抗体的轻链；

(c) (a) 或 (b) 的抗原结合部分。

权利要求1涉及分离的人类抗体或其抗原结合部分，其特异性地结合肿瘤坏死因子-α。

EP-B1-1504095-权利要求1

一种整合载体能够位点特异性的整合李斯特菌基因组。

EP-B1-1532261-权利要求1

一种具有如下所示的可操作连接的核酸序列的表达盒：5’Pr-(TIS)D-(IBFP1)E-(CL1)G-ORF-[CL2-ORF]L-(CL3)M-(IBFP2)Q-(SSC)R(CL4)T-(Ft)W-(Tr)X-3’，其中Pr是启动子序列；

TIS编码一个翻译起始序列；

IBFP1编码一个对应于SEQ ID NO：1~15的任一序列的第一包涵体融合伴侣或其变体，其中包涵体融合伴侣至少一个氨基酸被另外一个保守氨基酸取代；

CL1编码一个第一可裂解的多肽连接子；

ORF编码一个预选的多肽；

CL2编码一个第二可裂解的多肽连接子；

CL3编码一个第三可裂解的多肽连接子；

IBFP2编码一个对应于SEQ ID NO：1~15的任一序列的第二包涵体融合伴侣或其变体，其中包涵体融合伴侣至少一个氨基酸被另外一个保守氨基酸取代；

SSC是可抑制的终止密码子；

CL4编码一个第四可裂解的多肽连接子；

Ft编码一个融合标签；

Tr是转录终止序列；

其中每一个D或X是独立的0或1~4的整数；

其中R是0或1~2的整数；

其中E、G、L、M、Q、T或W是独立的0或1~20的整数；

其中存在IBFP1和IBFP2中的一个或两个；

其中存在CL1、CL2、CL3或CL4中的至少一个；

其中当在细胞中表达时，该表达盒表达产生一个包涵体蛋白，该包涵体蛋白由包涵体融合伴侣可操作地连接到一个预选的多肽上。

EP – B1 –2067857 – 权利要求 2

一个根据下面［1］～［3］的任一 DNA：

［1］一个编码根据权利要求 1 中所述的蛋白质的 DNA；

［2］一个具有 SEQ ID NO：2 所示核苷酸序列的 DNA；

［3］在严格条件下与 SEQ ID NO：2 所示序列的互补序列构成的核酸序列杂交的 DNA，并编码具有二肽合成活性的蛋白质。

这一权利要求也是典型的用杂交结合可检测的参数（如二肽合成活性）的例子。

EP – B1 –1556404 – 权利要求 2

一种分离的编码一个多肽的核酸序列或其片段，其中所述多肽与选自 SEQ ID NO：23、SEQ ID NO：28 和 SEQ ID NO：64 所组成的组的氨基酸序列具有至少 70% 序列一致性。

这一权利要求包含有疑问的"分离的"表述。

EP – B1 –2298898 – 权利要求 1

一种纯化的分离的 DNA 序列具有增强的蛋白产生活性，其特征在于所述 DNA 序列具有 a）至少一种弯曲 DNA 元件，其中弯曲 DNA 元件的 100 个连续的碱基对中，包含至少 33% 的二核苷酸 TA 和/或至少 33% 的二核苷酸 AT；b）至少一个 DNA 结合蛋白的结合位点，其是一种 MAR 核酸序列由 SEQ ID NO：27 组成，或其互补序列，或与所述 SEQ ID NO：27 具有至少 90% 一致性的序列。

EP – B1 –2292754 – 权利要求 1

一种纯化的分离的 DNA 序列具有增强的蛋白产生活性，其特征在于所述 DNA 序列具有 a）至少一种弯曲 DNA 元件，其中弯曲 DNA 元件的 100 个连续的碱基对中，包含至少 33% 的二核苷酸 TA 和/或至少 33% 的二核苷酸 AT；b）至少一个 DNA 结合蛋白的结合位点，其是一种 MAR 核酸序列由 SEQ ID NO：26 组成，或其互补序列，或与所述 SEQ ID NO：26 具有至少 90% 一致性的序列。

EP – B1 –2231859 – 权利要求 1

用于在真核细胞中重组表达多肽的载体，包含可操作连接于多聚核苷酸序列的真核细胞启动子，其中多聚核苷酸序列包含至少 2 个拷贝的mRNA 转录增强元件（TEE），所述转录增强元件由 5' – GCGAGAGAA – 3' 组成，或为与 SEQ ID NO：5 具有一致性或至少 90% 序列一致性的全长序列，其中 TEE 位于启动子的 3' 端适于定向连接编码感兴趣的蛋白质的第二多聚核苷酸序列。

EP－B1－2013349－权利要求 1

一种 DNA 分子包含一个编码提供针对博来霉素或新霉素抗性的可选择标记多肽的开放阅读框序列，其特征在于所述编码选择标记多肽的 DNA 分子的正义链有一个 GTG 启动密码子或一个 TTG 启动密码子，其中编码该选择性标记蛋白的开放阅读框序列被突变，相比原始编码选择标记蛋白的开放阅读框序列至少一半 GpG 二核苷酸被替换。

EP－B1－1857122－权利要求 1

修饰的编码至少一种抗原性的病毒肽或多肽的 mRNA，其特征在于修饰的编码肽或多肽的 mRNA 的 G/C 含量相比野生型的编码肽或多肽的 mRNA 增加，和野生型相比，编码的氨基酸序列没有改变。

D. Ⅱ. 2. i. b. 通过被编码蛋白质的部分或全部氨基酸序列来表征核酸的产品权利要求

通过核酸编码的部分或全部氨基酸序列来描述核酸的权利要求覆盖了所有编码一个特定氨基酸序列的核酸，无论所用的密码子是什么。由于遗传密码的简并性，这一权利要求实际上覆盖了成千上万的不同实施方式，所有这些实施方式都编码相同的蛋白质。如果核酸序列编码的蛋白质是已知的，即便其氨基酸序列是未知的，根据 EPO 目前的审查实践，这一类权利要求经常被认为不具备创造性。

当只有部分氨基酸序列对于申请人是可得到的，这部分氨基酸序列信息可以用来申请具有编码该部分氨基酸序列的核酸权利要求。通常，这类权利要求也必须指明所编码蛋白的活性。

权利要求撰写

通过核酸编码的部分或全部氨基酸序列来描述核酸的权利要求可以采用如下的表述：

一种 DNA 编码蛋白 *X*，蛋白 *X* 含有氨基酸序列……

以下提供了涉及氨基酸序列的授权权利要求，用来定义相关核酸的蛋白用下划线标出。

EP－B1－0073646－权利要求 1

一种 DNA 分离物包含一段编码如图 3 中所示的氨基酸序列的人类血清白蛋白的连续序列或其遗传变体。

EP－B1－0091539－权利要求 1

一种 DNA 序列包含编码具有人类白细胞介素 2 活性的 DNA 序列，所述多肽选择下面的群：

(a) 一种具有以下氨基酸序列的多肽……

(b) 相比于 (a) 缺失一个或多个氨基酸的多肽；

(c) 相比于 (a) 一个或多个氨基酸被替换；

(d) 一种融合蛋白包含根据 (a) (b) 或 (c) 所述的多肽，其中连接的多肽对于白细胞介素 2 的生物学活性没有影响或很容易被消除；

(e) 一种多肽其为根据 (a) 的多肽的等位衍生物。

除了包括根据上述 (a) 的多肽的变异体或等位衍生物，上述权利要求还覆盖了编码缺失一个或多个氨基酸的核酸序列，如部分多肽以及编码融合多肽的 DNA，其中除了白细胞介素 2 相关 DNA 序列，还包含编码融合部分的 DNA 序列。

EP－B1－0323806－权利要求 22

一种根据权利要求 20 或 21 的重组 DNA，包含一种编码式 I 多肽的插入子，可选的包含内含子。

权利要求 20 如上所述（参见 D. Ⅱ.2. i. a.）。式 I 描述了免疫球蛋白轻链可变区的氨基酸序列。

EP－B1－0181150－权利要求 1

一种重组 DNA 构建体用于在包含该构建体的细胞中表达重组蛋白，构建体含有调节重组多肽在细胞中转录和翻译的控制序列以及在该控制序列调节下的编码序列，其中编码序列包含至少约 21bp 读码框的 DNA 序列，其特征在于 DNA 序列编码一种具有图 2 所示的氨基酸序列免疫原性的 HIV-Ⅰ，其与 HTLV-Ⅰ 和 HTLV-Ⅱ不发生免疫交叉反应，而与 HIV-Ⅰ发生反应。

在这个例子中，构成重组 DNA 构建体部分的编码序列是通过具有至少 21bpDNA 序列限定的。这一 DNA 可编码显示于该申请图 7 的多肽的 7 个氨基酸的部分氨基酸序列。这一表述用来覆盖与专利中披露的 HIV-Ⅰ变体具有相同 7 个氨基酸序列的 HIV 所有变体甚至是其片段。

EP－B1－0077670－权利要求 9，在 T 223/92（HIF-γ/基因泰克）中涉及的判例

一种 DNA 分离物其包含编码具有图 5 所描述的氨基酸序列的人类免疫干

扰素的 DNA 序列，或其等位基因或其衍生物具有人类免疫干扰素的功能。

这一专利的权利要求 9 与本节在前引用的 EP - B1 - 0073646 的权利要求 1 相似，分别都包括“遗传变异体”或“等位基因”，在当前权利要求中，甚至包括“衍生物”，但 EP - B1 - 0077670 的权利要求 9 的编码蛋白包含额外“具有……的功能”的特征。

EP - B1 - 0214971 - 权利要求 1，在 T 816/90（CBH Ⅱ/ALKO）中涉及的判例

一种 DNA 序列其编码瑞氏木霉的纤维素酶——纤维二糖水解酶Ⅱ，通过载体转化宿主生物，在与表达载体正确结合的情况下，其能够表达所述具有纤维水解酶活性的酶，所述 DNA 序列编码如下所述的氨基酸序列：

……

编码表现相同酶活性的实质上相同的氨基酸序列。

EP - B1 - 0318216 - 权利要求 32

一种实质上分离状态的多核苷酸包含能够选择性地杂交到丙型肝炎病毒（HCV）的基因组或其互补物上的连续的核酸序列，其中 HCV 的特征在于：

(i) 正义链 RNA 基因组；

(ii) 所述基因组包含编码多肽的开放阅读框（ORF）；

(iii) 所述多肽包含与图 14 中 859 个氨基酸序列的多肽具有至少 40% 同源性的氨基酸序列。

这一权利要求不但指向具体的 DNA 实施方式，还指向 RNA 多核苷酸。此外，需要注意到这一权利要求包含与专利中披露的氨基酸序列具有低同源性的实施方式，其同源性仅需 40%。

EP - B1 - 2199405 - 权利要求 9、10 和 11

权利要求 9

一种多肽具有序列（W/F/R/K）（W/F/R/K）（R/K）（F/W/H/R）（Y/W/R）（S/T）（L/V/I）（R/K）（R/K）（A/Y）或者（W/R）（X）（X）（F/Y/H/T）（Y/W/R）（T）（X）（R/T）（R）（X），其中 *X* 代表任何氨基酸。

权利要求 10

权利要求 9 所述的多肽，其包含或由下列序列组成：WWKFYTLRRA、WWRFYTLRKA、RLGWWKFYTLRRARQGNTKQR、RLGWWRFYTLRKARQGNTKQR 或 RLGWWRFYTLRRARQGNTKQ 和/或其中多肽是 GST 融合多肽，例如

GST-RLGWWRFYTLRRARQGNTKQR。

权利要求 11

编码权利要求 9 或权利要求 10 所述多肽的多核苷酸。

D. Ⅱ. 2. i. c. 通过部分或全部核酸序列本身来表征核酸的产品权利要求

通过特定序列来表征核酸的产品权利要求不但可以指向特定序列，也可以指向包含部分序列的序列。如果核酸编码的蛋白质已经被现有技术所披露，那么由于遗传密码的简并性，请求保护的核酸可以看作从若干条能够编码某种蛋白质的核酸序列中筛选出来的特定的一条，这不失为一种退路。

权利要求撰写

一般来说，通过序列表征核酸的权利要求可以采用如下表述：

一种 DNA，包含序列……

有时也可以使用术语"有"，其被 EPO 解释为"包含"。如果考虑到权利要求的实施，那么术语"包含"仍然是首选的。

下面给出一些涉及特定核酸序列的授权权利要求举例，其中特定序列用下划线标出。

EP－B1－0148605－权利要求 1，在 T 412/93（促红细胞生成素/麒麟—安进）中涉及的判例

一种用于在原核和真核宿主细胞中固定表达一种多肽产品的 DNA，所述多肽产品具有至少部分促红细胞生成素的一级结构构象，从而容许其具有使骨髓细胞增加网织红细胞和红细胞的表达、增加血红蛋白合成或铁摄取的生物学活性，所述 DNA 选自下面的组：

（a）在表Ⅴ和表Ⅵ中所列出的 DNA 序列或其互补链；

（b）在严格条件下能与（a）中所定义的 DNA 的蛋白编码区或其片段杂交的 DNA 序列；

（c）如果没有遗传密码的简并性，DNA 序列就将与在（a）和（b）中所定义的 DNA 序列相杂交。

这一权利要求是典型的涉及杂交 DNA 序列以及在非遗传密码简并性的情况下，与之前定义的 DNA 序列杂交的例子。另外，这一权利要求也包含互补链［见（a）］以及 DNA 序列的片段［见（b）］。

EP－B1－0162067－权利要求 1

一种分离的包含编码人类因子Ⅷ：C 的 DNA 重组载体，包含多聚脱氧核苷酸具有以下序列：

5’ CGC AGC TTT CAG AAG AAA ACA CGA CAC TAT TTT ATT GCT GCA GTG GAG AGG 3’.

这一权利要求明显在于编码人类因子Ⅷ：C的DNA通过人类因子Ⅷ：C编码区的部分核酸序列来表征，因此，任何包含编码人类因子Ⅷ：C编码活性并且具有上述部分核酸序列的DNA的载体都落入该权利要求的保护范围。

EP－B1－0047600－权利要求1，在T 283/86（－/加利福尼亚大学董事会）中涉及的判例

一种DNA转移载体包含具有正义链序列为5’－……－3’的脱氧核糖核酸序列，其中A为脱氧腺苷，G为脱氧鸟苷，C为脱氧胞苷，T为胸苷或者是其修饰物，所述脱氧核糖核酸序列编码牛生长激素前体。

EP－B1－1577390－权利要求1

人类癌症相关核酸由以下序列组成：

(i) SEQ ID NO：6所示的序列；

(ii) 编码SEQ ID NO：7的核酸序列。

这一权利要求采用“由……组成”的表述方式，在任何情况下，都应当尽可能避免这种表达方式。在诉讼中，其有可能导致对权利要求非常窄的解释。术语“包含”优于“由……组成”，“由……组成”解释为封闭式的，而“包含”解释为开放性的。因此，一个“包含”序列*X*的核酸必须含有序列*X*，但可以含有其他序列，而一个核酸由序列*X*组成则只包含序列*X*而没有其他别的。

EP－B1－2048954－权利要求1

一种分离的DNA含有启动子，启动子具有由SEQ ID NO：1组成的序列。

SEQ ID NO：1对应于人类SPARC启动子区域。

EP－B1－1571221－权利要求1

分离的多聚核酸由以下方式确认：

(a) SEQ ID NO：73或其互补链；

(b) 能够与(a)中限定核酸杂交的核酸；

(c) 与(a)或(b)中定义的多聚核酸序列存在遗传密码简并性的核酸序列；

其中（a）到（c）的核酸编码 SEQ ID NO：74 的多肽。

EP－B1－1556404－权利要求 1

一种分离的核酸序列或其片段包含或互补于与选自 SEQ ID NO：22、SEQ ID NO：27 和 SEQ ID NO：63 所组成的组的序列具有至少 70% 一致性的序列。

EP－B1－2310501－权利要求 1

一种多聚腺苷酰信号含有一个核酸序列包含与 SEQ ID NO：8 具有至少 75% 序列一致性。

EP－B1－2298898－权利要求 1

一种纯化的分离的 DNA 序列具有增强的蛋白产生活性，其特征在于所述 DNA 序列具有 a）至少一种弯曲 DNA 元件，其中弯曲 DNA 元件的 100 个连续的碱基对中，包含至少 33% 的二核苷酸 TA，和/或至少 33% 的二核苷酸 AT；b）至少一个 DNA 结合蛋白的结合位点，其是一种 MAR 核酸序列由 SEQ ID NO：27，或其互补序列或与所述 SEQ ID NO：27 具有至少 90% 一致性的序列组成。

EP－B1－2292754－权利要求 1

一种纯化的分离的 DNA 序列具有增强的蛋白产生活性，其特征在于所述 DNA 序列具有 a）至少一种弯曲 DNA 元件，其中弯曲 DNA 元件的 100 个连续的碱基对中，包含至少 33% 的二核苷酸 TA，和/或至少 33% 的二核苷酸 AT；b）至少一个 DNA 结合蛋白的结合位点，其是一种 MAR 核酸序列由 SEQ ID NO：26 或其互补序列或与所述 SEQ ID NO：26 具有至少 90% 一致性的序列组成。

EP－B1－2231859－权利要求 1

用于在真核细胞中重组表达多肽的载体，包含可操作连接于多聚核苷酸序列的真核细胞启动子，其中多聚核苷酸序列包含至少 2 个拷贝的 mRNA 转录增强元件（TEE），所述转录增强元件由 5’－GCGAGAGAA－3’ 组成，或为与 SEQ ID NO：5 具有一致性或至少 90% 序列一致性的全长序列，其中 TEE 位于启动子的 3’ 端适于定向连接编码感兴趣的蛋白的第二多聚核苷酸序列。

D. Ⅱ. 2. i. d. 通过参数来表征核酸的产品权利要求

可用来表征核酸的参数包括某种限制性片段的大小、用特定的限制性内切酶得到的限制性图谱、权利要求所涉及 DNA 的 Tm 值、载体的不亲和性、与一条给定参比序列的一致性或同源性或相似性百分比等。说明书应当详细提供确定所述参数的任意方法，比如确定某一限制性片段大小的方法，在何种条件下测定的 Tm 值或者确定同源性的规则。

权利要求撰写

一般通过参数来表征 DNA 的权利要求可以采用如下表述：

一种 DNA，包含表 *X* 中所示的限制性酶切位点。

一种与序列 *Y* 具有 *X*% 序列一致性的 DNA。

下面的例子除了参数外，包含更进一步的限定特征。其中参数特征用下划线标出。

EP－B1－0066701－权利要求 1，在 T 162/86（质粒 pSG2/HOECHST）中涉及判例

质粒 pSG2，其特征在于其是从加纳链霉菌 ATCC 14672 的纯培养中获得，其线性长度为 4.58μm，分子长度为 13.8kb，其不能被限制性内切酶 EcoR Ⅰ、BamH Ⅰ、Sal Ⅰ、Hpa Ⅰ和 Hind Ⅱ所片段化，然而其能够被限制性内切酶 Hind Ⅲ切割为 14kb 的片段，能够被 Cla Ⅰ切割成两个长度分别为 10.15kb 和 3.65kb 的片段，被 Pst Ⅰ 切割成两个长度为 10.85kb 和 3.0kb 的片段，被 Bgl Ⅱ切割成三个长度为 11.6kb、1.25kb 和 1.0kb 的片段。

EP－B1－0208468－权利要求 1，在 T 576/91（质粒 pTR2030/北卡罗来纳州立大学）中涉及判例

质粒 pTR2030，其特征在于分子量为 30.0 ± 3.0MDa，对下述限制性内切酶敏感：

酶	位点
Hind Ⅲ	16
Hae Ⅲ	4
EcoR Ⅰ	8
Xba Ⅰ	5
Hpa Ⅰ	3
Nco Ⅱ	5
Ava Ⅰ	2

并且含有一个或多个在 N 组链球菌（乳酸球菌）噬菌体抗性的遗传标记以及呈现 Tra^{+}、Clu^{-}、Hsp^{+}和 Hrp^{+}表型，所述质粒可获得自乳酸链球菌 TR-SI-a（ATCC 53146）或乳酸链球菌 TEK1（ATCC 53167）。

上述权利要求表征质粒的方法包括：分子量、对限制性内切酶的敏感性、对噬菌体抗性的遗传标记、遗传分型以及从特定保藏微生物中获得方法。

EP1528102 – 权利要求 4

权利要求 1 或 3 中分子的核酸分子，所述分子在相当于Tm 大于或等于65℃的严格杂交条件下能够与分离的由 SEQ ID NO：3 所示序列组成的核酸分子杂交。

这一权利要求含有可致问题的“分离的”表述。

EP – B1 – 1556404 – 权利要求 2

一种分离的核酸分子或其片段，其编码一种多肽，所述多肽与由 SEQ ID NO：23、SEQ ID NO：28 以及 SEQ ID NO：64 组成的组的多肽具有至少 70%的序列一致性。

这一权利要求也含有可致问题的“分离的”表述。

EP – B1 – 2298898 – 权利要求 1

一种纯化的分离的 DNA 序列具有增强的蛋白产生活性，其特征在于所述 DNA 序列具有 a）至少一种弯曲 DNA 元件，其中弯曲 DNA 元件的 100 个连续的碱基对中，包含至少 33% 二核苷酸 TA，和/或至少 33% 二核苷酸 AT；b）至少一个 DNA 结合蛋白的结合位点，其是一种 MAR 核酸序列，由 SEQ ID NO：27 或其互补序列或与所述 SEQ ID NO：27 具有至少 90% 一致性的序列组成。

D. Ⅱ. 2. i. e. 通过引用被保藏的微生物或被保藏的 DNA 来表征核酸的产品权利要求

在下列情况下通过引用保藏的方法来表征 DNA 可以作为一种选择：如果蛋白序列、编码蛋白的 DNA 序列或者某一可靠参数是未知的；重复获得 DNA 的方法是不可行的或者没有被披露；权利要求不能包含功能性术语。在这些例子中，保藏 DNA 在大多数情况下需要保藏包含了权利要求中所述 DNA 的微生物或病毒，提供一种方便披露 DNA 的方法，而不需要花费努力去阐明 DNA 的序列。对于保藏的讨论，请参见 C. Ⅰ. 3. b. b. 、D. Ⅱ. 2. g. 和 D. Ⅴ. 2. f. a. 。

权利要求撰写

属于这一类的权利要求可以采用下面的基本表达方式：

一种 DNA，被保藏于……其保藏号为……

以下给出了通过保藏数据（连同其他方式）限定的授权核酸产品权利要

求举例，其中保藏内容用下划线标出。

EP－B2－0032134－权利要求1，在T 500/91（α－干扰素/百健）中涉及的判例

一种用于在细菌、酵母或动物细胞中克隆DNA序列的重组DNA分子，所述重组DNA分子具有选择如下的DNA序列，（a）DNA插入子Z-pBR322（Pst）/HcIF-4c、Z-pBR322（Pst）/HcIF-2h、Z-pBR322（Pst）/HcIF-SN35、Z-pBR322（Pst）/HcIF-SN42和Z-pKT287（Pst）/HcIF-2h-AH6，所述DNA插入子分别是保藏编号为DSM1699－1703的微生物所携带的重组DNA分子的DNA插入子；（b）能够与上述任意DNA插入子杂交并且编码IFN-α型多肽的DNA序列；（c）与（a）和（b）所限定的DNA序列或插入子具有简并性的并且编码IFN-α型多肽的DNA序列。

EP－B1－395736－权利要求8，在决定T 340/00（热稳定性酶/豪夫迈－罗氏）中涉及的判例

一种具有权利要求1~7所述的任一DNA分子的重组载体，除了重组载体CH35：Taq#4－2（ATCC 40，336）、pFC83（ATCC 67，422）、pFC85（ATCC 67，421）和pLSG1（由pFC83的~750 bp BgⅢ/HindⅢ片段、pFC85的~2，8 kbp HindⅢ/Asp71 B片段和BSM 13+的BgⅢ/Asp71B载体片段组成）。

EP－B1－081520－权利要求2，在决定T 1644/08（新内切葡萄糖酶/诺维信）中涉及的判例

根据权利要求1所述的DNA构建体，其中DNA序列筛选自或制备自一个属于毛壳菌科菌株的基因文库，优选梭孢壳属，特别优选太瑞斯梭孢壳菌，尤其是太瑞斯梭孢壳菌NRRL8126。

EP－B1－0939804－权利要求2，在T 18/09（嗜中性白细胞因子/人类基因科学公司）中涉及的判例

权利要求1的核酸分子，所述全长的Neutrokine-α多肽的氨基酸序列是由ATCC编号为97768的菌株中的cDNA克隆所编码的。

EP－B1－0472651－权利要求4，在决定T 1333/04（Endo F-FreePN-Gase/GENZYME CORPORATION）中涉及的判例

质粒pGB29，存在于ATCC 67987中。

D.Ⅱ.2.i.f. 通过其制备工艺来表征核酸的产品权利要求

像任何其他产品一样，在某种条件下，DNA可以通过其制备工艺来表征。

对于一般的由方法限定的产品权利要求的讨论，请参见 C. Ⅰ.3. e. a. 。

权利要求撰写

通过其制备工艺来表征的涉及核酸的产品权利要求可以通过以下方式表述：

一种可由如下方法制备的 DNA，包括以下步骤……

以下给出了通过其制备方法限定的授权核酸产品权利要求举例，其中制备方法用下划线标出。

EP - B1 - 0237269 - 权利要求 1

一种广宿主范围的质粒载体，其能够被引入并稳定保持在广范围的细菌中，该载体通过突变一种广宿主不相容群 Q 而被诱导，因此存在更高拷贝数的突变体，其质粒拷贝数量控制是温度敏感的。

EP - B1 - 0076847 - 权利要求 6

通过根据权利要求 1 ~ 5 任一项所述的方法得到的全长的感染性的脊髓灰质炎病毒 cDNA，其具有如表 1 所示的碱基序列和与其具有不同密码子但编码同一氨基酸序列的等价物。

上述权利要求通过获得 cDNA 的方法及其特定序列对 cDNA 进行表征。在该产品权利要求所指向的方法权利要求中限定了形成包含全长感染性脊髓灰质炎病毒双链 cDNA 的步骤，包括反转录、形成双链 cDNA 序列、将该 DNA 序列插入到载体、转化细胞、培养转化的细胞、鉴定和分离重组载体、获得部分 cDNA 序列以及连接部分 cDNA 序列。

EP - B1 - 093641 - 权利要求 1，在 T 109/91（复合质粒/味之素）中涉及的判例

一种复合质粒，其具有（a）来源于质粒 a 的 DNA 复制区域能够在产生谷氨酸的棒杆菌中延伸，以及（b）来源于质粒 b 的基因片段能够在大肠杆菌或枯草芽孢杆菌中衍生，以及至少一个表达药物抗性的区域。

EP - B1 - 0321488 - 权利要求 1

一种不含有内含子的结构基因，衍生自真核微生物圆红冬孢酵母的相应含有内含子的结构基因，两者编码相同的产品，其特征为不含内含子的基因能够在原核或真核微生物中表达苯丙氨酸氨基裂解酶（PAL）或者表现苯丙氨酸氨基裂解酶活性的多肽。

根据该权利要求，基因必须满足两个主要的要求，即其必须为不含有内含子并且必须能够在需要的宿主微生物中表达苯丙氨酸氨基裂解酶活性。

EP – B1 – 0066701 – 权利要求 1，在决定 T 162/86（质粒 pSG2/HOECHST）中的判例

质粒 pSG2，其特征在于其是从加纳链霉菌 ATCC 14672 的纯培养中获得，其线性长度为 4.58μm，分子长度为 13.8kb，其不能被限制性内切酶 EcoR Ⅰ、BamH Ⅰ、Sal Ⅰ、Hpa Ⅰ和 Hind Ⅱ所片段化，然而其能够被限制性内切酶 Hind Ⅲ切割为 14kb 的片段，能够被 Cla Ⅰ切割成两个长度分别为 10.15kb 和 3.65kb 的片段，被 Pst Ⅰ切割成两个长度为 10.85kb 和 3.0kb 的片段，被 Bgl Ⅱ切割成三个长度为 11.6kb、1.25kb 和 1.0kb 的片段。

EP – B1 –0208468 – 权利要求 1，在决定 T 576/91（质粒 pTR2030/北卡罗来纳州立大学）中的判例

质粒 pTR2030，其特征在于分子量为 30.0 ± 3.0MDa，对下述限制性内切酶敏感：

酶	位点
Hind Ⅲ	16
Hae Ⅲ	4
EcoR Ⅰ	8
Xba Ⅰ	5
Hpa Ⅰ	3
Nco Ⅱ	5
Ava Ⅰ	2

并且含有一个或多个在 N 组链球菌（乳酸球菌）噬菌体抗性的遗传标记以及呈现 Tra^+、Clu^-、Hsp^+和 Hrp^+表型，所述质粒可获得自乳酸链球菌 TR-SI-a（ATCC 53146）或乳酸链球菌 TEK1（ATCC 53167）。

上述权利要求表征质粒的方法包括：分子量、对限制性内切酶的敏感性、对噬菌体抗性的遗传标记、遗传分型以及从特定保藏微生物中获得方法。

D. Ⅱ.2. i. g. 包含核酸作为基本元素的产品权利要求

核酸不但可用于克隆和表达，还可作为探针检测样品中特定的 DNA 或 RNA。核酸广为人知的用途包括检测体液中的病毒基因组、遗传疾病如镰刀细胞贫血或 b – 地中海贫血的产前诊断以及用于法医的 DNA 指纹图谱分析。因此，很多申请经常有涉及具有特定核酸序列的试剂盒的权利要求。

权利要求撰写

一般涉及试剂盒的权利要求可以做如下表述：

一种用于 *X* 目的的具有 *Y* DNA 的试剂盒。

以下举例涉及授权的产品权利要求，其中核酸是基本元素。其中包含核酸的组合物/产品用下划线标出。

EP－B1－0318216 提供了具有多聚核苷酸探针的三种类型产品权利要求。所有这些权利要求指向多聚核苷酸权利要求，首先是：

EP－B1－0318216－权利要求 32

一种基本上纯化形式的多聚核苷酸，具有连续的核苷酸序列，能够选择性地与丙型肝炎病毒（HCV）基因组或其互补序列杂交，所述 HCV 特征如下：

（i）正链 RNA 基因组；

（ii）所述基因组具有编码多蛋白的开放阅读框架（OFR）；

（iii）所述多蛋白具有与图 4 所示的 859 氨基酸序列具有至少 40% 的相似性。

包含上述多聚核苷酸的产品权利要求如下：

EP－B1－0318216－权利要求 40

一种<u>探针</u>，其具有根据权利要求 32～39 任一项所述的多聚核苷酸，还具有一个可检测的标记。

EP－B1－0318216－权利要求 41

一种分析试剂盒，其具有置于合适容器中的根据权利要求 32～40 任一项所述的多聚核苷酸。

EP－B1－0318216－权利要求 42

一种<u>多聚酶链式反应（PCR）试剂盒</u>，具有一对能够在 PCR 反应中启动 cDNA 合成的引物，其中所述任一引物是根据权利要求 32～37 中任一项所述的多核苷酸。

以下是以核酸作为基本元素的产品权利要求的进一步举例。

EP－B1－0162067－权利要求 6

一种鉴定编码至少部分人凝血因子Ⅷ：C 的脱氧核糖核酸序列或核糖核酸序列的<u>筛选试剂</u>，具有基本上如下序列或其反向互补序列所示的脱氧核糖核酸序列：

5' TTT CAG AAG AGA ACC CGA CAC TAT TTC ATT GCT GCG GTG GAG CAG CTC TGG GAT TAC GGG ATG AGC GAA TCC CCC CGG GCG CTA AGA AAC AGG 3'。

EP – B1 – 1556081 – 权利要求 1

一种免疫原性组合物，其具有重组卡介苗（BCG），重组卡介苗的染色体外核酸序列具有编码一种结核分枝杆菌主要胞外蛋白的基因，其中主要胞外蛋白选自由 23.5 kDa、32 kDa 和上述组合所组成的组，其中所述结核分枝杆菌主要胞外蛋白过度表达并分泌到胞外。

EP – B1 – 438512 – 权利要求 9，在决定 T 423/01（Längenpolymorphismen/MAX-PLANCK-GESELLSCHAFT）中涉及的判例

一种执行根据权利要求 1 ~ 8 任一项所述方法的试剂盒，包含扩增简单或隐秘简单 DNA 序列的引物并可选的具有放射性或荧光标记。

EP – B1 – 1683862 – 权利要求 1

一种预测成神经细胞瘤预后的微阵列，含有 24 个与预后良好相关的探针，分别与序列编号 5、152、132、145、142、160、87、16、191、51、173、163、129、37、136、171、67、78、64、130、91、28 和 22 所示的序列以及登录号为 NM_003617.1 的序列杂交，含有 30 个与不良预后相关的探针，分别与序列编号 183、135、11、131、105、188、18、46、7、32、13、2、3、25、m 124、26、175、97、96、20、172、92、83、34、179、154、125、141 和 114 以及登录号为 BC003629.1 的序列杂交。

EP – B1 – 2141173 – 权利要求 1

一种组合物，其含有能够在生理条件下与 bcl – 2 基因的启动子区域杂交的寡核苷酸，其中所述寡核苷酸序列是序列 1438 及其互补序列。

D. Ⅱ.2. i. h. 某些类型核酸的产品权利要求及其使用方法

核酸类型以下划线标示。

EP – B1 – 1799825 – 权利要求 1

一种核酸，包含：

（1）能形成外源酶活性底物的底物序列；

（ii）与配体结合的适体，其中所述配体与所述适体的结合引起核酸构象变化，改变了所述底物序列形成所述底物的能力和/或改变了所述底物对外源酶活性的 Km 和/或 Kcat，所述核酸以配体依赖的方式调节基因表达。

在上述权利要求中，适体由结合到一个配体上的功能性特征来表征。

EP－B1－04718537－权利要求 1

一种iRNA 试剂具有一条正义链和一条反义链，正义链具有一个或多个非对称的2’－氧－烷基修饰，反义链具有一个或多个非对称的硫逐磷酸酯修饰，反义链靶向人基因序列，其中所述非对称 2’－氧－烷基修饰发生在 3’端的 6 个碱基之内和 5’端的 6 个碱基之内，其中一个或多个非对称修饰在一条链上而不在另一条链上。

在上述权利要求中，试剂的特征在于结构特征和功能特征的结合。通常 iRNA 通过其结合的靶点进行限定，下面的例子通过限定 iRNA 结合到靶点的能力对 iRNA 进行表征。

EP－B1－1601767－权利要求 2

靶向人凋亡特异性 eIF－5A1 的siRNA 在治疗青光眼的方法中的用途，其中所述 siRNA 靶向 AAG CTG GAC TCC TCC TAC ACA AT 序列。

EP－B1－1555317－权利要求 1

一种合成基因，其能够阻抑、延迟或降低动物细胞中的靶基因表达，其中所述合成基因含有外源核酸分子，所述核酸分子含有多拷贝的与所述靶基因的核苷酸序列基本上相同的大于 20 个核苷酸的核苷酸序列，其中所述多拷贝作为间断回文序列呈现，而所述外源核酸可操作性地处于单启动子序列控制下。

EP－B1－1797183－权利要求 1

一种 let－7 miRNA，其能够结合并且抑制含有一个 let－7 互补位点（LCS）的编码癌基因的 mRNA 的表达，所述 mRNA 选自 NRAS、KRAS 和 HRAS 组成的组，用于通过抑制患者细胞中的癌基因表达以治疗或预防癌症的方法中，其中所述 let－7 miRNA 选择由 pri-miRNA、pre-miRNA 和成熟 miRNA 所组成的组。

下面的例子是通过结构特征或编码试剂的基因来表征试剂。

EP－B1－1841464－权利要求 1

一种iRNA 试剂，其具有：（i）有义链，所述有义链由表 5 中的序列号为 1545 的序列组成；（ii）反义链，所述反义链由表 5 中的序列号为 1546 的序列组成。

EP－B1－1567007－权利要求1

一种分离的mir15或miR16基因产物在治疗乳腺癌中的用途，所述治疗是给予那些需要进行该治疗的人，所述治疗导致前列腺癌细胞的增生被抑制。

EP－B1－1687435－权利要求4

一种通过给吸植物树汁的昆虫食物中施用dsRNA或siRNA沉默所述昆虫的一种重要基因的方法，与施用靶向非重要基因或非表达基因的dsRNA或siRNA的对照吸植物树汁昆虫相比，所述方法能够获得显著的昆虫死亡率或控制率。

EP－B1－2365077－权利要求1

一种分离的iRNA试剂，具有一条正义链和一条反义链，所述正义链和反义链构成RNA双链，所述反义链与靶序列VEGF核酸分子上的19~23个核苷酸基本上互补，所述靶序列与序列编号为344的序列的不同之处不超过1、2或3个核苷酸。

EP－B1－2361981－权利要求1

分离的21~23个核苷酸的双链RNA，其介导与其相应的mRNA的RNA干扰，所述双链RNA不是UCG AGE UGG ACG GCG ACG UAA，通过一个C18连接子群化学连接到互补RNA的3’－5’末端。

EP－B1－2338993－权利要求1

一种let-7 miRNA，其能够结合并且抑制含有一个let-7互补位点（LCS）的编码癌基因的mRNA的表达，所述mRNA选自MYC、MYCL1和MYCN组成的组，用于通过抑制患者细胞中的癌基因表达以治疗或预防癌症的方法中，其中所述let-7 miRNA选择由pri-miRNA、pre-miRNA和成熟miRNA所组成的组。

EP－B1－2336318－权利要求1

长度为20个碱基的反义寡核苷酸化合物具有如SEQ ID NO：247所示的核酸序列，并且在核碱基2、3、5、9、12、15、17、19和20处包含5－甲基胞苷，其中每个核苷间键是硫代磷酸酯键，碱基1~5和16~20包含2′－乙氧基乙氧基修饰，核碱基6~15是脱氧核苷酸。

EP－B1－2260101－权利要求1

一种化合物包含修饰的寡核苷酸，寡核苷酸由12~30个连接的核苷组成，其中修饰的寡核苷酸具有与 miR-21 互补的核碱基序列或其前体，用于治疗、预防或诊断受试者的纤维化。

EP－B1－2235180－权利要求 1

凋亡诱导表达调节化合物靶向一个蛋白编码基因转录物的非编码区的 SINE 重复元件作为表达调节实验中阳性对照的用途，其中表达调节化合物是 RNA 干扰调节化合物，可通过RNA 干扰沉默目标基因的表达。

EP－B1－2221376－权利要求 1

一种长度为 8～50 个核苷酸的反义寡核苷酸，其与 SEQ ID NO：3 的81～100 位核苷酸的至少一个 8－核苷酸部分特异性杂交，并且抑制人超氧化物歧化酶 1 的表达，其是可溶的。

EP－B1－2121922－权利要求 1

PNA 或siRNA 分子用于生物无活性转染到靶细胞中以在生物活化后通过与 mRNA 结合而抑制其中的基因表达，例如当分子是 siRNA 时，通过形成 RISC 复合物，为了在靶细胞外保持生物失活状态，该 PNA 或 siRNA 分子（1）具有至少一个只能被所述靶细胞中的一种或多种细胞特异性酶（9、10）破坏的共价键（8、8′），并且所述共价键具有至少一个肽（2、3）总是具有一个或多个氨基酸序列（11），所述氨基酸序列是针对靶细胞中一种或多种典型酶选择的并且对于可破坏的共价键（8、8′）而言是重要的。

EP－B1－2031057－权利要求 1

一种正义寡核苷酸，其具有抑制 NO 产生的活性，其促进 iNOS mRNA 分解，该正义寡核苷酸具有与 iNOS mRNA 反义 RNA（iNOS mRNA 的反义转录物）互补的序列。

D. Ⅱ. 2. j. 核酸方法权利要求

可以通过不同方法制备核酸序列，例如化学合成、酶法合成（如 PCR）、从微生物中分离或者上述方法的结合。

接下来的讨论将主要集中于制备 DNA，与 RNA 相关的权利要求适用于相同的总体原则。没有涉及核酸修饰的内容，是因为核酸修饰基本上是化学问题，与本章内容关系不大。

D. Ⅱ. 2. j. a. 涉及基因工程或合成的方法权利要求

利用基因工程手段制备 DNA 的方法，如利用限制性内切酶，一般情况下指向构建一种特定的DNA。例如构建载体，在大多数情况下，载体是通过在一种已知的质粒上插入一段特定的DNA序列而获得。

权利要求撰写

一般涉及构建载体的权利要求可以包含下列表述：

一种构建载体的方法，包括将DNA片段*X*插入*Z*质粒的限制性位点*Y*的步骤。

授权权利要求示例如下：

EP－B1－0239425－权利要求59

制备检测HIV-2反转录病毒RNA的杂交探针的方法，其特征在于将权利要求46～53任一所述的DNA序列插入一克隆载体，通过体外重组，在合适的宿主细胞中对修饰的载体进行克隆，对获得的DNA重组体进行回收。

另一种包含基因重组的方法是通过对特定mRNA进行逆转录以获得cDNA。制备cDNA一般来说是一个模拟的过程，在选择恰当的mRNA源、诱导过程等方面与已知方法不同。在多数情况下，DNA是通过基于PCR的方法对给定模板进行扩增而获得的。

权利要求撰写

制备cDNA的方法权利要求可以包含下述表述：

一种制备编码蛋白*X*的DNA的方法，包括制备cDNA的步骤，该cDNA能够与从*Y*中获得的mRNA互补。

授权的关于制备cDNA的方法权利要求示例如下：

EP－B1－0093619－权利要求1

一种方法，包括利用从Bowes melanoma细胞系中分离的mRNA制备cDNA，从中分离具有图4所示的限制性图谱的DNA，其为推定的成熟组织纤溶酶原激活子序列，其编码527个氨基酸的多肽并具有人类组织纤溶酶原激活功能。

这一权利要求提供了mRNA来源信息并提供了鉴定所需DNA序列的方法，如限制性图谱。

cDNA不但能从mRNA中获得，还可以从RNA病毒中获得，如下述欧洲专利的权利要求1所示：

EP－B1－0076847－权利要求1

一种产生全长、感染性脊髓灰质炎病毒cDNA的方法，包括如下步骤：

(a) 反转录脊髓灰质炎病毒 RNA 序列以产生脊髓灰质炎病毒 ss cDNA;

(b) 从脊髓灰质炎病毒 ss cDNA 生成 ds cDNA;

(c) 将所述 ds cDNA 插入 DNA 载体构建重组载体;

(d) 利用所述重组载体转化细胞，所述重组载体在细胞中增殖;

(e) 培养所述转化细胞;

(f) 鉴定并分离包含短于全长的、非感染性脊髓灰质炎病毒 ds cDNA 序列的重组载体;

(g) 从 (f) 的重组载体中获得短于全长的、非感染性脊髓灰质炎病毒 ds cDNA 序列;

(h) 连接 (g) 中获得的短于全长的 cDNA 序列形成一个包含全长的、感染性的脊髓灰质炎病毒 ds cDNA 的重组载体。

下面的权利要求为如何通过合成方法（如 PCR），制备核酸分子的例子。

EP-B1-1505151-权利要求 1

一种增加核酸分子浓度的方法，所述方法包括:

(a) 形成热稳定的、含有密封的含水微腔室的油包水乳化液，密度为每毫升大于 109 个微腔室;

(b) 在所述微腔室中包含一个核酸分子以及包含能够通过聚合酶链式反应进行核酸扩增的组分的水溶液，所述组分包括热稳定性的聚合酶;

(c) 进行热循环使所述核酸产生复制性的拷贝，使所述核酸的浓度增加，其中热稳定性的聚合酶与相应的野生型酶相比具有增加的热稳定性，与相应的野生型酶相比具有更高的肝素抗性，或能够延伸具有 3’ 非匹配的引物。

EP-B1-1544296-权利要求 1

一种产生突变基因库的方法，包括以下步骤:

a. 在 DNA 芯片上合成寡核苷酸库，所述寡核苷酸与一种或多种靶基因的一个或多个区域互补，所述每一个寡核苷酸都具有一个或多个靶基因序列的突变，优选的突变位于寡核苷酸的中心;

b. 将步骤 a 中芯片上合成的寡核苷酸库置于溶液中作为混合物;

c. 利用步骤 b 中得到的寡核苷酸库和一个或多个包含所述靶基因的模板产生突变基因库。

EP-B1-0988378-权利要求 1，在 T 1188/06（蛋白质功能体外分子进化的方法/BIOINVENTINTERNATIONAL AB）中涉及的判例

一种生成多核苷酸库的方法，包含获得编码一种或多种突变蛋白基序的母多核苷酸的步骤：

a）提供多对寡核苷酸，每一对都与母多核苷酸以固定距离间隔的区域相对应并且具有一个插入突变基序，利用所述寡核苷酸对作为PCR扩增的引物扩征插入基序；

b）从分离的扩增核酸序列中获得单链核酸序列；

c）通过将步骤b）产生的核酸序列与编码拼接序列的核苷酸序列结合对多核苷酸序列进行组装；

d）将所述多核苷酸插入到合适的载体中。

EP-B1-1826215-权利要求1

通过靶向一个DNA来替代基因的方法，被称为插入DNA，由部分基因构成，当其在真核细胞基因组中与互补DNA结合成一个完整的重组基因时，能够呈现功能或更有效，所述方法包括：

——将一个载体引入到真核细胞中，该细胞非生殖细胞或胚胎细胞，该载体本身包含一个插入子，插入子包含插入DNA，在插入DNA两端包含两个称为侧翼序列的序列，分别与所选择的被称为受体基因上的目标插入位点的临近区域同源，并且包含反相互补DNA；

——插入DNA包含一部分与受体基因不同的基因；

——选择侧翼序列使其能够早插入后，通过同源重组，在内源基因的调节序列的控制下表达插入DNA；

——所述重组基因不编码能够允许选择转化体的表达产物。

D. Ⅱ. 2. j. b. 涉及从核酸源中分离的方法权利要求

从微生物中分离核酸大多数情况属于方法类权利要求。

权利要求撰写

从微生物中分离核酸的方法权利要求一般涉及下述措辞：

制备核酸的方法，包括从*X*源分离DNA的步骤。

下面是授权权利要求举例。提供核酸的原材料如下划线所示。

EP-B1-0112149-权利要求8

制备如权利要求1~7所述的DNA片段的方法，其特征在于包括以人H1-松弛素DNA作为探针筛选人类cDNA克隆库的步骤。

上述权利要求8所引用的权利要求1涉及表达人H2-前松弛素的DNA片段，人H2-前松弛素的氨基酸序列如该专利的图2所示。

EP－B1－0923598－权利要求 1

一种从包含混合种群生物的环境样品中制备标准化 DNA 文库的方法，包含以下步骤：

(a) 从环境样品中的混合种群生物中分离基因组 DNA；

(b) 在标准化之前分离提取的基因组 DNA 群体，从而增加从取样的生物体库中克隆来自小样本物种的 DNA 的机会，其中分离包括密度离心技术，其中从每个峰中去除等量的 A260 单位并扩增核酸；

(c) 从环境样品制备标准化的基因组 DNA 文库。

D. Ⅱ. 2. k. 核酸用途权利要求/目的限定型产品权利要求

如 C. Ⅰ. 3. e. a. 所述，用途权利要求被解释为一种方法权利要求。用途权利要求可以指向利用核酸制备探针或蛋白，构建载体或制备药剂，后者最近由目的限定型产品权利要求替代。

权利要求撰写

用途权利要求的一般措辞如下：

DNA *X*，用于 *Y* 用途。

DNA *X*，用于治疗 *Y* 疾病的方法。

下面的用途权利要求已经被 EPO 所授权，其中用途如下划线所示。

EP－B1－0076847－权利要求 12

如权利要求 6 所述的全长的、感染性的脊髓灰质炎 cDNA 在制备疫苗中的用途。

所述的权利要求 6 见 D. Ⅱ. 2. i. f. 。

EP－B1－0162067－权利要求 1

编码人因子 VⅢ：C 并具有如下所示多核苷酸序列的 DNA 序列用于制备分离的包含该 DNA 序列的重组载体的用途，所述 DNA 序列为：

5’ GAC ATT TAT GAT GAG GAT GAA ATT CAG AGC CCC CGC AGC TTT CAG AAG AAA ACA CGA CAC TAT TTT ATT GCT GCA GTG GAG AGG 3’。

EP－B1－0162067－权利要求 6

基本上由如下脱氧核糖核酸序列所组成的 DNA 或其反向互补序列作为筛选试剂鉴定编码人因子 VⅢ：C 的至少一部分的脱氧核糖核酸序列或核糖核酸序列的用途，所述 DNA 序列为：

5’ TTT CAG AAG AGA ACC CGA CAC TAT TTC ATT GCT GCG GTG GAG CAG CTC TGG GAT TAC GGG ATG AGC GAA TCC CCC CGG GCG CTA AGA AAC AGG 3’。

EP – B1 –2034017 – 权利要求 1

多聚核苷酸作为判断癌细胞为永生化癌细胞的基因标记的用途，其中所述基因标记由多核苷酸构成，该多核苷酸具有至少 15 个碱基且与序列编号 1 所示的碱基序列内的至少 15 个碱基长的连续碱基序列特异性杂交。

EP – B1 –1851312 – 权利要求 13

利用权利要求 5 所述的核酸分子、权利要求 6 所述的载体或权利要求 7 或 8 任一所述的细胞表达蛋白、多肽或功能核酸的用途。

EP – B1 –1588718 – 权利要求 1

利用具有表达肝细胞生长因子的核酸序列的载体制备增强组织存活的药物的用途，所述载体被给予需要该药物的被试者，所述的组织是瓣，选自皮肤瓣、肌肉瓣、肌皮瓣以及皮肤瓣所组成的组。

EP – B1 –2393504 – 权利要求 1

L – 核酶用于制备药物组合物的用途。

EP – B1 –2459721 – 权利要求 1

一种由 SEQ ID1 的序列构成的真核表达载体用于转染重组人宿主细胞的用途，所述载体包含在有效启动子控制下的编码人长五聚环蛋白 PTX3 的核苷酸序列和编码可选择标记的核苷酸序列，所述重组人宿主细胞已经能够表达人长五聚环蛋白 PTX3，其中所述重组人宿主细胞是在 ECACC 以编号 08011001 保藏的重组 293F/PTX3/2F12 克隆。

D. Ⅲ. 蛋白质

D. Ⅲ. 1. 导言

本章探讨依据 EPC 保护蛋白质的可能方式。

本文采用的术语“蛋白质”意指任意包含氨基酸链的聚合物，亦即包括通常称为多肽的分子。蛋白质通常是由天然存在的氨基酸组装而成，也可能包含经过糖基化、乙酰化、丙酮化或其他方式修饰的氨基酸。另外，蛋白质可以从天然来源中分离、重组生产或化学合成。虽然化学合成蛋白质的方法非常成熟，在大多数情况下，蛋白质仍是分离自有生命的物质，例如植物、动物器官、血液、微生物（包括细胞培养物）等。在重组 DNA 技术出现之前，天然来源的蛋白质主要分离自相应的原料，现代生物技术使得利用单细胞、多细胞系统，甚至动物或植物生产需要的蛋白能够实现。今天许多蛋白是通过这种“生物工厂”生产的。

蛋白质在生命科学中具有广泛的用途：酶用于生产商业上感兴趣的产品，多肽类激素作为药物具有商业价值，致病原的抗原肽既可用于检测与某些疾病相关的抗体，也可作为免疫剂，抗体可用于治疗、诊断或作为免疫亲和剂。蛋白质的用途无穷无尽。鉴于多年以来抗体在制药领域的重要性，抗体将单列一章（参见 D. Ⅳ.）。

随着科学知识的不断丰富，越来越多的人类蛋白可用于治疗目的，例如干扰素、白介素、受体蛋白等。病毒、原虫或细菌抗原的应用也是如此，既能用于诊断，也适合于制备疫苗。因此蛋白质在经济上的重要性无法估量。

D. Ⅲ. 2. 依照欧洲专利公约保护蛋白质

与生命科学领域中的其他主题相同，涉及蛋白质的权利要求也必须满足 EPC 的法律要求，特别是不能落入 EPC 第 52 条和第 53 条设置的排除条款。另外，权利要求的主题还必须进一步满足新颖性、创造性和工业实用性的可专利性要求。进而，如 C. Ⅰ. 3. b.、C. Ⅰ. 3. e. b. 和 C. Ⅰ. 3. e. c. 中所探讨的，申请还必须满足充分公开以及权利要求清楚和支持的要求。

以下简要探讨几项与蛋白质相关、涉及上述对专利性要求和对申请要求的 EPO 决定。引用的决定发人深思、尤为重要，在撰写涉及蛋白质的申请时可咨参考。

D. Ⅲ. 2. a. 发现

根据 EPC 第 52（2）条，发现不属于发明，因而从专利权保护中排除。*Relaxin* 案是一件异议部门作出的决定，涉及找到一种编码人松弛素的 DNA 或其生物前体是否属于 EPC 第 52（2）条意义上的发现。在该决定的理由部分，异议部门参考了审查指南（届时生效的 C-Ⅳ2. 3，现在的 G-Ⅱ5. 2）中的规定：

找到一种自然界中天然存在的物质仅仅是发现，因此不能被授予专利权。但是，如果从自然界中找到的物质是首次从其存在的周边环境中分离并发展出获取该物质的方法，则所述方法是可授权的。进而，如果该物质能够以其结构适当表征，并且在先前未被识别存在的绝对意义上是新的，那么所述物质本身是可授权的。(第 5.1 点)

异议部门得出如下结论：

指南中的上述指导非常适合本案，人 H2－松弛素先前未被识别存在。专利权人开发出获取 H2－松弛素及其编码 DNA 的方法、对所述产品用化学结构进行表征并找出所述蛋白的用途。因此，根据 EPC 第 52（2）条，所述产品是可授权的主题。(第 5.2 点)

综上所述，涉案专利的主题不代表一种发现，因此不能依据 EPC 第 52（2）条排除可专利性。(第 5.5 点)

上述结论也得到了上诉委员会针对 *Relaxin* 案的确认。在 T 272/95（松弛素/HOWARD FLOREY INSTITUTE）中，上诉委员会通过参考当时生效的实施细则第 23（e）（2）条［当前的实施细则第 29（2）条］，认为所述权利要求没有落入 EPC 第 52（2）条中（参见决定理由第 7 点）。

虽然 *Relaxin* 案的决定根本上涉及关于 DNA 的权利要求，但可想而知，由于从自然资源中获取的蛋白质也可看作天然存在的产品，因此可以按照与天然存在的 DNA 相同的方式处理。

在 T 338/00（多聚体受体/SALK INSTITUTE）中，上诉委员会确认了 *Relaxin* 案的上述结论，认为找到一种异二聚体受体不是一种发现，而是一种蛋白发明。特别地，上诉委员会持有以下观点，由于要求保护的受体能够在工业上应用，因此其不仅是对感兴趣的研究结果的描述。

关于天然存在的产品的进一步讨论，参见 C. Ⅰ. 3. a. a. 。

D. Ⅲ. 2. b. 公共秩序和道德

根据 EPC 第 53（a）条，发明的商业应用如果违反了公共秩序和道德，则被排除在专利权保护的范围外。据我们所知，尚没有依照 EPC 第 53（a）条探讨关于蛋白质可授权性的决定。然而，如审查指南（G-Ⅱ 4.1）所述，蛋白质与任何其他的主题都适用相同的标准：

应用一个合理的测试来考虑是否存在以下可能；普通公众对该发明的抵触足以使得如对其授予专利权将令人感到不可思议。如果其明显属于这种情况则应当以 EPC 第 53（a）条予以驳回；否则不应驳回。

D. Ⅲ. 2. c. 治疗方法

根据 EPC 第 53（c）条，针对人体或动物体的手术或治疗方法，以及施用于人体或动物体的诊断方法排除于可专利性外。

T 820/92 案（避孕方法/THE GENERAL HOSPITAL）要求保护一种防止雌性哺乳动物怀孕的方法，包括施用 LHRH 和类固醇激素。组分 LHRH 是主要的避孕成分，类固醇用于校正 LHRH 导致的生物学功能上的副作用。请求人主张所述方法整体上是一种避孕方法，不属于 1973 年版 EPC 第 52（4）条［现在 EPC 第 53（c）条］所排除的方法。然而，上诉委员会认为：

> 该主张是出于对 EPC 第 52（4）条禁令本质的误解，针对人体或动物体的手术或治疗方法，以及施用于人体或动物体的诊断方法，由于不具有工业实用性而不能被视为发明。相反的，对于 EPC 第 52（4）条第一句确立的可专利性的排除，EPO 上诉委员会一贯将其解释为这种方法不能作为权利要求的主题或作为涵盖于权利要求中的部分主题。(第 5.3 点)

由于同时施用的类固醇具有预防性或治疗性的作用，因此该案中所要求保护的方法不能被授权。在人体外应用蛋白质，例如对组织样本进行诊断，通常并不与 EPC 第 53（c）条冲突［1973 年版 EPC 第 52（4）条］。

D. Ⅲ. 2. d. 新颖性

T 269/87 案中（凝乳酶原/CELLTECH），上诉委员会考虑了披露的一种编码凝乳酶原蛋白（也称为凝乳素原）、包含活性凝乳酶蛋白（成熟凝乳酶蛋白）信息的 DNA 序列，是否破坏了一种制备凝乳酶方法的新颖性，该方法包括剪切凝乳酶原，产生活性、成熟蛋白质。上诉委员会认为：

> 然而，在文件（1）公开的内容中，既没有直接表述，也没有明确暗示通过剪切凝乳酶原蛋白产生凝乳酶。在“甲硫氨酸—凝乳酶原”章节中没有进一步的步骤……任何由术语“活化”暗示的剪切都仅涉及其他蛋白质……所参考的、对应于凝乳酶（凝乳素）无活性“酶原”部分信息的核苷酸中……其“被除去”以产生活性凝乳酶，并没有公开本案权利要求中特定的剪切步骤，而只涉及 DNA 水平。因此，在不考虑其自身优先权的情况下，根据 EPC 第 54（3）条，文件（1）不能破坏权利要求 A1 或 A2 的新颖性。(第 15 点)

因此，这个特定判例中，在没有明确提供蛋白质结构的情况下，使本领域技术人员能够推断成熟蛋白质结构的披露不被认为能破坏制备该成熟蛋白质方法的新颖性。

在T 877/90案（T细胞生长因子/HOOPER）中，上诉委员会对一种以无血清、无丝裂原为特征的T细胞生长因子的新颖性进行了审查。上诉委员会发现，最接近的现有技术文件公开了一种T细胞生长因子，其不是无丝裂原且无血清的，因而承认了要求保护主题的新颖性。

这似乎是生物技术领域中因为与已知产品相比具有更高纯度而确立一种物质具备新颖性的第一个决定。为了以准确的视角考察T 877/90案的结果，必须将T 877/90的结论与更早期T 205/83案的决定（醋酸乙烯酯/巴豆酸共聚物/HOECHST）相对比。T 205/83决定认为，对于已知的产品，仅仅以纯品形式产生不必然使该产品具备新颖性（决定第3.2点）。虽然决定中没有明确排除通过更高的纯度来确立蛋白质的新颖性，但是根据EPO以往的做法，当蛋白质与现有技术的区别仅在于纯度提高时不会接受其新颖性。T 877/90决定导致以往的做法可能发生改变。事实上，T 877/90的观点被T 90/03（植酸酶/巴斯夫）进一步确认。对于小分子领域，情况可能有所不同，例如在T 990/96（红色—化合物/诺华）决定中，上诉委员会没有接受将纯度作为一种确立新颖性的特征。

在T 158/90（人类生长激素/基因泰克）中，上诉委员会确认了已建立的判例法，其依据是只有当在先公开的技术能够使本领域技术人员再现其教导时才能破坏新颖性。上诉委员会认为：

> 理所当然地，无论是对现有技术文件还是对涉案的专利申请，充分公开的问题都必须在实质上进行个案审查。关于充分公开的审查依赖于案件事实与某些常规参数的相关性。
>
> 这些参数例如：
>
> (a) 技术领域的特点以及在该领域中为实现某种书面公开而需要投入的努力的平均量；
>
> (b) 所述公开呈现给公众的时间以及相应的普通知识；
>
> (c) 文件中公开的可靠的技术细节的量。(第2.3点)

T 886/91（乙型肝炎病毒/百健）中，异议者之一主张权利要求序列与已知序列之间的微小不同不足以赋予权利要求所述序列的新颖性。上诉委员会没有接受该主张，因为：

> 众所周知，即使是一个氨基酸的改变也能显著地改变蛋白质分子的特征。(第8.1.2点)

进而，异议者之一主张，权利要求的序列和已知序列之间具有共同的相似性延伸，因此权利要求的序列缺乏新颖性。上诉委员会认为这仅是理论上的，因为任何一个引用的文件都没有公开或教导所报道序列的分离的片段，从而能作为一种相似性实体用于比对。（第8.1.2点）

T 223/92（HIF-Gamma/基因泰克）中有两点值得注意。

涉案专利的权利要求1如下：

> 氨基酸序列如图5所示的人免疫干扰素及其等位序列，不含有通常与其结合的其他蛋白。

图5所述氨基酸序列包含约146个氨基酸，计算其分子量为17400Da。优先权日之后发现IFN-γ常以二聚体或三聚体存在。一名异议者主张其中一份现有技术文件——即文件（21），描述了一种糖基化的二聚体。上诉委员会认为：

> 既可能确实如此，也可能并非如此，但在优先权日时，本领域技术人员不可能辨认出其的确如此。EPC第54（2）条意义上，文件（21）提供给公众的信息是对诱导的淋巴细胞进行某些纯化步骤后，培养液中包含一种蛋白质，其特性不同于已被很好表征的干扰素α和干扰素β并且其分子量为58000Da。（第4.3点）

另外，上诉委员会认为由于以下原因，文件（21）不破坏新颖性：

> 在优先权日既没有单体又没有任何寡聚体可作此用，而仅是极微量的物质，其包含一种表现出典型的干扰素γ的活性的化合物。（第4.4点）

因此，对于某种蛋白质，如果根据现有技术仅能获知其活性而没有描述一种以可再现方式获得多于“极微量”的具有该活性的蛋白质，那么这种公开就不足以破坏新颖性。

在T 412/93（促红细胞生成素/麒麟—安进）中，上诉委员会确认了如下准则：

> 当权利要求涉及的产品作为某种方法的产物时，即使其引用的方法毫无疑义是新的，也不能自然而然地表明所述产品具备新颖性。引用方法的目的是排除现有技术中未通过该方法获得的产品。如果在有证据可用的情况下，方法能够生产的每个产品看起来都满足现有技术产品的特征，那么权利要求中对方法的引用就不构成新颖性考察中的限定。只有在下列情况下才能依赖产品权利要求中的方法特征确立相对于现有技术的新颖性，当使用所述方法时必然意味着

所述产品具有特定的特征，本领域技术人员按照说明书的教导将不可避免地实现该特征、意识到该特征并抛弃任何不具备该特征的产品。（第33点）

该案中，专利权人试图区分重组促红细胞生成素与已知的尿促红细胞生成素。上诉委员会认为重组促红细胞生成素不必然与尿促红细胞生成素不同。

上诉委员会最终认可的权利要求所述促红细胞生成素是通过真核表达外源DNA序列获得的产品，且在SDS-PAGE中比从尿源分离的促红细胞生成素具有更高分子量。

T 656/94（集落刺激因子/麒麟—安进）中，异议者主张所涉专利，尤其是主要请求的权利要求1缺乏新颖性：

一种分离的多肽仅由表Ⅶ所示氨基酸序列1～174的部分或全部组成，所述多肽……

上诉委员会认为，显然，现有技术文件公开了一种多肽混合物，其中含174个氨基酸的多肽和177个氨基酸的多肽以摩尔比80：20混合，所述177个氨基酸的多肽是一种插入了3个额外氨基酸的剪切产物。然而，该发明则是通过权利要求1中的特征“分离的”和“仅”明确限定涉及单一种类。因此，上诉委员会认为现有技术中公开的组合物不破坏该发明的新颖性。

上述判例是一例罕见的实例，术语“分离的”切实帮助申请人克服了现有技术。根据经验，介于术语“分离的”在多数情况下通常无助于克服现有技术，因此应避免使用该术语。

T 367/95（抗血友病因子/法玛西亚）中，所涉专利因缺乏新颖性而被异议部门撤销。权利要求1涉及一种因子Ⅷ：C片段，通过分子量、部分氨基酸序列、氨基酸组成进一步表征。上诉委员会考虑到，现有技术仅有推测性的描述，例如“可能需要”“看起来”或“大概”，不足以清楚、无误地公开权利要求的特征，并从而预期要求保护的主题。此外，上诉委员会指出氨基酸组成的数据适用于建立新颖性，基于实验误差的任何相反的主张都需要加以证实。

T 429/96（丝氨酸蛋白酶抑制剂/安进）中，上诉委员会需要决定一项涉及纯化的丝氨酸蛋白酶抑制剂的权利要求的新颖性，所述抑制剂由单条未片段化的多肽链组成并通过氨基酸序列进行表征。相关现有技术公开了一种组合物，其包含该权利要求所述抑制剂的降解形式、作为多肽片段的混合物。上诉委员会发现权利要求所述未降解的多肽链相对于降解多肽片段的混合物具备新颖性。

T 1147/98（软骨诱导因子/CELTRIX PHARMACEUTICALS INC.）中，专利权人针对异议部门撤销专利的决定提起上诉请求。在请求中，专利权人提交了涉及“同源性”蛋白质的新权利要求。由于引用的现有技术文件公开了具有不同相关生化活性的混合物，上诉委员会认为一种“同源性”蛋白质没有被混合物公开，因此上述请求中提交的权利要求是新颖的（参见上述 T 656/94 中相似的决定）。

T 522/99（大豆去饱和酶/杜邦）中，上诉委员会需要决定一项以方法表征的产品权利要求的新颖性。主要请求的权利要求 6 涉及：

一种重组的非融合 VP1 蛋白……根据权利要求 3 形成于草地夜蛾细胞中。

上诉委员会认为，公开了在中国仓鼠卵巢细胞中表达 VP1 蛋白的文献，能够破坏该权利要求的新颖性，由此确认了已建立的判例法，即由生产方法限定的产品本身必须满足可专利性的要求。只有在能赋予所述产品以现有技术中未曾发现的特定特征的情况下，生产方法才能被认定为一种限定性特征。

T 881/01（α－淀粉酶试剂/MODROVICH I. E.）中，异议部门使用了仅公开于说明书中的技术特征来限定权利要求的主题，以区别于现有技术。上诉委员会批评该种权利要求解释方式，并指出：

虽然 EPC 第 69（1）条第二句确实规定说明书和附图可用于解释权利要求，但在理解权利要求时加入仅出现于说明书中的特征并进而依靠此类特征提供与现有技术的区别并不合法。这不是解释权利要求而是重新撰写权利要求。用于讨论确立欧洲专利公约的预备材料表明，EPC 第 69 条以及关于公约第 69 条的释义协定书通常仅在超出权利要求术语严格字面含义之外赋予延展保护时予以考虑，从不用于排除权利要求中术语涵盖的明确含义。（第 2.1 点）

T 1080/01（热稳定性酶/豪夫迈—罗氏）中，涉及当多项现有技术文件公开一种方法，当严格遵守所述方法时将产生要求保护的蛋白时，是否隐含公开了所要求保护的聚合酶。在这方面，上诉委员会认为：

在文件（3）（9）（10）中公开的如实再现实验，将只能是尽可能准确地与作者使用相同的试验条件、从相同的原料出发。唯一可接受的偏差应该是由于替换了已经不存在的原料而导致的，并且能证实偏差对重复试验的结果不产生任何影响。以方便试验为目的而制造的偏差是不可接受的。（第 54 点）

既然任何一份提交的文件都不满足能准确重复如该专利所公开方法的标准，上诉委员会不认为现有技术超越合理怀疑地证明了其公开的方法将不可避免地导致要求保护的产品（即聚合酶）。

在 T 1120/01（细胞表面抗原/OSAKA BIOSCIENCE）中，审查部门以涉及蛋白质的产品权利要求缺乏新颖性为由驳回了所述专利申请。然而在上诉阶段，上诉委员会发现，引用的现有技术文件中，有些未披露达到所述蛋白纯度的全部必要信息、有些对纯度根本未作任何披露，即任何一篇都没能披露所要求保护的蛋白质。因此，上诉委员会不认为所引用的文献破坏了所要求保护的蛋白质的新颖性。

在 T 90/03（植酸酶/巴斯夫）中，上诉委员会探讨了蛋白制品的纯度对确定新颖性的作用。上诉委员会强调，在这方面低分子量化合物和高分子量蛋白不能等同对待。纯化有机小分子的方法是本领域技术人员的常规基础知识，而纯化蛋白则远未达到标准化。考虑到以往的判例，上诉委员会得出以下结论：即使本申请权利要求还有其他技术特征导致与现有技术的区别，纯度本身就足以确立新颖性（参见上文讨论的 T 877/90）。

T 1303/04（髓磷脂碱性蛋白/阿尔伯塔大学）中，上诉委员会再次强调：

> 基于可能性或合理性来决定一份文件是否破坏新颖性是不合理的。为作出权利要求的主题缺乏新颖性的决定，必须对审查过程中所有的事实和提出的主张进行考虑，以确保所述决定是正确的。（第 6 点）

T 1010/05（蛋白质水解产物/VALLIO）决定中，认为利用方法步骤限定的产品（方法限定的产品）使要求保护的产品（“水解产物”）区别于现有技术（“酸奶”）。特别是用胃蛋白酶和/或胰蛋白酶进行水解的步骤被认为赋予要求保护的“水解产物”以结构特征。由于现有技术未表明所述“酸奶”中存在这些蛋白酶或与之具有相同切割特征的其他蛋白酶，因此不能证实现有技术公开了这些特征。

在 T 1414/05（MHC 复合体/SUNOL）中，功能性特征中隐含的结构特点帮助建立起相对于现有技术的新颖性。要求保护的 MHC 复合体通过特征“能够调节 T 细胞受体活性、诱导 T 细胞增殖”进行限定。相反地，现有技术公开的 MHC 复合体则抑制 T 细胞增殖。问题在于当缺乏任何其他区别技术特征时，现有技术中 MHC 复合体是否还适用于诱导 T－细胞增殖。为解决该问题，上诉人主张为满足权利要求的功能，MHC 分子表示的肽必须处于正确的位置，因此该功能特征隐含了结构上的特点。基于该主张，上诉委员会认为现有技术中的抑制型 MHC 复合体将不能如本发明所限定的那样诱导 T 细胞增殖，因此，现有技术中 MHC 复合体不同于要求保护的分子。

T 847/07（因子 VⅢ 制剂/BIOVITRUM）中，要求保护一种“适于皮下、肌肉内或皮内施用”的药物制剂。考虑该权利要求要素的限定作用，上诉委员会认为：

> 权利要求 1 必须被解释为以任何方式施用的相关制剂，只要其也适用于皮

下、肌肉内或皮内施用即可。

根据上诉委员会的观点，“适于皮下、肌肉内或皮内施用”对权利要求的含义确有限定作用，然而其限定作用的程度仅在于排除了不适用于上述施用方式的制剂，例如包含潜在毒性组分或无活性因子VⅢ的制剂。(第8点)

然而，由于请求人承认现有技术中的制剂适用于上述施用方式（虽然没有明确披露），并且在缺乏任何其他限定性技术特征的情况下，上诉委员会否认了要求保护主题的新颖性。

T 1898/07（干扰素制剂/BIOGEN）中，上诉委员会再次强调（参见前文T 1010/05），对于方法限定的产品权利要求，只有当产品本身满足授权条件时才可授权。该案中的权利要求涉及一种液体组合物。除了方法特征以外，要求保护的液体组合物还作了进一步限定，特别是通过以下特征：i）包含于注射器中和ii）其中所述注射器包含于包装中。上诉委员会认为这些特征不构成对要求保护的液体组合物进行描述的技术特征，而仅描述了包含所述液体组合物的包装。因此上诉委员会在评估新颖性时没有考虑这些特征。

D. Ⅲ. 2. e. 创造性

T 181/88（试验试剂/UNITIKA LTD.）涉及申请人针对审查部门的驳回决定提出的上诉请求，主要的权利要求如下：

一种胆碱酯酶—试验试剂包括：
乙酰胆碱、一种热稳定性乙酸激酶和三磷酸腺苷。

审查部门否定了所要求保护试剂的创造性，基于文件1已经描述了与权利要求1的试剂区别仅在于使用了非热稳定性酶的试剂，文件2公开了热稳定性乙酸激酶，根据文件3可知文件2中所述热稳定性乙酸激酶具有“高残基活性”。

上诉委员会推翻了审查部门的决定，由于现有技术没有指出通过使用热稳定的酶来改善所述试验试剂。并且，由于复合反应中的步骤不是在高热条件下进行，而是在37℃或室温下进行，因而没有使用热稳定酶的动机。因此，上诉委员会不认为将普通乙酸激酶替换为热稳定性酶是显而易见的。

T 249/88（牛奶生产/孟山都）涉及一项申请人针对审查部门驳回决定提出的上诉请求。争议的权利要求涉及一种通过施用重组牛生长激素（bGH）提高奶牛产奶量的方法，所述重组牛生长激素（bGH）包含N端甲硫氨酸，而天然垂体源的bGH则不含N端甲硫氨酸。相关现有技术教导了通过施用天然（垂体源）生长激素提高奶牛产奶量的方法并建议施用重组bGH，根据其他文献，重组 bGH 是已知的。上诉委员会维持了驳回决定，认为本领域技术人员根据引用的现有技术，将会在最接近现有技术文件教导的基础上进行改良获得要求保护的方法。因此，上诉委员会得出以下结论：

本领域技术人员将会施用各种可获得形式的重组 bGH，如根据 GB - A - 1565190 的 N-Met-bGH，并且能够合理预期与施用天然（垂体源）bGH 的奶牛观察到的产奶量相比，施用其他可获得形式的重组 bGH 的奶牛不用任何修饰即可达到相同甚至更高的产奶量。（第 7.6 点）

权利人主张本领域技术人员基于引用的现有技术将无法预期 N-Met-bGH 能够提高奶牛的产奶量，对此，上诉委员会认为：

通过试验确认合理预期结果的必要性不能赋予发明非显而易见性。绝对的可预期性，特别是在具有生物活性的化合物领域中，是非常罕见的，但关于这些化合物及其施用于活体生物的用途仍可能是显而易见的。然而，与本案情况相反，如果这种施用导致了预料不到的效果则可能会提供说明非显而易见性的基础。（第 8 点）

T 60/89（融合蛋白/哈佛）中，上诉委员会确定，对于同一件发明在考虑充分公开和创造性时应当使用相同的技术水平（决定第 3.2.5 点）。上诉委员会进一步指出：

因此关键的问题是尝试实施上述想法并具有合理的成功预期对本领域技术人员是否是显而易见的。（第 3.2.5 点）

上述案件中，上诉委员会必须衡量当每个步骤都是已知的情况下，由多个步骤组成的方法是否具备创造性。上诉委员会认为：

将已知的手段适当组合用于实施新的方法，不必然使得所述方法显而易见。（第 3.2.6 点）

T 717/89（乙型肝炎病毒 E 抗原/百健）涉及由重组产生的 HBcAg 制备 HBeAg 的方法是否具备创造性。最接近现有技术公开了由纯化的天然 HBcAg 获得两种不同形式 HBeAg 的方法，没有证据表明本领域技术人员不能将已知具有缺陷的起始原料替换为不具有该缺陷的其他可选起始原料，因此上诉委员会没有认可其创造性。值得注意的是，专利权人在复审程序中加入了以下特征仍不足以确立创造性：其中所述表现乙肝病毒 e 抗原活性的多肽基本不含有灵长类血清肽和灵长类肝脏肽。

上诉委员会认为：

由于权利要求中有其他技术特征限定 HBeAg 是通过重组 DNA 技术制备的，本领域技术人员能够尝试通过重组 DNA 技术生产没有灵长类血清和肝脏多肽污染的产品，因此上述加入的特征仅是由权利要求中其他特征导致的必然效果，因而其是显而易见的。（第 5.2 点）

T 877/90（T－细胞生长因子/HOOPER）涉及专利的权利要求 1 如下：

一种源自供体外周血单核细胞的 T 细胞生长因子，其特征在于无血清、无线粒体，所述供体为人、牛或猪。

现有技术公开了一种不具有无血清、无线粒体特征的 T 细胞生长因子，如 D. Ⅲ. 2. d. 所探讨的，所述 T 细胞生长因子相对于现有技术具备新颖性。权利要求 1 的主题所要解决的技术问题被认为是提高 T 细胞生长因子产品的纯度和浓度。由于现有 T 细胞生长因子产品的缺陷是已知的，因此显然期望提供如权利要求 1 所述无线粒体、无血清的 T 细胞生长因子产品（决定第 3.1.3 点）。上诉委员会认为：

目前迫切需要既不含线粒体也不含血清的药学上可接受的终产品，本领域技术人员在获知上述信息的情况下，将显然期望通过明显而确凿的步骤，对文件（17）测定具有活性的物质进一步开发，制备出完全无线粒体、无血清的产品。（第 3.1.5 点）

因此，权利要求 1 被拒绝。

T 223/92（HIF-γ/基因泰克）涉及一项针对异议部门维持欧洲专利权有效的决定提起的上诉，所述欧洲专利包括以下权利要求：

人免疫干扰素，其氨基酸序列如图 5 或其等位基因所示，不含有通常与之相关联的其他蛋白。

现有技术文件公开了一种分子量约为 58000Da 的蛋白质的纯化，如 D. Ⅲ. 2. d. 所探讨的，上诉委员会认可了要求保护（重组产生）的蛋白质相对所述文件的新颖性。基于该文件，涉案专利所要解决的技术问题被认为是提供一种确切的干扰素－γ。上诉委员会考虑的第一个问题是本领域技术人员是否有动机改进现有技术的方法以获得一种纯蛋白。既然多篇公开日晚于欧洲申请日的文献都描述了纯化该蛋白质的努力，而不是通过重组的方式来对其进行表达，上诉委员会推定在优先权日分离蛋白质的“经典”方法仍然是受本领域技术人员欢迎的。然而 IFN-α 和 IFN-β 已经通过重组 DNA 的方法进行生产，因此上诉委员会考虑对 IFN-γ 采用相同的路线是否构成具有合理成功预期的显见尝试。

上诉委员会发现，由于从生产 IFN-γ 的活化细胞中提取的 mRNA 长度对应于 14000 个核苷酸，然而根据推定的分子量 58000Da 将预期产生更大的 mRNA，本领域技术人员将面对“不确定性”。进而，考虑到用于筛选 cDNA 文库的 +/－法对应于诱导和未诱导的 mRNA 群，上诉委员会推测本领域技术人员知道这种方法包括失败和困难的可能，并且在长度非常长、方法非常复杂的情况下将会预期到所述失败和困难。上诉委员会得出结论：

想象本领域技术人员意欲生产和鉴定 IFN-γ 的情况，他将会面对以下处境 (i) 对该蛋白知之甚少，实际上已公开的数据相互矛盾使得情况尤其令人迷惑 (参见上述第 5 点)；(ii) 尽管已有改良的增产方法，但由此获得的 mRNA 的质和量均极为不佳，如果没有发现比该已有方法更好的方法，那么重组 DNA 技术路线成功的前景将非常渺茫；(iii) 起决定作用的筛选方法不能被认为是一种可靠的发现方法，只能被描述为“大海捞针”。

上诉委员会确定，在这种情况下，本领域技术人员没有足够的必然性去尝试该方法并具备成功的合理预期。换言之，当选择重组 DNA 技术路线时，由于获得成功非常渺茫，甚至本领域普通技术人员会预期，已知和未知的难题将导致失败，本领域技术人员只能凭借运气、技能和发明的创造力去克服这些已知和未知的难题。(第 5.11 和 5.12 点)

因此，异议请求被驳回，专利权维持。

T 923/92（人 t-PA/GENENTECH）涉及针对异议部门以修改方式维持专利权有效的决定由多方提起的上诉。在异议程序中，专利权人提交了辅助请求，辅助请求的权利要求 1 和 2 涉及一种通过在重组宿主细胞中表达编码蛋白的转化 DNA，制备具有 t-PA 活性蛋白质的方法，特别是所述蛋白质能够催化纤溶酶原转化为纤溶酶、结合纤维，进而基于免疫特性将其分类为 t-PA。最接近的现有技术文件公开了分离的 t-PA 的 mRNA、其片段以及转入卵母细胞能产生可检测酶活性的单一分离片段。免疫沉淀研究暗示所述蛋白质与人 t-PA 相似，但相似程度尚有待进一步确认。该现有技术文件明确提供了尝试制备人 t-PA 编码 cDNA 的教导。上诉委员会考虑本领域技术人员是否会尝试制备人 t-PA 编码 cDNA 并具有取得成功的合理预期。上诉委员会确定取得成功的合理预期不应与“希望成功”相混淆。上诉委员会认为：

然而，问题在于本领域技术人员开始该研究项目之前，基于已有知识是否能够合理预期在可接受的时间范围内所述研究项目将会成功……为回答该问题，避免任何事后之明，还需考虑 1993 年 9 月 7 日 T 816/90 号决定（未公开于 OJ EPO）中所述的“即使通过理论构思出一个直接的路径来解决特定的技术问题存在可能性，当本领域技术人员尝试将该理论构思付诸实践时可能面对不可预期的困难”。……涉及基因工程领域创造性的其他决定中也有相似的考虑［例如，1993 年 7 月 20 日 T 223/92 参见理由 5.15，1994 年 11 月 21 日 T 412/93 参见理由 142（iv），上述二者均未公开于 OJ EPO］。（第 51 点）

上诉委员会承认，本领域技术人员将会构思出用于克隆和表达人 t-PA 编码 DNA 序列的技术手册。然而，由于缺乏任何序列信息，并且 t-PA（72kD）的分子大、难以获得完整的全长 mRNA，因此对获得 t-PA 的 cDNA 的可能性造成了不利影响。上诉委员会推断，本领域技术人员无法预期理论上的直接路径将会容易付诸实施。因此根据附加请求 3 专利权以补正的形式维持有效。

T656/94（集落刺激因子/麒麟—安进）中，异议者主张涉及分离多肽的权利要求缺乏创造性。所述发明进一步涉及克隆和重组表达所述多肽。就编码所述多肽 DNA 的权利要求讨论创造性时，上诉委员会认为，使用重组 DNA 技术生产要求保护的多肽对本领域技术人员来说不是显而易见的。当考虑涉及所述多肽的权利要求时，上诉委员会表明既然要求保护的多肽只可能通过重组 DNA 技术提供且该生产路线包含创造性，那么要求保护多肽的权利要求也包含创造性。

T 67/95（细小病毒衣壳/美国）中，否认了涉案申请的创造性。就一项关于制备人细小病毒空衣壳方法的权利要求分析创造性时，上诉委员会引用了成功预期的概念。上诉委员会认为，在现有技术公开了鼠和犬细小病毒衣壳自装配的启示下，本领域技术人员对于人细小病毒衣壳蛋白的自装配具有取得成功的合理预期。关于请求人对两份现有技术文件的结合为事后组合的论据，上诉委员会认为，考虑到客观的技术问题，本领域技术人员没有其他选择，只能结合所述文件。目前，在 EPO 判例法中，缺乏选择或替换手段时通常作为“单行道”情况，而这种情况下的创造性通常会被否定。

T 223/96（蛋白 C/礼来）中，权利要求 7 请求保护：

一种组合物，包括治疗有效量的由权利要求 1 ~ 5 所述方法制备的具有人蛋白 C 活性的多肽，所述多肽与药学上可接受载体混合。

上诉委员会认为，由于特征“治疗有效量”和“与药学上可接受载体混合”是本领域技术人员在制备药物组合物时采用的常规方式，因而不能带来创造性。问题在于“方法限定产品”的特征“由权利要求 1 ~ 5 所述方法制备”是否带来创造性。请求人主张通过重组 DNA 技术表达的蛋白 C 与天然分离的蛋白 C 相比，二者糖基化模式有所不同。由于没有证据表明总是存在这种糖基化模式的不同，因此上诉委员会没有接受该主张。上诉委员会认为，无论其糖基化方式如何，本领域技术人员主要考虑的是蛋白C的生物活性，因此所要求保护的组合物被认为是显而易见的。

T 1208/97（类似物/安进）中，所述专利权涉及通过以下措辞限定的枯草杆菌蛋白酶变体：

一种枯草杆菌蛋白酶类似物，其特征在于具有天然枯草杆菌蛋白酶的氨基酸序列并进行如下修饰：

a）以 Asp41、Leu75、Asn76、Asn77、Ser78、Ile79、Gly80、Val81、Thr208 和 Tyr214 为代表的、天然枯草杆菌蛋白酶钙结合位点处的一个或多个氨基酸被带负电荷的氨基酸替换；且 b）天然枯草杆菌蛋白酶包含的任何 Asn-Gly 序列中一个或两个氨基酸被删除或以不同的氨基酸替换，所述类似物与天然的枯草杆菌蛋白酶相比具有改善的钙结合能力。

该案中，就权利要求的所有实施方式是否都表明了要求保护的技术效果这一问题，上诉委员会进行了如下评述：

在权利要求的任何有效范围内，说明书中都没有证据表明该专利提供的原理导致了热稳定性恶化。鉴于所提出的修改宽泛，其显然不能排除权利要求中涵盖的某些可能的变体是不合适或不太合适的。然而，这种能被本领域读者意识到的可能性本身不足以损害权利要求所基于的原理，因为：首先，任何科研工作都包含偶然的失败；其次，没有证据表明在申请的整个范围内都必然无法达到所声称的技术效果或只有通过付出过度劳动才能获得。基于上述原因，上诉委员会确认，争议权利要求的确提供了一种针对所述技术问题的解决方案。（第 11 点）

T 1045/98（嗜酸性粒细胞增多症/先灵）中，上诉委员会指出判例［参见例如 T 158/96（强迫性的强直性紊乱/辉瑞）和 T 241/95（5－羟色胺受体/礼来）］确立的原则，即体外和动物数据足以作为人类治疗方法的充分证据。该案中上诉委员会进一步指出，这些考虑也适用于现有技术的公开。对于本案，这意味着公开了抗 IL5 抗体对小鼠作用效果的文献破坏对人使用 IL5 拮抗剂的创造性。

T 787/00（促红细胞生成素/麒麟—安进）中，涉及大量针对该发明所要解决技术问题的现有技术文献。上诉委员会不认为从大量观点不同、令人困惑的现有技术文献中选择一份作为最接近的现有技术并以此作为出发点获得要求保护的技术方案是显而易见的。反之，选择最接近的现有技术也需要以涉案专利申请为基础应用技术知识。事实上，其中的一份文献甚至给出了对专利权人提出的技术方案明确的反向教导。

T 1072/00（博氏疏螺旋体/MIKROGEN）中，上诉委员会参考已建立的判例法，即客观的技术问题可以被视为仅仅是提供了一种等效的替换，客观的技术问题本身不必然是新的［参见 T 92/92（ –/ – ）］。进而，上诉委员会重申，提供的技术方案不必然是优于现有技术的改善［参见 T 588/93（多孔吸附剂/ – ）］。

另外，该决定也涉及公众可获得性的问题。上诉委员会认为，一份现有技术文献原本可能使本领域技术人员以显而易见的方式获得要求保护的发明，但由于该现有技术文献中提及的菌株未经保藏，不能被公众获得而仅为专利权人所有，因此该现有技术文献不能破坏创造性。

T 660/02（酶变体/诺维信）中，权利要求涉及一种与现有技术相比具有特定改善的突变蛋白。权利要求中引用了不同的突变，所述突变蛋白包含其中至少一种突变。由于没有对每个突变单独表明在所述突变和要求保护的效果之间存在因果链，因此否认了创造性。最终，承认了从属权利要求的创造性，其要求保护突变的组合，对每个突变单独验证了效果。

T 889/02（膜辅助因子蛋白/华盛顿大学）中，所涉专利要求保护一种缺乏跨膜疏水区的蛋白作为药物的用途。现有技术文献公开了该区域的准确位置。上诉委员会表明，虽然不能排除删掉该区域所述蛋白将失去其全部或部分活性的可能，本领域技术人员基于一般性的普通知识能够尝试通过删除跨膜区来解决所述技术问题。上诉委员会认为，本领域技术人员具有提高溶解性而不彻底丧失活性的合理预期，并且没有导致无法预期的特殊理由。上诉委员会补充认为，本领域技术人员将采取“试观其效”的态度［参见 T 91/98（抗病毒核苷/WELLCOME）］。基于上述考虑，上诉委员会认为该发明缺乏创造性。

T 986/02（抗细胞因子/耶达）中，在确定最接近的现有技术时，上诉委员会认为：

> 最接近的现有技术通常是一份解决相同问题或针对相同目标的文献，并且需要最少的结构性或功能性改进。理想情况下，所述目标应该在该现有技术文件中已经提及作为值得追求的目标之一。(第 4 点)

T 1146/02（含有皂苷和固醇的疫苗/史克必成）中，权利要求涉及一种疫苗组合物，包含特定比例的抗原、皂苷和固醇。异议者主张权利要求中并非所有实施方式都能达到所强调的技术效果。然而，上诉委员会认为：

> 权利要求中特定一组参数偶然地导致所述配方不具有本专利所期许的优点并不重要［参见本专利第（0028）段］，只要权利要求涵盖的所有实施方式实

质上提供了针对所要解决技术问题的解决方案即可。由于有足够的证据表明，基本上所有要求保护的配方的确提供了本发明所提出问题的解决方案，并且与申请人的任何数据都不矛盾，那么偶然的失败可以被“谅解”。(第49点)

T 1190/03（孤儿受体/KARO BIO），上诉委员会考虑了对于要求保护的特定蛋白质序列，如果现有技术已知其他物种中或在同一物种的不同变体中存在其同源物时，是否具备创造性。上诉委员会认为：

一旦某物种中受体序列已知，通常基于已知的序列使用探针从另一种哺乳动物 cDNA 文库中鉴定和分离相应的基因是简单直接的。(第7点)

在从同一物种中克隆出不同突变体的案件中，上诉委员会基本应用了相同的理由。重要的是，上诉委员会明确了在有许多突变体或同源物存在的情况下，要求保护其中的一个不具备创造性。

T 67/05（破伤风疫苗/EVANS）中，上诉委员会再一次面对权利要求中所有实施方式是否都必须解决所述技术问题的情况。该案中，权利要求涉及一种由宽泛参数限定的方法。上诉委员会指出：

上诉委员会考虑到用宽泛数值限定不同工艺参数的方法权利要求在形式上包含工艺的变化，如请求人的实施例所示，如果将数值范围内的极端值结合起来可能无法获得期望的结果。然而，在上诉委员会看来，本领域技术人员能够意识到这种极端工艺条件的结合将不会产生期望的结果从而不会采用。关于工艺上包含变化的方法权利要求不能解决技术问题的主张，由于仅仅是依赖于非常不理想的工艺条件组合，因而无法令上诉委员会信服。(第11.3点)

关于所述申请是否至少具有的确能解决所述技术问题的合理性（对后公开文档的可接受性非常重要），上诉委员会认为，即使唯一给出的实施例中参数值位于权利要求的范围之外，所述专利仍然具有解决所述技术问题的合理性。

T 578/06（胰腺细胞/IPSEN）中，上诉委员会指出，EPC 没有要求实验证据来确认已经解决了所述客观技术问题；相反，正确的标准应具有合理性。进而，上诉委员会认为，对技术问题提供的解决方案合理性方面的争议仅在于本案在合理性方面是否有引起怀疑的确凿证据。

T 997/06（胰岛素制剂/诺和诺德）中，所述专利涉及一种由多种成分组成的胰岛素制剂。上诉委员会必须考虑权利要求的成分组合是否具备创造性。对此，上诉委员会认为：

必须将技术特征的简单集合与组合发明相区分。

后一种情况下，特征必须相互依存而发挥功能……并且达到的技术效果超过或高于各特征单独效果的总和。（第 24 点）

T 1107/06（肉毒杆菌毒素/艾尔建）中，上诉委员会在以往的决定［T 601/05（抗 - TNFα 人单克隆抗体/拜尔Ⅲ）］的基础上继续指出：如果权利要求明确引用了所要达到的效果，根据 EPC 第 56 条的规定不再考虑满足权利要求中结构限定的所有实施方式是否都能解决所述技术问题。

以往的决定 T 601/05 已经指出：由于不满足标准的实施方式（技术效果功能）将不包含于权利要求中，因此其属于权利要求中包含该额外限定的判例。基于此，在考虑创造性时，此类情况必须与 T 939/92（三唑/AGREVO）的情况相区分。T 939/92（三唑/AGREVO）中，所述的技术效果并非权利要求中明确的技术特征本身，即要求保护的分子仅通过结构而没有通过功能（或活性）限定。

T 1396/06（HLA 结合肽/EPIMMUNE）中，上诉委员会明确指出，成功的必然性对于否定创造性不是必需的。上诉委员会解释道：

> 事实上，尽管常用可理解的不确定性来表征生物实验，本领域技术人员没有理由采取怀疑态度，他既可能具有对成功的预期，在最差的情况下也可能没有任何特定的预期，即使只是“静观其效”的态度，也不等同于缺乏获得成功的合理预期……（第 7 点）

D. Ⅲ. 2. f. 工业实用性

过去几年中，上诉委员会持续强化关于 EPC 第 57 条在 DNA 和蛋白质领域相关性的关注，从而给生命科学领域的发明创造设置了新的障碍。上诉委员会在 T 1329/04（因子 9/JOHN HOPKINS）中，为以 EPC 第 57 条为依据进行无效铺平了道路。虽然该案决定是以 EPC 第 56 条为依据，但上诉委员会介绍“合理的概念或测试法”必须以原始提交的申请中声称的 DNA 或蛋白质切实存在的功能为依据而具有合理性。其基本思想是所述发明必须在申请日完成，申请必须包含足够的信息使其具有合理性，从而根据申请描述的内容能够预期要求保护的效果存在和/或声称解决的技术问题合理。在 T 1329/04 所涉的专利中，一个特殊的问题是要求保护 DNA 编码的蛋白质，作为 TGF-β 超家族的一员，所述蛋白质声称的功能受到了质疑，特别是由于要求保护 DNA 编码的蛋白质具有与大多数其他已知 T GF-β 超家族成员不同的结构域。按照 T 1329/04 的思路，后续的决定在进行有关 EPC 第 57 条的审查时，也遵循 T1329/04 中对合理性/可信性的评估。

在最近的决定T 870/04（BDP1磷酸酶/马克斯普朗克）中，上诉委员会必须就涉及纯化BDP1多肽的权利要求作出决定，所述BDP1除了对HER2具有特异性以外，没有披露特定的功能，HER2是表皮生长因子家族的一员。所述申请也描述了一些进一步可能的候选物作为所述蛋白磷酸化/脱磷酸化的靶标。上诉委员会建立了在评估EPC第57条的要求时应当考虑的几个标准。特别地，上诉委员会指出：

当一种人体中天然存在的物质被鉴定、对结构进行了表征并能够通过某种方法获得时，如果其功能未知或机理复杂不能完全理解，且没有疾病或状况被鉴定出是由于所述物质过多或不足导致的，也没有教导该物质的其他实际用途，则此种情形下不应认可其工业实用性……即使研究结果可能是一项相当值得庆贺的科研成果，也不必然是一项能在工业上应用的发明。(理由第6点)

基于必须满足工业实用性要求的考虑，特别是考虑BDP1声称的功能所涉及的细胞信号传导通路的复杂性，上诉委员会否认了工业实用性。特别地，上诉委员会认为：

毫无疑问，虽然除了现有技术已有的多种BDPⅠ以外，一种新的BDP1多肽能够被作为未来的工具“制造和使用”……但在对任何实际应用缺乏信心时，全部的负担都留给了读者来猜测或发现其工业上的应用方式，只有通过对某种实际应用进行研究才可能获得经济收益，而对于现实的应用没有任何信心。(理由第19点)

上诉委员会继续指出：

根据上诉委员会的判断，虽然本申请描述了一种产品（一种多肽）、其制备方法以及基于基本科学活性而预期的用途，然而该产品没有在至少一个工业领域中鉴定出实际应用方式。在这方面，对可能的目的进行模糊性和投机性的表述，通过使用所描述的工具进行进一步的研究可能实现也可能无法实现该目的，这不足以满足工业实用性的要求。对于申请人未探索的研究领域不值得授予专利权。(理由第21点)

上诉委员会在T 870/04之后的一份更新的决定T 604/04（PF4A受体/基因泰克）中支持了工业实用性。权利要求涉及一种分离的因子4超家族受体蛋白，并推测要求保护的受体蛋白属于一个受体家族结合因子。与较早的T 1329/04案的一个重要不同之处在于，T 604/04中所推测的结构与所述蛋白家族预期的结构一致。在T 1329/04决定中，上诉委员会考虑的问题是所描述的蛋白质具有的结构与预期的蛋白家族中具有四域的成员不一致。在T 604/04

案中，上诉委员会最终承认了工业实用性的理由如下：

很清楚……无论其作用是否被清楚地限定，化学因子作为一个家族不仅对基础研究有意义，对制药工业也很重要。由此可知，由于这些化学因子的作用方式都是通过它们的受体而发挥作用，应当认为这些受体是同等重要的。因此，表现出 PF4A 细胞因子家族成员受体特征的图 4 和图 5 所述多肽被认为对制药工业具有重要意义是合理的推断，即工业实用性应被承认。(理由第 18 点)

D. Ⅲ. 2. g. 充分公开

如 C. Ⅰ. 3. b. b. 中所述，EPC 提供了根据实施细则第 31 条保存微生物来补充书面公开以遵守 EPC 第 83 条的方式。有关本领域技术人员的定义与评估充分公开相关，参见 C. Ⅰ. 3. b。将涉及蛋白质发明充分公开的一些最重要的决定简单概括如下。本书中关于抗体的判例在第 D. Ⅳ. 章中探讨。

T 299/86（抗 IFN-α 单克隆抗体/SECHER）确认了由 T 281/86（奇异果甜蛋白原前体/联合利华）建立的原则，即实施例的披露无需完全相同的再现。在 T 299/86 案中，审查决定中拒绝申请的理由之一是通过随意可得的细胞系和抗原获得的特定杂交瘤没有被保藏。所述杂交瘤没有要求保护，在一个实施例中对其制备方法进行了详细描述。申请人承认、上诉委员会也认可不经过过度负担，所述特定的杂交瘤是不可重现的。然而，上诉委员会确认了 T 281/86（奇异果甜蛋白原前体/联合利华）的观点，认为：

EPC 第 83 条并非要求一种方法的一个特定实施例必须被准确地重现……因此说明书为以下观点提供了支持：分泌要求保护的单克隆抗体的杂交瘤并未罕见到使所述方法作为一个整体不能为所要求保护的物质提供可靠性的程度。在缺乏相反证据的情况下，上诉委员会的态度是说明书提供了充分的披露，从而能可靠地、可重复地生产要求保护的单克隆抗体，并且不需要完全相同的重复说明书中给出的实施例。(第 12 点)

T 158/91（人生长激素/基因泰克）涉及一种制备人生长激素（hGH）成熟肽的方法。上诉委员会关于充分公开的审查主要陈述了以下内容：

当然，无论对于现有技术文献，还是在审的专利申请文件，充分公开的问题都必须针对其自身特点进行审查。充分公开的审查依赖于案件事实与某些常规参数之间的相关性。

这些参数，例如：

(a) 技术领域的特征以及该领域中将某种书面披露付诸实施所必需的平均劳动量;

(b) 所述披露向公众提交的时间以及相应的普遍常规知识;

(c) 文献中所披露的可靠的技术细节的量。(第2.3点)

T 223/92 (HIF-γ/基因泰克) 中,上诉委员会阐明,只有当根据说明书不能重复实施发明的情况下,才需要将包含权利要求所述基因的微生物进行保藏。上诉委员会指出:

最后,EPC在法律上没有强制要求请求人为生产目的保藏包含IFN-γ编码基因的微生物。对于涉及微生物的欧洲专利申请,实施细则第28条在第(1)段和(1)(a)中明确记载,对于涉及微生物方法或其产品、微生物用途的发明,当无法通过描述的方式使本领域技术人员实施该发明时,如果所述微生物培养物已经保藏于认定的保藏机构,则该发明应当被认为根据EPC第83条的规定进行了披露。该规定不应当解释为:如果能基于说明书的书面内容再现发明,即使与仅对该微生物进行培养相比,保藏微生物为更繁琐的方法,申请人仍有义务对材料进行保藏以便于发明的再现。(第3.2点)

T 412/93 (促红细胞生成素/麒麟—安进) 确认的观点如下:

保藏的需要不能参照过度负担的概念。过度负担概念更多的涉及当对于读者可采用的路线少有指引、以至于不确定是否成功的情形(参见决定T418/89,OJ EPO 93,20)。如果该路线是确定的但冗长而费力,专利权人没有义务通过提供实例协助披露。这一相反的结论将会带来使公众即刻获得最佳模式("best mode")的要求,而该要求并非欧洲专利体系的一部分。(第76点)

T 923/92 (人t-PA/基因泰克) 中包含引人关注的表述,其涉及对细胞系进行保藏以确保要求保护的蛋白能够重现的必要性。专利权人没有对所述细胞系进行保藏,而该细胞系是科研群体中广泛使用的。异议者以细胞系的可获得性以及蛋白的充分公开进行争辩。上诉委员会认为:

大量的证据表明Bowes黑色素瘤细胞是常规可获得的,在致力于t-PA(引文省略)研究项目的科研群体间自由交换,且研究群体间既没有保密协议,也没有合同义务对该细胞系的使用和扩散进行限制。进而,没有证据表明所述细胞仅在有限的时间段内,提供给某些选定的实验室。因此,上诉委员会判断,Bowes黑色素瘤细胞在优先权日构成现有技术的一部分。在这种情况下,对于异议者主张的根据实施细则第28条进行保藏以确保在专利期内的可获得性是回应方(专利权人)义务的观点,上诉委员会不予认可。(第44点)

上述决定中进一步讨论的问题是蛋白质的充分公开是否需要某种水平的表达量。上诉委员会重新确认了较早的判例，根据该较早判例，任何水平的表达量都满足 EPC 第 83 条的要求。

T 656/94（集落刺激因子/麒麟—安进）中，异议者之一针对异议部门作出的维持专利权有效的决定提起上诉。所述专利涉及通过结构和功能（生物活性）特征限定的多肽。异议者主张，首先，本领域技术人员为鉴定具有权利要求所述生物活性的多肽需要耗费难以预期的劳动；其次，只有实施例制备的一些多肽具有权利要求中的生物活性。

上诉委员会认为，由于该专利教导了如何制备权利要求的多肽并且提供了测试方法使本领域技术人员能够确定所制备的多肽是否具备权利要求中的生物活性，因而上述主张是“不重要”的。在这种情况下，理论上可能的多肽数量仍然很多，这些多肽很可能在结构上相似并且拥有“可测试的严格定义的活性”。因此，上诉委员会认为所述权利要求满足 EPC 第 83 条的要求。

T 743/97（溶栓蛋白/GENETICS INSTITUTE）中，专利权人针对异议部门的决定提起上诉。在口头程序中提交的一套新权利要求中，权利要求 1 涉及一种溶栓蛋白，进一步通过功能性（例如改善的纤溶谱）和结构性特征进行表征。被上诉人特别主张，落在权利要求 1 范围内的任何实施例都拥有权利要求的功能特征是不可能的，例如表现出需要的技术效果，因而权利要求的主题未充分公开。

在回应中，上诉委员会指出，仅仅因为说明书中没有包含可靠的信息表明所有权利要求的产品都拥有权利要求的功能特征不能使异议得到支持。如果所述功能特征是非显而易见的决定性因素，则该问题可能与创造性有关。进而，上诉委员会指出，异议没有得到支持是因为说明书中对制备和测试所有落入权利要求范围内的变体提供了充分的细节，无过度负担。基于上述理由，上诉委员会认为 EPC 第 83 条的要求得到了满足。

T 749/98（纤维素/诺维信）涉及针对异议部门以补正形式维持专利权有效的决定提起的上诉请求。主要请求的权利要求 1 涉及一种纤维素制备方法，基本上包括一种内切葡聚糖酶组分，进一步通过其与抗特定内切葡聚糖酶抗体的反应活性进行表征。

上诉委员会认为，在申请日有多种技术可用于验证权利要求中所述产品的生化特征（如 Western blot 和 ELISA）。上诉委员会继续提出以下理由：

> 由于这些用于确定免疫反应性的技术得出了不同的结果，并且专利文件本身没有披露使用了其中哪种技术，因而本领域技术人员将无法知道当选择其中

任一技术得到阳性或阴性的结果时，他重复权利要求的发明获得了成功还是失败。据此得出以下结论，由于未能提供评估权利要求所述特征的鉴定方式，因此该专利本身未能针对分离权利要求所述内切葡聚糖酶给出足够的技术建议。（第 5 点）

主要基于上述理由，上诉委员会得出主要请求不符合 EPC 第 83 条要求的结论。

T 1080/01（热稳定性酶/豪夫迈—罗氏）中，涉案专利要求保护一种经 SDS-PAGE 检测具有特定分子量的蛋白。异议者认为该发明没有充分公开所使用的特定 SDS-PAGE 系统。然而，上诉委员会认定，“SDS-PAGE 是生化领域中最普通、最常规的技术之一”，由于用来确认权利要求中参数的试验具有上述常规属性，因此本领域技术人员能够在不付出过度负担的情况下实施该发明。

T 946/02（蛋白的分离/诺维信）中，涉案专利要求保护一种通过结晶纯化酶的宽泛的方法。上诉委员会认为，该专利中给出的特定实施例对本领域技术人员将该发明应用到其他酶的纯化没有帮助。但由于无法鉴定出导致严重疑问的可证事实，并进而使得对特定实施例的改造产生了质疑，因此只有将主题限定于重复特定实施例，上诉委员会才能认可其充分公开。

T 1067/02（改变的表位/诺维信）中，要求保护一种与亲本蛋白酶相比免疫原性降低的枯草菌素蛋白酶。考虑到本领域技术人员是否能够实施权利要求中所述的比较，上诉委员会认为现有技术中的信息足以使本领域技术人员成功完成，而无需进行创造性劳动或付出过度负担。上诉委员会进一步指出所有的突变体是否都具有相同活性（降低的免疫原性）的问题与是否充分公开无关，但可能与创造性评价有关。

T 157/03（降低血液损失/ZYMOGENETICS）中，上诉委员会面临的问题是：以第二医疗用途的方式要求保护的医疗效果是否确实能通过所要求保护的物质来达到。上诉委员会认为：

在专利说明书中缺乏确凿证据证实要求保护的方案能够付诸实施的情况下，可以使用已公开的文献作为证据证明在申请日时不付出过度负担的情况下，该发明是否真能重复实施……（第 9 点）

T 94/04（细胞因子拮抗剂/REGENERON）中，上诉委员会认为，其对现有技术的贡献在于为制备要求保护的拮抗剂提供了一种理论上的概念。专利中没有提供详细的实施例并不违反 EPC 第 83 条，因为本领域技术人员根据常规知识和所述专利能够获得充分的信息来制备要求保护的拮抗剂。

T 669/04（CED-3 抑制子/麻省理工学院）中，专利申请涉及一种针对特定蛋白的抑制子在制备治疗一系列疾病药物中的用途。然而，权利要求中既没有涉及所抑制蛋白的生物学活性，也没有对抑制子的结构进行限定。因此，上诉委员会认为本领域技术人员不付出过度负担则无法确定该发明的范围。修改权利要求、通过结构限定至专利申请中的特定实施例后，承认了其充分公开。

T 309/06（磷脂酶 A1/SANKYO）中，上诉委员会认可了权利要求的宽泛主题并再一次强调以下事实，即权利要求范围宽泛本身并不构成违反第 83 条的理由。上诉委员会认为：

> 只要这些参数能够通过现有技术已知的客观程序清楚、可靠地进行检测，就可以通过参数来限定要求保护的产品。（第 17 点）

T 394/06（CASB7439 多肽/葛兰素史克生物制药）中，上诉委员会再一次强调，只有通过确定的事实证实了严重怀疑，才能据此以未充分公开予以驳回。进而，上诉委员会阐明，尽管本申请中未提供实验数据，但仍没有理由怀疑涉案发明的治疗效果。

T 1074/06（不孕/ARS）中，专利申请涉及使用 FSH 和/或一种生物活性类似物用于刺激多卵泡发育的一项权利要求，还涉及使用 FSH 和/或一种生物活性类似物用于刺激单卵泡发育的另一项权利要求。两项权利要求的剂量方案有大范围的重叠。由于在应用方案中广大重叠范围内存在相互矛盾的效果，上诉委员会认为：对于想要将该教导应用于上述披露的两个方案中任意一个的本领域技术人员而言，所述主题未充分公开。

T 21/07（子宫内膜异位症/雪兰诺）中，针对异议部门的决定，异议者提起上诉。涉案权利要求撰写为 TNF 拮抗剂的瑞士型第二医疗用途权利要求。关于充分公开的考量，上诉委员会引用之前已经确立的判例，表述如下：

> 上诉委员会着重考虑了以下事实，根据上诉委员会的判例和 EPO 的审查实践，获得动物模型的数据通常能够作为充分公开了对人类疗效的证据而被接受，除非有令人信服的证据，例如 T 19/90 决定意义上的确定事实和证据（参见上述第 15 点），表明对人类的治疗无效。（第 16 点）

因此，在该案中上诉委员会认为，根据大鼠模型的数据足以延伸到对人类的治疗效果。进而，关于请求人认为的本申请中仅对一种拮抗剂进行了说明不足以使得所有要求保护的拮抗剂都具有该治疗效果，该主张未使上诉委员会信服。由于这些原因，上诉委员会认为满足了 EPC 第 83 条的要求。

T 458/07（离子交换色谱方法/基因泰克）中，上诉委员会驳回了上诉请求人关于实施例不足以提供充分公开的主张，陈述如下：

EPC 中没有对实施例作强制要求。因此，即使缺乏合适的实施例也不构成否定充分公开的理由。（第 19 点）

T 1437/07（用于治疗平滑肌痉挛的肉毒杆菌毒素/ALLERGAN）中，专利权人针对异议部门的决定提起上诉。涉案权利要求为肉毒杆菌毒素 A 的瑞士型第二医疗用途。关于充分公开，上诉委员会作出以下评述：

（i）本领域技术人员必须能够获得该化合物；

（ii）应用该化合物；

（iii）必须有证据表明能够获得所要达到的治疗效果。

上诉委员会认为，本案满足上述所有标准。异议者关于所述治疗实际上并没有付诸实施的主张未能使上诉委员会信服，因为根据 EPC 第 42（1）（e）条的规定实施例不是必需的，并且在没有切实证据证实无法获得所述效果的情况下，上诉委员会不能根据任意理由来质疑其治疗效果。因此，上诉委员会认为满足了 EPC 第 83 条的要求。

T 786/08（JNK 抑制子/马萨诸塞大学），涉案专利要求保护通过结构和功能特征表征的蛋白。审查决定宣称由于结构限定包含了大量的变体，而并非所有变体都具有权利要求中的活性，因此拒绝了该申请。然而，上诉委员会认为所述主题进行披露的方式足够清楚、能够使本领域技术人员实施，因为除了宽泛的结构限定以外，该产品还通过严格定义及可测试的活性进行了表征。

D. Ⅲ. 2. h. 权利要求的清楚和支持

上文所述的 T 923/92（人 t-PA/基因泰克）中，
授权的权利要求 1 表述如下：

一种方法，包括从 Bowes 黑色素瘤细胞系中提取 mRNA，制备 cDNA，进而分离具有图 4 所述限制性模式的 DNA 序列作为推定的成熟组织纤维蛋白酶原激活子序列，所述激活子序列编码含 527 个氨基酸、具有人组织纤维蛋白酶原激活子功能的多肽。（强调）

在上诉程序中，专利权人提交的辅助请求包括涉及制备含 527 个氨基酸序列的衍生物的权利要求。所述衍生物"具有人组织纤维蛋白酶原激活子功能"。与授权的权利要求相同，辅助请求提交的权利要求既没有提及含 527 个氨基酸的序列，也没有提及其编码核酸序列。相反，则是通过编码 cDNA 的限制模式和杂交特性来定义所述衍生物。

专利权人认为针对“具有人组织纤维蛋白酶原激活子功能”的语句表述，任何基于EPC第84条的反对理由都没有合理的法律基础，因为该语句表述已经存在于授权的权利要求中。

上诉委员会评述道：

技术特征“具有人组织纤维蛋白酶原激活子功能”非常模糊不清。虽然该特征在异议程序中没有进行修改，但由于其影响了对充分公开问题的决定，因此在权利要求的修改框架下必须重新考虑其意义及清楚性……（第25点）

上诉委员会解释，t-PA是一种具有多功能的分子，说明书中至少定义了其中的四种功能。上诉委员会认为，本领域技术人员对“具有人组织纤维蛋白酶原激活子功能”所表述的确切含义存在疑问，进而会将该特征理解为最宽泛的含义，即人t-PA的任意特征。上诉委员会认为：

该定义表明，权利要求2的主题涉及数量庞大、无特定结构、无特定功能的人t-PA衍生物。对于本申请说明书中公开了通过重组系统生产的人t-PA没有争议。然而，上诉委员会判断，给出的实施例及信息不足以使本领域技术人员运用普通常规知识，在无过度负担的情况下即可在整个权利要求的范围内实施该发明，尤其是考虑到引用的参数导致了广泛的功能含义。权利要求2会使本领域技术人员猜测，当某种人t-PA衍生物仅具有典型t-PA分子的一个功能时是否属于该权利要求意义上的衍生物。在这方面，与引用的判例法一致，上诉委员会认为涉诉专利披露不充分因而不满足EPC第83条的要求。另外，权利要求的覆盖范围限定不清楚，违反EPC第84条的规定。（第27点）

T 412/93（促红细胞生成素/麒麟—安进）中，上诉委员会考虑辅助请求5中如下所述权利要求19的可授权性：

一种具有人或猴促红细胞生成素的部分或全部初级结构构象的重组多肽，所述促红细胞生成素如表VI或表V所示，或其具有引起骨髓细胞提高网织红细胞和红细胞产量以及提高血红蛋白合成或铁摄取的生物学特征的等位基因变体或衍生物，其特征是将外源基因DNA序列通过真核表达获得的，并且与从尿中分离的促红细胞素不同。

上诉委员会认为，“与从尿中分离的促红细胞素不同”的词句不清楚，原因在于：

该权利要求没有包括任何关于所述技术特征或其差异程度的教导，而只是将其留给读者去想象，r-Epo与u-Epo的不同应当基于该差异。这使得该权利

要求归类于不清楚的权利要求。与现有技术中 u-Epo 相区分的全部负担都加到了读者身上。(第 45 点)

因此，上诉委员会认为附加请求 5 的权利要求 19 不符合 EPC 第 84 条。

附加请求 11 的权利要求 19 表述如下：

一种具有人或猴促红细胞生成素的部分或全部初级结构构象的重组多肽，所述促红细胞生成素如表 VI 或表 V 所示，或其具有引起骨髓细胞提高网织红细胞和红细胞产量，以及提高血红蛋白合成或铁摄取的生物学特征的等位基因变体或衍生物，其特征是将外源基因 DNA 序列通过真核表达的，并且与从尿中分离的促红细胞素相比具有较高的 SDS-PAGE 分子量。

上诉委员会拒绝了请求人对特征“较高”的清楚性提出的反对意见，表述如下：

无论如何，要测量的东西是清楚的。通过 SDS-PAGE 检测 u-Epo 分子量的数值是现有技术的组成部分。在对某种物质进行检测的情况下通常存在一个灰色地带，测量误差存在“灰色地带”，会导致难以确定一种特定的产品是否落入权利要求的范围内，这并不构成基于 EPC 第 84 条进行反对的理由。(第 60 点)

T 241/95（5－羟色胺受体/礼来）中，权利要求涉及一种疾病的医学治疗，所述疾病限定为对 5－羟色胺受体的选择性占位敏感。申请文件自身说明了一些疾病，然而这些疾病与特定受体之间的联系并未确立。

上诉委员会决定：

受体的选择性占用本身不能被认为是治疗应用，对于某种物质选择性结合一种受体的发现……仍然需要找出一种实际的应用，以对某种病理状况明确、真正治疗的形式进行限定，从而产生对现有技术的贡献，才能作为具有专利保护适格性的发明（参见理由，第 3.1.2 点）。

如果一项权利要求涉及药物进一步的治疗用途且所要治疗的疾病通过功能性术语进行定义……只有当专利文件中以试验或其他可测试的形式提供了指导，或本领域技术人员基于普通常规知识能够识别何种疾病落入所述功能性定义的范围内且其与权利要求的范围一致时，才能认为该权利要求清楚（参见理由，第 3.1.1 点）。

由于特定受体的选择性占用并非该物质唯一的生理活性，上诉委员会认为申请日时不存在包括可测试实验标准的方式，以帮助本领域技术人员鉴定落入权利要求中所述功能性限定范围内的疾病。该案被发回审查部门继续审查第二辅助请求的权利要求，其对于治疗的特定疾病进行了说明。

T 285/01（骨吸收/华盛顿研究基金会）中，异议者声称如果未对检测方法进行限定，则体液中待检多肽片段“具有少于 5000 的分子量”的特征不清楚，因为检测分子量技术手段的不同将导致不同的结果。然而，上诉委员会裁定，本案中所述的多肽片段小，并且由于在结构式的基础上已经能够计算获得其分子量，因此检测方法并不重要（理由，第 4 点）。

T 610/01（植物生长/LONG ASHTON RESEARCH STATION）中，专利权人在上诉程序中提交了新的权利要求，上诉委员会有责任审查并确认其是否符合 EPC 第 84 条。涉案权利要求涉及一种编码多肽的 DNA 分子，所述多肽与 SEQ ID NO 2 具有高于 50% 的同源性并具有 GA 20 氧化酶活性。上诉委员会认为，虽然其范围非常宽泛，但该权利要求对本领域技术人员来说并不缺乏清楚性，因为提交的申请文件中提供了测试所述氧化酶活性的方法（理由，第 7 点）。“50% 同源性”的表述也不违反 EPC 第 84 条。

T 1146/02（含有皂苷和固醇的疫苗/史克必成）中，涉案专利的权利要求涉及一种组分的纯度（“其中 Q21 纯度至少是 90%”），申请文件中描述所述组分是源自一种特定植物树皮中的免疫活性皂苷成分。上诉委员会认定没有不清楚的情况，本领域技术人员基于 HPLC 峰能够确定所述皂苷成分的纯度。上诉委员会参考了现有技术文件和本申请提交的文件（理由，第 5 ~ 15 点）。

T 412/06（蛋白酶抑制剂/马克斯普朗克学会）中，审查部门的驳回理由是术语（激活生长因子受体的）“调节子”由于缺乏结构限定而不清楚。虽然上诉委员会赞成该术语没有提供结构限定，但认为调节子进一步通过功能性特征进行了限定，即作为生长因子前体来抑制生长因子受体胞外域的活化。说明书中包含关于如何测试所述功能活性的适当实施例。因而，上诉委员会认定：本领域技术人员能够确定一个给定的物质是否落入权利要求所述调节子的范围内。除此之外，该权利要求也符合 EPC 第 83 条，审查部门没有提供合理的主张表明为何测试该功能性特征需要付出大量过度负担。该案被发回进行进一步审查。

T 1599/06（结核分枝杆菌疫苗剂/加州大学）中，审查部门认为权利要求的术语涉及包括一种分离的蛋白质的组合物，其中词语“包含”与“至少一种纯化并分离的……结核分枝杆菌细胞外蛋白……”相互矛盾。将词语“包含”进行广义解释，因而现有技术中的疫苗组合物（结核分枝杆菌减毒活疫苗）都将破坏其新颖性。然而，上诉委员会认为，必须以本领域技术人员的视角，根据他的普通常规知识背景结合本申请上下文阅读该权利要求，确定权利要求中词语的含义以及由此导致的整个权利要求的含义（理由第 3.1 点）。该案中，根据说明书能够明确，该发明疫苗组合物的组分包括分离的纯化蛋白成分，并非全菌。因此，包括分离和纯化的蛋白质成分的组合物应当被解释为一种组合物，其包含上述蛋白质成分作为主要组分，并且该蛋白质成分没有如全菌疫苗那样，还附加了其他几种成分。

T 411/02（CTL4A 受体/百事美施贵宝）中，问题在于“有能力（发挥某种功能）”的表述是否造成权利要求不清楚。上诉人主张授权权利要求中限定的配体不仅“有能力”干扰或抑制所述复合物或细胞间的相互作用，而且“是”真正分别干扰或抑制了这种联系。然而，上诉委员会认为，只要所述功能限定是清楚并可测试的，那么以“有能力”对产品进行表征在 EPC 第 84 条意义上是清楚的（理由，第 40 点）。因此，没有基于 EPC 第 84 条撤销该案。

T 878/09（检测朊蛋白的方法/PROTHERICS）中，异议者认为提交的权利要求与说明书缺乏一致性，这种不一致导致权利要求不清楚。然而，上诉委员会裁定，权利要求的撰写方式没有留出解释的空间。由于权利要求本身是清楚的，就没有必要根据说明书或附图来解释权利要求。上诉委员会继续裁定，即使认为权利要求以说明书为依据，审议中的特征在权利要求中的表述如此清楚，以至于即使说明书和权利要求之间存在不相符之处，也不能质疑权利要求的含义（理由，第 19 点和第 20 点）。因此，如果权利要求本身清楚，则没有根据说明书来解释权利要求的必要，进而权利要求和相应申请文件之间任何潜在的不一致都不涉及 EPC 第 84 条。

T 1815/06（前配体结合域/美国政府）中，审查部门以词语“PLAD”（两个特定蛋白的前配体装配域）不清楚为由予以驳回。根据审查部门的意见，该词语没有本领域普遍识别的含义。此外，说明书中也没有弥补该缺陷，因为其提供了两个相互矛盾的定义。通过指明权利要求中各结构域的氨基酸序列，克服了该缺陷。该决定示例了专利申请应避免使用内部的或实验室的名称或符号，或至少应在说明书中进行清楚、无误的定义。

D. Ⅲ. 2. i. 蛋白质产品权利要求

如本章导言中所述，蛋白质具有广泛的商业价值。

蛋白质可以通过化学合成产生、从自然资源分离获得或通过转录和反义核酸制备。涉及通过生物学方法产生的蛋白质的发明，即分离或转录和翻译，通常面临再现性的问题，因为生产所要求保护蛋白的活材料不能根据相关的说明书重新产生。在蛋白质的氨基酸序列未知的情况下，再现性尤其成为问题。因此，某些情况下有必要采用使公众能获得所述蛋白质来源的方式，例如对产生权利要求蛋白质的微生物进行保藏，以确保与发明相关蛋白的再现性。

值得特别关注的一种特殊蛋白是抗体，将在单独的章节 D. Ⅳ. 中进行探讨。

下面讨论涉及蛋白质的产品权利要求。蛋白质可通过功能性术语、物理参数、某种 DNA 的编码能力、氨基酸序列、生产方法或能产生该蛋白质的保藏的微生物进行表征。在多数情况下，蛋白通过上述特征中的多种进行表征。以下对每种类型的特征提供了示例。

涉及前所未知的超过 4 个氨基酸的蛋白质序列必须包括序列表［实施细则第 30 条（参见附录 3）］。详细信息参见 C. Ⅰ. 3. b. a. 以及附录 3。

D. Ⅲ. 2. i. a. 通过功能性术语来表征蛋白质的产品权利要求

如同核酸一样，通过功能性术语如某种活性来表征蛋白质，似乎提供了最宽泛的范围，因为其包括的蛋白质可能具有很不相关的一级结构。

权利要求撰写

通过功能性术语表征蛋白质的产品权利要求可能具有以下常用的表述：

蛋白质 *X*，其能够……

获得 EPO 授权、包含功能性特征的产品权利要求的实例如下。实例中以下划线标出了功能性特征。

EP – B1 – 0205555 – 权利要求 1

一种纯化的丝氨酸蛋白酶抑制剂蛋白质，其由单一非片段化的多肽链组成，所述抑制剂<u>能够抑制至少一种丝氨酸蛋白酶的蛋白酶活性</u>并且与分离自腮腺分泌物中的天然丝氨酸蛋白酶抑制物具有超过 40% 的同源性。

所要求保护的蛋白质表征为：（a）单一的完整多肽链，（b）其生物学活性，（c）与某蛋白质一定程度的同源性。

EP – B1 – 0237545 – 权利要求 1

一种多肽，其：

a）具有如表Ⅶ中序列所示天然存在的典型人多能粒细胞集落刺激因子（hpG-CSF）的部分或全部初级结构<u>及其一种或更多种生物学性能</u>，

b）是非天然存在的多肽，

c）是外源 DNA 序列通过原核或真核表达的产物。

根据特征（a），权利要求的多肽尽管引用了特定的序列，但只需要具有表 VII 中序列所示 CSF 的部分初级结构。

EP－B1－2277997－权利要求1

一种具有纤维二糖水解酶I活性的多肽，选自由以下组成的组：

(a) 多肽包含与SEQ ID NO：8的1～457位具有至少90%同一性的氨基酸序列；

(b) 多肽包含与由SEQ ID NO：7的1～1371位核苷酸编码的多肽具有至少90%同一性的氨基酸序列。

EP－B1－1799818－权利要求1

一种具有植酸酶活性的分离的多肽，包含与SEQ ID NO：2的第1～411位氨基酸具有至少98.8%同一性的氨基酸序列，其中使用默认评分矩阵BLOSUM50的"align"程序确定同一性，缺口中第一个残基的罚分为－12，额外的残基罚分为－2，并且所述的植酸酶在37℃时浓度为0.1M的甘氨酸/HCl缓冲液（pH为2.0）中孵育4小时具有至少20%的残余活性。

令人感兴趣的是，上述权利要求中计算同一性百分比的方法作为产品权利要求的组成部分。

EP－B1－1626088－权利要求1

一种蛋白酶，其从糖化血红蛋白糖基化β－链的N端剪切糖基化氨基酸和/或糖基化肽，而对糖化血红蛋白糖基化α链N端的糖基化氨基酸或糖基化肽则没有实质的剪切，其中蛋白酶是下列之一：

(i) 获得自溶杆菌属的细菌，并且包含如SEQ ID NO：15所示的氨基酸序列；

(ii) 获得自芽孢杆菌ASP-842（FERM BP-08641），并且通过SDS-PAGE检测具有约35kDa的分子量；

(iii) 嗜水气单胞菌（NBRC 3820），并且包含如SEQ ID NO：12所示的氨基酸序列。

EP－B1－1421175－权利要求1

一种聚合物－蛋白酶缀合物，包含一种初始蛋白酶K，将每个初始蛋白酶K分子共价连接到3～7个聚合物链上；所述缀合物在约50℃含有0.5% SDS、0.1M GdnSCN或2～4M尿素的溶液中具有的完整酶活性是相同条件下所述初始蛋白酶K整体酶活性的大约2倍或更高。

EP－B1－1409659－权利要求1

一种包含V68A取代的BLSAVI枯草杆菌酶变体，其中所述变体具有蛋白酶活性，并且所述的位点对应于如图1所示BPN’枯草杆菌蛋白酶的氨基酸序列的相应位点。

EP－B1－1496113－权利要求1

一种葡萄糖酸脱水酶包含与SEQ ID NO：1所示氨基酸序列具有至少95%同源性的氨基酸序列，并且能够使D－葡萄糖酸脱水产生2－酮基－3－脱氧－D－葡萄糖酸，其中葡萄糖酸脱水酶在含1mM D－葡萄糖酸钠和1mM氯化镁的30mM、pH约8.5的三（羟甲基）氨基甲烷缓冲液中经过2小时55℃维持至少95%的酶活。

EP－B1－2085472－权利要求1

D－丝氨酸脱水酶包含如下蛋白质（a）或（b）：

（a）蛋白质，含有SEQ ID NO：1限定的氨基酸序列；

（b）蛋白质，含有与SEQ ID NO：1限定的氨基酸序列具有70%或更高相似性的氨基酸序列，并具有不与L－丝氨酸反应的D－丝氨酸脱水酶活性，其中当对D－丝氨酸的反应活性为100%时，对D－苏氨酸的反应活性不超过5%。

D.Ⅲ.2.i.b. 通过参数来表征蛋白质的产品权利要求

用于表征蛋白质的参数，包括如蛋白质的分子量、其可被某种抗体识别、等电点或与参考序列的同源性程度。说明书中应当包含足够的信息从而能够对用于描述蛋白的参数进行检测。

权利要求撰写

通过参数表征蛋白质的产品权利要求可能具有如下通常表述：

蛋白质*X*，具有……kD分子量、pI为……

蛋白质*X*，与序列*Y*具有*X*%同一性。

EPO授权的、包含此类参数特征的权利要求实例如下。下划线标出了参数特征。

EP－B1－0308378－权利要求1

一种肿瘤坏死因子（TNF）抑制蛋白，其具有如下特征：

（a）抑制TNF结合到其受体上并抑制TNF的细胞毒效应；

（b）当对粗尿制品上Ultrogel AcA 44过滤柱进行层析时，TNF抑制活性主峰显示的表观分子量为40～80KDa，略早于主要蛋白被洗脱下来；

（c）当对粗尿制品进行分析时，等电点介于pH为6～8的活性蛋白，或其盐、功能性衍生物或活性片段，所述活性片段具有抑制 TNF 结合到其受体上及抑制 TNF 细胞毒效应的能力。

EP－B1－0239425－权利要求 10

逆转录病毒 HIV-2 的纯化抗原，其具有 HIV-2 p12 蛋白的免疫学特征，能被如权利要求 1～9 任一所示反转录病毒产生的抗体免疫识别，并具有 12000Da 的分子量。

如上所示，该权利要求中除了参数还包含其他特征例如免疫学特征。

EP－B1－1523553－权利要求 1

一种蛋白酶变体，其是具有图 3 所示序列的地衣芽孢杆菌枯草杆菌蛋白酶前体的变体，所述变体的特征在于与所述前体蛋白酶在 pH 7 时具有相同的净电荷或具有相同的等电点，并且包含相对于所述前体蛋白酶进行 R170SA1R、R170S－G61R、R170S－N204R、R170S－S216R 或 R170S－G100R 取代的氨基酸序列，其中所述取代的位置等同于图 3 所示成熟解淀粉芽孢杆菌枯草杆菌蛋白酶的特定位点。

EP－B1－1157101－权利要求 1

LTA4 水解酶蛋白晶体，其特征在于所述蛋白质晶体展示由表 9 中定义原子 1～原子 4876 的参数限定的三维形式，所述蛋白质晶体通过以下条件获得：

(a) 在结晶过程中将一种镱盐（例如氯化镱），用作添加剂；

(b) 结晶建立时存在苯丁抑制素；

(c) 结晶过程在毛细管中采用液－液扩散的方式。

EP－B1－1025213－权利要求 1

分离纯化的环氧化物水解酶，包含小于 30kDa 的环氧化物水解酶，其氨基酸序列与 SEQ ID NO：6 具有70% 以上的同源性，所述环氧化物水解酶在 pH 为 7.5～9.5 具有 80% 的最佳酶活。

EP－B1－1865055－权利要求 1

分离的菠萝蛋白酶组分，包含一种由 SDS-PAGE 确定分子量约为 27.45kDa、由等点聚焦确定等电点为 9.7、N 端氨基酸序列为 Val Leu Pro Asp Ser Ile Asp Trp Arg Gln Lys Gly Ala Val Thr Glu Val Lys Asn Arg Gly 的蛋白质，所述菠萝蛋白酶组份可通过以下方法获得：

(i) 将菠萝蛋白酶溶解于含 0.1mM EDTA 钠盐、20mM pH5.0 的醋酸缓冲液中；

(ii) 用 SP-sepharose HP 柱通过快速蛋白液相色谱分离菠萝蛋白酶各组分，以 300mL 含 0 ~ 0.8M 氯化钠的醋酸缓冲液线性梯度洗脱；

(iii) 收集对应于第三洗脱峰的级份，出现在菠萝蛋白酶峰第一主干上升阶段的边缘。

EP - B1 - 1012304 - 权利要求 1

分离的蛋白质，具有由 SDS-PAGE 测定约 27.45kDa 的分子量、由等点聚焦测定的等电点为 9.7 以及 N 端氨基酸序列为 Val Leu Pro Asp Ser Ile Asp Trp Arg Gln Lys Gly Ala Val Thr Glu Val Lys Asn Arg Gly，所述分离的蛋白质是通过以下方法获得的菠萝蛋白酶组分：

(i) 将菠萝蛋白酶溶解于含 0.1mM EDTA 钠盐、20mM pH5.0 的醋酸缓冲液中；

(ii) 用 SP-sepharose HP 柱通过快速蛋白液相色谱分离菠萝蛋白酶各组分，以 300mL 含 0 ~ 0.8M 氯化钠的醋酸缓冲液线性梯度洗脱；

(iii) 收集对应于第三洗脱峰的组分，出现在菠萝蛋白酶峰第一主干上升阶段的边缘；

(iv) 从步骤 (iii) 获得的组分中分离蛋白质。

该权利要求包含的术语"分离的"，应尽可能避免。

EP - B1 - 1496113 - 权利要求 1

一种葡萄糖酸脱水酶包含与 SEQ ID NO：1 所示氨基酸序列具有至少 95% 同源性的氨基酸序列，并且能够使 D - 葡萄糖酸脱水产生 2 - 酮基 - 3 - 脱氧 - D - 葡萄糖酸，其中葡萄糖酸脱水酶在含 1mM D - 葡萄糖酸钠和 1mM 氯化镁的 30mM、pH 约 8.5 的三（羟甲基）氨基甲烷缓冲液中经过 2 小时 55℃ 维持至少 95% 的酶活性。

EP - B1 - 2277997 - 权利要求 1

一种具有纤维二糖水解酶 I 活性的多肽，选自由以下组成的组：

(a) 多肽，包含与 SEQ ID NO：8 的 1 ~ 457 位具有至少 90% 同一性的氨基酸序列；

(b) 多肽，包含与由 SEQ ID NO：7 的 1 ~ 1371 位核苷酸编码的多肽具有至少 90% 同一性的氨基酸序列。

EP-B1-1626088-权利要求1

一种蛋白酶，其从糖化血红蛋白糖基化β链的N端剪切糖基化氨基酸和/或糖基化肽，而对糖化血红蛋白糖基化α链N端的糖基化氨基酸或糖基化肽则没有实质的剪切，其中蛋白酶是下列之一：

(i) 获得自溶杆菌属的细菌，并且包含如SEQ ID NO：15所示的氨基酸序列；

(ii) 获得自芽孢杆菌ASP-842（FERM BP-08641），并且通过SDS-PAGE检测具有约35kDa的分子量；

(iii) 嗜水气单胞菌（NBRC 3820），并且包含如SEQ ID NO：12所示的氨基酸序列。

EP-B1-2085472-权利要求1

D-丝氨酸脱水酶包含如下蛋白质（a）或（b）：

(a) 蛋白质，含有SEQ ID NO：1限定的氨基酸序列；

(b) 蛋白质，含有与SEQ ID NO：1限定的氨基酸序列具有70%或更高相似性的氨基酸序列，并具有不与L-丝氨酸反应的D-丝氨酸脱水酶活性，其中当对D-丝氨酸的反应活性为100%时，对D-苏氨酸的反应活性不超过5%。

EP-B1-1523553-权利要求1

一种蛋白酶变体，其是具有图3所示序列的地衣芽孢杆菌枯草杆菌蛋白酶前体的变体。所述变体的特征在于与所述前体蛋白酶在pH 7时具有相同的净电荷或具有相同的等电点，并且包含相对于所述前体蛋白酶进行R170SA1R、R170S-G61R、R170S-N204R、R170S-S216R或R170S-G100R取代的氨基酸序列，其中所述取代的位置等同于图3所示成熟解淀粉芽孢杆菌枯草杆菌蛋白酶的特定位点。

D. Ⅲ. 2. i. c. 通过特定DNA的编码能力来表征蛋白质的产品权利要求

蛋白质还可以通过编码它的DNA进行表征。根据DNA特征的不同，权利要求可能仅涵盖一种特定的蛋白质，也可能涵盖了包含替代、缺失、插入、点突变等的一系列蛋白质。

权利要求撰写

通过特定DNA的编码能力来表征蛋白质的权利要求可能具有以下常见的表述：

蛋白质，由DNA *X* 编码。

EPO 授权的此类权利要求实例如下所示。下划线标出了编码核酸。

EP－B1－0093619－权利要求 16，前述引用的决定 T923/92（人 t-PA/基因泰克）中

一种具有人组织纤维蛋白酶原激活子功能的蛋白，其包括对权利要求 1 或 2 中 DNA 产品编码的 527 个氨基酸的序列通过氨基酸删除、取代、插入、倒置、添加或替换的方式获得的衍生物。

上述权利要求有趣之处在于，其不仅涵盖了真正源自 DNA 序列的氨基酸序列，还通过氨基酸删除、取代、插入或倒置的方式囊括了与之不同的氨基酸序列。

EP－B1－0220574－权利要求 1

纯化形式的重组人 INF-b2A，可通过将包含图 1 所示 cDNA 序列的载体转染真核细胞，培养转染的细胞，以及从培养基中分离 INF-b2A 而获得。

EP－B1－0318216－权利要求 1

实质上分离形式的多肽，包括由丙型肝炎病毒（HCV）基因组编码且包含抗原决定簇的至少 10 个连续氨基酸序列，其中 HCV 的特征在于：

(i) 正链 RNA 基因组；

(ii) 所述基因组包括一个编码多肽的开放阅读框（ORF）；

(iii) 所述多肽包括与图 14 中 859 个氨基酸的序列具有至少 40% 同源性的氨基酸序列。

上述权利要求中特征（i）～（iii）表征 HCV，所述特定的氨基酸序列衍生自该 HCV。

D. Ⅲ. 2. i. d. 通过其结构来表征蛋白质的产品权利要求

蛋白质最重要的结构特征是其一级序列。尽管如此，对于保持蛋白质的生物学活性而言，一级结构并不必然维持不变。因此，通过氨基酸序列表征蛋白质的权利要求应当包含对该序列进行某种衍生的指导，例如氨基酸的缺失、取代、插入或倒置，或突变，或等位基因变异，或与限定序列某种程度的相似性，如下文举例所示。

用于表征蛋白质的进一步结构特征为，例如蛋白质的糖基化模式、糖基化程度、存在的二硫键桥、以二聚体或多聚体的形式存在以及不同亚基间的天然联系等。

权利要求撰写

通过氨基酸序列表征蛋白质的权利要求可以如下方式撰写：

蛋白质*X*，包含SEQ ID NO：*Y*所示的氨基酸序列。

蛋白质*X*，与天然来源的蛋白质*X*相比具有更高的糖基化程度。

蛋白质*X*，由三个*Y*亚单位组成。

EPO授权的包含结构特征的权利要求实例如下。结构特征以下划线标出。

EP－B1－0101309－权利要求13

一种具有人H1－前松弛素原活性的多肽，所述多肽选自以下组成的组：

（a）多肽，具有图2A和图2B中所示对应人H1－前松弛素原的氨基酸序列；

（b）多肽，相对于（a）缺失了一个或多个氨基酸；

（c）多肽，其中相对于（a）一个或多个氨基酸以不同的氨基酸进行了替换；

（d）多肽，其中相对于（a）在所述序列上添加了一个或多个氨基酸；

（e）融合多肽，包含的氨基酸序列由以图2A和图2B中人H1－前松弛素原所示氨基酸序列的全部或部分氨基酸序列构成的C端序列和以部分原核蛋白构成的N端序列组成。

权利要求中的（a）涉及所述专利中提供的特定蛋白，而（b）～（e）则允许某种修饰。值得注意的是，这些修饰以等效替代的方式提及并不必然叠加。

EP－B1－0318216－权利要求1

实质上分离形式的多肽，包括由丙型肝炎病毒（HCV）基因组编码且包含抗原决定簇的至少10个连续氨基酸序列，其中HCV的特征在于：

（i）正链RNA基因组；

（ii）所述基因组包括一个编码多肽的开放阅读框（ORF）；

（iii）所述多肽包括与图14中859个氨基酸的序列具有至少40%同源性的氨基酸序列。

上述权利要求的特征（i）～（iii）表征HCV，所述特定氨基酸衍生自所述HCV。

EP－B1－0226181－权利要求1

一种血管生成因子（bFGF），其包含纯化的、人源的或合成的单链多肽蛋白，与可从人胎盘组织（产后）中分离的天然血管生成因子基本上同源，其中所述血管生成因子的至少一个活性位点具有促有丝分裂活性、趋化活性、刺激蛋白酶合成的功能及其组合中的至少一种活性，所述血管生成因子包含氨基酸序列：

L—Y—C—K—N—G—G—F—F—L—R—I—H—P—D—G—R—V—D—V—R—E—K—S—（ ）—P—H—I—K—L—Q—L—Q—A—E—E—R—G—V—V—S—I—K—G—V—C—A—N—R—Y—L—A—M—K—（ ）—D—G—（ ）—L—L—A—（ ）—K—（ ）—V—T—（ ）—E—（ ）—F—F—F—E—（ ）—L—E—S—N—N—Y—N—T—Y—R—（ ）—；可选的K—L—G—S—K—T—G—P—G—Q—K—A—I—L—F—L—P—M—S—A—K；可选的Y—（ ）—S—W—Y—V—（ ）—L—（ ）。

上述权利要求使用了词语“可选的”而包含了非限定性特征。

EP－B1－0239425－权利要求16

抗原具有以下氨基酸序列或其部分，能够引起特异性免疫反应产生权利要求1~9任一项所述抗HIV-2逆转录病毒的抗体，特别是当该抗原接触感染HIV-2患者的血清时……

EP－B1－0148605－权利要求20，判例T 412/93（促红细胞生成素/麒麟—安进）所涉专利

一种重组多肽具有表Ⅵ或表Ⅴ所示人或猴促红细胞生成素、其任意等位变体或衍生物的部分或全部一级结构构象，所述等位变体或衍生物具有引起骨髓细胞促进网织红细胞和红细胞产生、增加血红蛋白合成或铁吸收的生物功能，其特征在于是将外源DNA序列通过原核或真核表达的产物。

EP－B1－1759001－权利要求1

骨递送结合物具有结构：Z—sALP—Y—Dn—X。其中*X*不存在或为至少一个氨基酸的氨基酸序列；

*Y*不存在或为至少一个氨基酸的氨基酸序列；

*Z*不存在或为至少一个氨基酸的氨基酸序列；

Dn是多聚天冬氨酸其中n＝10~16；

sALP是可溶性碱性磷酸酶。

EP－B1－1064019－权利要求1

化学修饰的突变酶，其是将酶的一个或多个氨基酸残基以半胱氨酸残基替换产生的，其中至少一些半胱氨酸残基经过修饰将半胱氨酸残基上的巯基氢替换为巯基侧链，其中所述的酶为蛋白酶，并且在选自由S1、S1’和S2组成的组的酶活性中心处用半胱氨酸进行氨基酸替换，其中巯基侧链选自以下组成的组：

—SCH2（p—OCH3—C6H4），—SCH2（p—COOH—C6H4）和—SCH2C6F5，并且其中所述化学修饰的突变酶与野生型酶相比，具有提高的酯酶/胺酶比。

EP-B1-1523553-权利要求1

蛋白酶变体，其是地衣芽孢杆菌枯草杆菌蛋白酶前体的一种变体，具有图3所示的序列，所述变体特征在于在pH为7具有与所述前体蛋白酶相同的净电荷或具有相同的等电点，并且其包括的氨基酸序列与所述蛋白酶前体相比具有R170SA1R、R170S-G61R、R170S-N204R、R170S-S216R或R170S-G100R的替换，其中所述替换的氨基酸位点相当于图3所示成熟淀粉样芽孢杆菌枯草杆菌蛋白酶的特定位点。

EP-B1-2092061-权利要求1

分离自十字花科，特别是拟南芥属，优选拟南芥种植物的多肽，具有SEQ ID NO：1所示的氨基酸序列，至少表现羟基腈裂解酶活性以及（R）-选择性，其特征在于相对于SEQ ID NO：1进行如下一个或多个氨基酸替换：

a）12位天冬酰胺被苏氨酸（N12T）或丙氨酸（N12A）替换；

b）14位的酪氨酸被半胱氨酸（Y14C）或丙氨酸（Y14A）替换；

c）129位的亮氨酸被色氨酸（L129W）替换，其中Y14C和L129W替换导致对应选择性的改变。

EP-B1-2085472-权利要求1

D-丝氨酸脱水酶包含如下蛋白质（a）或（b）：

（a）蛋白质，含有SEQ ID NO：1所示的氨基酸序列；

（b）蛋白质，含有与SEQ ID NO：1所示氨基酸序列具有70%或更高相似性的氨基酸序列并具有不与L-丝氨酸反应的D-丝氨酸脱水酶活性，并且当与D-丝氨酸反应活性为100%时，与D-苏氨酸的反应活性不超过5%。

D.Ⅲ.2.i.e. 通过其生产工艺来表征蛋白质的产品权利要求

与任何其他生物技术主题的情况相同，蛋白质也可能在某种条件下撰写为方法限定的产品权利要求。更多的关于方法限定的产品权利要求的概览信息可参见 C. Ⅰ. 3. e. a. 。

权利要求撰写

以方法限定的产品涉及蛋白质时可能有如下常用表述:

蛋白质 X，可通过以下方法获得，所述方法包括步骤……

涉及以制备方法限定蛋白质的授权权利要求示例如下。下文判例中以下划线标出方法特征。

EP－B1－0220574－权利要求 1

一种纯化形式的重组人 INF-b2A，可通过用包含图 1 所示 cDNA 序列的载体转染真核细胞、培养转染的细胞以及从培养基中分离 INF-b2A 而获得。

EP－B1－0308378－权利要求 2

如权利要求 1 所述的 TNF 抑制蛋白，通过以下方法从人尿中获得:

(a) 将不能透析穿过截留分子量 10KDa 膜的组分进行凝集素亲和层析;

(b) 洗脱吸附到凝集素上的蛋白质;

(c) 将洗脱的蛋白质进行凝胶过滤或离子交换层析;

(d) 回收能够阻止 TNF 结合到其受体、抑制 TNF 细胞毒效应的组分。

EP－B1－1865055－权利要求 1

分离的菠萝蛋白酶组分，包含一种由 SDS-PAGE 确定分子量约为 27.45kDa、由等点聚焦确定等电点为 9.7、N 端氨基酸序列为 Val Leu Pro Asp Ser Ile Asp Trp Arg Gln Lys Gly Ala Val Thr Glu Val Lys Asn Arg Gly 的蛋白质，所述菠萝蛋白酶组分可通过以下方法获得:

(i) 将菠萝蛋白酶溶解于含 0.1mM EDTA 钠盐、20mM pH5.0 的醋酸缓冲液中;

(ii) 用 SP-sepharose HP 柱通过快速蛋白液相色谱分离菠萝蛋白酶组分，以 300mL 含 0～0.8M 氯化钠的醋酸缓冲液线性梯度洗脱;

(iii) 收集对应于第三洗脱峰的组分，出现在菠萝蛋白酶峰第一主干上升阶段的边缘。

该权利要求包含术语“分离的”，应尽可能避免。

EP－B1－1012304－权利要求 1

分离的蛋白质，其由 SDS-PAGE 确定分子量约为 27.45kDa、由等点聚焦确定等电点为 9.7、N 端氨基酸序列为 Val Leu Pro Asp Ser Ile Asp Trp Arg Gln Lys Gly Ala Val Thr Glu Val Lys Asn Arg Gly，所述分离的蛋白质是通过如下方

法获得的菠萝蛋白酶组分：

(i) 将菠萝蛋白酶溶解于含0.1mM EDTA钠盐、20mM pH5.0的醋酸缓冲液中；

(ii) 用SP-sepharose HP柱通过快速蛋白液相色谱分离菠萝蛋白酶组分，以300mL含0~0.8M氯化钠的醋酸缓冲液线性梯度洗脱；

(iii) 收集对应于第三洗脱峰的组分，出现在菠萝蛋白酶峰第一主干上升阶段的边缘；

(iv) 从步骤 (iii) 获得的组分中分离蛋白。

该权利要求包含术语“分离的”，应尽可能避免。

EP-B1-1824775-权利要求1

从菠萝蛋白酶得到的清创组合物，所述清创组合物包含分子量约23 kDa的蛋白水解酶，所述组合物基本上不含菠萝蛋白酶抑制剂。

EP-B1-1626088-权利要求1

一种蛋白酶，其从糖化血红蛋白糖基化β链的N端剪切糖基化氨基酸和/或糖基化肽，而对糖化血红蛋白糖基化α链N端的糖基化氨基酸或糖基化肽则没有实质地剪切，其中蛋白酶是下列之一：

(i) 获得自溶杆菌属的细菌，并且包含如SEQ ID NO：15所示的氨基酸序列；

(ii) 获得自芽孢杆菌ASP-842 (FERM BP-08641)，并且通过SDS-PAGE检测具有约35kDa的分子量；

(iii) 嗜水气单胞菌 (NBRC 3820)，并且包含如SEQ ID NO：12所示的氨基酸序列。

EP-B1-2092061-权利要求1

分离自十字花科，特别是拟南芥属，优选拟南芥种植物的多肽，具有SEQ ID NO：1所示的氨基酸序列，至少表现羟基腈裂解酶活性以及 (R) -选择性，其特征在于相对于SEQ ID NO：1进行如下一个或多个氨基酸替换：

a) 12位天冬酰胺被苏氨酸 (N12T) 或丙氨酸 (N12A) 替换；

b) 14位的酪氨酸被半胱氨酸 (Y14C) 或丙氨酸 (Y14A) 替换；

c) 129位的亮氨酸被色氨酸 (L129W) 替换，其中Y14C和L129W替换导致对映选择性的改变。

该权利要求包含术语“分离”，应尽可能避免。

EP－B1－0220574－权利要求 1

纯化形式的重组人 INF－b 2A，可通过用包含图 1 所示 cDNA 序列的载体转染真核细胞、培养转染的细胞以及从培养基中分离 INF－b2A 而获得。

EP－B1－0148605－权利要求 20，判例 T 412/93（促红细胞生成素/麒麟—安进）所涉专利

一种重组多肽具有表Ⅵ或表Ⅴ所示人或猴促红细胞生成素、其任意等位变体或衍生物的部分或全部一级结构构象，所述等位变体或衍生物具有引起骨髓细胞促进网织红细胞和红细胞产生、增加血红蛋白合成或铁吸收的生物功能，其特征在于是将外源 DNA 序列通过原核生物或真核生物表达的产物。

D. Ⅲ. 2. i. f. 包含蛋白质作为基本元素的产品权利要求

如本章简介中所述，蛋白质在疾病诊断、治疗包括预防中都有巨大的经济重要性。包含蛋白质作为基本元素的产品的典型示例，包括如疫苗、以诊断为目的的试剂盒、微阵列、药物组合物等。

权利要求撰写

涉及包含蛋白质的试剂盒的产品权利要求可能有如下常用表述：

一种用于检测化合物 *X* 的试剂盒，包含蛋白质 *Y*。

涉及疫苗/药物制剂的权利要求可能有如下常用表述：

一种疫苗/药物制剂，包含蛋白质 *X*。

获得 EPO 授权且涉及的实施例包含蛋白质作为基本元素的权利要求示例如下。包括蛋白质的产品以下划线标出。

EP－B1－0181150－权利要求 21

一种能结合人血清中抗 HIV-1 抗体的诊断试剂、免疫原或疫苗，其特征在于所述试剂由抗原组成，所述抗原包含 HIV-1 env、gag 或 pol 多肽的至少七个氨基酸的免疫原性片段，所述片段与 HTLV-Ⅰ和 HTLV-Ⅱ在免疫学上是没有交叉反应性的，并且其序列包含于图 2 所示的序列中。

EP－B1－0181150－权利要求 31

一种用于 HIV-1 抗体免疫测定中的产品，特征在于包括结合有如权利要求 22 所述重组多肽的固相支持物。

EP－B1－0309566－权利要求13

一种用于检测体液样本中抗HIV-2抗体的试剂盒形式的诊断系统，其包括包装盒，所述包装盒含有基本上由不超过50个氨基酸残基组成且包括通式－CAFRQVC－所示氨基酸残基序列的多肽，所述多肽能够与HIV-2诱导的抗体进行免疫反应。

EP－B1－0309566－权利要求28

一种试剂盒形式的诊断系统，包括含有固体基质固相载体，所述固体基质具有可操作地贴附其上，以混合物形式的第一、第二和第三多肽，其氨基酸残基序列分别如下所示：

AIEKYLEDQAQLNAWGCAFRQVC IWGCSGKLICTTAVPWNAS和AVERYLKDQQLLGIWGCSGCKLI。

EP－B1－0134242－权利要求11

一种抗疟疾疫苗，包含权利要求1～10任一所述的肽作为活性成分以及载体。

EP－B1－0013828－权利要求6，判例T 886/91（乙肝病毒/BIOGEN INC.）

一种用于血清HBV感染的检测方法，特征在于至少一个多肽是如权利要求4所示或由如权利要求1所示的DNA序列编码。

EP－B1－2143790－权利要求1

一种药物组合物，包含具有以下特征的重组巴曲酶：

(a) 所述巴曲酶的分子量为29～32kDa；

(b) 至少90%的巴曲酶具有6对二硫键按Cys7－Cys139、Cys26－Cys42、Cys74－Cys230、Cys118－Cys184、Cys150－Cys163和Cys1174－Cys199准确配对；

(c) SEQ ID NO：1中146位和225位被N－糖基化修饰；

(d) 巴曲酶的特定活性相当于或高于1500KU/mg蛋白以及药学上可接受的载体；其中所述组合物进一步包含作为稳定剂的水解明胶。

EP－B1－1421175－权利要求1

一种聚合物－蛋白酶缀合物，包含一种初始蛋白酶K，每个初始蛋白酶K分子共价连接到3～7个聚合物链上；所述缀合物在约50℃含有0.5% SDS、

0.1M GdnSCN 或 2～4M 尿素的溶液中具有的完整酶活性是相同条件下所述初始蛋白酶 K 整体酶活性的大约 2 倍或更高。

EP－B1－0734437－权利要求 1

固定有酶的载体，所述酶选自包含青霉素酰化酶、GL－7－ACA 酰化酶和 D－氨基酸氧化酶的组，其通过共价键固定到一种氨基有机硅氧烷聚合物载体材料上。

EP－B1－1750757－权利要求 1

一种配制品，其在磷酸钠缓冲液中包含浓度为 750～1000mM 的软骨素。

D. Ⅲ. 2. j. 蛋白质方法权利要求

蛋白质可通过以下任意路线获得：

（i）化学合成；

（ii）分离自自然环境中，例如分离自天然存在的细胞、真菌、藻类、植物或动物；

（iii）分离自预设表达所需蛋白质的重组微生物。

下文中不涉及通过化学合成制备蛋白质的方法。

D. Ⅲ. 2. j. a. *涉及从自然环境中分离的方法权利要求*

蛋白质是任何细胞组织的组成成分，也是某些特定细胞的分泌产物，如以乳蛋白的形式分泌。为了从自然环境中获得基本不含杂质的纯蛋白，必须开发富集和纯化方法。在很多情况下，这些方法由多个步骤组成，可能每个步骤都是本领域已知的，然而，这些步骤的新组合则可能包含创造性。

权利要求撰写

涉及从自然环境中分离蛋白质的方法的权利要求通常可能包含以下表述：

一种分离蛋白质 *X* 的方法，包括步骤……

EPO 授权的此类方法权利要求示例如下。蛋白质的来源以下划线标出。

EP－B1－0029191－权利要求 2

如权利要求 1 所述制备或富集蛋白质 PP11 的方法，其包括将取自人胎盘的提取物以盐水溶液的形式进行如下一个或多个操作：

a）在 pH 为 5～8 的范围内，以 30%～60% 饱和度的硫酸铵沉淀蛋白质 PP11；

b）在 pH 为 4～9，以 0.2～0.8g/100ml 浓度的水溶性吖啶碱沉淀蛋白质 PP11；

c）在 pH 为 5 ~6 的稀释盐溶液中进行优球蛋白沉淀，由此分离出伴随蛋白质并且 PP9 不被沉淀；

d）制备区带电泳，由此获得 > >b1 – 球蛋白组分；

e）凝胶过滤或超滤，以此分离出分子量范围为 30000 ~ 90000Da 的蛋白质；

f）将 PP11 吸附于弱阳离子交换介质上并洗脱下来；

g）免疫吸附富集 PP11。

EP – B2 – 0049611 – 权利要求 3，判例 T 877/90（T 细胞生长因子/HOOPER）所涉专利

一种生产无血清、无丝裂原 T 细胞生长因子的方法，包括：

（1）分离人、牛或猪供体的外周血单核细胞；

（2）通过在补充有血清和丝裂原的液体组织培养基中孵育，刺激所述细胞；

（3）分离和洗涤经刺激的细胞以基本去除全部的血清和丝裂原；

（4）使步骤（3）获得的细胞适应，通过在无血清、无丝裂原的液体组织培养基存在的条件下孵育使 T 细胞生长因子转移到液体培养基中。

EP – B1 –1343897 – 权利要求 1

一种生产重折叠、失活 HCV NS2/3 蛋白酶的方法，包括以下步骤：

a）在促溶剂存在下分离所述蛋白酶；

b）在浓度降低的所述促溶剂或极性添加剂存在的条件下，将所述分离的蛋白酶与还原剂和十二烷醇二乙胺氧化物（LDAO）接触使其重折叠。

值得注意的是，上述权利要求中的分离步骤 a）未指出起始材料。

EP – B1 –1074616 – 权利要求 1

制备纯化、稳定的凝血因子Ⅶ活化蛋白酶原的方法，其特征在于所述凝血因子Ⅶ活化蛋白酶原是从生物液体中分离或采用基因工程制备的，通过在 pH 为 2.5 ~7.2 进行阴离子 – 和/或阳离子 – 交换色谱获得。

D. Ⅲ. 2. j. b. 涉及通过重组宿主细胞合成的方法权利要求

由于编码有商业价值蛋白质的基因数量越来越多，对于在合适宿主细胞中大规模生产目的蛋白质的方法提出了越来越多的需求，因此这类方法权利要求近年来变得非常重要。目前技术发展的现状是为宿主细胞以及引起宿主细胞表达编码目的蛋白基因的基本路线提供实例。因此，在许多类似的方法实例中都包括重组细胞生产蛋白质的方法。

权利要求撰写

涉及重组细胞生产蛋白的方法权利要求可能具有以下常用表述：

一种制备蛋白质 *X* 的方法，包括培养重组的宿主细胞 *Y* 以及从该培养的细胞中分离蛋白质 *X*。

EPO 授权的涉及重组细胞生产蛋白质的方法权利要求示例如下。重组方法特征以下划线标出。

EP – B1 – 0060057 – 权利要求 23

一种生产异源多肽的方法，包括培养权利要求 16 ~ 22 任一所述酵母菌株，和从培养基中分离所述生物功能性多肽。

EP – B1 – 0032134 – 权利要求 27，判例 T 301/87（α – 干扰素/百健）所涉专利

产生 α – 型干扰素的方法，包括以下步骤：培养选自细菌、酵母或动物宿主细胞，并用权利要求 8 ~ 10 之一的重组 DNA 分子进行转化，以及收集所述多肽。

EP – B1 – 0148605 – 权利要求 29，判例 T 412/93（促红细胞生成素/麒麟—安进）所涉专利

一种产生多肽的方法，所述多肽具有促红细胞素的至少部分一级结构构象以使其具有引起骨髓细胞促进网织红细胞和红细胞产生、增加血红蛋白合成或铁吸收的生物功能，所述方法特征在于在适宜的营养条件下以允许表达所述多肽的方式培养用权利要求 1、2、3、6、7 和 8 任一 DNA 序列转化或转染的原核或真核宿主细胞；以及可选的分离 DNA 序列表达产生的目的多肽产物。

EP – B1 – 0077670 – 权利要求 19，判例 T 223/92（HIF-γ/基因泰克）所涉专利

一种方法，包括在用图 5 所示 DNA 或其等位基因变体转化的哺乳动物细胞系中表达人免疫干扰素。

EP – B1 – 0022242 – 权利要求 20，判例 T 347/87（克隆载体/基因泰克）所涉专利

一种以已知方式产生人生长激素的方法，包括：

(a) 将如权利要求19所述的培养物置于发酵容器内的液体营养发酵肉汤中，所述发酵容器包含曝气和搅拌手段；

(b) 当供给维持旺盛生长需求的补加营养时，使培养物在曝气和搅拌条件下生长；

(c) 从发酵肉汤中分离获得的细胞；

(d) 裂解细胞释放内容物；

(e) 从上清中分离细胞碎片；

(f) 分离和纯化上清中的人生长激素。

权利要求19涉及包含重组质粒的细菌培养物。

EP－B1－0214971－权利要求12，判例T 816/90（CBHII/ALKO）所涉专利

一种产生真菌纤维素酶纤维二糖水解酶Ⅱ的方法，所述方法包括在使所述菌株产生所述酶的条件下培养根据权利要求7～9任一所述的酵母菌株以及回收酶。

权利要求7～9涉及包含重组载体的酵母菌株。

EP－B1－0013828－权利要求7，判例T 886/91（乙型肝炎病毒/百健）所涉专利

产生至少一种具有HBV抗原性的多肽的方法，包括培养根据权利要求3所述宿主的步骤。

权利要求3涉及转化的细菌宿主细胞。

EP－B1－0047600－权利要求17，判例T 283/86（－/加州大学校董事会）所涉专利

一种合成牛生长激素的方法，其特征在于在适宜表达所述牛生长激素编码序列的条件下孵育用权利要求8～12任一方法制备的表达转移载体转化的微生物，所述表达转移载体包含编码牛生长激素的脱氧核酸序列，以及从所述微生物的裂解物或培养基中纯化牛生长激素。

EP－B1－0054331－权利要求9，判例T 281/86（奇异果甜蛋白原前体/联合利华）

一种产生奇异果甜蛋白原前体或其任意成熟形式奇异果甜蛋白前体、奇异果甜蛋白原或奇异果甜蛋白的方法，所述方法包括在宿主细胞中导入权利要求4所述克隆载体以转化宿主细胞、培养转化的细胞和分离所述转化细胞产生的奇异果甜蛋白原前体或其任意成熟形式。

EP – B1 –0185076 –权利要求 14

一种制备权利要求 1 ~12 中任一所述杂合蛋白的方法，所述方法包括表达融合基因。

EP – B1 –0134242 –权利要求 18

一种产生如权利要求 1 ~8 任一所述多肽的方法，其特征在于所述多肽通过培养包含重组载体的微生物并从培养物中回收多肽产生，其中所述载体可通过用单克隆抗体筛选 cDNA 文库寻找包含子孢子表面抗原蛋白免疫化学反应区的表达蛋白且在载体中插入编码环子孢子蛋白免疫优势区重复表位的疟原虫特异性 DNA 而获得，所述载体能够表达所述多肽。

EP – B1 –1074616 –权利要求 1

制备纯化、稳定的凝血因子Ⅶ活化蛋白酶原的方法，其特征在于所述凝血因子Ⅶ活化蛋白酶原是从生物液体中分离或采用基因工程制备的，通过在 pH 为 2.5 ~7.2 进行阴离子 – 和/或阳离子 – 交换色谱获得。

D. Ⅲ. 2. k. 蛋白质用途权利要求/目的限定型产品权利要求

如 C. Ⅰ. 3. e. a. 所述，用途权利要求解释为方法权利要求。一种特殊情况是在医学用途中所谓以目的限定的产品权利要求。用途权利要求可能涉及蛋白质在生化方法中的用途，如酶作为生物催化剂的用途或蛋白质在食品工业中的用途。然而，蛋白质最重要的用途是在制药领域，权利要求通常撰写为目的限定型产品权利要求。此类权利要求的示例如下。

权利要求撰写

涉及蛋白质用途的权利要求通常可能具有以下表述：

蛋白质 *X*，用于催化反应 *Y*。

其他可选的权利要求表述：

蛋白质 *X*，用于治疗疾病 *Y*（或早期的撰写方式：蛋白质 *X*，用于制备治疗疾病 *Y* 的药物）。

后一类权利要求是第二医疗用途权利要求，在 C. Ⅰ. 3. e. d. 中探讨。

EPO 授权的用途权利要求的示例如下，用途/作用以下划线标出。

EP－B1－00077670－权利要求31，判例T 223/93（HIF-γ/基因泰克）所涉专利

如权利要求1～8中任一所述人免疫干扰素或如权利要求19～30任一所述方法制备的人免疫干扰素的用途，用于制备药物组合物。

EP－B1－0049611－权利要求16，判例T 877/90（T－细胞生长因子/HOOPER）所涉专利

如权利要求1或2所要求保护的T细胞生长因子，在致敏细胞系用于制备抗寄生虫剂或抗细菌剂。

EP－B1－0029191－权利要求3

根据权利要求1所述蛋白质用于制备抗血清，所述抗血清用于检测和鉴定该蛋白质。

EP－B1－0200748－权利要求8

权利要求1或2定义的TNF用于制备药物。

EP－B1－2007885－权利要求1

治疗性多肽，用于提高体内恢复速度，其直接或通过连接肽与多肽融合从而与非融合形式的治疗性多肽相比增强了体内恢复能力，并且其中增强恢复能力的多肽是白蛋白、其自然存在的多态性变体或片段，其中所述的片段长至少20个氨基酸。

EP－B1－1330262－权利要求1

来自纤毛虫的酶，用作药物，所述酶选自由以下组成的组：水解酶、脂肪酶、蛋白酶、淀粉酶、糖苷酶、磷脂酶、磷酸二酯酶和磷酸酯酶。

EP－B1－0897667－权利要求1

有效量的纤维素酶－_I（CBH-_I）的用途，用于改善：

(i) 面团的加工性状；

(ii) 面包的体积；

(iii) 面包屑的结构。

EP－B1－1908823－权利要求1

菠萝蛋白酶成分ananain或菠萝蛋白酶成分ananain和comosain的混合物通过阻断癌细胞MAP激酶途径治疗癌症的用途。

D. Ⅳ. 抗体

D. Ⅳ. 1. 导言

本章探讨依照 EPC 保护抗体的可能方式。由于抗体是一类特殊的蛋白质，前述 D. Ⅲ. 很多内容也适用于抗体。然而，抗体仍有一些值得特别关注的独特特征。此外，近几年，抗体对于医药市场变得极其重要，其中有几种基于抗体的药物已经进入市场。

此处使用的术语“抗体”的意思是包含两条重链和两条轻链的完全抗体，也包括抗体衍生物，例如 Fab、F（ab）2 片段或单链 Fv 片段。

以下对其可专利性的要求进行详细介绍。

D. Ⅳ. 2. 依照欧洲专利公约保护抗体

与生命科学领域的其他主题相同，关于抗体的权利要求也必须满足 EPC 的法律要求，尤其是不能落入 EPC 第 52 条和第 53 条所规定的排除条款。另外，要求保护的主题必须进一步满足新颖性、创造性和工业实用性的可专利性要求。进而，如 C. Ⅰ. 3. b. 、C. Ⅰ. 3. e. b. 和 C. Ⅰ. 3. e. c. 中所探讨的，申请还必须满足充分公开以及权利要求的清楚和支持的要求。以下简单探讨与抗体相关、涉及上述可专利性要求和申请要求的几个 EPO 决定。引用的决定引人思考、尤为重要，在撰写涉及抗体的申请时可资参考。

D. Ⅳ. 2. a. 发现

根据 EPC 第 52（2）条，发现不应被视为发明，因而从专利保护中排除。*Relaxin* 案是异议部门作出的决定，涉及找到一种编码人松弛素的 DNA 或其生物前体是否属于 EPC 第 52（2）条意义上的发现。在该决定的理由部分，异议部门参考了审查指南（届时生效的 C-Ⅳ 2. 3，现在的 G-Ⅱ 5. 2）中的规定：

找到一种自然界中天然存在的物质仅仅是发现，因此不能被授予专利权。但是，如果从自然界中找到的物质是首次从其存在的周边环境中分离并发展出获取该物质的方法，则所述方法是可授权的。进而，如果该物质能够以其结构适当表征，并且在先前未被识别存在的绝对意义上是新的，那么所述物质本身是可授权的。（第 5. 1 点）

异议部门得出如下结论：

审查指南中的上述指导非常适合本案，人 H2 - 松弛素先前未被识别存在。专利权人开发出获取 H2 - 松弛素及其编码 DNA 的方法，对所述产品用化学结构进行表征，并找出所述蛋白的用途。因此，根据 EPC 第 52（2）条，所述产品是可授权的主题。（第 5.2 点）

综上所述，涉案专利的主题不代表一种发现，因此不能依据 EPC 第 52（2）条排除可专利性。（第 5.5 点）

上述结论也得到了上诉委员会针对 *Relaxin* 案的确认。在 T 272/95（松弛素/HOWARD FLOREY INSTITUTE）中，上诉委员会通过参考当时生效的实施细则第 23（e）（2）条［当前的实施细则第 29（2）条］认为所述权利要求没有落入 EPC 第 52（2）条中（参见决定理由第 7 点）。

因此，根据目前的判例法以及审查指南，从自然资源中获得的抗体被认为是可专利权的天然存在的产品。当然，重组产生的抗体根本就不存在 EPC 第 52（2）条的问题。

虽然 *Relaxin* 案的决定主要涉及关于 DNA 的权利要求，但可设想由于从自然资源（如多克隆血清）中获取的抗体也可看作天然存在的产品，因此可以按照与自然产生的 DNA 相同的方式处理。

在 T 338/00（多聚受体/索尔克生物研究所）中，上诉委员会针对蛋白质确认了 *Relaxin* 案的上述结论，认为找到一种异二聚体受体不仅仅是一种发现。特别地，上诉委员会持有以下观点，由于要求保护的受体能够在工业上应用，因此其不仅仅是描述了一项有趣的研究结果。

关于天然存在的产品的进一步讨论，参见 C. Ⅰ. 3. a. a。

D. Ⅳ. 2. b. 公共秩序和道德

根据 EPC 第 53（a）条，发明的商业应用如果违反了公共秩序和道德，则被排除在专利权保护的范围外。据我们所知，尚没有涉及依照 EPC 第 53（a）条讨论关于抗体可授权性的决定。然而，与任何其他的主题一样，抗体也适用审查指南（G-Ⅱ 4.1）的标准：

应用一个合理的测试来考虑是否存在以下可能，普通公众对该发明的抵触足以使得如对其授予专利权将令人感到不可思议。如果其明显属于这种情况，则应当以 EPC 第 53（a）条予以驳回；否则不应驳回。

D. Ⅳ. 2. c. 治疗方法

根据EPC第53（c）条，针对人体或动物体的手术或治疗方法，以及施用于人体或动物体的诊断方法排除于可专利性外。

在人或动物体中提高抗体的方法如果对某种感染具有预防效果，则所述方法违反EPC第53（c）条［参见例如T 780/89（免疫刺激组合物/拜尔）］。是否能够通过具体放弃的方式排除这样的治疗方法权利要求必须逐案分析。

D. Ⅳ. 2. d. 新颖性

T 130/90（重组单克隆抗体/得克萨斯大学系统）中，上诉委员会考虑了产生某一类型单克隆抗体的方法是区分权利要求主题和现有技术对照的唯一可能方式。因此，上诉委员会允许了以下权利要求：

一种重组单克隆抗体，通过培养权利要求5所述二源杂交瘤和/或权利要求6所述三源杂交瘤产生，包含完整免疫链以及包括F（ab'）2和Fc部分的重组单克隆抗体，每个F（ab'）部分分别对不同的目的抗原决定簇具有特异的结合亲和性从而使所述抗体具有双特异性。

在决定理由中，上诉委员会强调，为了使上述主题相对于现有技术具备新颖性，使用词语“通过……产生”是必要的：

除了将其限定为通过特定制备方法直接获得的产品以外，不可能通过其他方式将涉案专利的抗体与文件（5）所述现有技术抗体相区分，因此在新颖性评估中这种制备方法特征能够作为区别参数。在将涉案专利抗体与文件（5）所述抗体进行比对时，请求人显然也接受这种观点，请求人的辅助请求清楚地表明其认可本案中“通过……产生”和“可获得自”两种表述的含义显著不同。

与前文3.3段中提及的、作为上诉委员会决定基础、进入实质审查指南（C-Ⅲ 4.7b）（现在F-Ⅳ 4.12）的案件情形不同，本案具体情况非常特殊，使得“通过……产生”的表述非常必要。审查指南中相关部分表述为：“仅通过新的方法生产，不能使产品具备新颖性”。而在本案中，如上所述，方法使得产品具备了新颖性。（第4.12点）

上述判例中，权利要求本质上限定至通过所述方法制备的产品，不能使该权利要求获得绝对的产品保护。

T 1212/97（免疫球蛋白制剂/基因泰克）中，上诉委员会讨论了特征“嵌合的”能否使权利要求的抗体与现有技术中的天然抗体相区分。上诉委员会同意了专利权人——请求人关于现有技术中天然抗体包含物种特异的氨基酸残基的观点，然而并不认可嵌合抗体因携带有不同的物种特异性残基从而应与现有技术中的天然抗体相区分。上诉委员会主要的观点是，现有技术数据中关于单个残基物种特异性的知识不足，从而本领域技术人员基于分子分析不能鉴定出特定位置的氨基酸所属的物种。因此，上诉委员会没有将术语“嵌合的”作为区别技术特征。

T 735/00（抗-CRP 抗体/IATRON LABORATORIES，INC.）中，涉案专利要求保护单克隆抗体，通过所属抗体能够结合靶蛋白“侧面”的功能性特征来进一步表征。上诉委员会认为：

技术特征应当准确、可靠地记载于专利本身或支持材料中。（第 12 点）

基于该标准，事实上申请文件、支持文件、现有技术中都没有准确限定靶蛋白的“侧面”是什么，上诉委员会认为：

该特征是模糊不清的，当判断现有技术中的抗体是否落入该术语中时应进行开放性解释。（第 12 点）

因此，上诉委员会并不认为该特征是相对于现有技术的区别技术特征从而否定了新颖性。

T 187/04（Antikörper/KREBSFORSCHUNGSZENTRUM）中，主要请求的权利要求 1 涉及靶向融合多肽组氨酸尾部的抗体。引用的现有技术文件公开了一种包含抗 N 端组氨酸标签抗体的多克隆抗血清。上诉委员会不认为现有技术文件破坏了主要请求的权利要求 1 的新颖性，因为现有技术仅仅公开了抗体的混合物（多克隆抗血清），其也含有能结合除组氨酸尾部之外的抗体，然而涉案权利要求 1 的主题则是功能单一的，只有那些结合组氨酸尾部的抗体才是要求保护的抗体。因此，上诉委员会认为权利要求 1 相对于引用的现有技术具备新颖性。

T 601/05（抗-TNF-α 人单克隆抗体/拜尔 I）中，权利要求涉及包含抗 TNFα 人单克隆抗体的药物组合物。现有技术公开了包含抗 TNF-α 抗体的血清。问题是权利要求中开放性的表述“包含人单克隆抗体”是否使其也包含了现有技术中公开的多抗血清。上诉委员会给了该权利要求一个较为狭义的解释，认为：

所述权利要求必须如此解释，所要求保护的组合物中除了某种类型的单克隆抗体以外，含有的其他抗体或其他组分不能达到使其等同于多抗血清的程度。

因此，上诉委员会认可了新颖性。

T 405/06（免疫球蛋白/BRUSSEL）中，上诉委员会讨论了破坏新颖性的要件。涉案权利要求涉及包含两条无 CH1 区重链多肽的免疫球蛋白。请求人Ⅱ以相对于现有技术文件缺乏新颖性对该权利要求提出异议。现有技术文件公开了骆驼 IgG 制品的 SDS-PAGE 鉴定出三个组分，对其中两个作了进一步表征，然而相关的组分仅仅描述为“一个额外的 40kD 蛋白条带”。请求人Ⅱ主张该条带相当于权利要求的蛋白，因为两份在后发表的文件确认了该条带与之相同。然而，上诉委员会强调：

> 最重要的是本领域技术人员基于一般性知识，即在相关申请日而非之后可获得的一般性知识，如何阅读并解释所述对比文件本身的全部内容。（第 29.1 点）

因此，上诉委员会没有考虑进一步表征所述 SDS-PAGE 条带的在后公开文件，不认为现有技术的公开破坏了所要求保护发明的新颖性。

T 1189/06（前列腺特异性抗原/雅培）中，涉案权利要求涉及一种游离 PSA 特异性抗体并进一步通过制备方法对其进行表征。作为对抗该权利要求新颖性所引用的现有技术文件公开了一种结合游离 PSA 的特异性抗体，其也能结合用于产生所要求保护的抗体并列举于涉案权利要求中的抗原之一。即使现有技术的抗体（称为 9B10）并非通过与涉案申请相同的方式产生，上诉委员会也不认为这构成一个区别技术特征。上诉委员会认为：

> 问题不在于 9B10 是否与落入权利要求范围内的特定抗体（尚未鉴定）相同，而在于 9B10 与要求保护的抗体群中的抗体根本无法区分。在这方面，目前抗体的化学结构特征不能“告诉”抗体以何种方式分离，因此只能推断单克隆抗体 9B10 的分离方法对所述抗体的特异性和独特结构特征不产生影响，从而无法评述新颖性。（第 4 点）

在该案中，上诉委员会本质上支持一般性原则，即产品（此处为抗体）相对现有技术必须具备新颖性应不依赖于其制备方法。因此，上诉委员会认为现有技术破坏了所要求保护抗体的新颖性。

D. Ⅳ. 2. e. 创造性

在 D. Ⅳ. 1 中已经讨论了一些基本原则。以下参考了更多的相关判例。

T 499/88（免疫球蛋白/联合利华）是第一个关于单克隆抗体专利性的决

定。在该案中，专利权人对异议部门的撤销专利权决定提起上诉，所述专利权保护从奶中回收免疫球蛋白的方法，其包括使奶与结合有对某种免疫球蛋白分子具有特异性的单克隆抗体的不溶性载体材料接触。异议决定认为缺乏创造性的基础是一份现有技术文件，该现有技术文件公开的方法除了使用单特异性多克隆抗体替代（单特异性）单克隆抗体以外与要求保护的方法实质相同，将该文件与已知的单克隆抗体纯化方法相结合被认为能使权利要求的主题显而易见。

上诉委员会确认了异议部门的决定：

> 上诉委员会前述概括的关于对比文件E2、E3、E4公开的内容清楚反映了在免疫纯化时使用单克隆抗体替代单特异性多克隆抗体是20世纪80年代本领域技术人员的一般常规知识。由于这些文件不包含任何使用单克隆抗体不利的信息，上诉委员会判断，在本专利优先权日本领域技术人员用单克隆抗体替换单特异性多克隆抗体不需要创造性。（第4.14点）

T 36/90（肿瘤/BOGOCH）涉及申请人针对驳回决定提起的上诉，所述申请包括权利要求涉及不考虑癌性或恶性肿瘤细胞的细胞类型、体外定量检测细胞群中癌性或恶性肿瘤细胞的方法。所述方法涉及使用优先附着于癌细胞上的特定单克隆抗体。所述申请也涉及包括所述抗癌单克隆抗体的检测试剂盒及此类抗癌单克隆抗体。

现有技术已经公开了在体内或体外应用、不考虑细胞类型的非定量检测癌细胞的抗癌多克隆抗体。多克隆抗体现有技术的严重不足在于，由于这些抗体具有细胞毒性而不适用于定量检测癌性或恶性肿瘤细胞。此外，一份关于单克隆抗体领域概述的综述文件描述了单克隆抗体（由于单特异性导致）无细胞毒性。权利人主张现有技术中没有教导能够制备不考虑细胞类型而应用的单克隆抗癌抗体，上诉委员会驳回了该主张。在权利人的观点中，综述文件中的一切都会导致相反的假设，即单克隆抗体具有细胞类型特异性。上诉委员会认为，第一份现有技术文件中描述了关于多克隆抗癌抗体的知识，结合源自综述文件中关于所需要的特性（无细胞毒性）的准确知识，使得要求保护的主题显而易见。

T 683/90（肿瘤定位/GOLDENBERG）讨论了关于提供一种灭菌可注射组合物的创造性，所述组合物包括对肿瘤相关标记物具有特异性并可通过外部光学扫描装置进行检测的单克隆抗体片段。上诉委员会再次提出，技术人员在相对于现有技术进行改善或提升优势的预期中，是否会考虑所要求保护的组合物。最接近的现有技术公开了一种与权利要求大致相同的组合物，只是其使用了完整或部分多克隆抗体，即多克隆抗体片段而不是单克隆抗体片段。另一份文件描述了使用特异性抗体成功实现了肿瘤定位和治疗，并且由于单特异性抗体过量的放射性标签抑制了背景噪声。上诉委员会推断，后一份文件提供了强烈的动机，通过使用技术更优良的单克隆抗体来解决现有技术中由多克隆抗体技术的缺点所引发的技术问题。因此，上诉委员会推断本领域技术人员会理所当然地使用单克隆抗体片段代替多克隆抗体片段。在此情况下，上诉委员会认为，所述的改善是本领域技术人员能够预期的。因此，权利要求的解决方案不能被认为是出人意料的。(第 2.8 点)

T 906/91（杂交瘤/杜邦）涉及针对异议部门维持专利权的决定提起的上诉，所述专利权涉及与咖啡因具有 5% 或更少交叉反应性的茶碱单克隆抗体。最接近的现有技术公开了使用对茶碱具有良好选择性、与咖啡因具有 4.2% 交叉反应性的抗血清来进行茶碱放射免疫实验，咖啡因与茶碱的不同之处仅在于一个甲基（茶碱是 1，3 - 二甲基黄嘌呤；咖啡因是 1，3，7 - 三甲基黄嘌呤；可可碱是 3，7 - 二甲基黄嘌呤）。要求保护的抗体与现有技术的不同仅在于其是单克隆抗体。

上诉委员会综合考虑了几份文件后认为：

上文出现的问题是在涉案专利申请日，单克隆抗体相对于多克隆抗体（抗血清）的有益特性是普通知识，在生产过程中有可能选择具有高特异性、急需的亲和性和/或亲和力的单克隆抗体，并且事实上一旦获得即可无限供应。相应地，综合考虑上述引用文件中的各种警示性表述和优先权日涉案专利内容的分量，用单克隆抗体替换多克隆抗体是显而易见的步骤，且对包括特异性在内的性能改善具有合理的预期。(第 10 点)

上诉委员会进一步审查了权利人提供的其他主张是否支持其相对于引用的现有技术具备创造性。决定第 16 点中指出，克服提供单克隆抗体的困难，例如“所有重要的筛选协议”中的困难是合适的。然而，由于缺乏任何表明该效果的证据，因而不能认可创造性。因此，该专利被撤销。

T 915/93（单克隆抗体治疗/ORTHO）涉及申请人针对审查部门驳回欧洲专利申请提起的上诉。该申请权利要求 1 如下：

一种产品包括至少两个在治疗或诊断中顺次使用的配体，其中每个配体包括单克隆抗体的一个抗原结合部位，其与另一个或另一些配体上的抗原结合部位的功能（抗原结合）相当，并且每个配体具有不同的独特基因型。

最接近的现有技术公开了在患者中产生抗 - OKT3 抗体导致的异种敏感

性。该文件作者观察到，这些抗体表现出抗同种型和抗独特型的特异性，抗独特型和特异性导致治疗效果的丧失。

上诉委员会确认了审查部门的决定。因为抗 T3 单克隆抗体已有供应，选择独特型不同的抗 T3 单克隆抗体用于连续治疗在生物医学研究领域仅是常规操作。上诉委员会推断，本领域技术人员尝试最接近现有技术文件给出的建议是显而易见的，并且他对这样做具有成功的合理预期，能够以直接的方式落入当前权利要求 1 所述术语的范围内。因此，上诉被驳回。

T 512/94［单克隆抗体（OKT10）/ORTHO PHARMACEUTICAL CORPORATION］中，上诉请求源于异议部门维持专利权，其涉及一种基本上特异于人胸腺细胞的单克隆抗体。现有技术的教导也涉及一种人抗胸腺细胞的单克隆抗体，在要求保护的抗体与现有技术抗体之间没有任何“有意义”区别的情况下，上诉委员会否认了客观技术问题并将其认定为提供另一种人抗胸腺细胞的抗体。因此，上诉委员会考虑了本领域技术人员是否具有解决该问题的“合理预期”。由于现有技术涉及 Koehler 和 Milstein 生产单克隆抗体的方法，上诉委员会认为：

> 一旦具有基本上相同期望特性的单克隆抗体被分离，本领域技术人员将会认为，只要通过完全相同的方法，分离获得另一株相当的抗体具有合理的可能性。（第 28 点）

因此，上诉委员会否认了提供另一种单克隆抗体替代物的创造性。

T 457/95（免疫实验/雅培），上诉请求源于异议部门拒绝撤销涉案专利的决定。所述请求主要涉及准确认定客观技术问题。上诉委员会指出：

> 定义技术问题的恰当尺度在于，相对于最接近的现有技术实质上实现的，也称最终的技术效果……根据作出评价时哪些技术是已知的该尺度可能发生改变。（第 6 点）

从该审查过程可知，上诉委员会强调两点：用于构建客观技术问题的技术效果必须是切实可实现的以及该技术效果是通过与最接近的现有技术对比而确定的。

T 626/00（框架结构突变的抗体/WELLCOME）中，针对异议部门作出的，特别是因缺乏创造性而撤销涉案专利的决定提出上诉请求。与异议部门不同，上诉委员会认为涉案专利存在创造性，并且在就创造性予以驳回时需要结合最接近现有技术与其他现有技术或普通常规知识。

> 当回答技术人员是否会应用某种技术手段的问题时，有必要表明，在现有

技术基础上存在可识别的教导以促使本领域技术人员结合已知的方式达到所需的技术目标。(第 31 点)

上诉委员会认为，多种现有技术文件表明，在优先权日该领域的科研人员仍坚持已经研究出的方法并致力于对其进一步发展。因此，上诉委员会推断，前述提及的教导并不存在，本领域技术人员不能将最接近的现有技术与普通常规知识结合以所要求保护的方式解决所述技术问题。

T 735/00（抗 - CRP 抗体/IATRON LABORATORIES, INC.）中，上诉委员会延续了 T 512/94 案确立的理由，主张提供另一种与现有技术抗体靶点相同的抗体替代物不能被认为具备创造性，因为在 1989 年涉案专利的优先权日产生单克隆抗体是常规实验。上诉委员会补充，尽管意料不到的技术效果能用于辅助克服创造性缺陷，然而该案中没有确定该类效果。因此，即使权利要求的范围非常窄——以相应保藏的杂交瘤细胞系限定的单个抗体——上诉委员会也认定该权利要求不满足 EPC 第 56 条的要求，最终撤销了专利权。与美国专利商标局（USPTO）相反，EPO 不承认结构上的不可预期性（此处是指保藏抗体的结构）能够作为具备创造性的理由。

T 645/02（Antikoerper/EBERHARD-KARLS-UNIVERSITAET）中，当单克隆抗体针对的靶标已被现有技术公开时，对于所述单克隆抗体的创造性问题，上诉委员会进行了评论。尽管上诉委员会认可了权利要求的抗体表现出“意料之外的因素”，可以理解为产生了预料不到的技术效果，上诉委员会同时也形成了另一种支持创造性的理由。上诉委员会将产生单克隆抗体“理论上的可能性”与实际提供一种特定的、特征限定的单克隆抗体相对比，认为后者值得认可创造性（如上诉委员会所主张至少当与“意料之外的因素”结合的情况下）。另外，上诉委员会引用了决定 T 737/96（虾青素/DSM），即在随机突变筛选中，即便使用的筛选方法是显而易见的，但分离出一种特定的突变体并不被认为是显而易见的。由于抗体的特定性能不是现有技术可预见的，因此上诉委员会认可了创造性。

T 542/03（组合物/BERLEX）中，上诉委员会需要考虑一组权利要求的创造性问题，所述权利要求涉及一种组合物，包含一种抗激素化合物和一种结合癌症靶点的结合分子。与请求人的主张相反，上诉委员会认为本领域技术人员会考虑使用现有技术中公开的模型。而且，上诉委员会指出，事实上当使用现有技术中公开的模型时未遭遇到创造性的技术障碍、困难或难关。因此，上诉委员会认为，检验创造性的最终方法是衡量本领域技术人员使用该模型是否具有某种成功的预期。参考在前的决定判例 T 333/97（体细胞变化/孟山都），上诉委员会认为，本领域技术人员在接触该模型时至少会持有“试观其效”的态度，因此认为所要求保护的组合物缺乏创造性。该案表明否定创造性不必然需要“成功的合理预期”。

T 187/04（Antikoerper/KREBSFORSCHUNGSZENTRUM）中，上诉委员会需要对一项权利要求的创造性问题作出决定，所述权利要求涉及一种结合融合多肽的多聚组氨酸尾部的单克隆抗体，对应的现有技术公开了组氨酸尾部以及针对不同金属结合肽的多克隆抗体。上诉委员会得出了以下结论，在优先权日通过常规方法提供所要求保护的单克隆抗体是显而易见的任务。对于辅助请求中进一步通过引用保藏号限定要求保护的抗体，上诉委员会评述：

事实上，首次以个性化的方式提供一种单克隆抗体不足以证实其创造性。（第 11 点）

该决定与 T 645/02 中上诉委员会的观点有所不同。

T 601/05（抗－TNF－α 人单克隆抗体/拜尔 I）中，针对异议部门撤销涉案专利权的决定提起上诉。主要请求的权利要求 1 涉及一种药物组合物，其包含结合人肿瘤坏死因子 α 的人单克隆抗体。最接近的现有技术公开了一种结合肿瘤坏死因子 α 的鼠单克隆抗体。上诉委员会主要基于下述理由认为，从该最接近的现有技术中不能显而易见地得出上述权利要求 1：

因此，综上所述（参见第 8.3 点，10～10.8），上诉委员会推断，在优先权日，一方面，本领域技术人员会想到制备出以低亲和力结合 TNF-α 的人单克隆抗体具有可行性，但他不认为其在药学上有用。另一方面，本领域技术人员确信结合 TNF-α 的高亲和力抗体将具有药学用途，但是他缺乏制备获得高亲和力抗 TNF-α 人单克隆抗体并取得成功的合理预期。由此可见，在该专利优先权日，本领域技术人员将会认为无法制备获得药学上有用的、结合 TNF 的人单克隆抗体，因而将不会带着成功的合理预期去尝试制备它们。

因此，该案中，技术特征“一种药物组合物”以及药学有用性相关的技术效果有助于其创造性的认定。

T 251/07（血管生成的抑制/SCRIPPS）中，涉案专利争议的权利要求涉及抗体在治疗几种疾病（特别是某些类型的癌症）中的第二医疗用途。最接近的现有技术公开了所述抗体与涉案专利通过不同作用机制、针对不同癌症类型的抑制肿瘤生长的数据。上诉委员会推断，基于现有技术公开的机制，本领域技术人员不能显而易见地将所述抗体应用于所要求保护的癌症类型，因为现有技术中没有公开这些癌症类型（涉案发明要求保护的）也适用所描述的机制。

T 418/07（人抗－TNF－α 抗体/雅培）中，针对异议部门维持涉案专利的决定提起上诉，所述专利涉及人抗 TNF－α 的人抗体并对其进一步表征，尤其是通过对 TNF－α 具有高亲和力进行表征。现有技术公开了结合人 TNF－α 的鼠抗体及抗体的人源化方法，还公开了对 TNF－α 具有低亲和力的人抗体。

上诉委员会认为：

> 根据本案具体情况，在评估创造性时，需要回答的相关问题是，本领域技术人员……对于确认落入独立权利要求范围内的人抗体是否具有取得成功的合理预期。

上诉委员会分析，需要对成功的合理预期的概念与权利要求的技术特征结合考虑。本案中，问题在于提供一种人高亲和力抗体是否能合理预期。上诉委员会否定了这一点，认为：

> 评估"成功的合理预期"包括分析现有技术，以确定其赋予本领域技术人员获得预期结果的信心的程度。如果信心程度太低，成功的合理预期就会变为仅是"成功的期望"。本领域技术人员在此基础上会采取非显而易见的行动。

T 782/07（人抗体/WELLCOME）中，针对异议部门以补正方式维持所涉专利的决定提起上诉。主要请求和辅助请求的权利要求 1 涉及一种生产重组人抗体的方法。上诉委员会认为，在现有技术的启示下，本领域技术人员将会具有成功的合理预期来达到要求保护的发明。上诉委员会解释，在本案具体情况下，判例中发明的权利要求所要达成的目标越低，相应地，其取得成功的预期就越高（理由，第 35 点）。

该评述暗示，宽泛的权利要求可能导致在创造性评估中与"成功的合理预期"标准相关的问题，其意味着目标越容易达成（即权利要求越宽泛），成功的合理预期就越高，所述发明就更可能是显而易见的。

D. Ⅳ. 2. f. 工业实用性

"工业实用性"对抗体的要求基本上与对蛋白质的要求相同，因此参考 D. Ⅲ. 2. f. 。

D. Ⅳ. 2. g. 充分公开

如 C. Ⅰ. 3. b. b. 所述，EPC 允许根据实施细则第 31 条保藏微生物满足书面公开从而符合 EPC 第 83 条。本领域技术人员与评估充分公开相关，本领域技术人员的定义参见 C. Ⅰ. 3. b. 。

以下简要概括了一些最重要的涉及抗体充分公开的决定。

T 299/86（抗 IFN－α 单克隆抗体/SECHER）确认了由 T 281/86（奇异果甜蛋白原前体/联合利华）建立的原则，即实施例的披露无需完全相同地再现。在 T 299/86 案中，审查决定中拒绝申请的理由之一是通过随意可得的细胞系和抗原获得的特定杂交瘤没有被保藏。所述杂交瘤没有要求保护，在一个实施例中对其制备方法进行了详细描述。申请人承认、上诉委员会也认可不经过过度负担，所述特定的杂交瘤是不可重现的。然而，上诉委员会确认了 T 281/86（奇异果甜蛋白原前体/联合利华）的观点，认为：

> EPC 第 83 条并非要求一种方法的一个特定实施例必须被准确地重现……因此说明书为以下观点提供了支持：分泌要求保护的单克隆抗体的杂交瘤并未罕见到使所述方法作为一个整体不能为所要求保护的物质提供可靠性的程度。在缺乏相反证据的情况下，上诉委员会的态度是说明书提供了充分的披露，从而能可靠地、可重复地生产要求保护的单克隆抗体，并且不需要完全相同地重复说明书中给出的实施例。（第 12 点）

T 418/89（单克隆抗体/ORTHO）中，就异议决定提起的上诉请求中，包括以下权利要求：

> 鼠单克隆抗体，其（i）与基本上所有人外周血 T 细胞反应，但（ii）与包含 B 细胞、裸细胞、巨噬细胞的任意正常人外周血细胞群不反应。

根据说明书，分泌权利要求所述单克隆抗体的杂交瘤可通过使用正常人外周血中 E（红细胞）－rosette（玫瑰花环）－阳性的纯化 T 细胞作为激发抗体的免疫原来制备。上诉委员会认为：

> 尽管如此，仅根据该事实不足以使得所述方法重复制备出具有权利要求 1 特征的单克隆抗体。选择任何期望类型的杂交瘤都意味着大量的努力，并且最重要的是根本就不确定能否选择出该杂交瘤（第 3.4 点）。
>
> 上诉委员会认为在本案具体情况下，说明书中对如何生产杂交瘤的描述基本属于已知的冗余内容和随机的产生方法，提供的特定技术教导仅是通过鉴定抗原的类型为正常人外周血中 E（红细胞）－rosette（玫瑰花环）－阳性的纯化 T 细胞，不满足 EPC 第 83 条的要求。（第 3.7 点）

专利权人保藏了一株杂交瘤，但根据异议者提交的法律声明，其不满足权利要求 1 的要求。异议者提交的信息对应于在后公开的文件。专利权人没有对这些结果进行辩驳。因此，上诉委员会断定：

保藏构成的“实例”与说明书不一致。(第3.11点)

专利权人提交了涉及所保藏杂交瘤的辅助请求。然而，上诉委员会认为：

即使考虑到存在这种可能性，将专利权的范围限制到已经进行的保藏而抛开专利本身书面公开的任何信息，包括对现有技术状态的讨论、技术问题和解决方案以及工业实用性，但这些专利本身书面公开的信息与保藏的杂交瘤所代表“发明”的特征根本不对应，那么所述的“发明”仍将公开得不充分，因为对于保藏的杂交瘤真正产生的单克隆抗体没有描述其特征，因而公众无法获知。因此，没有提供用于进行可专利性审查的技术教导。由此可知，仅保藏杂交瘤而不进行任何相应的书面描述无法提供EPC第83条意义上对技术教导的充分公开。(第5.3点)

还进一步证实了从保藏的杂交瘤中获得抗体非常困难。上诉委员会评述如下：

上诉委员会持有以下观点，如果只有通过多次向保藏机构请求并且采用比保藏机构推荐的更为复杂的技术才有可能重复该发明，则根据实施细则第28条保藏杂交瘤所提供的公开不被视为满足EPC第83条的要求。(第3.14点)

T 431/96（单克隆抗体/AGEN）中，涉案专利要求保护单克隆抗体及交联纤维蛋白的检测方法。上诉委员会指出，EPC第83条涉及的问题在于说明书提供的信息是否足以使本领域技术人员在不付出过度劳动和创造性技能的情况下，获得要求保护的主题。上诉委员会注意到，所要求保护的单克隆抗体的反应性容易检测，并且即使所述检测可能枯燥费时，对于本专利优先权日的本领域技术人员来说也仅需要常规技术。进而，上诉委员会还指出，只要根据书面描述能够重复发明，就没有义务为便于发明的实施而对生物材料（杂交瘤）进行保藏。因此，认可了充分公开。

T 669/97（嵌合抗体/CELLTECH THERAPEUTICS LTD）中，涉案专利特别要求保护一种在哺乳动物细胞中生产包含IgG分子部分和非IgG蛋白部分的嵌合抗体的方法。请求人Ⅱ以EPC第83条挑战涉案专利，引用了一份文献表明由于缺乏转染效率，涉案发明所述融合蛋白不能在哺乳动物细胞中产生。然而，上诉委员会认为未能转染是一种偶然失败，不能得出涉案发明所述融合蛋白无法获得的结论。该判例为已建立的原则提供了实例，即偶然的失败未必影响充分公开，允许合理范围内一定程度的试错。

T 1212/97（免疫球蛋白制剂/基因泰克）中，争议的权利要求涉及一种从真核和原核细胞制备免疫球蛋白的方法。上诉委员会认为，所述主题没有充分公开，因为没有给出实施例表明如何在真核细胞中生产要求保护的嵌合 IgGs，只给出了原核实施例表明产生了包涵体形式的 IgG。涉案的权利要求列举了原核或真核宿主细胞的转化以及从宿主细胞中提取免疫球蛋白。虽然，在 T 292/85 案中上诉委员会认为申请文件中不必为权利要求的所有可能变体都提供指导，但 T 1212/97 中上诉委员会强调上述判例法并不适用于本案，因为本申请中并没有提供使本领域技术人员能够实施的途径。

T 792/00（改变的结合蛋白/DYAX）中，上诉委员会评述了在只有假定实施例的情况下，充分公开的问题。上诉委员会承认判例法认为实施例不绝对必需，但认为本案情况有所不同。本案中，优先权日的现有技术通常认为要求保护的主题是不可能的。该情况下，要求保护的主题与常规技术观点相悖，仅有假设性实验手册不足以使本领域技术人员在不付出过度负担的情况下实施该发明。决定的提要 2 总结如下：

对于与一般现有技术观点相悖的发明，如果专利中甚至连一个可重复的实施例都未能提供，则不能认可其充分公开。

T 411/02（CTL4A 受体/百事美施贵宝）中，请求人Ⅱ主张涉案专利是基于错误的科学解释，因此其整体上不能实施。上诉委员会没有接受该理由，并认为：

需要满足 EPC 第 83 条要求的是专利说明书中的技术教导，而不是当该教导被实施时对为何能达到某种效果的假定的（可能是错误的）科学解释。（第 47 点）

因此，由于涉案权利要求的功能性技术特征是可行的，其内在的科学概念是否正确对于充分公开的问题没有影响。

T 1300/05（RET 筛选试验/PROGENICS）中，审查决定考虑到主要请求的权利要求 1 中（如下）复杂的功能特征而否认了涉案申请的充分公开：

其中所述抗体抑制 Hela-envJR-FL 和所述细胞系之间由 HIV-1 囊膜糖蛋白介导的膜融合，而不抑制 Hela-envLAI 和 Sup-T1 细胞之间或 Hela-envLAI 和 Hela-CD4 + 细胞之间 HIV-1 囊膜糖蛋白介导的膜融合。

然而，上诉委员会再一次确认了先前在其他判例中所持有的观点，即大量的实验不等同于过度负担：

众所周知，测试几百个克隆的工作量很大，但在上诉委员会的判断中其并

不等同于过度负担，因为已知的测试方法足够多且能毫无疑问地可获得实验结果。(第 9 点)

T 1466/05（吡啶诺林/SEREX）中，审查决定驳回的专利申请权利要求 1 涉及：一种抗体与肽 – 吡啶诺林上的吡啶诺林发生反应而不与游离吡啶诺林发生反应，其能用于指示骨吸收的实验。

上诉委员会认为所述主题实质上公开不充分，因为申请中仅有对技术期望的教导，即所述抗体必须与肽 – 吡啶诺林上的吡啶诺林特异性反应，而对于如何获得所期望的特异性在申请中却没有提供任何教导，因而本领域技术人员不得不开展研究项目。(第 16 点)

虽然申请公开了一种根据 EPC 要求而保藏的特定单克隆抗体，上诉委员会认为该申请没有公开具有合理试错量的筛选过程，该筛选过程应必要且直接地导致特异性地选择出所要求保护的抗体。(第 19 点)

尽管上诉委员会认可了权利要求涉及的一种特定的单克隆抗体的充分公开，但否认了宽泛的功能性表征权利要求的充分公开。

T 433/07（调理抗体/HENRY M. JACKSON FOUNDATION）中，涉案权利要求涉及一种方法，包括生产抗体的多个步骤。所述权利要求限定抗体结合至少两种血清型的特定葡萄球菌株。然而，权利要求中并不包括使抗体拥有该功能性特征所需的特定抗原。在讨论充分公开时，上诉委员会认为：

> 包含生产方法权利要求的欧洲专利申请必须为本领域技术人员提供生产所期望产品的手段（此处为用于生产具有血清型交叉反应性单克隆抗体的共同表位）。如若不然，即便准确地告诉他所期待的产品需要具有何种性能、需要采用何种筛选标准将其鉴定出来，也不能克服该缺陷。(第 3 点)

因此，上诉委员会未认可其公开充分。

T 617/07（抗 NGF 单克隆抗体/LAY LINE）中，涉案专利的一项权利要求涉及一种同时以功能性特征和结构性特征表征的单克隆抗体。请求人Ⅱ认为权利要求的主题在申请中没有充分公开，因为本领域技术人员需要付出过度负担才能鉴定出那些既符合结构性限定又满足功能性特征的抗体。上诉委员会不认同该观点，认为：

> 虽然权利要求 20 中的结构限定的抗体的确包含不具有期待功能的情况……然而本领域技术人员能够基于他的普通常规知识避免无功能的变体。

因此，上诉委员会并不认为，鉴定出如权利要求所述既满足结构又满足功能标准的抗体对本领域技术人员而言是一种过度负担。

D. Ⅳ. 2. h. 权利要求的清楚和支持

在T 299/86（抗IFN－α单克隆抗体/SECHER）的所涉判例中，审查部门以术语“特定活性”不清楚为由驳回了以下权利要求：

一种人抗IFN-α单克隆抗体，其特征在于以从激活的Namalva细胞获得的、包含IFN-α特定活性为2 × 10^4U/mg的胞外培养基为粗样品进行免疫纯化，通过单个0.5mL的免疫吸附柱使特定活性提高了约5000倍，所述免疫吸附柱是将单克隆抗体以14mg单抗/ml Sepharose的量偶联至CNBr－活化的Sepharose制备产生的。

根据审查决定，由于IFN-α活性的检测有多种不同的方法，从而导致对IFN-α单位的定义产生不同。因此，否定了清楚性。

上诉委员会注意到，人IFN-α活性的检测是相对于IFN-α国际标准参照样品、以每单位重量（mg）的参考研究单位（U）为单位。进而，上诉委员会认定，用作参考的标准样品是公知的、由国际条约规定的国际标准。因此，上诉委员会认为术语“特定活性”对本领域技术人员而言具有清楚的含义。上诉委员会认为：

因此，权利要求中没有必要加入对该特征的定义，因为说明书清楚地限定了该特征的含义。根据EPC第84条，权利要求应当对寻求保护的产品进行限定，但对该发明是如何使用的则不必给出完美的指导。另外，根据第84条第二句，EPC中的“简要”是对权利要求的特殊要求。撰写一项简要权利要求的方法之一是使用说明书中进行了清楚定义的技术特征。一般不驳回此类方法撰写的权利要求，除非其影响了权利要求的清楚性从而使本领域技术人员根据权利要求难以理解其含义。而本案中没有产生此类困难（第4点）。

进一步的问题是要求保护的、以功能性特征表征的发明的明确性。如T 68/85（协同除草剂/CIBAGEIGY）所述，其涉及一种经典的化学化合物，从客观立场出发，如果没有更准确且不过度限制发明范围的限定方式，以及如果该特征提供的指导对本领域技术人员足够清楚能使其无过度负担的实施，则该功能性特征是允许的。在生物技术领域中该原则的应用建立于T 292/85（多肽表达/基因泰克Ⅰ）。

针对T 299/86中一项涉及单克隆抗体的权利要求，上诉委员会引用了上述两份决定，认为：

根据上诉委员会的观点，前述决定中提及的先决条件在本案中得到满足。

关于第一个先决条件（不可能更精确地定义），所要求保护的单克隆抗体的准确化学结构是未知的，因此不适合作为限定该抗体的基础。

关于第二个先决条件（对选择的技术教导必须清楚限定并且可重复实施），似乎证明权利要求的表述必须结合说明书来理解。该原则在例如 EPC 第 69 条有所表述，其规定欧洲专利或欧洲专利申请的保护范围应当根据权利要求的术语来确定，但说明书和附图可用来解释权利要求。

通过限定对某种物质的亲和性是对单克隆抗体的一种常规且清楚的限定方式。本权利要求中通过以某种程度结合某种样本中 IFN-α 的能力进行限定，并因而通过其对 IFN-α 的亲和力来表示这种亲和性。该特征可以理解为间接的结构特征，因为单克隆抗体的亲和性依赖其立体化学结构。(第 6 点)

T 130/90（重组单克隆抗体/得克萨斯大学系统）案在上诉程序中，专利权人提交的补正权利要求书中包括如下限定的抗体权利要求（下划线为强调部分）。

主要请求：

13. 一种抗体，包含完整的免疫链并含有 F（ab'）$_2$和 Fc 部分，每个 F（ab'）部分分别对不同的目的抗原决定簇具有特异的结合亲和性从而使所述抗体具有双特异性，并且<u>所述抗体是单克隆来源的</u>。

辅助请求：

13. 一种重组单克隆抗体，<u>通过培养</u>权利要求 5 所述二源杂交瘤和/或权利要求 6 所述三源杂交瘤产生，包含完整免疫链以及包括 F（ab'）2 和 Fc 部分的重组单克隆抗体，每个 F（ab'）部分分别对不同的目的抗原决定簇具有特异的结合亲和性从而使所述抗体具有双特异性。

由于下划线部分的表述，两个权利要求都是方法限定的产品权利要求。上诉委员会引用了已确立的判例法［T 150/82（权利要求类型/IFF）、T 251/85（Polyolgemische/CPC INTERNATIONAL INC.）和 T 248/85（辐射加工/BICC)］，上述判例认为如果没有其他的参数可用于进一步限定某种产品，则可通过制备方法对其进行限定。上诉委员会的观点认为，如果使权利要求超越现有技术的唯一方法是通过制备方法对产品进行限定，那么仅因为所述产品无法通过其他方式进行限定而使发明人丧失保护是不合理的。因此，根据 EPC 第 84 条方法限定的产品权利要求是允许的。

T 1300/05（RET 筛选试验/PROGENICS）中，某些权利要求，如下文列出的权利要求 10 和 11，涉及通过结合特性和检测所述结合特性的方法进行限定的抗体。

10. 一种抗体，经检测其能够特异性抑制嗜巨噬细胞型 HIV-1 原代分离株与对嗜巨噬细胞型 HIV-1 易感 CD4 + 细胞的融合，其中所述 CD4 + 细胞是原代人巨噬细胞或原代 T 淋巴细胞，采用的方法包括：

［步骤（a）～（g）］。

11. 一种抗体，能够特异性抑制 Hela-envJR-FL 与原代人巨噬细胞或原代人 T 淋巴细胞的融合，而不抑制 Hela-envLAI 与原代人 T 淋巴细胞的融合。

审查部门以未清楚和充分公开这些权利要求为由驳回该申请。

申请人提交了新的主要请求，涉及：

1. 一种单克隆抗体，针对易被嗜巨噬细胞型 HIV-1 分离株感染的细胞系产生，衍生自 HuT 78T 淋巴母细胞系，其中所述抗体抑制 Hela-envJR-FL 与所述细胞系之间由 HIV-1 囊膜糖蛋白介导的膜融合，而不抑制 Hela-envLAI 和 Sup-T1 细胞之间或 Hela-envLAI 和 Hela-CD4 + 细胞之间由 HIV-1 囊膜糖蛋白介导的膜融合。

上诉委员会认为，主要请求的权利要求限定抗体的方式是清楚的，因为针对何种细胞产生的特征是明确的，并且其结合性能可通过参考特定的细胞系来鉴定。根据上诉委员会的判断，检测抗体是否落入权利要求的范围内对本领域技术人员而言没有困难。值得注意，审查决定认为由于可通过例如序列、表位、索取号等技术特征更好地对所要求保护的抗体进行限定，因而上诉委员会也针对驳回的权利要求进行了评述。上诉委员会指出抗体的序列不太可能提供任何有用的信息作为其特征，因为确定表位是分离单克隆抗体本身的下游开发，并且索取号也不适用于表征抗体家族。因此，上诉委员会发现不能支持审查部门关于"清楚"的处理方式。

T 878/09（检测朊蛋白的方法/PROTHERICS）中，异议者以清楚性提起异议，针对的权利要求涉及通过使用以结合表位为特征的抗体来检测朊蛋白的方法。然而，异议理由没有针对权利要求本身的表述，而是针对说明书中与权利要求主题相关的段落。异议者宣称这些段落与权利要求的表述不一致，因此权利要求得不到说明书的支持。上诉委员会则指出所述权利要求是清楚的，没有必要参考说明书对其进行理解和补充。即使说明书和权利要求之间存在不一致之处，也不能质疑权利要求的含义。

T 2101/09（人 Delta3-Notch/MILLENNIUM）中，权利要求涉及：

5. 一种分离的多肽，其氨基酸序列与 SEQ ID NO：2 所示氨基酸序列具有至少 95% 的同一性。

6. 一种抗体或抗体片段，其与权利要求 5 所述多肽特异性反应。

异议者针对术语“特异性反应”，依据 EPC 第 84 条就权利要求 6 提出异议。异议者推断该术语比“特异性结合”更宽泛，不能排除与其他蛋白发生交叉反应的抗体。

然而，上诉委员会认为：

为了使权利要求的抗体与权利要求 5 所述多肽“特异性反应”或“选择性结合”，其必须结合到存在于权利要求 5 所述多肽上而不存在于其他多肽上的表位，特别是不存在于那些与权利要求 5 所述多肽最密切相关和/或结构相似的多肽上的表位，因为——通过其序列同一性和功能性构象折叠——其高概然性地具有相同或相似的表位。本案中，权利要求 5 所述多肽是 hDelta3 蛋白并且结构最接近的蛋白是那些 Delta 蛋白家族中的其他成员。因此，与要求保护的抗体反应的 hDelta3 蛋白表位能够区分 hDelta3 蛋白和其他结构相关蛋白。上诉委员会……确信对于术语“特异性”是技术上合乎情理的解释，这与上诉委员会的其他决定一致（特别对照 2012 年 5 月 4 日的 T 30/09，尤其是理由第 12 ~ 18 点）。（理由，第 8 点）

进而，对于能区别 hDelta3 蛋白和结构相关蛋白的表位，即使不能绝对确定地排除其中某个表位可能存在于其他不相关蛋白中的情况；基于技术上合理的解释，针对该表位产生的抗体也不是与 hDelta3“特异性反应”的，因而不落入权利要求 6 的范围内。

D. Ⅳ. 2. i. 抗体产品权利要求

如本章导言所述，抗体在多个方面都具有商业价值，特别是作为生物药物的活性剂。

目前，重组产生的单克隆抗体远比多克隆抗血清更受关注。诚然，多克隆抗血清相对单克隆抗体具有优势的情形也仍然存在。多克隆抗体通常是由接受了某种抗原刺激的宿主免疫系统体内产生的，而单克隆抗体则是体外产生的，例如通过将来自免疫动物的抗体产生细胞与永生化细胞融合获得的杂交瘤产生或通过噬菌体展示技术产生。如下文讨论，多克隆抗体相对单克隆抗体在充分公开的要求上略有不同。

多克隆抗体是一类由血液中分离的特殊蛋白。在大多数情况下，具有商业价值的多克隆抗体可以通过用抗原免疫哺乳动物来生产。此时，必须确保免疫试剂的可再现性。例如，如果要求保护的多克隆抗体是抗蛋白 *X* 的，则不可避免地需要确保蛋白质 *X* 也是可获得的，对于确保蛋白 *X* 可获得性的方式申请人可进行选择，如通过公开蛋白质 *X* 的序列使其能够化学合成或重组生产，或通过保藏产生蛋白质 *X* 的微生物。如果免疫试剂是商业可获得的情况，给出商业来源就足够了。

因此，为了对涉及多克隆抗体的发明提供充分公开，有必要使公众能够获得所述抗原。

对于单克隆抗体，情况更加复杂。

对涉及可获得的抗体的权利要求类型产生影响的重要因素是基于现有技术中是否已描述了靶蛋白。可以分为以下四种可能的情形：

情形 A：靶蛋白不是现有技术，因此现有技术没有描述识别所述靶蛋白的抗体。该情形下，EPO 通常允许涉及抗体的一般性宽泛的权利要求；抗体权利要求的专利性基本上与靶蛋白的专利性一致。

根据较早期的判例如 T 542/95（TNF/YEDA），对于涉及新蛋白的宽泛抗体权利要求，上诉委员会认可其专利性。在更晚的决定中也有相似的情况，如 T 604/04（PF4a 受体/基因泰克），即使没有实际制备出抗体，原则上也认可了一般性抗体权利要求。

情形 B：当现有技术中已经描述了所述靶蛋白而没有描述针对该靶蛋白的抗体时，专利性基本上依赖于抗体的特征或获得针对该靶蛋白的抗体是否存在特殊难度。初步看来，提供针对已知蛋白的抗体不具备创造性。

根据判例例如 T 431/96（单克隆抗体/AGEN），产生针对已知抗原的抗体是常规的，但如果所述抗体提供了令人惊讶的特征则仍能承认创造性。除此之外，相似的情况还可以从 T 735/00（抗 – CRP 抗体/IATRON LABORATORIES）和 T 645/02（抗体/图宾根大学）中发现。

情形 C：靶蛋白处于现有技术的状态并且现有技术中也描述了一些检测相同靶蛋白的抗体，在这种情形下，如果抗体表现出新的、预料不到的特征，而该特征有助于解决所针对的技术问题，则该抗体仍是可授权的。

情形 D：现有技术中既描述了靶蛋白，也描述了所述的抗体，但发现了一些新的令人惊讶的性能，在这种情形下仍可获得方法和用途权利要求，而不能获得产品权利要求。

关于意想不到的性能，申请人显然有几种可选的方式来确定意想不到的性能，例如抗体特异性针对一个新的表位，其特异性地允许更敏感的实验；抗体的相互作用引发靶蛋白有价值的特定生理反应；抗体具有令人惊讶的高结合亲和力等。

D. Ⅳ. 2. i. a. 通过功能性术语来表征抗体的产品权利要求

对于蛋白质，功能性术语（例如某种活性）来表征抗体似乎能提供最宽泛的范围，因为其涵盖的抗体在一级结构上可能不太相关。只有当本领域技术人员在无过度负担的情况下能鉴定出具有某种功能的抗体时，才能允许用功能限定抗体。

权利要求的撰写

通过功能性术语来表征抗体的产品权利要求可能具有如下常用表达：

抗体 *X*，特异性结合……

抗体 *X*，能够阻止受体 *Y* 和配体 *Z* 之间的相互作用。

EPO 授权的、包含功能性特征的产品权利要求实例如下（下划线标出了功能特征）：

EP－B1－0068763－T 130/90（重组单克隆抗体/德克萨斯大学系统）上诉程序中主要请求和辅助请求的权利要求 13

主要请求：

13. 一种抗体，包含完整的免疫链并含有 F（ab'）$_2$和 Fc 部分，每个 F（ab'）部分分别对不同目的抗原决定簇具有特异的结合亲和性从而使所述抗体具有双特异性，并且所述抗体是单克隆来源的。

辅助请求：

13. 一种重组单克隆抗体，通过培养权利要求 5 所述二源杂交瘤和/或权利要求 6 所述三源杂交瘤产生，包含完整免疫链以及包括 F（ab'）2 和 Fc 部分的重组单克隆抗体，每个 F（ab'）部分分别对不同目的抗原决定簇具有特异的结合亲和性从而使所述抗体具有双特异性。

制备方法限定的产品权利要求被认为是新颖的、有创造性的、清楚的。

EP－B1－0815141－T 187/04（Antikörper/KREBSFORSCHUNGSZENTRUM）的权利要求 1

一种针对包含组氨酸部分的融合多肽的抗体，其中所述抗体结合组氨酸部分且所述组氨酸部分包含 6~18 个连续的组氨酸残基。

上述权利要求不具备创造性，但特定的保藏物被认为具备创造性。

EP－B1－0972041－T 2101/09（人 Delta3-Notch/MILLENNIUM）的权利要求 6

一种分离的抗体或抗体片段，其与权利要求 5 所述多肽（氨基酸序列与

SEQ ID NO：2 所示氨基酸序列具有至少 95% 的同一性的多肽）特异性反应。

上诉委员会发现，为了使权利要求的抗体与权利要求 5 所述多肽“特异性反应”或“选择性结合”，其必须结合到存在于权利要求 5 所述多肽上而不存在于其他多肽上的表位，特别是不存在于那些与权利要求 5 所述多肽更密切相关和/或结构相似的多肽上。

上诉委员会进一步指出：

不排除……某个区分 hDelta3 和结构相关蛋白的表位可能存在于其他不相关蛋白中的情况；针对该表位产生的抗体也不是与 hDelta3 蛋白“特异性反应”的，因而不落入权利要求 6 的范围内。

上诉委员会因而认为该权利要求清楚。

EP－B1－0805871－T 877/03（抗－CD30 抗体/罗氏）的权利要求 1

一种结合至 CD30 抗原的抗体，并且

a）从何杰金氏疾病细胞释放 sCD30 的量为不添加抗体时释放量的 10% 或更少；

b）不以可免疫沉淀检测的方式结合 B 细胞非何杰金氏淋巴瘤或浆细胞。

上诉委员会发现该权利要求可授权，因为所述抗体的制备方法虽然繁琐，但却仅是常规手段。

EP－B1－0956504－T 1466/05（吡啶诺林/SEREX）的权利要求 1

一种抗体与肽－吡啶诺林上的吡啶诺林发生反应而不与游离吡啶诺林发生反应，其能用于指示骨吸收的实验。

上诉委员会发现该抗体不具有可实施性。

EP－B1－0847452－T 1300/05（RET 筛选试验/PROGENICS）的权利要求 1

1. 一种针对嗜巨噬细胞型 HIV-1 分离株易感细胞系产生单克隆抗体，衍生自 HuT 78T 淋巴母细胞系，其中所述抗体抑制 Hela-envJR-FL 与所述细胞系之间由 HIV-1 囊膜糖蛋白介导的膜融合，而不抑制 Hela-envLAI 和 Sup-T1 细胞之间或 Hela-envLAI 和 Hela-CD4＋细胞之间由 HIV-1 囊膜糖蛋白介导的膜融合。

虽然获得所述抗体需要进行很多工作，但由于这些工作都不构成过度负担，因而仍认可了其可实施性。

EP－B1－0018795－T 513/94［单克隆抗体（OKT3）/ORTHO PHARMACEUTICAL CORPORATION］的权利要求1

鼠补体固定的单克隆抗体，其(i) 与本质上所有正常人外周T细胞反应但(ii) 与包含B细胞、空细胞和巨噬细胞的细胞群中任何正常人外周细胞不反应。

EP－B1－0870025－T 414/07（乳腺疾病/雅培）的权利要求6

一种抗体，其特异性地结合至氨基酸序列选自由SEQ ID NOS 16～22组成的组中的至少一种表位。

EP－B1－0811063－T 1429/08（细胞因子受体88C/EUROSCREEN）的权利要求16

一种抗体产品，其特异性结合氨基酸序列组成如SEQ ID NO：2所示的人88C多肽。

EP－B1－0773997－T 1980/08（跨膜Htk配体/基因泰克）的权利要求12

一种单克隆抗体，其结合至下列之一：

一种分离的蛋白质分子，所述蛋白分子结合Htk受体并诱导Htk受体磷酸化，所述蛋白质分子的氨基酸序列为SEQ ID NO：2所示成熟鼠Htk配体的氨基酸序列或为SEQ ID NO：4所示成熟人Htk配体的氨基酸序列；

一种分离的可溶性Htk配体，其结合Htk受体，所述可溶性Htk配体的氨基酸序列为SEQ ID NO：2的第28～227位氨基酸所示成熟鼠可溶性Htk配体的氨基酸序列或SEQ ID NO：4的第25～224位氨基酸所示成熟人Htk配体的氨基酸序列。

其中所述单克隆抗体是标记的，可选的标记为放射性同位素，例如**（3）H、**（14）C、**（32）P、**（35）S或**（125）I；荧光或化学发光化合物，例如异硫氰酸荧光素、罗丹明或虫荧光素；或者酶，例如碱性磷酸酶、β－半乳糖苷酶或辣根过氧化物酶；是一种人源化抗体；是一种人抗体；是一种与异源蛋白融合的抗体；是一种与结合Htk受体的蛋白分子相结合的抗体片段，例如Fab、F（ab’）2或Fv；是双特异性的；或是一种异源杂合的抗体。

EP－B1－0186833－权利要求3

一种特异性识别并结合细胞毒素的单克隆抗体，所述细胞毒素通过SDS聚丙烯酰胺凝胶电泳检测具有170006500Da的分子量。

在异议程序中，该权利要求修改如下：

一种特异性识别并结合人细胞毒素的单克隆抗体，所述人细胞毒素通过SDS聚丙烯酰胺凝胶电泳检测具有170006500Da的分子量，所述细胞毒素被保藏于巴斯德研究院的杂交瘤细胞系CNCM I－472产生的单克隆抗体识别并结合。

EP－B1－0323806－权利要求1

一种由鼠源可变区和人源恒定区组成的嵌合单克隆抗体，其识别的人癌胚抗原（CEA）表位不存在于非特异性交叉反应性抗原NCA55和NCA95、糖蛋白文库、颗粒细胞以及其衍生物上。

EP－B1－0198086－权利要求6

人单克隆抗体，其与水痘－带状疱疹病毒特异性反应并识别分子量分别为90000Da和55000Da的糖蛋白抗原。

EP－B1－0338003－权利要求5

一种人单克隆抗体，其特异性结合至嗜中性粒细胞表面鉴定为1D3的抗原，所述1D3抗原在还原条件下具有约48000Da的分子量并且在非还原条件下具有48000～60000Da的分子量，所述1D3单克隆抗体进一步的特征在于对：A. 人急性淋巴白血病细胞，B. 人外周血的其他细胞，以及C. 骨髓中的颗粒细胞前体，不具有结合特异性。

EP－B1－1144006－权利要求1

一种抗－CCR5细胞因子受体的单克隆抗体或其片段，其中所述抗体或其片段结合至与单克隆抗体PA14相同的表位，PA14是由ATCC索引号HB－12610保藏的杂交瘤细胞系产生的单克隆抗体并命名为PA14。

EP－B1－2067790－权利要求1

一种激动剂抗体，其结合酪氨酸激酶受体蛋白（pTK）SAL-S1的细胞外结构域并活化其激酶结构域。

EP－B1－1594533－权利要求1

一种将结合人巨噬细胞甘露糖受体（MMR）的单克隆抗体连接到β－人绒毛膜促性腺激素（βhCG）的缀合物分子，其中所述缀合物分子被抗原递呈细胞（APCs）内化处理从而产生抗βhCG的T细胞介导的免疫应答。

EP－B1－1535930－权利要求1

一种对中枢神经系统（CNS）tau蛋白具有特异性的抗体，其中所述抗体特异性识别CNS tau蛋白而不识别外周tau蛋白，并且所述抗体特异性识别一段连续的氨基酸序列，其位于tau蛋白编码基因外显子4编码的氨基酸序列和外显子5编码的氨基酸序列之间。

D. Ⅳ. 2. i. b. 通过参数来表征抗体的产品权利要求

用于表征抗体的参数包括例如对靶蛋白的结合亲和性、在某种溶液中的溶解性或稳定性等。对用于描述抗体的参数，说明书中应包含足以对所述参数进行检测的信息。

权利要求的撰写

通过参数来表征抗体的产品权利要求可具有以下常用表述：

抗体*X*，对靶*Y*具有……的结合亲和力。

下述示例权利要求中的参数以下划线标出。

EP－B1－2041177－权利要求1

一种抗体或其抗原结合片段，通过表面等离子共振检测其以500pM或更低的KD值特异性结合人白介素6－受体（hIL-6R），其中重链CDRs和轻链CDRs包括：

(i) 重链CDR1、CDR2和CDR3分别为SEQ ID NO：21、23和25，且轻链CDR1、CDR2和CDR3分别为SEQ ID NO：29、31和33；或（ii）重链CDR1、CDR2和CDR3分别为SEQ ID NO：149、151和153，且轻链CDR1、CDR2和CDR3分别为SEQ ID NO：157、159和161。

EP－B1－0186833－权利要求3

一种特异性识别并结合细胞毒素的单克隆抗体，所述细胞毒素通过SDS聚丙烯酰胺凝胶电泳检测具有170006500Da的分子量。

在异议程序中，该权利要求修改如下：

一种特异性识别并结合人细胞毒素的单克隆抗体，所述人细胞毒素通过SDS聚丙烯酰胺凝胶电泳检测具有170006500Da的分子量，所述细胞毒素被保藏于巴斯德研究院的杂交瘤细胞系CNCM I－472产生的单克隆抗体识别并结合。

EP－B1－0198086－权利要求 6

人单克隆抗体，其与水痘－带状疱疹病毒特异性反应并识别分子量分别为90000Da 和 55000Da 的糖蛋白抗原。

EP－B1－0338003－权利要求 5

一种人单克隆抗体，其特异性结合至嗜中性粒细胞表面鉴定为 1D3 的抗原，所述 1D3 抗原在还原条件下具有约 48000Da 的分子量，并且在非还原条件下具有 48000～60000Da 的分子量，所述 1D3 单克隆抗体进一步的特征在于对：

A. 人急性淋巴白血病细胞，B. 人外周血的其他细胞，以及 C. 骨髓中的颗粒细胞前体，不具有结合特异性。

D. Ⅳ. 2. i. c. 通过特定 DNA 的编码序列来表征抗体的产品权利要求

抗体还可以通过编码该抗体或其片段（如可变区或 CDRs 的 DNA）来表征。根据 DNA 的特征，所述权利要求可能包括一种特定的抗体或多种抗体如包含取代、删除、插入、点突变等。

权利要求的撰写

通过特定 DNA 的编码能力来表征抗体的权利要求可具有以下常用表述：

一种抗体，包括由 SEQ ID NO……编码的 VL 和由 SEQ ID NO……编码的 VH。

EPO 授权的此类权利要求的实例如下（与编码序列有关的表述以下划线标出）。

EP－B1－1476185－权利要求 1

一种特异性结合并活化人 CD40 的单克隆抗体或其抗原结合性部分，其中所述抗体或其部分结合的表位与 CD40 配体结合位点不重叠，其中所述抗体或其部分在体内抑制肿瘤生长，并且其中所述抗体包括一个重链和一个轻链，其中：

（a）所述重链的 CDR1、CDR2 和 CDR3 的氨基酸序列是选自以下组的重链可变区的序列：

i）21. 4. 1 的重链可变区（ATCC 保藏号 PTA－3605）；ii）包含 SEQ ID NO：42 所示氨基酸序列的重链可变区；和 iii）由 SEQ ID NO：41 所示核苷酸序列编码的重链可变区。

（b）所述轻链的 CDR1、CDR2 和 CDR3 的氨基酸序列是选自以下组的轻链可变区的序列：

i）21.4.1 的轻链可变区（ATCC 保藏号 PTA－3605）；ii）包含 SEQ ID NO：44 所示氨基酸序列的轻链可变区；和 iii）由 SEQ ID NO：43 所示核苷酸序列编码的轻链可变区。

D.Ⅳ.2.i.d. 通过其结构来表征抗体的产品权利要求

抗体最可靠的结构特征是抗原结合部位的氨基酸序列，特别是 CDR 区的序列。然而，为保持抗体的结合活性，所述序列并不必然维持不变。因此，通过氨基酸序列表征抗体的权利要求可以包括对该序列进行某种衍生的指导，例如氨基酸的缺失、替换、插入或突变、抗体的等位基因变体或对确定序列一定程度的同源性，如下文实例所示。

适用于进一步表征抗体的结构特征包括，例如其 VL 链和 VH 链或 6 个 CDRs 区。

权利要求的撰写

通过其氨基酸序列来表征抗体的权利要求可具有如以下常用表述之一：

一种抗体 *X*，具有 SEQ ID NO……所示氨基酸序列。

一种抗体，具有 SEQ ID NO.1 所示 VH 和 SEQ ID NO：2 所示 VL。

一种抗体，具有 SEQ ID NOs.1～6 所示的 6 个 CDR 区。

此类权利要求的实例如下（结构特征以及与多肽序列有关的表述以下划线标出）。

EP－B1－0327378－T 236/01（域修饰的抗体/哥伦比亚大学）权利要求 1

一种具有至少一个结合位点区和一个域修饰的恒定区的抗体，其中所述域修饰的恒定区包括一个选自以下组的修饰：

（1）CL、CH1、铰链区、CH2、CH3 和 CH4 中至少一个域至少 80% 的氨基酸插入，其中域修饰的恒定区的其余部分与哺乳动物抗体的恒定区具有相同的氨基酸序列；

（2）CL、CH1、铰链区、CH2、CH3 和 CH4 中至少一个域至少 80% 的氨基酸被不同哺乳动物抗体链的至少一个但少于全部上述域的至少 80% 氨基酸取代，其中域修饰的恒定区的其余部分与哺乳动物抗体的恒定区具有至少 80% 相同的氨基酸序列；

（3）CL、CH1、铰链区、CH2、CH3 和 CH4 中超过一个域至少 80% 的氨基酸被删除，其中域修饰的恒定区中剩余的氨基酸与哺乳动物抗体的恒定区中至少一个域具有至少 80% 相同的氨基酸序列。

EP－B1－0194276－T 669/97（嵌合抗体/CELLTECH THERAPEUTICS LTD）权利要求1和10

1. 一种包含至少部分Ig分子和至少部分非Ig蛋白的嵌合抗体的生产方法，其中所述两个部分都具有功能活性，所述方法包括：

a）制备表达载体，包括将适当的启动子可操作地连接到DNA序列上，所述DNA序列包括至少编码Ig分子的重链或轻链可变区的第一部分和至少编码部分非Ig蛋白的第二部分；

b）用制备的载体转化永生化哺乳动物细胞系，所述细胞系分泌分离的Ig轻链或重链，所述Ig轻链或重链分别与步骤a）制备的载体中第一部分所编码的Ig分子部分互补；

c）培养所述转化的细胞系生产嵌合抗体。

10. 一种包含至少部分Ig分子和至少部分非Ig蛋白的嵌合抗体，其中所述两个部分都具有功能活性，所述抗体包括：

a）第一多肽链，包含：（i）Ig分子的至少重链可变区或轻链可变区；和（ii）至少部分非Ig蛋白，（i）和（ii）通过可特异性剪切的连接序列相互连接；

b）第二多肽链，至少包含Ig分子的互补轻链可变区或互补重链可变区，第一多肽链和第二多肽链相互结合形成抗原结合位点。

上述权利要求满足了EPC的所有要求。

EP－B1－0125023－T 1212/97（免疫球蛋白制剂/基因泰克）获得授权的第二辅助请求的权利要求1

一种对特定已知抗原具有特异性的非糖基化嵌合免疫球蛋白类型，包括嵌合重链多肽和嵌合轻链多肽，其都具有来自人抗体的恒定区和来自鼠抗体的可变区。

EP－B1－214257－权利要求1

一种抗－EpCAM抗体或其功能性衍生物，其中抗体重链可变区包含的全部三个互补决定区（CDRs）具有SEQ ID No. 2、SEQ ID No. 4和SEQ ID No. 6所示的序列，抗体轻链可变区包含的全部三个互补决定区（CDRs）具有SEQ ID No. 8、SEQ ID No. 10和SEQ ID No. 12所示的序列。

EP－B1－2143795－权利要求1

一种鼠抗－CD20单克隆抗体，其具有细胞生长抑制活性，包括在无效应细胞条件下使表达CD20抗原的细胞培养物中表达人CD20抗原的细胞凋亡，其中H链可变区和L链可变区的氨基酸序列为SEQ ID NOs：2和8。

EP－B1－2041177－权利要求1

一种抗体或其抗原结合片段，通过表面等离子共振检测其以500pM或更低的KD值特异性结合人白介素6－受体（hIL－6R），其中重链CDRs和轻链CDRs包括：

（i）重链CDR1、CDR2和CDR3分别为SEQ ID NO：21、23和25，且轻链CDR1、CDR2和CDR3分别为SEQ ID NO：29、31和33；或

（ii）重链CDR1、CDR2和CDR3分别为SEQ ID NO：149、151和153，且轻链CDR1、CDR2和CDR3分别为SEQ ID NO：157、159和161。

EP－B1－00935482－T 617/07（单克隆抗NGF抗体/LAYLINE）的权利要求20

单克隆抗体，其合成衍生物及生物技术衍生物，能够识别和结合命名为TrkA的NGF高亲和性酪氨酸激酶受体……并作为阻止NGF结合至TrkA的拮抗剂从而抑制NGF对TrkA的功能活化，并且其特征在于至少一个CDR选自：SEQ ID No. 2的第46～55位aa、SEQ ID No. 2的第71～77位aa和SEQ ID No. 2的第110～119位aa所定义的轻链CDRs，以及SEQ ID No. 2的第176～185位aa、SEQ ID No. 2的第200～216位aa和SEQ ID No. 2的第249～262位aa所定义的重链CDRs。

D. Ⅳ. 2. i. e. 通过其生产工艺来表征抗体的产品权利要求

与其他生物技术主题相似，抗体在某些条件下也可能撰写为方法限定的产品权利要求。更多与方法限定的产品权利要求有关的信息，参见C. Ⅰ. 3. e. a.。

权利要求的撰写

关于抗体的方法限定的产品权利要求可具有以下常用表述：

一种抗体*X*，可以如下方法获得，包括步骤……

涉及通过某种制备方法获得的抗体的授权权利要求实例如下（方法特征以下划线标出）。

EP－B1－0186833－权利要求4

一种如权利要求3所述由权利要求1所述杂交瘤细胞系产生的单克隆抗体。

权利要求4中引用的权利要求1如下：

一种表达单克隆抗体的杂交瘤细胞系，所述单克隆抗体特异性识别并结合通过SDS聚丙烯酰胺凝胶电泳检测具有170006500Da分子量的人细胞毒素，通过刺激单核细胞或单核样细胞获得人细胞毒素，用纯的或不纯的人细胞毒素制剂免疫小鼠，通过融合鼠骨髓瘤细胞和免疫小鼠的脾细胞产生所述杂交瘤，所述细胞毒素被保藏于巴斯德研究院的杂交瘤细胞系CNCM I－472产生的单克隆抗体识别并结合。

EP－B1－0186833－权利要求5

一种IgM型单克隆抗体，所述抗体由权利要求2所述的杂交瘤细胞系产生。

上述引用的权利要求2如下：

如权利要求1所述的杂交瘤细胞系，其为细胞系CNCM I-472。

EP－B1－0234501－权利要求5

一种单克隆抗体，其通过培养具有与ATCC HB 8944相同特征的杂交瘤细胞系产生。

EP－B1－0431171－T 735/00（抗CRP抗体/IATRON LABORATORIES，INC.）权利要求1

一种单克隆抗体，选自由杂交瘤细胞系CRP-1（FERM BP-2873）产生的单克隆抗体CRP-1、杂交瘤细胞系CRP-2（FERM BP-2874）产生的单克隆抗体CRP-2、杂交瘤细胞系CRP-3（FERM BP-2875）产生的单克隆抗体CRP-3，以及杂交瘤细胞系CRP-4（FERM BP-2876）产生的单克隆抗体CRP-4组成的组。

EP－B1－0879290－T 1189/06（前列腺特异性抗原/雅培）中的权利要求1

一种对游离PSA具有特异性的抗体，其通过针对选自由ABT6（SEQ. ID. NO：6）和ABT1（SEQ. ID. NO：1）所组成的组中的多肽免疫应答产生。

EP－B1－1158003－T 30/09［朊蛋白PrP＊＊（Sc）亚型抗体/BLOOD TRANSFUSION CENTRE］中的权利要求1

识别具有朊蛋白PrP＊＊（Sc）亚型蛋白序列……的三维构象表位、专一结合朊蛋白PrP＊＊（Sc）亚型而不结合PrP＊＊（C）亚型的抗体，可通过包含以氨基酸序列组成为……或……的多肽免疫动物的步骤的方法获得。

现有技术公开的抗线性表位抗体具有相同的特异性。该发明的目的是提供替代抗体。上诉委员会发现针对构象表位的抗体相对于现有技术公开的线性表位抗体具有创造性。

EP－B1－0018795－T 513/94［单克隆抗体（OKT3）/ORTHO PHARMACEUTICAL CORPORATION］中的权利要求6

维持的权利要求6即授权的权利要求8，如下：

单克隆抗体，其由杂交瘤ATCC CRL 8001（OKT3）产生。

EP－B1－0656946－T 405/06（免疫球蛋白/BRUSSEL）中的权利要求1

免疫球蛋白，其特征在于可从骆驼科获得并且包括足以形成一个完整抗原结合位点或几个抗原结合位点的两条重链多肽，其中所述重链多肽在其恒定区（CH1）缺失了所谓的第一域，所述免疫球蛋白缺失轻链多肽。

EP－B1－0068763－T 130/90（重组单克隆抗体/得克萨斯大学系统）上诉程序中主要请求和辅助请求的权利要求13

主要请求：

一种抗体，包含完整的免疫链并含有F（ab'）2和Fc部分，每个F（ab'）部分分别对不同的目的抗原决定簇具有特异的结合亲和性从而使所述抗体具有双特异性，并且所述抗体是单克隆来源的。

辅助请求：

一种重组单克隆抗体，通过培养权利要求5所述二源杂交瘤和/或权利要求6所述三源杂交瘤产生，包含完整免疫链及包括F（ab'）2和Fc部分的重组单克隆抗体，每个F（ab'）部分分别对不同的目的抗原决定簇具有特异的结合亲和性从而使所述抗体具有双特异性。

根据EPC第54条、第56条和第84条，方法限定的产品权利要求被认为是可授权的。

EP－B1－1144006－权利要求1

一种抗－CCR5细胞因子受体的单克隆抗体或其片段，其中所述抗体或其片段结合至与单克隆抗体PA14相同的表位，PA14是由ATCC索引号HB－12610保藏的杂交瘤细胞系产生的单克隆抗体并命名为PA14。

D. Ⅳ. 2. i. f. 包含抗体作为基本元素的产品权利要求

如本章导言所述，在诊断、治疗和预防中抗体取得了巨大的经济效益。此类包含抗体作为基本元素的产品典型的实例，包括例如药物、诊断目的的试剂盒、微阵列等。

权利要求的撰写

与包含抗体的试剂盒有关的产品权利要求可具有以下常用表述：

一种检测化合物 *X* 的试剂盒，包含抗体 *Y*。

涉及药品的权利要求可能具有以下常用表述：

一种药物组合物，包含抗体 *X*。

EPO 授权的、涉及包含抗体作为核心成分的权利要求实例如下。包含抗体的产品以下划线标出。

EP – B1 – 0098179 – 权利要求 8

一种茶碱<u>免疫试验</u>，其使用如权利要求 1 或 2 所述的单克隆茶碱抗体。

EP0614984 – B1 – T 601/05（抗 TNF – α 人单克隆抗体/拜尔 I）中的权利要求 1

一种<u>药物组合物</u>，包含结合人肿瘤坏死因子 α 的人单克隆抗体。
相对于 TNF-α 多克隆抗血清，要求保护的组合物是新颖的。

EP – B1 – 1780273 – 权利要求 1

一种<u>与细胞毒性物质连接的</u>抗磷脂酰肌醇蛋白聚糖 3 抗体用于癌症治疗。

D. Ⅳ. 2. j. 抗体方法权利要求

抗体可通过以下途径获得：

（i）从自然环境中分离，如从动物或人分离；（ii）从工程化表达目的抗体的重组宿主细胞中分离；（iii）由杂交瘤分泌。

D. Ⅳ. 2. j. a. 涉及从自然环境中分离的方法权利要求

抗体由动物和人产生，构成血液的重要组分，从血液中可分离出抗体作为多克隆抗血清。

权利要求的撰写

通常涉及从自然环境中分离抗体的方法的权利要求可具有以下表述：

一种从 *Y* 来源中分离抗体 *X* 的方法，包括步骤……

从自然环境中分离抗体的方法权利要求实例如下（抗体的来源以下划线

标出)。

EP – B1 –2075257 – 权利要求 1

一种生产人源化抗体的方法，包括：

(a) 用人和非人动物中具有 90%或更高氨基酸序列同源性的抗原免疫 Fas 功能缺陷、具有自身免疫疾病的非人动物；

(b) 从非人动物中获得抗体；

(c) 将人抗体的互补决定区（CDR）用非人动物抗体的 CDR 替换。

D. Ⅳ. 2. j. b. 涉及通过重组宿主细胞合成的方法权利要求

由于具有商业价值抗体的编码基因数量持续增加，对于能在适当的宿主细胞中大规模生产目的抗体的方法存在越来越多的需求，这类方法权利要求近几年变得非常重要。现有技术中既有宿主细胞的实例，也有使其表达目的基因的一般性方法。因此，在很多情况下重组生产抗体的方法包含类似方法。

权利要求的撰写

涉及重组生产蛋白的方法权利要求可具有以下常用的表述：

一种制备抗体 *X* 的方法，包括在宿主细胞 *Z* 中表达 SEQ ID NO：*Y*，并从培养的细胞中获得抗体的步骤。

涉及通过重组产生抗体并被 EPO 授权的权利要求实例如下（其中的重组步骤以下划线标出）。

EP – B1 –0194276 – T 669/97（嵌合抗体/CELLTECH THERAPEUTICS LTD）中的权利要求 1

1. 一种包含至少部分 Ig 分子和至少部分非 Ig 蛋白的嵌合抗体的生产方法，其中所述两个部分都具有功能活性，所述方法包括：

a) 制备表达载体，包括将适当的启动子可操作地连接到 DNA 序列上，所述 DNA 序列包括至少编码 Ig 分子的重链或轻链可变区的第一部分和至少编码部分非 Ig 蛋白的第二部分；

b) 用制备的载体转化永生化哺乳动物细胞系，所述细胞系分泌分离的 Ig 轻链或重链，所述 Ig 轻链或重链分别与步骤 a) 制备的载体中第一部分所编码的 Ig 分子部分互补；和 c) 培养所述转化的细胞系生产嵌合抗体。

EP – B1 –2233501 – 权利要求 10

一种制备如权利要求 1 ~3 任一所述人源化抗 – 人 CD34 抗体的方法，包括以下步骤：

1）利用权利要求4～6的核酸分子制备表达载体，并用获得的表达载体转化宿主细胞；

2）培养所述的宿主细胞；

3）收集、分离和纯化所述宿主细胞表达的人源化抗－人CD34抗体。

D. Ⅳ. 2. j. c. 涉及通过杂交瘤分泌的方法权利要求

通过杂交瘤分泌的方法权利要求与单克隆抗体或其衍生物的产生有关。如果存在一种产生某种单克隆抗体的杂交瘤，从该杂交瘤细胞产生单克隆抗体的方法权利要求在大多数情况下都是类似方法。

权利要求的撰写

涉及生产单克隆抗体的方法权利要求可具有如下常用表述：

一种生产单克隆抗体*X*的方法，包括培养产生所述抗体的杂交瘤*Y*并从所述培养基中获得单克隆抗体*X*。

EP－B1－1916298－权利要求1

一种产生单克隆抗体或单克隆抗体生产细胞的方法，包括步骤：

(a) 将携带外源抗原蛋白编码核酸的负链RNA病毒载体、产生病毒载体的核酸、导入了所述载体或导入了所述产生病毒载体的核酸的细胞用于接种非人动物，其中所述接种是通过掌垫或足垫皮内注射的方式实施；

(b) 从动物中收集产生抗体的细胞；

(c) 将所收集的产生抗体的细胞与骨髓瘤融合制备杂交瘤；

(d) 收集杂交瘤或由所述杂交瘤产生的单克隆抗体。

D. Ⅳ. 2. k. 抗体用途权利要求/目的限定型产品权利要求

如C. Ⅰ. 3. e. a. 中所述，用途权利要求通常解释为方法权利要求。在制药领域，一种特殊情况是以目的限定的产品权利要求。用途权利要求可能涉及抗体在生化方法中的用途，例如抗体用于免疫纯化方法中。然而，抗体最重要的应用是在制药和诊断领域，该领域中使用特殊的权利要求类型，即目的限定型产品权利要求。

权利要求的撰写

涉及抗体用途的权利要求通常具有以下表述：

抗体*X*分离蛋白*Y*的用途。

抗体*X*，用于治疗疾病*Y*的方法。

后一种权利要求类型是 C. Ⅰ. 3. e. d. 中讨论的目的限定型产品权利要求的代表。

EPO 授权的用途权利要求实例如下（其中的用途以下划线标出）。

EP – B1 – 1313476 – 权利要求 1

抗体在通过检测真核细胞中 sgk3 的表达和/或功能来诊断疾病中的用途，所述疾病与离子通道活性的受损相关。

EP – B1 – 1853921 – 权利要求 9

结合人类治疗性抗体而不结合实验动物免疫球蛋白的抗体在检测从实验动物获得的样本中总的、有活性的或结合抗原的治疗性抗体的浓度的用途。

EP – B1 – 1181318 – 权利要求 37

一种单克隆抗体、其合成衍生物及生物技术衍生物用于制备治疗神经系统疾病的药物组合物的用途，所述单克隆抗体能够识别并结合命名为 TrkA 的 NGF（神经生长因子）高亲和性酪氨酸激酶受体并作为阻止 NGF 结合至 TrkA 的拮抗剂从而抑制 NGF 对 TrkA 的功能活化，所述神经系统疾病包含于下组中：慢性疼痛和急性疼痛。

EP – B1 – 0610447 – 权利要求 1

识别 CDw52 抗原的抗体在制备治疗 T 细胞介导的关节滑膜炎症的药物中的用途。

D. Ⅴ. 微生物

D. Ⅴ. 1. 导言

本章涉及 EPC 对微生物的保护。

此处所用“微生物”包括细菌和其他普通的单细胞生物，其在可观察的尺寸下，在实验室中能够繁殖和操作（参见审查指南 G-Ⅱ 5. 5. 1）。微生物包括细菌噬菌体、病毒和单细胞真核生物，例如真菌（包括酵母）、原生动物、水藻、人与动物植物细胞。应注意的是，上诉委员会在 T 356/93（植物细胞/植物遗传系统公司）（参见 C. Ⅰ. 2. c. ）对该词的定义还包括在 D. Ⅱ. 部分讨论的质粒。下面讨论的诸多 EPO 决定涉及细菌和病毒的保护或用于特定目的。

微生物不同于传统的化学主题之处在于：许多情况下，它们不能被本领域技术人员仅基于书面公开内容而重复获得。这长期限制了微生物的专利保护。

为了克服上述对微生物充分公开的问题，允许申请人通过保藏“生物材料”补充书面公开。实施细则第31条规定了用于“生物材料”保藏的要求；EPO接受满足布达佩斯条约规定的保藏。实施细则第32～34条进一步对此类生物材料的保藏作出规定。不同的可能保藏模式和关于保藏的相关判例法在C. Ⅰ.3. b. b. 部分讨论（也可以参见附录4）。

D. Ⅴ. 2. 依照欧洲专利公约保护微生物

EPC没有明确地允许微生物本身的专利性。尤其是，EPC第53（b）条和实施细则第31条都没有提及微生物本身。相反，实施细则第31～34条涉及有关生物材料的发明。实施细则第26（3）条提供了“生物材料”的定义，即在生物系统中包含遗传信息能够自己复制或被复制的任何材料，这包括本章上文提及的微生物。EPC第53（b）条排除了植物和动物品种或本质上属于生物学的产生植物或动物的方法的可专利性，而且声明“该规定不适用于微生物学方法或其产品”。如果以微生物学方法获得的产品，不是植物或动物品种，该生物技术发明是可授权的，通过该规定，实施细则第27（c）条与EPC第53（b）条联系在了一起。审查指南又确定了微生物学方法的产品可以是微生物（审查指南G-Ⅱ 5.5.1）：

> 微生物学方法的产品本身也可以授权（产品权利要求）。微生物自身的繁殖是基于EPC第53（b）条的一种微生物学方法。因此，由于其是通过微生物学方法获得的产品，微生物本身可以被保护（参见审查指南G-Ⅱ 3.1）。

尽管EPC没有明确规定允许微生物的可专利性，但是微生物仍然构成可授权主题。

除了满足可重复性的要求（满足如上述保藏的要求），要求保护的微生物也必须具备新颖性、创造性和工业实用性。此外，要求保护的主题必须清楚和得到说明书的支持。专利申请要求的基本信息参见C. Ⅰ.3.。

与微生物发明相关的一些基本方面将在下面讨论，尤其是相关判例法的考虑，包括EPO评价涉及微生物专利申请可授权性标准的判例。

D. Ⅴ. 2. a. 发现

根据EPC第52（2）条，发现不属于EPC第51（1）条规定的可授权发明。审查指南G-Ⅱ 3.1给出了自然界存在的微生物是否属于发明（可授权）或发现（不可授权）的标准：

如果一种已知的材料或产品的新特性被发现，其仅仅是发现并不能授权，因为此类发现没有技术效果，因而不是第52（1）条规定的发明。然而，如果该特性具有实际的应用，那么其构成了可授权的发明。发现一种以前自然界未被识别的物质也仅仅是发现，因而不可授权。然而，如果自然界发现的物质能够展示出一种技术效果，它是可授权的。一种存在于自然界被发现有抗生素效果的物质就是该情况下的一个例子。此外，如果一种微生物被发现存在于自然界并产生一种抗生素，微生物本身作为该发明的一个方面也可以授权。

D. V. 2. b. 公共秩序和道德

根据EPC第53（a）条的规定，发明创造的公开、使用违反了公共秩序或道德的，不能被授予专利权。

T 356/93（植物细胞/植物遗传系统公司）中，上诉委员会不得不对微生物专利授权是否违反EPC第53（a）条的问题作出决定。根据C. Ⅰ. 2. a. 对公共秩序和道德的定义，上诉委员会得出结论，在诉专利没有权利要求包括违反EPC第53（a）条的主题。

D. V. 2. c. 治疗方法

根据EPC第53（c）条的规定，针对人体或动物体的手术或治疗方法，以及施用于人体或动物体的诊断方法不能被授予专利权。

决定T 19/86（猪Ⅱ/DUPHAR）涉及活的减毒Aujeszky病毒用于制备保护特定类型动物（这里指血清阳性猪）的疫苗的第二医疗用途，如果将其用于同类动物（血清阴性猪）的另一类型是已知的情况下，该第二医疗用途是否可授予专利权。上诉委员会意见如下：

> EPC第52（1）条对具备工业实用性、新颖性和创造性的发明规定了一般授权条件，与该规定一致的是，除制备的产品用于手术、治疗和诊断方法外的所有工业活动领域［如EPC第53（c）条所指］，已知产品的新用途可以被充分地保护，前提是该用途具备新颖性和创造性。（第10点）

由于上诉委员会认可对血清阳性猪的实施具备新颖性和创造性，因此该专利被授权。

D. V. 2. d. 新颖性

上诉委员会确立的惯例是，只有当现有技术的披露达到了本领域技术人员无需过度负担即可实施的程度时，才视为破坏新颖性［T 81/87（前凝乳酶原/

COLLABORATIVE）第18点；T 206/83（除草剂/ICI）第5点］。这后来被T 576/91（质粒pTR2030/北卡罗来纳州立大学）和T 1099/99（丝状真菌/杰能科，第3点）证实。对于现有技术充分公开的要求与EPC第83条对于专利申请的充分公开的要求程度是相同的［T 206/83（除草剂/ICI），第2点］。

在决定T 231/01（猪病毒/索尔维）中，权利要求涉及一种自然产生的、分离的、引起猪生殖和呼吸综合征的病毒，该病毒选自特定的提供编号的保藏物。评述权利要求的引用文献公开了病毒分离物，但是没有序列，意味着权利要求不具备新颖性仅基于一些可能，例如公开的病毒可能与之相同，因而破坏了请求保护的病毒的新颖性。上诉委员会认为，基于可能性来确定一篇文献是否能够破坏新颖性是不合理的，为了证实对新颖性的驳回意见，必须确认该驳回是合理的。当在一篇单独的现有技术文献中清楚地公开了权利要求的每个技术特征时，权利要求不具备新颖性，在EPO这是该观点的一个很好的说明。

决定T 327/04（流感疫苗/DEULIAR）涉及一种来自流感病毒的流感表面抗原疫苗，该病毒在通过一种于动物细胞培养物上繁殖和限定特定程度纯度的方法获得的动物细胞培养物上繁殖。上诉委员会基于大量文献，考虑了所保护主题的新颖性。上诉委员会特别引用了之前的决定T 990/96（赤型化合物/诺华），该决定认为用于化合物纯化的传统方法属于本领域技术人员的公知常识。这意味着一篇公开了一种化合物和其产品的文献通常使该化合物在所有要求的纯度等级都能够被公众获得，除非通过传统纯化过程试图获得特定等级纯度的所有现有技术已经失败。基于该一般原则，权利要求中仅简单包括其纯度等级的已知化合物通常不具备新颖性。在决定T 327/04中，上诉委员会对该规定做了一个例外，因为他们认为没有现有技术提供了本领域技术人员用现有技术公开的纯化的流感表面抗原制备物将产生所述纯度等级的疫苗的任何证据。在该判例中，上诉委员会得出结论，纯度实际上可以具备新颖性，请求保护的流感病毒疫苗也具备新颖性。

新颖性经常在一种微生物可以从自然界分离的情况下被破坏。这一点与前述其他天然存在的产品有相同的考虑（参见指南G-Ⅱ3.1；也可以参见C.Ⅰ.1.部分）。总而言之，如果申请人是首次对天然存在的微生物正确地表征，如通过制备过程或通过使其重复制备的参数，那么该微生物被认为是具备新颖性的。

D.Ⅴ.2.e. 创造性

D.Ⅴ.2.e.a. 微生物是杂交瘤情况下的创造性

尽管涉及微生物的申请的创造性判断要具体问题具体分析，但对杂交瘤相关申请的创造性评价是至少存在一些通用规则的。这里做了总结，但更详细的讨论在 D. Ⅳ. 部分，尤其是 D. Ⅳ. 2. e. 部分。

作为第一条规则，涉及分泌针对一种新抗原的抗体的杂交瘤的一般权利要求的创造性通常是认可的。作为第二条规则，一旦抗原是已知的化合物，该权利要求通常不被认为具备创造性。然而，如果存在特殊原因认可其创造性，涉及特定杂交瘤的权利要求可以被接受，诸如来自该杂交瘤的抗体具有意料不到的特性或现有技术中获得其存在某些困难。

上诉委员会不仅在抗原，而且在与单克隆抗体对应的多克隆抗体已属于现有技术的情况下，已经裁决了涉及此类单克隆抗体或其工艺的一些判例。

在 T 499/88（免疫球蛋白/联合利华）中，在另一相同过程中用单克隆抗体替换多克隆抗体被认为是显而易见的。

在 T 36/90（肿瘤/BOGOCH）中，涉及抗肿瘤细胞识别素的单克隆抗体的产品权利要求是显而易见的，因为现有技术公开了抗肿瘤细胞识别素的多克隆抗体和其生产技术。进一步地，如果抗肿瘤细胞识别素的多克隆抗体已知具有某种不足（细胞毒性），单克隆抗体有望避免该问题。

考虑到 T 499/88（免疫球蛋白/联合利华）和 T 36/90（Tumor cells/BOGOCH），看起来如果多克隆抗体已知，涉及生产单克隆抗体的杂交瘤权利要求仅在特殊情况下具备创造性。

如果现有技术公开了识别特异性抗原的单克隆抗体，但分泌针对该抗原的抗体的细胞系相对于现有技术具有预料不到的优点，则涉及新的杂交瘤的权利要求仍然可以授权。这在 T 355/92（-/BOEHRINGER MANNHEIM GMBH）中被确认。该案中要求保护糖蛋白激素 FSH 的单克隆抗体，该抗体与紧密相关的糖蛋白激素 LH、TSH 和 hCG 有 0.3% 交叉反应性。有几篇现有技术文献公开了 FSH 的单克隆抗体，然而它们与三种相关的糖蛋白激素展示出较大程度的交叉反应性。上诉委员会认可了请求保护的抗体的创造性，因为所有引用的文献都预期低于 0.1% 交叉反应的 FSH 的单克隆抗体不能被制备。此外，申请人使用的免疫方法中，使用了不常见的佐剂，这被认为是该单克隆抗体具有高特异性的原因。因此，该免疫方法也被认为能够支持所述杂交瘤的创造性。

D. Ⅴ. 2. e. b. 微生物不是杂交瘤情况下的创造性

上诉委员会作出的以下决定涉及不是杂交瘤的微生物在申请中的创造性。

在 T 261/89（-/默克公司,）中，一项涉及甲型肝炎病毒繁殖过程的专利由于缺乏创造性被撤销，其基于一篇公开了仅与权利要求的方法在孵育时间上不同的文献。由于专利权人不能证明较长的孵育时间具有出人意料的效果，因而创造性不能被认可。

T 630/92（沙门氏菌疫苗/斯坦福大学）中，申请的主题是一种用于从致病性微生物细胞制备一种非毒性疫苗的方法。现有技术公开了一种用于制备携带非恢复性缺失的非毒性单一营养缺陷型鼠伤寒沙门氏菌突变体。为了提供具有更低回复率的安全菌株，申请人制备了除第一种缺失突变外的第二种缺失突变的双营养缺陷型突变体。上诉委员会研究了本领域技术人员是否已经考虑到以直接的方式对第二个独立的基因重复现有技术描述的步骤，来减少逆转频率并获得落入当前权利要求范围的问题。上诉委员会认为，基于现有技术：

> 技术人员不仅有动机进一步通过在第二个独立的基因引入一个额外的突变改进已有的活疫苗，而且他能够通过使用已有技术……以合理的成功预期实现它。[第 3.2（f）2c 点]

因此，创造性不能被认可。

在微生物领域，判断创造性通常的一个考虑是本领域技术人员是否会对一种微生物的教导转移到另一种微生物上。下述决定举例说明了上诉委员会对此类问题的意见。

在决定 T 342/98（*A. orizae*/诺维信）中，上诉委员会考量了在 *Aspergillus orizae* 中表达一种蛋白质的方法的创造性。该方法涉及提供一种重组的克隆载体，将其转入 *A. orizae* 宿主和在培养基中培养 *A. orizae*。现有技术教导了使用针对 *A. nidulans* 设计的转化方法将外源基因转入 *A. niger*，由于一种新的表型出现，转化是成功的。另一篇文献将 *A. niger* 和 *A. orizae* 分入同一类型的生物体。基于该分类，上诉委员会认为用 *A. orizae* 替换 *A. niger* 对本领域技术人员而言是显而易见的。上诉委员会的文字表述中，该替代代表了一种“单行道”，因为没有其他替换的选择存在。确定了用 *A. orizae* 替换 *A. niger* 对本领域技术人员去尝试是显而易见的情况下，上诉委员会然后考虑，遵循这一思路，本领域技术人员是否能够预期该转化能够成功导致转化产品能够于 *A. orizae* 中生产。在这点上，上诉委员会认为 *A. niger* 和 *A. orizae* 在系统发生上彼此比其中之一与 *A. nidulans* 更接近。由于现有技术公开了 *A. nidulans* 和 *A. niger* 之间成功的技术转移，因而本领域技术人员也能够预期 *A. niger* 和 *A. orizae* 之间成功的技术转移。上诉委员会认为，用一种微生物替换另一种微生物去尝试是显而易见的，这样做会给本领域技术人员合理的成功预期。这两个层次的分析经常用于 EPO 评估生物技术发明的创造性。基于该观点，对涉及 *A. orizae* 的方法，上诉委员会否定了其创造性。

T 430/96（*Aspergillus*/GIST-BROCADES N. V.）涉及 *Aspergillus niger* 转化

的类似权利要求，也涉及通过考虑显而易见地去尝试和对成功的合理预期来评价创造性的类似法律问题。该案中，上诉委员会认为一项权利要求被认为是显而易见的，就没有必要预测成功，相反地，仅需要存在对成功的合理预期。因此不需要确定相关技术教导转移的成功，仅合理预期即可。

决定 T 78/95（产黄青霉菌/ANTIBIOTICUS）举例说明了上述“显而易见去尝试”和“合理的成功预期”两要素不需要总是同时确认。权利要求涉及 *P. chrysogenum* 的一种可选择的转化技术，选择一种 *P. chrysogenum* 营养缺陷型菌株，用含有来自一种完全自养型的 *P. chrysogenum* 菌株 DNA 的质粒转化，该质粒已经通过之前宿主微生物的适宜的营养缺陷型菌株的自养型转化筛选。上诉委员会认为，从描述请求保护的方法用于相关微生物的文献中的教导的转用，使请求保护的主题显而易见地去尝试。然而，上诉委员会认为在优先权日时，*P. chrysogenum* 的遗传仍是待探索领域，以至于进入该领域的本领域技术人员面临大量不确定性和问题。由于这些问题和其他原因，上诉委员会认为即使请求保护的主题是显而易见地去尝试，本领域技术人员仍然没有合理的成功预期和确认的创造性。该决定表明确认某些事情是显而易见地去尝试并不总意味着也有成功的合理预期。

在决定 T 441/93（克鲁维酵母菌克隆/GIST BROCADES）中，权利要求涉及制备一种 *Kluyveromyces* 酵母菌株的方法，包括用限定了某种序列元件的载体转化 *Kluyveromyces* 细胞，于生长维持培养基中繁殖产生的转化细胞。权利要求还涉及使用 *Kluyveromyces* 作为宿主用于转化和表达外源基因。最后，权利要求涉及一种如主要方法权利要求中限定的 *Kluyveromyces* 表达载体。在评价创造性的过程中，上诉委员会考虑了一篇用不同种类的重组载体转化 *S. cerevisiae* 的文献，认为本领域技术人员从现有技术中无法确信，能够开发一种带有合理的成功预期的用于 *Kluyveromyces* 原生质体转化的方法，因为他知晓用于某一研究领域建立的已知技术的转用将需要科学研究而不是常规实验（参见决定第 33 点）。上诉委员会因此认可了创造性。该决定表明来自一种技术领域的教导转用到另一技术领域其自身不足以破坏创造性。如果这种转用需要从事科学研究而不是仅仅常规实验，那么该转用可以具备创造性。

D. Ⅴ. 2. f. 充分公开

对充分公开的一般性讨论，参见 C. Ⅰ. 3. b. 和 C. Ⅰ. 3. b. b. 。

D. Ⅴ. 2. f. a. 保藏的必要性

为了确保公开充分，何时保藏微生物是必要的？不管说明书公开了其他任何内容，任何时候保藏物在说明书中被命名都是必要的吗？或者仅是当保藏物被引用和说明书没有为实现发明提供足够信息时才是必要的？明知道微生物是可授予专利权的，但申请人经常会问这些问题。EPO 判例法已经解决了这些问题，以下是上述问题的相关决定选录。

EPO 判例法已经反复地认为，如果书面公开足以重复要求保护的内容，没有保藏微生物的一般性义务。该问题在决定 T 361/87（微生物/纳贝斯克）中出现。该案中权利要求涉及制备果糖的方法，包括α淀粉酶的使用，通过培养一种 *Basidiomycetes* 真菌获得葡萄糖淀粉酶和葡萄糖异构酶在内的很多步骤。本申请使用了某些真菌保藏物，这些保藏物在本申请公开后的某段时期公众是无法获得的。但是，本申请也公开了使本领域技术人员获得所要求保护的任何种类真菌的通用方法。上诉委员会认为，本申请请求保护的发明并不局限于使用所述特定菌株，即使不考虑这些菌株，说明书也提供了本领域技术人员实施该发明的所有必要信息。事实上申请人强调的特定菌株超出了充分公开的要求，其通过所述通用方法就已得到满足。因此，特定菌株无法获得不能反过来影响公开充分，上诉委员会认为保护主题是充分公开的。该决定表明，即使没有保藏，说明书的一般方法可足以确保微生物发明的公开充分。

具有完整披露且可行说明书的专利申请可以不必保藏，该观点进一步在 T 223/92（HIF-γ/基因泰克）中被证明。上诉委员会陈述如下：

> 最后，EPC 框架下没有法律强制要求当事人保藏用于生产的含有编码γ干扰素基因的微生物。原实施细则第 28 条（对应于现在实施细则第 31～33 条）涉及微生物欧洲专利申请的要求，其段落（1）和（1）（a）［分别对应于现在实施细则第 31 条段落（1）和（1）（a）］明确规定，当一项发明涉及一种微生物学方法或其产品，并难以以某种方式描述到使本领域技术人员能够实施该发明的微生物的情况下，如果该微生物的培养物已经在认可的保藏机构被保藏（现在实施细则第 31 条规定保藏必须在与布达佩斯条约规定相同的条件下进行），则该发明如 EPC 第 83 条的规定被视为公开。该规定不应当被解释为：如果能基于说明书的书面内容再现发明，即使与仅对该微生物进行培养相比，保藏微生物为更繁琐的方法，申请人仍有义务对材料进行保藏以便于发明的再现。（第 3.2 点）

以上原则再次于 T 412/93（促红细胞生成素/麒麟—安进）中被证实。该判例中，上诉委员会解决了如果在没有保藏的情况下重复发明是非常费力的，是否必须保藏的问题。上诉委员会认为：

> 保藏的需要不能参照过度负担的概念。过度负担概念更多地涉及当对于读

者可采用的路线少有指引，以至于不确定是否成功的情形（参见决定 T418/89，OJ EPO 93，20）。如果该路线是确定的但冗长而费力，专利权人没有义务通过提供实例协助披露。这一相反的结论将会带来使公众即刻获得最佳模式（“best mode”）的要求，而该要求并非欧洲专利体系的一部分。(第 76 点)

考虑保藏是否必要的指导原则是，公众在之前无法获得该微生物时，保藏才是必要的。该观点在决定 T 423/04（金黄色葡萄球菌抗原/亨利杰克逊实验室）中被阐释，其涉及一种从被保藏号标识的菌株分离的抗原制备物。该案中，异议方基于没有做出保藏质疑公开充分。然而，专利权人提供多件书面意见证明优先权日及该日之后能够获得该菌株。上诉委员会认为这些书面意见足以确认优先权日时所用菌株是可获得的。因此即使没有对微生物保藏，公开充分也被接受，因为专利权人证实了公众能够获得该微生物。

然而，如果现有技术为本领域技术人员提供的对权利要求涉及的特定微生物需要确认的信息存在任何疑问，那么建议在申请前进行保藏。其重要性在 T 549/05（*Aspergillus niger*/DA BARRA）决定中得到说明，该案涉及使用 *Aspergillus niger* 菌株 489 制备一种特定酶的方法，申请中描述该菌株最初来自巴西甘蔗植物的土壤。基于权利要求所述特定酶类的高产特性，从超过 2000 种菌株的数据库中筛选出该菌株。上诉委员会认为，该信息不足以使本领域技术人员在没有过度负担的情况下获得该同样特定的 *Aspergillus niger* 489 菌株。因此，该请求保护的发明判定为在没有保藏的情况下公开不充分。该决定表明在没有保藏的情况下，特定微生物如何以及在哪分离可能不足以确保公开充分。如果对微生物的获得存在任何疑问，那么应该在申请前进行保藏，否则可能为专利的合法性带来风险。

微生物保藏的时机把握对专利的合法性至关重要。在决定 T 328/04（体液免疫/达特茅斯学院）中，公开充分的问题涉及是否及时提出了生物保藏。权利要求涉及一种包含 gp39 拮抗剂的药物组合物，包括 ATCC 编号的抗体。上诉委员会得出结论认为，根据实施细则第 31（1）（c）条，保藏信息没有及时提交，以至于专利不能依赖于保藏信息满足公开的要求。该决定表明，遵守提交生物材料保藏机构和保藏号的信息的时间期限的重要性。根据实施细则第 31（2）条，该信息必须提交：a）在申请日或优先权日后 16 个月内，以满足在专利申请公开的技术准备前完成信息传递；b）在为专利申请提前公开要求的提交截止日；或 c）在 EPO 已经告知申请人根据 EPC 第 128（2）条的规定有检查文件的权利之后。实际的时间期限是以上 a）、b）或 c）中最早的到期时间，该规定与之前的扩大上诉委员会决定 G 2/93（甲型肝炎病毒/美国Ⅱ）一致。

如果微生物通过传统筛选技术使用限定的条件获得而不使用诱变剂，并且申请人证明了筛选过程的可重复性，那么就不需要保藏。

根据 T 312/92（－/帝人株式会社），上述观点甚至用于杂交瘤，此处专利权人能够证实事实上仅少数的分泌不同特异性抗体的杂交瘤可根据重复申请中公开的流程得到。尤其是，该案中审查部门已驳回涉及一种定量人肺泡表面活性物质的方法的权利要求，该方法依赖于权利要求引用的两种特定的单克隆抗体 PC6 和 PE10，说明书记载了 PC6 和 PE10 针对肺泡表面活性物质的不同表位。驳回的原因是本领域技术人员采用申请中提供的流程能够确定生产大量对人肺泡表面活性分子不同表位具有特异性的抗体，但是不能筛选其中哪些抗体与 PC6 和 PE10 具有相同的表位特异性，因为 PC6 和 PE10 的特异性在原始申请文件中没有充分公开。上诉委员会推翻了实审部门的决定，因为公开内容提供了涉及表位的某些信息，而且由于申请人已经证明重复申请披露的流程，仅获得了三种单克隆抗体，其中两种对应于 PC6 和 PE10。

D. Ⅴ. 2. f. b. 充分公开的其他要求

实施细则第 31 条要求一般情况下申请人和保藏人相同，实施细则第 31（1）（d）条包括在并非如此的情况下必须执行的特殊要求：这种情况下，保藏人的名字和地址必须在申请中记载，必须向 EPO 提交保藏人已授权申请人于申请中引用保藏的生物材料（如微生物），并同意公众获得保藏材料的证据。决定 T 118/87（淀粉分解酶/CPC INT.）解决了一个申请人和保藏人是不同法律实体的案件。上诉委员会认为一般申请人和保藏人必须是一致的（决定第 6 点），但也认为申请人和保藏人当在形式上属于不同的法律实体时，也可以认为是一致的，因为申请人是一家母公司，保藏人是其子公司。因此，尽管子公司是形式上的保藏者，但仅该申请人（母公司）控制该保藏者。对于上诉委员会而言，关联问题是：哪方对保藏者有最大控制？该决定表明对保藏的生物材料（如微生物）的控制，是考虑保藏信息是否能够实现公众获得且判断 EPC 第 31 条是否满足的关联问题。

尽管 EPC 对涉及包括微生物在内的生物材料的发明确保公开充分给出了专门的规定，但这不意味着 EPO 对于公开充分的其他已有标准就不能使用。这体现在决定 T 2224/08（用 MalK 突变体生产 L 氨基酸/味之素）中，其涉及用微生物生产 L 氨基酸的方法。异议方认为公开不充分，因为该专利没有对如何确定权利要求的某些参数提供说明。特别是，这些参数被声称受突变影响，然而，该专利显示这些突变的效果仅适用于一种特定的细菌菌株。异议方认为，本领域技术人员鉴别具有声称特性的其他突变体会为本领域技术人员带来过度的负担。上诉委员会没有同意该观点，认为该专利体现的是通过一种具有权利要求所需特征的微生物生产氨基酸的方法，这是用于评价公开充分的标准。异议方的论据本质上是认为权利要求太宽泛，但是宽泛的权利要求并不必然意味着公开不充分。通常对公开不充分的指控，举证责任在异议方。上诉委员会指出（决定第4点），没有证据证明为什么公开的步骤对除了示例菌株外的其他菌株不起作用。公开不充分的主张通常仅在对通过验证的事实支持的明显存疑的情况下才是合理的。上诉委员会没有发现异议方提供了经证实的事实，因而认为请求保护的主题是充分公开的。该决定体现了如此简单的事实，即涉及微生物的发明没有改变EPO已制定的公开充分的标准。

在决定T 48/85（Cocciciosis疫苗/国家研究开发公司）中，权利要求涉及一种生产Eimeria necatrix减毒株的方法，包括病原性Eimeria necatrix在鸡胚中传代特定的时间。审查部门基于现有技术认为请求保护的方法不能实施导致公开不充分，因而驳回该申请。上诉委员会认为，请求保护的主题实际上是充分公开的，因为本领域技术人员基于普通知识不能确定产生预定结果的必要条件和步骤时才会存在缺陷（决定第5点）。上诉委员会发现没有证据表明该专利中的示例不可重复。而且，只要基于该公开文本中其他不符合要求的特征，仍能重复，则所述方法是充分公开的。更为重要的是，上诉委员会认为，如果所要求保护的产品基于操作说明可以真正地被获得，则不能仅仅因为产品未被测试过，就断定其不可重复（第6点）。最后，上诉委员会对公开充分给出了一般标准，即如果本领域技术人员基于公知常识能够识别和校正说明书（或现有技术）中的错误，该错误对公开充分是无关紧要的。上诉委员会认为引用的文献中没有缺陷能使本领域技术人员不能实现或使所述操作说明不可重复，更不用说对本申请的公开产生怀疑了（第8点）。该决定再次体现了上诉委员会如何运用已经制定好的标准评估涉及微生物生产的工艺方法权利要求的充分公开。

在决定T 1010/01（无细胞疫苗/MEDEVA B. V.）中，权利要求涉及一种无细胞疫苗，包含来自百日咳博德特氏菌的特定范围重量比例的提供协同疫苗效力的抗原。在之前的异议程序中，异议方已经依据专利的实施例对公开充分提出反驳。在该决定中，上诉委员会指出，该专利的公开不受限于实施例（决定第5点）。尽管上诉委员会认为所述实施例仅仅暗示而没有表现出所述协同性，但是在EPO之前的程序中，尤其是在涉及药物组合物或疫苗的专利公开充分方面，一项关于假定的生物学效果存在或缺失的决定应该基于各种证据作出是常规做法，“包括……申请提交日之后提交的数据，如果它们能够使预期的效果可信”（第13点）。

通常情况下，公开充分是依据申请相关日呈现的信息进行判断。该决定表明，尤其是涉及药物组合物或疫苗的发明中，提供后公开的数据支持公开充分也许是可能的，如果该数据能够支撑专利中声称的技术效果。这对在申请日后提交支持申请中所述效果的进一步数据的案件的申请人而言是很重要的。

决定 T 857/01（单纯疱疹病毒/GENERAL HOSPITAL）涉及带有特定突变和某些功能特征的单纯疱疹病毒 1 载体在治疗中枢神经系统神经功能缺陷中的医疗用途。上诉委员会基于 EPC 第 83 条规定的一项发明的公开是专利授权的基本要求评价公开充分。一项专利为了充分地公开，本领域技术人员没有过度负担和实施任何创造性的技能来获得期望的结果必须是可能的。基于在后公布文件的公开，上诉委员会认为基因表达的调控不是一项简单的、能够被本领域技术人员常规地实施的任务，因为这是个复杂的问题，对感兴趣的每个基因需要不同的解决方法，也需要深入研究和实验工作（第 10 点）。在上诉委员会看来，为了使发明实施，需要本领域技术人员开启一项独立的研究项目，其妨碍了公开充分。上诉委员会否认了公开充分。如果需要独立研究以实施请求保护的主题，该实施还可能涉及创造性，是充分公开的一项指标，该决定是该判断标准的很好示例。通常来说，在对现有技术贡献和请求保护的范围之间必须存在适当的平衡。

技术贡献和保护范围之间平衡的观点是专利系统的核心并被 EPO 确认。例如，在 T 81/87（前凝乳酶原/COLLABORATIVE）中，上诉委员会基于 EPC 第 83 条不得不就以下权利要求的可授权性作出决定：

> 一种转化的活细胞，选自由真菌、酵母、细菌和哺乳动物细胞组成的组，所述细胞含有来自重组 DNA 和能够表达胎牛高血压蛋白原酶的遗传物质。

审查部门以得不到说明书支持为由驳回了该权利要求，说明书中仅举例说明使用了大肠杆菌和酵母细胞。因为就如何在不同宿主中获得表达没有足够的信息，审查部门基于 EPC 第 83 条认为公开不充分。上诉委员会不同意该观点，由于存在功能性限定“能够用于表达”而认可公开充分：

> 至于权利要求 1 和 2 不同来源的细胞的应用，说明书反复强调它们能够表达蛋白。申请日时已经知道除细菌细胞外，不同真菌（如酵母细胞）也是符合其目的的。在此方面，说明书本身提到了不同的优选大肠杆菌和酵母菌株。因此，权利要求中的表述得到了支持，因为将权利要求限定到说明书具体示例而排除那些将来可能被使用的菌株是不公平的。说明书公开的内容向本领域技术人员暗示了，仅那些能够提供目标蛋白表达的细胞生物体的应用是相关的（引用省略）。（第 4 点）

上诉委员会对公平的考虑体现了对现有技术贡献和保护范围之间必须平衡的基本原则。

公开和保护范围的关系在 T 242/92（入侵性微生物/斯坦福大学）中得到尤其清楚的表述，该案中上诉委员会不得不对如下权利要求的充分公开作出决定：

一种能够入侵哺乳动物细胞的细菌，具有归因于一种单一膜蛋白的入侵表型，所述蛋白质通过引入外源 DNA 至所述细菌或其祖细胞被表达。

该申请提供了一个实施例，涉及非入侵性大肠杆菌通过转化来自 *Yersinia* 的一个基因成为入侵性细菌。已知入侵性细菌 *Shigella* 通过两个基因编码蛋白赋予其入侵性，因此并不适用。审查部门因而决定获得所述产品的过程不能普遍适用和重复，驳回了该申请。

上诉委员会不同意该观点，其决定中认为：

本案中，申请中的信息足以实施涉及 Yersinia inv 基因的发明是没有争议的。仅仅披露实施本发明的一种方式并不能作为本申请不能获得更宽保护范围的依据。目前，没有确凿的证据表明，本领域技术人员不能通过常规方法将说明书的教导扩展至更宽的范围。基于本申请对现有技术的贡献，在没有充分根据的情况下，将权利要求限定到特定的实施例是不公平的。（第 3 点）

D. Ⅴ. 2. f. c. 确定的可重复性

作为一般原则，如果涉及大量微生物（如全部物种）的宽泛的保护范围被认为是可专利性的，那就没有必要从中选择一种特定的微生物去保藏。然而，如果由于现有技术，权利要求限定至一种特定的微生物，也许就需要保藏来确认所述特定微生物的充分公开。

通过突变或融合获得的微生物通常被认为是不可再现的，因为它们的制备需要成百万微生物的筛选来鉴别得到与请求保护的微生物具有相同的特性，由此不能确定该结果能够获得。确定性的观点的重要性在 T 412/93（促红细胞生成素/麒麟—安进）和 T 4/8/89（单克隆抗体/ORTHO）中被强调。该案中，分泌一种单克隆抗体的杂交瘤细胞已被保藏，然而，该保藏的抗体特性与说明书中公开的那些抗体不同。上诉委员会不承认该保藏，从而认为仅书面记载的通过功能性限定的一种鼠单克隆抗体公开充分。上诉委员会认为：

在诉专利说明书提供了涉及生产杂交瘤和单克隆抗体的一般过程信息，本案唯一特别的特征是使用了 E－玫瑰花环阳性的纯化的正常人外周血 T 细胞作为刺激抗原。然而，对于具有权利要求 1 所述特性的单克隆抗体，仅该事实不足以使所述过程可重复。任何情况下，选择目标类型的杂交瘤意味着大量的工作，尤其是根本就不确定该杂交瘤是否能够筛选得到。(第3.4点)

确定的可重复性概念也在几件上诉委员会决定中予以说明。在决定T 780/95（抗原制品/EVANS MEDICAL）中，权利要求涉及一种纯化的百日咳博德特氏菌抗原，其带有的腺苷酸环化酶活性在指定提取条件下一同被提取，涉及不同的参数，包括通过氨基酸分析确定Pro：Glu比例1：1。上诉委员会设定了相关标准：为了评价公开充分，必须确定是否具有权利要求所述技术特征的产品，包括Pro：Glu比例1：1，可以由本领域技术人员依照专利中的说明和可选择地补充普通知识无需过度的困难而获得（参见第3点）。上诉委员会认为，如果本领域技术人员不能进行有意义的测量，包括Pro：Glu比例，将不能获知是否寻找的蛋白质已经获得或存在于一个混合物中。上诉委员会认为这相当于不能实施本发明（参见第6点）。上诉委员会考虑了本申请描述的多种方法，是否这些方法能够使本领域技术人员用其普通知识获得所述抗原。由于许多技术原因，上诉委员会得出结论，本专利中描述的方法不能使本领域技术人员重复地和确信地获得请求保护的主题。因为可重复性不确定，所以上诉委员会否认了公开充分。

需要确定的可重复性在决定T 727/95（纤维素/WEYERSHAEUSER）中尤其得到很好的说明。该案中，请求保护的主题指向如权利要求1限定的一种生产网状纤维素的方法，涉及在特定条件下培养具有指定ATCC保藏号特定微生物活性的*Acetobacter*微生物，以在特定条件下生产纤维素产品。就上诉委员会看来，权利要求涉及具有指定ATCC保藏号特定微生物活性的*Acetobacter*微生物的事实，意味着该权利要求涵盖了不仅这些ATCC保藏号的微生物，而且包括许多其他不同的微生物。专利权人的部分陈述暗示，发现这些微生物可能是运气成分。上诉委员会认为，从自然界中发现其他稳定的高产纤维素的*Acetobacter*菌株是随机事件，并且在缺乏证据证明该随机事件能够发生和能够不断地确保成功的情况下，对于依赖于随机事件的可重复性构成了过度负担。上诉委员会陈述总结道，为了确认公开充分必须存在其他可信方式产生此类菌株（参见第11点）。在EPO，本领域技术人员必须不仅知晓怎么做来获得成功，而且必须知晓这样做将获得成功，而不是仅存在成功的可能。该案中，上诉委员会仅将成功看作一种可能而不是确定的，因此否认了公开充分。

在T 740/90（酵母/LESAFFRE）的程序中，异议方对公开充分提出异议。权利要求1涉及一种有活性的干面包酵母，在四个不同试验中通过一定程度的气体产生进行表征。权利要求2涉及一种特定保藏的酵母菌株。异议方已试图重复权利要求 1 所述的气体发生实验，而且使用权利要求 2 所述保藏的酵母，但是没有获得权利要求 1 所述的结果。然而，因为异议方没有运用专利中进行试验的条件，上诉委员会认为异议方没有提供该发明不可重复的任何证据。由于本专利包含了涉及权利要求 1 的一个制备干面包酵母的实施例，因而认可其充分公开。异议方没有能够成功反驳可再现性，说明公开不充分的举证责任在异议方。

在 T 886/91（乙型肝炎病毒/百健）中，上诉委员会基于类似的考虑评价公开充分，该案中权利要求涉及包含在保存菌株中的重组 DNA 分子以及 HBV 抗原性。异议方提出这两方面均公开不充分，但是上诉委员会指出，由于其未表明本专利没有足够清楚、完整地公开请求保护的发明，那么请求保护的主题是公开充分的。任何对公开充分的质疑，不论谁提出，都必须经可证明的事实来支持。

D. V. 2. g. 权利要求的清楚和支持

D. Ⅴ. 2. g. a. 权利要求中的功能性特征

如 C. Ⅰ. 3. e. b. 所述，如果没有其他方式准确限定发明，功能性表述是允许的。很多早期决定讨论了功能性限定的可授权性。典型的例子是 T 26/82（ –/拜尔），上诉委员会允许了如下权利要求：

一种制备 6 – 氨基 – 6 – 脱氧 – L – 山梨糖的过程，其特征在于：1 – 氨基 – 1 – 脱氧 – D – 山梨糖醇用氧气氧化，伴随着通过合适的好氧或兼性好氧微生物或其提取物的作用（划线部分标示功能特征）。

允许功能性限定在 T 81/87（前凝乳酶原/COLLABORATIVE）中被证实。该决定中，基于 EPC 第 84 条，如下权利要求被允许：

一种转化的活细胞，选自由真菌、酵母、细菌和哺乳动物细胞组成的组，包含来自重组 DNA 和能够表达胎牛高血压蛋白原酶的遗传物质。

上诉委员会认为：

至于权利要求 1 和 2 不同来源的细胞的应用，说明书反复强调它们能够表达蛋白。申请日时已经知道除细菌细胞外，不同真菌如酵母细胞也是符合其目的的。在此方面，说明书本身提到了不同的优选的大肠杆菌和酵母菌株。因此，权利要求中的表述得到了支持，因为将权利要求限定到说明书具体示例而排除那些将来可能被使用的菌株是不公平的。说明书公开的内容向本领域技术人员暗示了，仅那些能够提供目标蛋白表达的细胞生物体的应用是相关的……

（第 4 点）

在 T 391/91（冰核/加州大学）的程序中，审查部门驳回了一种用于制备某种微生物的方法权利要求，因为用于转化靶宿主细胞的 DNA 仅用功能性限定表征。上诉委员会撤销了审查部门的决定，对功能性限定的允许标准概括如下：

必要技术特征可以以一般功能性限定表述，如果客观来看，该特征不能以其他方式更准确地限定发明的范围，并且对于这些特征，说明书提供了对专业人士而言充分清楚的说明，使其仅用合理数量的实验即能够实施发明（参见如：T 68/85 OJ EPO，1987，228）。（第 3.1.2 点）

进一步地，上诉委员会认为：

本领域技术人员无需使用所述供体菌株、分离特定长度或特定序列的 DNA 片段或使用相同的宿主细胞。由于没有理由怀疑普及当前实施例的教导是可能的，因此要求将实施例的特定特征整合入权利要求 1 的限定对上诉人是不公平的。

……

实施例的作用主要是为在更宽的范围内成功实施发明提供指引。本领域技术人员有可能参考实施例来设计策略切割供体生物体的基因组 DNA 来检测 INA、构建适宜的表达载体和选择合适的宿主系统。然而，本领域技术人员可以使用任何能够提供本发明相同效果的合适的可变形式（参见 T 292/85 OJ EPO，1989，275）。这也许很冗长乏味，但却是该领域很平常的，仅涉及常规的方法而已。（第 3.1.2 点）

在决定 T 923/92（人 t-PA/基因泰克）中，授权的权利要求涉及从特定的黑色素瘤细胞系提取 mRNA 制备 cDNA 的过程，权利要求记载了一种具有人组织血纤维蛋白溶酶原激活功能的多肽。上诉委员会认为，具有人 t-PA 功能的功能性特征不清楚，因为 t-PA 具有多种已知功能，不清楚需要哪一种，因而权利要求的范围不能确定。

D. V. 2. g. b. 清楚和本领域技术人员视角

考虑权利要求清楚的主要问题之一是本领域技术人员是否能清楚识别其边界，如权利要求的范围。例如，在 T 744/08（病毒回收/XANOVA）中就是清楚的，该案中权利要求涉及孵育来自感染细胞培养物的疱疹病毒的过程。除了其他问题之外，权利要求专门限定了所述过程是“没有破坏细胞的步骤”。上诉委员会认为，本申请没有对该特征的定义，该特征的含义是模糊的。该特征的意思是权利要求需要完全没有细胞破坏？或者允许仅最小限度的不过度或可接受水平的破坏？如果是后者的话，什么程度是可接受的呢？上诉委员会认为，本领域技术人员不能确定权利要求的范围，因而以不清楚驳回了该权利要求。这是 EPO 依据 EPC 第 84 条审查权利要求是否清楚的一个很好的示例：如果权利要求的范围能够确定，那么权利要求是清楚的；如果不能确定，那么权利要求不清楚且不能接受。当起草一项专利申请时，建议包括尽可能多的解释以支持权利要求限定的内容，如果需要的话，可以在权利要求中加入清楚的定义。

决定 T 1084/00（HIV-3 变种/INNOGENETICS）涉及一种 HIV-3 逆转录病毒株，主要的形态学和免疫学特征通过引用一保藏号的逆转录病毒来限定。另一权利要求涉及包含对应于 HIV-3 逆转录病毒株的全 RNA 基因组的 cDNA，以严谨条件下特异性与所述保藏号 HIV-3 株核酸序列杂交的方式限定。上诉委员会认为，通过参照保藏的 HIV-3 病毒株限定请求保护的 HIV-3 病毒株满足了清楚的要求，“严谨杂交条件”是本领域技术人员已知的并在说明书中予以了解释，因此其含义也是清楚的。最后，上诉委员会考虑了“特异性杂交”，引用了决定 T 190/99（ –/– ），该决定认为当考虑一项权利要求时，本领域技术人员应该排除不合逻辑或没有技术意义的解释，应该寻求通常的理解而不是误解权利要求。上诉委员会相信，“特异性杂交”唯一合理的解释是杂交局限于所述保藏的 HIV-3 病毒株，HIV-1 和 HIV-2 病毒株不会杂交。上诉委员会因而认为依据 EPC 第 84 条，权利要求是清楚的。

以上基于 EPC 第 84 条考虑清楚的观点和权利要求的限定或许在决定 T 960/98（洗涤剂组合物/联合利华）中是最清楚的。尽管不涉及微生物，但该案包括了上诉委员会对以上观点的清楚说明。该案中，权利要求限定了一个黏度区间，异议方认为请求保护的发明没有充分公开，因为在缺乏试验条件时，本领域技术人员不可能确定权利要求的限定范围，造成的结果是本领域技术人员不知道何时其操作落入权利要求的范围内。上诉委员会在审理意见（第 3. 4. 4 点）中指出，异议方没有主张本领域技术人员有困难测量黏度，而是不能确定权利要求的范围。用不同的温度或测量方法得到不同的结果并不一定使本领域技术人员不能实施该发明（EPC 第 83 条）。该案中，异议涉及该发明是否依据 EPC 第 84 条正确地限定问题。那么，发明的边界是否能够确定的问题是 EPC 第 84 条规定下评价清楚的相关问题。

D. V. 2. h. 微生物产品权利要求

涉及微生物的权利要求可以覆盖物种的全部种属或一种筛选的单细胞后

代。一般而言，涉及某种微生物的权利要求，尤其是通过保藏号鉴定的微生物，涵盖非常有限的范围。因此，诸如“具有……的鉴定特征”或“和……的突变体和变体”的表述经常包含在权利要求中。两种表述在EPO经常由于清楚和/或公开充分遭到驳回，然而，如果突变和变异的程度被定义并确定可重复，至少“突变体和变体”也许是允许的。

当权利要求中包含突变体或变体时，非常建议在说明书中定义这些术语。对根据核酸或氨基酸序列需要多少同源百分率，从而使微生物被视为允许的突变体和变体，没有固定的定义。引入必须由突变体来实现的功能也许有助于使涉及此类突变体的权利要求得到允许。

对以具有某种DNA或表达某种蛋白质表征的微生物类权利要求，通常建议在说明书中留有备选方案，例如涉及80%、90%、95%和/或99%同源性/同一性的核酸或氨基酸水平。申请中不包括的特定备选方案在后是不允许增加的，即使它们落入了原始公开的范围。例如，尽管原始申请公开了同源性区间为95%～99%，但没有专门公开97%的同源性，在后增加97%通常是不可能的，因此建议在原始申请文件中包括尽可能多的特定备选方案。

而且，考虑到微生物权利要求的清楚性，当权利要求试图通过一种内部命名限定请求保护的主题时，EPO经常以不清楚为由予以驳回，这种驳回可以通过引用（如保藏号）克服。在没有保藏的情况下，请求保护的微生物必须尽可能准确地表征，例如通过包括使微生物可授权的限制性酶切图谱或DNA的核酸序列或包括其制备过程。

来自美国的申请中，通过用“分离的”或“纯化的”来表征所要求保护的微生物，这种表征在EPO实践中并不要求（事实上，如前面章节所讨论的，并不建议）。涉及一种微生物的权利要求（如一种真菌），自然会被视为指的是脱离外部自然环境的真菌，理解为涵盖了公众可通过分离和适当的特性可获得的真菌。

D. Ⅴ. 2. h. a. 通过功能性术语来表征微生物的产品权利要求

该类产品权利要求经常涉及典型的微生物，如：遗传工程之前便可得到的微生物类型，很多权利要求涉及生产生物化学成分的微生物，如氨基酸、抗体或单克隆抗体等，或者涉及用于发酵目的的微生物。

权利要求撰写

通过功能性特征表征的微生物权利要求可以有如下措辞：

能够……的微生物*X*。

EPO授权的用功能性词语限定微生物的权利要求示例如下所示。功能性表述用下划线标记：

EP－B1－0197497－权利要求 1

一种制造面包的酵母，属于酿酒酵母属，是蔗糖非发酵的，不能分解低聚果糖并适用于制备面包。

EP－B1－0227367－权利要求 1

一种鼠源杂交瘤细胞系，在其生长培养基中能够生产在抗原抗体反应中特异性与 hpG-CSF 结合的单克隆抗体。

在上述权利要求中，细胞系通过生产一种特定抗体表征。

EP－B1－0278959－权利要求 1

一种 ATCC 53522 或其变体的纯培养物，能够保护种子免受猝倒病。

上述权利要求通过其保护种子的能力和保藏号表征微生物，培养物可以是所属保藏培养物的突变体。

EP－B1－2157170－权利要求 1

包含一个或多个编码至少一种 wax 合成酶（EC. 2. 3. 1. 75），一种硫酯酶（3. 1. 2－，3. 1. 1－）和一种脂肪乙酰辅酶 A 合成酶（EC2. 3. 1. 86）的外源核酸序列的微生物。

本节以下权利要求示例涉及植物细胞，如上所述，植物细胞被认为是微生物。

EP－B1－2319932－权利要求 1

一种转基因植物细胞，包含一个编码酶解一种除草剂的蛋白质的分离的多核苷酸，所述除草剂选自由苯氧基生长素除草剂和芳氧苯氧丙酸酯除草剂组成的组，其中所述多肽在严谨条件下与编码 SEQ ID NO：9 的核酸分子全长互补链杂交，所述植物表达所述多核苷酸并生产所述蛋白质。

EP－B1－2292765－权利要求 8

一种遗传修饰的植物或其部分或细胞，其细胞包括一种权利要求 1～3 任一项所述的分离的核酸分子，优选地，所述遗传修饰的植物或其部分或细胞表现出改变的花朵或花序；进一步优选地，所述植物部分选自包括萼片、苞叶、叶柄、花梗、子房、花药、花朵、成果、坚果、根、茎、叶和种子的组。

EP－B1－2224009－权利要求 8

一种植物、植物细胞或种子，包括一个编码微生物 Neu5Ac 裂合酶的核酸序列，可操作地与在植物中有活性的调控区域相连。

EP－B1－2093283－权利要求 1

一种包含叶绿体中将乙醇酸盐转化为苹果酸盐的酶活性的植物细胞，其中所述植物细胞包含叶绿体中具有遗传乙醇酸盐氧化酶活性的第一多肽，具有苹果酸合成酶活性的第二多肽和具有过氧化氢酶活性的第三多肽。

EP－B1－1799813－权利要求 8

一种生产 IgG4 抗体的胡萝卜根宿主细胞，包含一种编码 IgG4 抗体的多核苷酸，其中所述抗体含有一个人抗体天然信号肽序列。

D. Ⅴ. 2. h. b. 通过特定 DNA 或质粒来表征微生物的产品权利要求

这种类型权利要求的必要技术特征是某种 DNA 或质粒，其赋予微生物特定的特性，还经常会涉及其他 DNA/载体权利要求。

权利要求撰写

通过某种 DNA 表征微生物的产品权利要求的一般形式可以有如下措辞：

一种用 DNA *X* 转化的微生物。

EPO 授权的用包含的 DNA 表征微生物的权利要求示例如下所示（引用的相关 DNA 或质粒用下划线标注）。

EP－B1－0323806－权利要求 42

一种用权利要求 31～39 任一项的重组 DNA 转化的宿主细胞。

EP－B1－0148605－权利要求 13 ［T 412/92（促红细胞生成素/麒麟—安进）的所涉专利］

一种用权利要求 1、2、3、6、7 和 8 任一项所述的 DNA 序列以允许在宿主细胞中表达所述多肽产品的方式转化或转染的原核或真核宿主细胞。

除了提及某种 DNA 序列，该权利要求还使用了允许宿主细胞表达多肽的功能性特征。

EP－B1－0200746－权利要求 1

一种抗草本植物谷氨酰胺合成酶（GS）抑制剂的植物细胞，所述抗性由植物细胞的 GS 活性水平引起，当出现于其他的对草本植物 GS 抑制剂敏感的植物细胞中时，使所述细胞对所述草本植物GS抑制剂产生抗性，所述植物细胞携带一个DNA序列联合体，包括：

(a) 编码具有第13页所示序列的GS的第一DNA序列，可操作地连接于(b) 能够增加所述第一DNA序列表达水平的第二DNA序列，以至于当所述联合体存在于其他草本植物GS抑制剂敏感植物细胞时，所述细胞对草本植物GS抑制剂产生抗性。

上述权利要求通过对GS抑制剂抗性和存在某些DNA序列表征微生物。

EP－B1－0246678－权利要求1

一种正常形成孢子的杆菌，包含突变的枯草杆菌蛋白酶和中性蛋白酶基因，以能够分泌酶活性的枯草杆菌蛋白酶和中性蛋白酶。

EP－B1－0383431－权利要求1

一种减毒的肠道病毒或鼻病毒，至少在相对于3型脊髓灰质炎病毒利昂株基因组第471位置具有一个减毒突变，所述基因组位置编号设定为在如下序列的开始和结尾位置分别为470和484：AUCCUAACCAUGGAG。

上述权利要求是通过某个突变表征病毒的示例。

EP－B1－2334799－权利要求1

一种嗜热性重组细菌，包括编码一种甘油脱氢酶的异源基因，其中编码甘油脱氢酶的所述异源基因已经整合入染色体中。

EP－B1－2129390－权利要求1

一种重组土耳其疱疹病毒，包含一个禽流行性感冒血凝素基因和巨细胞病毒立即早期启动子，其中所述凝血酶基因受所述启动子调控。

本节其他权利要求示例涉及植物细胞，如上所述，植物细胞也被认为是微生物。

EP－B1－2458010－权利要求3

一种包含权利要求2的重组载体的植物细胞。

EP－B1－2390339－权利要求5

一种基因组中包含权利要求4的重组DNA载体的细胞、油籽植物或转基因种子。

EP – B1 –2333088 – 权利要求 7

包含至少一种权利要求 5 的表达盒的转化植物细胞。

EP – B1 –2350290 – 权利要求 6

包含权利要求 5 的重组载体的植物、细胞或组织。

EP – B1 –2333072 – 权利要求 6

一种包含权利要求 1 ~3 任一项的至少一个拷贝的分离的核酸分子的重组微生物细胞。

EP – B1 –2333072 – 权利要求 8

一种包含权利要求 1 ~3 任一项的至少一个拷贝的分离的核酸分子的重组植物细胞。

D. Ⅴ. 2. h. c. 通过参数来表征微生物的产品权利要求

微生物可以通过如生长或发酵特性或其他可靠的参数（如脂含量或 DNA 的 G/C 含量）以及可选的结合分类学命名来表征。

权利要求撰写

通过参数表征的微生物一般可以有如下措辞：

一种微生物 *X*，具有减少或增加含量的……

一种微生物 *X*，有如下生长特性……

产品权利要求的示例如下所示（参数用下划线标注）。

EP – B1 –2418276 – 权利要求 1

大肠杆菌的微生物菌株，包括编码一个重组蛋白编码基因和一个编码宿主蛋白 YddS 的突变基因（假定的雪晶素结合蛋白，Swiss Prot # Q8XAU4，57kDa，假定的二肽转运蛋白），特征在于所述重组蛋白在发酵期间分泌，所述编码 YddS 宿主蛋白的突变基因已经被突变从而引起所述宿主蛋白与野生型相比表达下降，所述突变基因编码的宿主蛋白生产和分泌的量比野生型细胞减少 100%。

D. Ⅴ. 2. h. d. 通过其生产工艺来表征微生物的产品权利要求

没有不当的限定保护范围，就无法用结构或诸如生长条件、代谢能力等参数表征，这种情况下才允许以方法限定的产品权利要求来表征微生物。这种权利要求类型对通过杂交、融合或在选择条件下生长的微生物是合适的。

权利要求撰写

以方法表征的微生物产品权利要求一般可以有如下措辞：

一种微生物，可通过筛选……获得。

EPO 授权的以生产工艺限定的微生物权利要求示例如下（相应的工艺过程用下划线标注）。

EP – B1 – 0198086 – 权利要求 7

一种鼠 – 人杂交瘤或其细胞系，通过一种产生人类抗体的细胞与一种鼠骨髓瘤细胞融合获得，产生单纯疱疹病毒反应性人 IgG 型单克隆抗体，分子量约 160000Da，在单纯疱疹病毒 1 型和 2 型感染的细胞膜和细胞质中对糖蛋白 B 具有反应特性，但几乎不对未感染细胞起反应。

EP – B1 – 0338003 – 权利要求 1

一种通过杂交瘤技术生产的杂交瘤细胞系，产生特异性结合中性白细胞 1D3 表面抗原的单克隆抗体，且不与其他人外周血细胞或人急性白血病细胞特异结合，在骨髓中不显著地结合粒细胞前体，所述 1D3 抗原在还原条件下分子量约 48000Da，在非还原条件下分子量为 48000 ~ 60000Da。

上述两个权利要求都通过制备方法和杂交瘤产生的抗体特异性来表征所要求保护的杂交瘤。

EP – B1 – 2173886 – 权利要求 5

一种通过权利要求 1 ~ 4 任一项的方法生产的类病毒颗粒（VLP），包含一个流感病毒血凝素（HA）蛋白和一个或多个来自植物的脂质体。

权利要求 1 的方法涉及生产 VLP，包括将编码 HA 的核酸序列转入植物，培育植物使其表达 VLPs，收获植物和纯化大小范围的 VLPs。

D. Ⅴ. 2. h. e. 通过其保藏号来表征微生物的产品权利要求

如果权利要求范围过宽不能被接受，以保藏号限定微生物是最终的手段。

权利要求撰写

以保藏号表征微生物的产品权利要求一般有如下措辞：

微生物 *X*，保藏在……保藏号为……

EPO 授权的保藏号表征微生物的产品权利要求示例如下（相应的保藏号用下划线标注）。

EP－B1－0103646－权利要求1

酿酒酵母菌株SAV-301（FERM BP-261）。

EP－B1－02040090－权利要求1

Hyphozyma roseoniger ATCC 20624的生物学纯培养物。

EP－B1－0234501－权利要求1

具有ATCC HB 8944识别特性的杂交瘤。

该权利要求不仅涵盖了直接来自引用的ATCC菌株的杂交瘤，而且包括具有所述保藏的杂交瘤"识别特性"的杂交瘤。

EP－B1－0292272－权利要求1

一种产孢子的、苏云金杆菌结晶突变体培养物，具有选自NRRLB－18195、NRRLB－18196和NRRLB－18197菌株的识别特性，其中所述菌株有生产由毒性蛋白组成的双棱锥晶体的能力，需要包含亮氨酸和缬氨酸的营养培养基生长、形成孢子和产生结晶。

所述苏云金杆菌通过（1）保藏菌株的识别特性，（2）某种能力和（3）生长需要进行表征。

EP－B1－2327764－权利要求1

一种新城疫病毒克隆，包括序列所示的DNA核酸序列或2006年11月21日保藏于欧洲细胞培养物保藏中心的编号06112101株。

EP－B1－2256210－权利要求4

深绿木霉菌株FKI－3737（FERM ABP－11099，相当于FERM BP－11099）。

EP－B1－2241616－权利要求1

一种鼠李糖乳杆菌HN001 AGAL的生物学纯培养物，保藏号为NM97/09514，保藏日期为1997年8月18日。

EP－B1－2559753－权利要求1

一种生产L－缬氨酸的谷氨酸棒状杆菌菌株KCCM11201P。

EP－B1－2374868－权利要求1

一种镰刀霉属菌株，是腐皮镰刀霉KCCM90040（编号KCCM10881P）。

EP－B1－2166083－权利要求 1

一种新的副干酪乳杆菌 SG96 菌株，已保藏于中国普通微生物菌种保藏管理中心（CGMCC），保藏号：CGMCC 2697。

D. V. 2. i. 微生物方法权利要求

下面讨论制备微生物的方法权利要求和涉及微生物的使用方法权利要求。

D. Ⅴ. 2. i. a. 制备微生物的方法权利要求

一般来说，微生物可以通过从它们的环境中分离获得，这经常通过在选择条件下生长，用特定 DNA 转化，或例如通过融合不同细胞获得杂交瘤来实现。

权利要求撰写

制备微生物方法的权利要求一般可以有以下措辞：

一种制备微生物 X 的方法，其中用 DNA Z 转化细胞 Y。

EPO 授权的制备微生物方法的权利要求示例如下所示。

EP－B1－0323806－权利要求 49

一种制备权利要求 42 或 48 所述宿主细胞的方法，特征在于用一个或两个载体通过电穿孔、钙处理、显微注射或原生质体培养转化合适的细胞。

该权利要求中的权利要求 42 和 48 涉及用某种重组 DNA 或用重组 DNA 转化的宿主细胞并分泌如权利要求 1 所述的嵌合单克隆抗体。该方法本身是类似方法。

EP－B1－0103646－权利要求 2

一种构建杀伤酵母的方法，包括将含有杀伤质粒的核融合缺陷的突变酵母与孢子融合，所述孢子在雌雄同株的孢子经过两次细胞分裂之前通过二倍体或多倍体雌雄同株的孢子减数分裂产生，然后通过四分体分析鉴别细胞的杀伤行为从融合细胞中筛选需要的芽殖细胞。

该涉及构建特定酵母的权利要求包括在选定的时间融合选择的细胞并筛选展示某种行为的衍生细胞。

EP－B1－0179871－权利要求 1

一种连续生产 HTLV-Ⅲ病毒的方法，包括用所述病毒感染由肿瘤非整倍体 OKT4 阳性 T 细胞组成的高度易感的感受态细胞，筛选用所述病毒感染后保持持久生长能力的细胞，在适合细胞生长的条件下扩增所述细胞和回收由所述细胞生产的病毒。

该连续生产 HTLV-Ⅲ病毒的方法包括感染、筛选、扩增和回收过程。

EP－B1－0318216－权利要求 71

一种扩增 HCV 的方法，包括提供用 HCV 感染的细胞，体外传代所述细胞，其中所述 HCV 具有如下特征：

(i) 一个正链 RNA 基因组；

(ii) 所述基因组包括一个编码多聚蛋白的开放阅读框；

(iii) 所述多聚蛋白包括与图 14 中的氨基酸序列 859 具有至少 40% 同一性的氨基酸序列。

EP－B1－0383434－权利要求 7

一种制备如权利要求 1 所述的减毒肠道病毒或鼻病毒的方法，所述方法包括：

(i) 通过点定向突变将需要的突变导入肠道病毒或鼻病毒 cDNA 的亚克隆区域，该区域含有期望突变的位点；

(ii) 再次将所述修饰的区域导入该区域来源的完整 DNA；

(iii) 从获得的 cDNA 得到活病毒。

该专利权利要求 1 涉及一种在某位点有一个“减毒突变”的某种减毒肠道病毒。

EP－B1－0198086－权利要求 1

一种制备生产人抗病毒抗体的鼠－人杂交瘤的方法，其特征在于在存在有丝分裂原的离体条件下，用病毒或来自病毒的蛋白或糖蛋白敏化人生产抗体的细胞，并使所述敏化细胞与鼠骨髓瘤细胞融合。

EP－B1－0112342－权利要求 1［T 391/91（冰核/加州大学）所涉专利］

一种生产具有冰核形成活性（INA）或增强的 INA 活性的单核微生物宿主细胞的方法，包括：

从表现 INA 表型的供体微生物中分离一个 DNA 片段，该片段含有一个编码负责所述 INA 表型的表达产物的单个基因；

将所述 DNA 片段导入所述宿主细胞使所述基因能够表达；

从所述细胞培养物生产，所述细胞有额外的编码 INA 的 DNA，因而与导入所述 DNA 之前的宿主细胞相比，具有获得的 INA 或增强的 INA。

EP－B1－2118269－权利要求1

一种生产分离的含有完整细胞壁的单个植物细胞的方法，其中所述方法包括：在含有甘油和微管蛋白解聚化合物的培养基中培养包含完整细胞壁的植物细胞，所述化合物选自由二硝基苯胺和如下结构式的化合物组成的组：

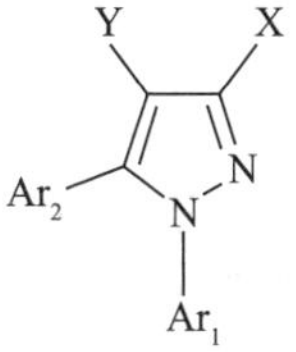

其中：

X＝CO_2R、CH_2CO_2R、$CH_2CH_2CO_2R$、$(CH_2)_3CO_2R$、OCH_2CO_2R、OCH（CH_3）、CO_2R、OC（CH_3）$_2CO_2R$、$CH_2OCH_2CO_2R$、CH_2CH（$CO_2CH_2CH_3$）CO_2R 或 OCH（$CO_2CH_2CH_3$）CO_2R；

Y ＝ CN、Cl、Br、F 或 NO_2；

Ar_1＝未被取代的苯基、未被取代的吡啶、1－3取代的苯基、1－3取代的吡啶或用卤素或CN取代；

Ar_2＝未被取代的苯基、未被取代的吡啶、1－3取代的苯基、1－3取代的吡啶或用卤素或CN取代；

R ＝ H 或1～5碳线性或分支的酯。

上述权利要求中的“微生物”是植物细胞。

EP－B1－2428581－权利要求1

一种鉴别表达相同酶活的第一组微生物和第二组微生物的方法，包括以下步骤：

a）在反应培养基中培养所述第一和第二组微生物，所述培养基含有一种第一酶底物和一种第二酶底物，所述第一和第二酶底物通过相同酶活代谢；

b）鉴别所述微生物组。

上述该权利要求涉及一种“鉴别”基于某种表述的功能特性的微生物组的方法，虽然不是一种经典的生产方法权利要求，但仍获得（通过“鉴别”）所需功能的微生物。

EP－B1－2121918－权利要求1

一种制备生产高产量的高浓度L－苏氨酸突变微生物的方法，所述方法包括：

(a) 在微生物中破坏一个编码乳糖操纵子抑制子的基因、一个编码同型丝氨酸 O–琥珀酰转移酶的基因、一个编码二氨基庚二酸盐脱羧酶的基因和一个编码 L–苏氨酸脱氢酶的基因；

(b) 在微生物中突变一个编码天冬氨酸激酶Ⅰ和天冬氨酸激酶Ⅲ的基因来阻止天冬氨酸激酶Ⅰ和Ⅲ活性的抑制；

(c) 在微生物中用一个强启动子替换 L–苏氨酸操纵子或乙酰辅酶 A。

D. Ⅴ. 2. i. b. 涉及使用微生物的方法权利要求

下面研究使用某种微生物以获得期望结果的方法权利要求。

权利要求撰写

涉及微生物的方法权利要求一般可以有以下措辞：

一种生产化合物 *X* 的方法，其中在培养基中培养微生物 *Y* 和从所述培养基中分离化合物 *X*。

EPO 授权的涉及微生物应用的方法权利要求示例如下（使用微生物的步骤用下划线标注）。

EP–B1–0103646–权利要求 4

一种制备葡萄酒的方法，其特征在于<u>使用</u>权利要求 2 所述方法构建的<u>杀伤酵母</u>。

EP–B1–0264074–权利要求 13

一种制备 Met-IGF-I 的方法，包括：

a) 用权利要求 1~9 任一项的载体转化宿主细胞；

b) 在适合表达的条件下<u>扩增所述转化的宿主细胞</u>；

c) 裂解转化细胞；

d) 从裂解液中分离 Met-IGF-I。

从上述权利要求可以看出，方法步骤是转化、扩增、裂解和分离。这类权利要求在基因工程领域相当普遍，以保护制备重组蛋白的方法。

EP–B1–0227260–权利要求 19

一种生产需要的产品的方法，其特征在于所述方法包括步骤：

(1) 连接编码所述需要的产品的 DNA 至包含 DNA 调控序列的 DNA 序列形成连接的 DNA 序列，所述 DNA 调控序列与调节编码芽孢杆菌属物种、优选枯草芽孢杆菌、蛋白酶的 DNA 序列表达的 DNA 调控序列相同，编码所述需要的产品的 DNA 序列的表达受所述 DNA 调控序列的控制；

（2）将所述连接的 DNA 序列转入芽孢杆菌属细胞，优选枯草芽孢杆菌；

（3）在步骤（1）和（2）之前或之后，转入所述细菌细胞一个 DNA 增强序列，能够影响编码所述需要产品的基因的表达，所述 DNA 增强序列包括一个第一和第二序列，所述第二序列是芽孢杆菌属的序列，其不是 sacQ 序列的一部分，所述第一序列包括 sacQ DNA 序列的一部分，当第一序列与第二序列联合时能有效地产生所述增强作用，所述第一和第二序列合起来包含少于整个 sacQ 序列；

（4）培养基中培养所述芽孢杆菌属细胞；

（5）从所述芽孢杆菌属细胞或培养基回收所述需要的产物。

该权利要求涉及在芽孢杆菌属细胞中表达需要的产物，其中表达受芽孢杆菌蛋白酶 DNA 调控序列的调控，并通过包含部分 sacQ 序列和进一步的 DNA 序列的增强子增强，该方法步骤包括连接、转化、诱导、培养和回收。

EP－B1－0204009－权利要求 5

一种制备化学式（3）的二醇的方法，包括：于好氧条件下在含有一种或多种化合物……的液体营养培养基中培养权利要求 1～3 任一项所述的生物学纯培养物，其中 R 是……

该权利要求的步骤是培养前述权利要求的生物学纯培养物。

EP－B1－0292272－权利要求 6

一种控制鳞翅类昆虫的方法，包括：对昆虫施用有效量的权利要求 1～4 任一项所述的产孢子的苏云金芽孢杆菌结晶突变体。

EP－B1－0278959－权利要求 6

一种在生长培养基中保护植物免受猝倒病的方法，包括：放置于生长培养基中使植物周围被细菌保护，所述细菌是 ATCC 53522，其能够保护种子免受猝倒病的突变体或所述突变体或一种或多种所述突变体和 ATCC 53522 的混合物。

EP－B1－1972602－权利要求 1

一种在提供的开放的扁圆盆中大量培养浮游的混合藻类/细菌培养物的方法，所述盆具有屏蔽器（3），外周饲育的培养介质（7）和一个带有三个分液部中间分液漏斗，其中为了培养混合藻类/细菌培养物，浮动成分通过中间的溢出部（8）定时地被分离，漏斗底部的沉淀部分通过低位分液部（9）分离，浮游的藻类/细菌部分从自由水中分离，并通过介于溢出部和低位分液部（9）之间的中间分流部（6）返回到盆的外周部。

EP – B1 – 1891206 – 权利要求 1

一种用 Taxus 细胞培养物生产次级代谢物的方法，通过在含有果糖和蔗糖混合物作为唯一碳源的植物细胞培养基中培养植物细胞来增加次级代谢物产量，其中，植物细胞培养在细胞生长期和次级代谢物生产期通过添加糖类混合物进行，糖类混合物的含量是 2% ~12% （w/v），糖类混合物含有重量比 1：2 至 2：1 的果糖和蔗糖，所述刺激代谢物是紫杉醇。

EP – B1 – 1851305 – 权利要求 1

无血清液体培养基中在真核细胞大量生产多肽的方法，所述方法包括：

（i）所述细胞的繁殖期，细胞在第一细胞液体培养基中繁殖；

（ii）所述细胞的生产期，细胞在第二液体培养基中；

其中每种细胞液体培养基含有一种植物蛋白水解物，所述植物蛋白水解物在第一液体培养基和第二液体培养基中的浓度比例至少 1.5：1。

EP – B1 – 1799813 – 权利要求 17

一种生产重组抗体的方法，该方法包括：

（a）产生含有胡萝卜根细胞的悬浮培养物，所述细胞经遗传修饰表达重组抗体；和任选地（b）从所述生产重组抗体的悬浮培养物回收重组抗体；

其中，所述胡萝卜根细胞表达组装的功能性人 IgG4 抗体，所述抗体含有人抗体天然信号肽序列，比哺乳动物细胞培养物生产的相应抗体对抗原具有更高水平的亲和力。

EP – B1 – 2230302 – 权利要求 1

一种生产 L – 半胱氨酸、L – 胱氨酸的衍生物或前体或其混合物的方法，包括：培养基中培养属于肠杆菌属家族的细菌，从培养基收集 L – 半胱氨酸、L – 胱氨酸的衍生物或前体或其混合物，所述细菌能够生产 L – 半胱氨酸并被修饰，通过在染色体的 ydjN 基因编码区引入一个错意突变、无意突变或框架转移突变、删除 ydjN 基因的部分或全部编码区、修饰 ydjN 基因表达调控或破坏 ydjN 基因来减少编码 ydjN 蛋白的 ydjN 基因的表达。

EP – B1 – 2259753 – 权利要求 3

一种生产 L – 缬氨酸的方法，包括在培养基中培养 KCCM11201 P。

EP – B1 – 2154238 – 权利要求 2

一种生产发酵食品或饮料产品的方法，包括用权利要求 1 的戊糖乳杆菌发酵食品或饮料产品的原材料来获得发酵食品或饮料产品。

D. V. 2. j. 微生物用途权利要求/目的限定型产品权利要求

如C. Ⅰ. 3. e. a. 讨论的，用途权利要求作为方法权利要求解释。

权利要求撰写涉及微生物用途的权利要求一般可以有以下措辞。后面的例子是以目的限定型产品权利要求形式撰写的医疗用途权利要求。

微生物 *X* 制备化合物 *X* 的用途。
微生物 *X*，用于治疗疾病 *Y* 的方法。

允许的用途权利要求示例如下所示（用途以下划线标注）。

EP－B1－1838859－权利要求10

权利要求1所述植物细胞的用途……用于修饰的淀粉的生产。

该权利要求经修改去除了不直接涉及植物细胞的主题，植物细胞（按微生物理解）用作制造修饰淀粉的“工厂”。

EP－B1－1767639－权利要求1

编码抗白细胞虫病发育的保护性R7抗原的基因转染的植物细胞，用于通过口服使用对动物授予免疫力抵抗卡氏白细胞虫，其中植物细胞施用给已经通过接种疫苗增加了抗所述抗原的抗体的动物。

上述医疗用途权利要求中，植物细胞本身作为治疗剂用于抵抗一种特定生物体的免疫力，医疗用途权利要求以EPC第54（4）～（5）条允许的目的限定型产品权利要求形式撰写。

EP－B1－2124976－权利要求1

一种组合物在体内用于抑制甲氧苯青霉素抗性的金黄色葡萄球菌的方法，包括有效量的至少一种选自由嗜酸乳酸菌I-1492、干酪乳酸菌和其混合物组成的组的乳酸菌株和药学上可接受的载体。

上述医疗用途权利要求中，特定的乳酸菌株或菌株混合物作为治疗剂用于抑制一种特定的细菌菌株的生长，医疗用途权利要求再次以EPC第54（4）～（5）条允许的目的限定型产品权利要求形式撰写。

EP－B1－2124976－权利要求10

一种药物组合物在制备治疗甲氧苯青霉素抗性的金黄色葡萄球菌的感染的药物中的用途，所述组合物包括有效量的至少一种选自由嗜酸乳酸菌I-1492、干酪乳酸菌和其混合物组成的组的乳酸菌株和药学上可接受的载体。

该医疗用途权利要求与以上权利要求等效，区别仅在于该权利要求采用传统的“瑞士型”医疗用途表述。

EP－B1－2123291－权利要求 1

含有淀粉乳杆菌细胞作为活性成分的试剂，用于改善或阻止牙周病的方法中。

该医疗用途权利要求以 EPC 第 54（4）～（5）条允许的目的限定型产品权利要求形式撰写。

EP－B1－2123291－权利要求 13

如权利要求 1～9 任一项所述的试剂在制备改善或阻止牙周病的药物、食品、饲料或饮料中的用途。

该医疗用途权利要求采用传统的“瑞士型”医疗用途表述。

D. Ⅵ. 植物

D. Ⅵ. 1. 导言

本章讨论依照 EPO 惯例和相关法律保护植物和植物组成部分的可能性。

此处用语：

“植物”包括天然植物、杂种植物和转基因植物。

“天然植物”包括天然存在的野生植物和通过传统植物育种方法获得的栽培植物。

“杂种植物”指通过杂交获得的植物，如来自不同群体的且不丧失某些性状便不能稳定繁殖的植物基因组间遗传重组方法。

“转基因植物”指包含植物中正常未发现的外源 DNA 序列的植物。通常情况下，外源 DNA 通过遗传操作单个植物细胞，然后长成完整转基因植株引入植物。外源 DNA 可以是如控制另一基因表达的调控序列或编码蛋白的序列本身。

“植物部分”包括高度分化的植物部分，像植物器官（如根、叶）和繁殖材料（如种子、幼苗）等。“植物部分”也包括低度分化植物部分，像植物组织和细胞。植物成分（如植物基因和蛋白）在 D. Ⅱ. 和 D. Ⅲ. 讨论。

D. Ⅵ. 2. 依照欧洲专利公约保护植物

如同对于任何其他类发明一样，一般性可专利性要求对植物同样适用。如上所述，这些适用包括新颖性、创造性和工业实用性的基本专利性要求，以及对申请文件的要求，如公开充分（EPC 第 83 条）和清楚（EPC 第 84 条）。这些方面的某些内容会在下面 EPO 上诉委员会的相关决定部分讨论。由于公开充分（EPC 第 83 条）和清楚（EPC 第 84 条）对植物相关发明的申请特别重要，这些主题会在下面 D. Ⅵ. 2. c. （充分公开）和 D. Ⅵ. 2. d. （清楚）中更详细地讨论。

D. Ⅵ. 2. a. 公共秩序和道德

根据 EPC 第 53（a）条的规定，发明创造的公开、使用违反了公共秩序或道德的，不能被授予专利权。

这些条款在 T 356/93（植物细胞/植物遗传系统公司）和 T 315/03（转基因动物/哈佛）中被解释。实质上，EPC 第 53（a）条的公共秩序被解释为物理安全性和作为社会一部分的个体的物理统一性的保护，包括环境保护。EPC 第 53（a）条道德的概念解释与信念相关，即某种行为是正确的，而其他行为是错误的。就 EPC 而言，这种信念以深深地扎根于欧洲社会和文化的全部可接受的规范为基础，与这种文化相关的传统通用行为准则不一致的发明会依据第 53（a）条的道德方面的规定被排除在外。

该排除规定的进一步讨论参见 D. Ⅵ. 2. g. a. ，该节专门涉及转基因植物。

D. Ⅵ. 2. b. 植物品种和本质上属于生物学的方法

EPC 第 53（b）条对 EPC 给予和不给予保护的主题类型陈述了一些基本规定，如下所示：

> 对涉及……植物或动物品种或用于生产植物或动物的本质上属于生物学的方法，不授予欧洲专利；该规定不适用于微生物学方法或其产品。

EPC 第 53（b）条首先从专利保护中排除了植物和动物品种以及生产植物或动物的本质上属于生物学的方法，然后对该排除提供了例外，特别允许保护微生物学方法及其产品。

每一项排除及排除中的例外将在下面分别阐述。

D. Ⅵ. 2. b. a. 植物品种

如之前 B. Ⅰ. 和 C. Ⅰ. 2. b. 所述，EPC 第 53（b）条排除了植物品种的可专利性。“植物品种”术语的解释此前是很多上诉委员会早期决定的主题，尤其是 T 49/83（繁殖材料/汽巴—嘉基）、T 320/87（杂种植物/路博润）和 T 356/93（植物细胞/植物遗传系统公司）。

EPC 在现行的实施细则第 26（4）条中对“植物品种”提供了正式的条款解释，如下所示：

> “植物品种”指最低已知分级的单一植物分类单元内的任何植物组群，不论植物品种权的授予条件是否全部符合，植物组群可以：
>
> （a）通过由指定基因型或基因型组合产生的表现特性界定；
>
> （b）通过至少一种所述特性的表现区分于其他植物组群；
>
> （c）被看作稳定不变地繁殖的单位。

该细则条款明确了立法的意图，即若被视为一种植物品种，植物必须在其繁殖中具备遗传同质性和稳定性。

实施细则第 26（4）条实质上与 1991 年版 UPOV 的第 1（vi）条以及植物品种权上诉委员会（CPVR）的第 2100/94 号欧盟条例第 5（2）条相同，CPVR 为植物育种者确立了植物品种权的保护。UPOV、CPVR 和 EPC 对于“植物品种”的统一界定有助于使“植物品种”保护在 EPC 管辖外成为可能，而在 EPC 规定下“植物品种”排除了可专利性。相反地，非品种植物的保护在 EPC 规定下是可能的，而在 CPVR 规定下是不可能的，因为该条例仅适用于品种植物。正如上诉委员会在决定 T 1854/07（种子油/CONSEJO SUPERIOR）中简要指出的：专利排除的范围是获得植物品种权的对应部分（第 7 点），Transgenic plants/NOVARTIS Ⅱ。

扩大上诉委员会决定 G 1/98（转基因植物/诺华Ⅱ）对 EPC 第 53（b）条规定的植物品种的排除作了进一步说明。该决定认为，只要不单独主张这些品种，包含植物品种的权利要求就不用依照 EPC 第 53（b）条从可专利性中排除。其作用在于，EPO 对可以包括个别植物品种的一类植物获得专利保护从根本上是可能的，只要权利要求的主题不涉及单一植物品种。

这在实施细则第 27（b）条中明确规定，即：

> 生物技术发明如果涉及……植物或动物，且发明的技术可行性不局限于特定植物或动物品种，则也应是可专利性的。

该原则已在一些决定中应用。例如在 T 1854/07（种子油/CONSEJO SUPERIOR）中，权利要求涉及一种通过杂交和育种方法获得的特定油含量的向日葵种子。因此，所述权利要求涉及一种用种子产品如何制备限定的种子产品，并且提及的生产方法依据 EPC 第 53（b）条构成了本质上属于生物学的方法。根据 EPC 第 53（b）条考虑所述种子产品是否是“植物品种”时，上诉委员会使用了实施细则 第 27（b）条的规定。上诉委员会得出结论，当保护的种子具有某些共同性状（特定的脂肪酸组成），这些共同性状不构成界定其全部遗传组成的“基因型”。因此，植物/种子是否是实施细则第 26（4）条意义上的“植物品种”的问题，变成了统一基因组组成的问题。该案中，请求保护的种子的共享表型并不足以认定它们为被排除可专利性的植物品种。

因此，根据 EPC 第 53（b）条，上诉委员会认为保护的种子没有作为植物品种排除可专利性（第 13 点）。值得注意的是，上诉委员会认为，即使权利要求包含了植物品种，这也是适用的。该观点与 G 1/98 完全一致，其权利要求包含了某些植物品种，但只要权利要求没有指向一种特定的植物品种，根据 EPC 第 53（b）条就不应被排除可专利性。

类似地，T 775/08（草甘膦抗性的紫花苜蓿/孟山都）中，权利要求涉及一种包括已经保藏的代表性植物 J-101 的草甘膦紫花苜蓿植物种子，上诉委员会根据实施细则第 26（4）条承认保藏品系 J-101 代表一种植物品种，但由于权利要求并未限定至 J-101 且包括其他品系，根据 EPC 第 53（b）条的规定，该较宽的权利要求未排除其可专利性。

在 T 2239/08（水稻/拜耳）中，权利要求涉及具有以保藏号标明的特定水稻品种的特定转基因序列的转基因水稻植物、细胞、组织或种子。如上所述，上诉委员会认为，根据实施细则第 26（4）条的规定，保藏的水稻是植物品种，但权利要求不仅仅限于该品种，因此类似于 G 1/98 的观点，根据 EPC 第 53（b）条的规定未排除其可专利性。

在决定 T 788/07（芸苔/先锋）中，权利要求涉及一种对雄性不育具有可遗传的和稳定的育性恢复基因的杂交种子，通过很多保藏号品系杂交生产，且植物中具有某些特定的性状导致油籽产生特定的性状。上诉委员会认为，根据实施细则第 26（4）条中对“植物品种”的定义，所述种子或产生的植物不能看作其适合不变地繁殖的单位。因此，所述种子/植物不能被认为是“植物品种”，从而不是 EPC 第 53（b）条所排除的。该决定表明，如果植物被看作 EPC 第 53（b）条的“植物品种”而被排除可专利性，实施细则第 26（4）条（a）（b）和（c）的每项要求必须都满足。

G 1/98 同时认为，在审查一项生产植物品种的方法权利要求时，EPC 第 64（2）条不作考虑。EPC 第 64（2）条规定，如果欧洲专利的主题是一种方法，专利所赋予的保护延伸至通过该方法直接获得的产品（但不包括通过其他未主张的方法获得的相同产品）。因此，除了方法本身，生产一种特定植物的方法权利要求将涵盖通过该受保护的方法获得的特定植物。G 1/98 的观点意味着，即使该特定植物属于实施细则第 26（4）条意义上的“植物品种”，所述方法权利要求也不会基于 EPC 第 53（b）条排除可专利性。因此，G 1/98 意味着在依照 EPC 第 53（b）条的规定排除植物品种时，应区别对待方法权利要求与产品权利要求，对前者采取更自由化的方式。

最后，扩大上诉委员会在决定 G 1/98 中认为，EPC 第 53（b）条中排除植物品种适用于无论何种方式生产的植物品种（当以产品形式要求保护时）。因此，决定 G 1/98 澄清了，植物是否被认为是排除的植物品种的问题仅取决于其是否符合实施细则第 26（4）条给出的标准。

与植物有关的欧洲判例法集中于 EPC 第 53 条的排除式规定，因此，该排除式规定和上述“植物品种”的界定是下面小节中主要讨论的方面。

D. Ⅵ. 2. b. b. 本质上属于生物学的方法

除了排除植物和动物品种（即产品），EPC 第 53 条也排除了“生产植物或动物的本质上属于生物学的方法”。应该注意到，这类方法的排除对任何类型的植物生产方法均适用，而不仅仅限于植物品种的生产方法。这种排除应被狭义地解释，尤其是考虑到其不适用于微生物学方法或其产品的事实［EPC 第 53（b）条］。

“本质上属于生物学的”在实施细则第 26（5）条被正式地定义，规定了：［a］如果植物或动物的方法全部由诸如杂交或筛选的自然现象构成，那么其是本质上属于生物学的方法。

该规定的难点在于解释“杂交”和“筛选”，尤其是当考虑这些操作是否倾向于以及物动词的或不及物动词的含义来解释。立法上诉委员会倾向于对实施细则第 26（5）条中的这些术语赋予及物动词的含义，即植物或动物通过人类干预杂交或筛选。然而，这些术语也具有相当于自然发生的不及物动词的含义，例如植物通过授粉自交和通过具有在环境中茁壮生长特性的植物的不同存活情况筛选。实施细则第 26（5）条的解释由此看来并不充分。

术语“本质上属于生物学的”解释参见扩大上诉委员会的两个决定，2007 年 5 月 22 日 T 83/05（花椰菜/植物生物科学公司）和 2008 年 4 月 4 日 T 1242/06（番茄/以色列），扩大上诉委员会在决定 G 2/07（花椰菜/植物生物科学公司）和 G 1/08（番茄/以色列）中合并了对这两个案件的答复意见，两个案件决定要点相同，内容如下：

1. 产生植物的非微生物学方法，若含有或仅有植物全基因组有性杂交以及后续对植物进行选择的步骤，原则上属于 EPC 第 53（b）条所指的“本质上属于生物学的”方法，需被排除在可授予专利权的范围之外。

2. 仅因为该方法进一步含有的步骤或杂交和选择步骤中的部分内容是技术性的，且用于帮助或协助植物全基因组有性杂交或实现后续对植物进行的选择，则该方法仍不能避免被 EPC 第 53（b）条的规定所排除。

3. 然而，对于在有性杂交和选择步骤中进一步含有技术性步骤的方法，如果该步骤本身在所获植物的基因组中导入了某一特征或对基因组的某一特征进行了修饰，以至于该导入和修饰的特征不是通过有性杂交而使所选择的植物产生了基因杂交的结果，则该方法是不能依据 EPC 第 53（b）条被排除在可授予专利权的范围之外的。

4. 在审查是否该方法因为属于 EPC 第 53（b）条意义上的“本质上属于生物学的”方法而被排除在可授予专利权的范围之外时，该技术性步骤是否为新的或已知的方法，对已知方法的改变是否为微小或重大的，是否存在于自然界或能在自然界发生，或者是否发明的本质依赖于此，均与之不相关。

通过该观点的措辞，扩大上诉委员会阐明了 EPC 第 53（b）条规定的“实质的生物学方法”的排除倾向于适用“杂交”和“筛选”的及物动词的含义，基于人类干预的目标，植物（或动物）被杂交和被筛选。在其进一步说明中，上诉委员会在“实质性生物学”和非“实质性生物学”方法间划了更为清楚的分界线，即 a）非生物学方法和 b）由有性杂交植物全基因组和接下来筛选植物的步骤组成。

审查指南提供了一些对于适用 G 2/07（花椰菜/植物生物科学公司）和 G 1/08（番茄/以色列）的观点有帮助的例子。一些例子与动物相关，表明 G 2/07（花椰菜/植物生物科学公司）和 G 1/08（番茄/以色列）涉及的“本质上属于生物学的方法”的观点不应局限于植物，也应适用于动物。根据审查指南的规定，杂交、相互交配繁殖或选择性繁殖动物（如马）的方法，仅涉及选择性繁殖和将有某种特性的动物（或其配子）聚集，属于“本质上属于生物学的方法”，因而不可授予专利权。即使包含额外的技术性特征，如使用遗传的分子标记筛选亲本或子代，该方法仍然是本质上属于生物学的方法而不能授予专利权。然而，通过遗传工程插入基因或性状到植物中的方法不依赖于全基因组的重组和植物基因的自然混合，因而是可以获得专利权的。进一步地，处理植物或动物的方法来改善其特性或产量或促进或抑制其生长，例如一种修剪树木的方法，就不是生产植物或动物的本质上属于生物学的方法，因为其不基于植物或动物的全基因组有性杂交和接下来的筛选。这同样适用于一种处理植物的方法，特征在于通过使用生长刺激物质或辐射。最后一个例子，审查指南记载了通过技术手段处理土壤来抑制或促进植物生长也不能排除其可专利性。

从上述扩大上诉委员会在决定 G 2/07 和 G 1/08 的观点和审查指南中提供的示例可以明确的是，按照 EPC 第 53（b）条的规定，EPO 将植物（或动物）的全基因组有性杂交和后续筛选视为决定方法是否是“本质上属于生物学的方法”，并因而排除可专利性的关键性标准。

然而，最近判例法提出了以下问题，由于产品通过排除的方法制备，通过“本质上属于生物学的方法”生产的植物产品是否也应该排除其可专利性的问题。因而，这个问题就是本质上属于生物学的方法的排除是否延伸至通过该方法制备的产品。EPC 第 53（b）条没有明确排除本质上属于生物学的方法制备的产品的可专利性。最近两个决定已经提交此类问题至扩大上诉委员会审议。2012 年5 月 31 日 T 1242/06（番茄/以色列）和 2013 年 7 月 8 日 T 83/05（花椰菜/植物生物科学公司）已经考虑并提交至扩大上诉委员会来明确，当产品以方法限定的产品权利要求形式予以保护时（有关方法限定的产品权利要求的解释，参见第 C. Ⅰ. 3. e. a.），EPC 第 53（b）条中生产植物的本质上属于生物学的方法的排除是否能够使涉及植物或植物材料（如植物部分的产品权利要求）也不被接受。特别是如果用于生产植物的方法特征界定为本质上属于生物学的方法，那么涉及植物或植物材料（除植物品种外）可接受吗?

决定 T 1242/06（2012 年5 月 31 日）和 T 83/05（2013 年7 月8 日）给出了很多支持和反对这种本质上属于生物学方法产品延伸效应的原因。依据 G 2/12（番茄Ⅱ/以色列）和 G 2/13（花椰菜Ⅱ/植物生物科学公司），这些正面和反面的考虑在扩大上诉委员会尚处于未决状态。本书出版时，扩大上诉委员会还没有发布对这些问题的观点。

依据 EPC 第 53（b）条的规定，仅三个主题排除可专利性：a）植物品种，b）动物品种和 c）生产植物或动物的本质上属于生物学的方法。提交至扩大上诉委员会的问题实质上询问这个清单是否应扩展包含第四种排除：用于生产植物或动物的本质上属于生物学的方法的产品，当该产品采用以方法限定的产品权利要求形式时。就作者观点而言，可专利性的排除必须被狭义地解释。事实上，可专利性排除的狭义解释在过去上诉委员会的意见中有很多先例，例如 T 866/01（安乐死的组合物/密歇根州立大学）。按照该观点，像 EPC 第 53（b）条中法令性排除可专利性必须在表面上狭义地解释，以至于从可专利性排除的主题明确地在排除中体现，并不存在其他情况。支持该观点是认为立法者对什么主题应被排除，什么主题不能被排除应该有明确的概念。这种明确的概念预示着起草时立法者的决定，意味着在解释排除条款时，可以假定排除和省略是立法者明确的目的。通过陈述：

> 对涉及……植物或动物品种或用于生产植物或动物的本质上属于生物学的方法，不授予欧洲专利……

立法者的目的是，应该从可专利性排除的唯一产品权利要求是那些涉及“植物或动物品种”的主题，从可专利性排除的唯一方法权利要求是那些涉及用于生产植物或动物的“本质上属于生物学的方法”，即无论由本质上属于生物学的方法产生的植物或动物是否是植物或动物品种。我们注意到，EPC 第 53（b）条没有从可专利性排除“用于生产植物或动物的本质上属于生物学的方法的产品”，对应于上述第四种潜在的情形。由于 EPC 第 53（b）条没有排除第四种情形作为从可专利性排除的主题，作者相信，立法者没有想要把此类主题从可专利性排除。

EPO 上诉委员会已经与作者的某些上述观点持一致意见。例如上述 T 1854/07（种子油/CONSEJO SUPERIOR）中，上诉委员会考虑，在以下两者之间存在的关系（如果有的话），即某种植物是否要被归为 EPC 第 53（b）条和实施细则第 26（4）条意义上的“植物品种”，与另一方面生产该植物的方法。此处，上诉委员会认为：

> 决定 G 1/98 毫无疑问地阐明了植物是否被认为是植物品种仅取决于其是否符合实施细则第 26（4）条的标准……，其生产方法不管是重组基因技术还是传统的植物育种方法，都与回答该问题无关。没有异议的是，植物品种可以是杂交和筛选的产品……，但是……当声称的表型已经通过转基因导入获得时，从决定 G 1/98 不能得出限定的植物不是植物品种，反之，当具有需要的表型的植物以更加传统的方式获得时，如突变或杂交和筛选，其自然是植物品种。

那么，生产植物（也许同样适用于动物）的方法根据 EPC 第 53（b）条的规定应该对将该植物从可专利性排除没有产生影响。EPC 第 53（b）条规定的唯一从可专利性排除的产品是实施细则第 26（4）条规定的“植物和动物品种”，不管其如何生产。反之，EPC 第 53（b）条规定的唯一从可专利性排除的方法是实施细则第 26（4）条规定的“本质上属于生物学的方法”。根据一项条款排除的主题应局限于该条款明确的规定，该观点与上述狭义解释可专利性排除是一致的。进一步的考虑是增加通过本质上属于生物学的方法生产的植物至实施细则第 26（4）条的排除“清单”中会赋予扩大上诉委员会立法者的角色，这当然不是它的作用。扩大上诉委员会可以解释法律，但不能修改法律。

应该强调的是，以上仅是本书作者的个人观点，本书出版时，扩大上诉委员会还没有就相关的法律问题公布其观点。

D. Ⅵ. 2. c. 充分公开

下面更为具体地讨论上诉委员会如何审视涉及植物发明的充分公开要求。EPO 植物相关的申请大多涉及转基因植物，以下探讨的决定和该领域相关。下面列举的几个示例中，上诉委员会强调公开充分的一般性标准也适用于植物相关的发明。

在决定 T 694/92（修饰的植物细胞/MYCOGEN）中，权利要求涉及通过插入一特定遗传基因修饰植物细胞的方法，产生的植物细胞以及由修饰的植物细胞生长的植物或植物组织。在该决定第 2 要点中，上诉委员会重申了审理公开充分的基本原则，即权利要求的范围必须与本领域技术人员无过度负担的实施整个权利要求范围的能力相平衡。在决定第 5 点中，上诉委员会运用了长期存在的原则，即专利必须提供至少一种在整个保护范围内实施发明的方式。在某些情况下，即使 EPC 本身没有对实施例的正式要求，根据发明的性质也许需要至少一个实施例。该案中，上诉委员会认为权利要求非常宽泛，其应用于任何植物细胞的修饰和任何植物结构基因的插入。由于这种宽泛的范围，上诉委员会认为专利没有充分公开：

> 对本领域技术人员而言，需要在没有过度负担的情况下确实地获得在任何植物启动子调控下的任何植物结构基因表达的技术效果，因此，它们（说明书中的实验证据和技术细节）没有对权利要求公开充分，像当前权利要求 1 宽泛地涉及此类方法一样。（第 19 点）

该决定表明 EPO 对转基因植物发明的一致立场，即权利要求范围越大，使本领域技术人员实施其全部范围内的发明的支持性信息越重要。因此，撰写大范围的权利要求时，无论涉及植物与否，满足公开充分的指导原则应该是专利公开的程度是否与权利要求所要求保护的范围相匹配。

决定 T 149/98（抗性发展/拜耳）用至少两个特异的基因稳定插入基因组并通过相同或不同启动子调控的植物细胞，每种基因编码不同的相关蛋白，使两种不同蛋白在植物细胞中生产。权利要求也涉及植物，像含有转基因组合的芸苔、番茄、马铃薯、烟草、棉花或莴苣类植物。这里，尽管该专利没有记载田间试验，上诉委员会认为没有理由相信保护的发明不能实施（第 12 点）。该决定表明上面提到的原则，即 EPC 不包含对实施例或实验数据正式的规定，依据发明的性质，专利中缺少此类内容并不一定使其公开不充分。

上述 T 149/98 的一般原则在决定 T 984/00（Ti－质粒载体/MAX-PLANCK-GESSELSCHAFT）中得到进一步说明，其涉及含有稳定整合入植物基因组外源 DNA 的植物细胞，该申请进一步涉及由此类细胞构成的植物，如该植物的种子。上诉委员会认为该申请对现有技术的贡献在于提供了包含需要的外源 DNA 的细胞，而不是野生型 Ti 质粒 T 区域的所有基因，因而也不是 T 区域的任何有害基因。虽然上诉委员会承认发明的宽度也许需要在鉴定优选的植物组合、期望的外源编码 DNA 和启动子方面进一步的研究和可能的发明来验证，但也认为不能期望申请列出所有的可能性（第 16 点）。该观点表明，申请人/专利权人可以依据本领域技术人员一定程度的推断来支持公开充分，这在该案中得到了上诉委员会的认可。

在决定 T 78/01（抗虫植物/MYCOGEN）中，权利要求涉及含有植物细胞的植物，所述细胞经遗传修饰含有特定的受植物表达型启动子调控的结构基因，该基因的表达赋予植物对昆虫攻击的抗性。上诉委员会确认了三个主要焦点问题，其指导对 EPC 第 83 条规定的公开充分的评价：1）植物载体的可获得性；2）插入的杀虫性结构基因的可获得性；3）单子叶植物的转化和再生。这些问题表明，为了满足 EPC 第 83 条的规定，实施一项植物发明（特别是转基因植物发明）所需材料的可及性是很重要的。最后，上诉委员会否定了公开充分，认为本领域技术人员在试图实施该发明时，为了阐明申请文件中的不确定结果，存在过度负担。另外，该决定表明了确认本领域技术人员能够获得实施植物发明所需的所有材料的重要性。否则，根据 EPC 第 83 条的规定，专利中应提供这些信息。

决定 T 612/92（单子叶植物/RIJKSUNIVERSITEIT LEIDEN）涉及用含有特定 DNA 序列的特定细菌感染原生质体将外源 DNA 整合至单子叶植物基因组的方法，通过感染，细菌中的 DNA 序列被转化到单子叶植物中。该案中，上诉委员会认为，发明对该领域的贡献是已知技术的新应用，评价公开充分的主要问题是，基于权利要求的全部范围，该方法能否实施（第 10 点）。决定第 11 点提及上诉委员会已确立的判例法，其明确表示，适用于该（转基因）植物发明公开充分的标准与之前上诉委员会在其他非植物相关案件中适用的标准并无不同。该案中，尽管上诉委员会承认，对双子叶植物而言，类似于所述保护的方法已经存在，但该专利没有公开如何将已知用于双子叶植物的方法适用于单子叶植物。因此，实施该发明全部的范围时，本领域技术人员存在过度负担，因而否定了公开充分。

如上文讨论的，如果从现有技术无法知晓，则专利申请中需要公开实施发明的任何和所有信息，这在决定 T 891/02（马铃薯淀粉/巴斯夫）中进一步说明。该案涉及通过抑制支链淀粉从而形成增加马铃薯植物中支链淀粉形成的方法，所述方法包括将一基因载体转入马铃薯组织的基因组，所述载体含有一个特定的启动子，一个转录起始位点和编码一种特定蛋白基因的第一外显子，所述外显子以反义链方向插入。在该案意见中，上诉委员会考虑了公开充分的基本层面，将其用于该转基因植物案件中：

以公开换保护是专利授权的基本要求，该要求是基于法律原则，即以技术信息对公众公开为条件，就发明授予发明者暂时的排他性权利。在欧洲专利公约中，公开的要求规定于 EPC 第 83 条，记载了欧洲专利申请必须以足够清楚和完整的方式公开发明，使本领域技术人员能够实施。(第 2 点)

在决定第 6 点中，上诉委员会考虑了需要实施发明的序列的可获得性。例如，基因组和酶 DNA 序列对本领域技术人员能够实施要求保护的发明是必要的。上诉委员会认为，本申请优先权日时，至少有一个必需的序列不能获得，在缺少需要的酶基因的序列信息的情况下，想制备发明的基因载体的本领域技术人员首先不得不从马铃薯中分离需要的基因。最后，上诉委员会认为这是过度负担，并否认了公开充分。该决定再次说明，植物发明中，尤其是涉及转基因植物的发明中，实施发明所需要的基因在先能够获得的重要性。如果不能获得，该申请必须公开必需的基因/信息。

决定 T 1052/98（基因开关/先正达）涉及转基因植物中调控外源基因或系列基因表达的方法。该方法中，编码区受一种特定的玉米谷胱甘肽转移酶（GSTII）基因启动子的调控，然后基因转录通过给植物施用一种化学诱导剂诱导。上诉委员会认为，仅仅列出一般的程序性步骤，缺少任何确凿的数据和涉及 GSTII 启动子的技术信息，不能认为符合 EPC 第 83 条规定的充分清楚和完整的公开（第 1 点）。事实上，上诉委员会认为，即使每个单独的实验步骤本身通过一定量的反复试验能够被认为是可实现的，但是向着最终目标成功地逐步前行需要的全部实验付出对本领域技术人员而言是过度的（第 3 点）。该决定表明，对于转基因植物发明，即使当实施所要求保护的方法的步骤本身是已知的，但如果对本领域技术人员而言确定这些步骤应该如何与实现发明相联系是过度繁重的，那么也许仍然是公开不充分的。

D. Ⅵ. 2. d. 权利要求的清楚和支持

对涉及植物的发明，上诉委员会已经发布了大量的决定涉及 EPO 有关清楚的规定标准。下面的几个示例中概括了一些观点，并使用了转基因植物的例子，适用于其他类型发明的清楚的一般标准，也适用于转基因植物发明。

T 984/00（Ti－质粒载体/MAX-PLANCK-GESSELSCHAFT）涉及一种含有稳定整合至基因组的外源 DNA 的转基因植物细胞。就外源 DNA 的部分限定而言，权利要求 1 指定了外源 DNA 是“实质上不含野生型 Ti 质粒内部的 T-DNA 序列”。审查部门以功能性限定驳回了该术语。上诉委员会对术语“实质上不含”作了解释，认为权利要求的用语表明，结构性的解释是合适的，只要其达到的效果是实质上仅边界区和任何需要的启动子序列保留在整合的外源 DNA 中（第 6 点）。在上诉委员会看来，本领域技术人员能够用不在目标边界和 T-DNA 之间的准确界限内切开的限制性内切酶分离 T-DNA 边界，并带有属于内部 T-DNA 的部分核苷酸，所述 T-DNA 具有边界区，但没有任何有害作用残留。上诉委员会得出结论，权利要求中术语“实质上”的使用能够被本领域技术人员理解，因此，该术语是清楚的（第 7 点）。应该注意到，在该案中，当使用限制性内切酶时的特定条件下，上诉委员会认为是清楚的。然而，一般来说，当撰写权利要求时，应避免使用如“主要地”或“实质上”等此类相对的术语，因为这些术语提供了能导致不清楚的解释空间。

在决定 T 610/01（植物生长/LONG ASHTON RESEARCH STATION）中，除其他内容外，权利要求还涉及含有编码与某一特定序列同一性至少 50% 的多肽的 DNA 分子的转基因植物、植物细胞和后代，并具有 GA20 氧化酶活性。评价清楚问题时，上诉委员会认为，引用与一指定序列具有一定百分比同一性导致产生了非常大的保护范围。评价是否符合 EPC 第 84 条关于清楚的规定时，其中一个主要考虑因素是本领域技术人员确定该范围（即权利要求的边界）是否是可能的。这些边界是明确的还是模糊的？如果是明确的，那么根据 EPC 第 84 条的规定，权利要求是清楚的；如果不明确，那么权利要求就是不清楚的。该案中，上诉委员会得出结论，本领域技术人员能够以直接的方式鉴别所要求保护的分子。因此，只要本领域技术人员能够确定范围是什么，宽泛的权利要求本身不一定就是不清楚的。对于转基因植物发明撰写权利要求，这是有用的指导原则，因为权利要求的范围经常或至少部分依赖于整合入植物的遗传序列的限定。

在决定 T 1006/02（转化细胞的筛选/先正达）中，上诉委员会考虑了术语“共转导”和“可表达的”是否是不清楚的。上诉委员会认为两个术语都是清楚的。对术语“共转导”而言，本专利说明书中给出了该术语正规的定义来达到这样的作用，即两个“共转导”的核苷酸序列彼此连在一起或以其他方式一起转导，共转导的核苷酸序列存在于细胞中说明目标核苷酸序列已经进入细胞。上诉委员会认为这是明确的定义。对于术语“可表达的”，上诉委员会认为该术语在遗传学领域对本领域技术人员是常见的，经常涉及编码的蛋白产品的遗传序列（第 20 ~ 22 点）。该决定说明，撰写专利申请时应尽可能对许多术语提供规范定义的重要性。EPO 经常要求这些规范的定义应该表述在权利要求中使保护主题清楚。然而，其他案件中，如同本案一样，有时简单地引用说明书的规范定义来支持清楚就足够了。

在决定 T 1165/03（大豆转化/孟山都）中，上诉委员会考虑了涉及带有一个“foreign”基因和一个“exogenous”基因的大豆的权利要求的清楚问题。该问题是术语“foreign”和“exogenous”是否存在任何不同，如果存在，不同是什么。在其观点中，上诉委员会考虑到当两个不同的术语用于说明书时，这意味着这些术语有不同的含义。然而，在缺乏对术语“foreign”和“exogenous”规范定义的情况下，不同的含义应该是什么是不清楚的。在来自该专利的这些术语没有任何有意义的区别的情况下，上诉委员会对“foreign”赋予了宽泛的可能的含义，这也影响了新颖性的评价。该案很好地表明了撰写专利申请时说明书和权利要求通篇使用一致的术语的重要性，也说明了对使用的术语解释的重要性。当两个术语之间存在无法解决的不一致问题和对单一术语的含义存疑，并且说明书没有定义时，EPO 评价可专利性时会尽可能宽泛地解释存在疑问的术语。

D. Ⅵ. 2. e. 天然植物

这里使用的术语“天然植物”的含义参见 D. Ⅵ. 1. 的导言。

D. Ⅵ. 2. e. a. 天然植物产品权利要求

天然植物通过产品权利要求的方式试图获得专利保护存在几方面的障碍。

第一，没有进一步代表一种新的技术教导的表征，而仅仅在自然界发现的野生型植物，不能视为一种发明，而是一种发现。因为欧洲专利仅对发明而不对发现授权［EPC 第 52（2）（a）条］，涉及此类表征的野生型植物产品权利要求不能被接受。排除发现的可专利性在 C. Ⅰ. 1. a. 讨论。

第二，虽然有上述规定，EPC 第 53（a）条排除了其商业开发违反了公共秩序或道德的发明，对接受涉及天然植物的产品权利要求提出了额外的障碍。有关公共秩序和道德的解释在上述 D. Ⅵ. 2. a. 讨论。

如果一项植物发明未落入以上排除条款的规定，其必须进一步满足可专利性的要求，即发明必须具备新颖性（EPC 第 54 条）、创造性（EPC 第 56 条）和工业实用性（EPC 第 57 条）。因此，只要保护的植物本身没有依据 EPC 第 53（b）条的规定，作为“植物品种”排除可专利性，适用于传统化学发明的相同法条也对植物发明是有效的。

除了以上可专利性要求外，专利申请的其他要求也必须满足。尤其是，专利申请对发明的披露必须达到本领域技术人员能够实施的程度（EPC 第 83 条），权利要求必须对本领域技术人员足够清楚并且也必须得到说明书的支持（EPC 第 84 条）。专利申请的这些要求的基本信息参见 C. Ⅰ. 3. b. 、C. Ⅰ. 3. e. b. 和 C. Ⅰ. 3. e. c. 。

与 EPC 第 83 条规定的植物发明公开有关的一个有意思的问题是，植物的繁殖材料能否根据实施细则第 31 条的规定保藏（参见 C. Ⅰ. 3. b. b. ）。虽然早期 EPO 判例法［T 356/93（植物细胞/植物遗传系统公司）］认为该条款不局限于细菌和酵母，而且包括真菌、藻类、原生动物以及人、动物和植物细胞，但实施细则第 31 条以前的版本局限于“微生物”的保藏。与欧盟生物技术指令第 2（1）（a）条相一致，实施细则第 26（3）条对术语“生物材料”进行了界定：任何包含遗传信息和能够自我繁殖或在生物系统中繁殖的材料。

尽管是针对动物，决定 T 315/03（转基因动物/哈佛）认为：

> 任何动物由含有遗传信息的材料组成和能够繁殖是没有疑问的，因此，根据当前实施细则第 26（3）条规定，动物是一种产品。（第 5. 2 点）

将相同的考虑用于植物（或其能够繁殖的部分，如种子或幼苗）必然产生同样的结论：任何植物（或其能够繁殖的部分）属于实施细则第 26（3）条意义上的“生物材料”，同样落入实施细则第 31 条规定的可保藏的范畴。与该想法一致，在 T 1854/07（种子油/CONSEJO SUPERIOR）中，上诉委员会在解释 EPC 第 53（b）条的过程中考虑了种子和植物（第 4 点）。根据实施细则第 26（3）条的规定，属于“生物材料”的植物或其部分为了满足公开充分的要求可以被保藏。

如 D. Ⅴ. 1. 讨论的内容，根据实施细则第 31 条的规定，植物细胞能被保藏。

在涉及天然植物的发明中，可重复性问题能影响对 EPC 第 83 条规定的公开充分的评价。特别是，此类事件发生的可能性也许对保护的主题是否公开充分产生影响，如果该事件发生的可能性较低或超出实验控制，那么这反过来会影响本领域技术人员实施发明的能力，从而降低保护主题被视为公开充分的可能性。

这是明确的，例如在决定 T 1026/02（芸苔油菜种/先锋）中，该案保护的主题涉及一种芸苔属植物或其部分，含有一个对 Ogura 胞质雄性不育系纯合的育性恢复基因，授粉后，保护的植物生产具有一种特定化学成分的油籽。决定中，上诉委员会重申了总体原则，即一项寻求保护的发明的公开是专利授权的基本条件（第1点）。上诉委员会得出结论，用基于杂交和筛选的植物育种程序通过有丝分裂交换事件，两个紧密连锁的基因和目标性状的分离至子代中是随机事件（第9点）。实质上，上诉委员会认为，本领域技术人员实施该发明的成功依靠运气，并且该案中，由于使用专有的种子品系，即使是幸运的本领域技术人员试图实施发明的可能性也被进一步降低（第9点）。上诉委员会的结论是：

> 在缺少此类随机事件发生和屡次鉴定足以确保成功的证据的情况下，对可重复性而言，依靠随机事件或运气会带来过度的负担（第10点），并认为该申请公开不充分。

虽然该原则适用于任何类型的发明，但看起来尤其适合涉及天然植物的发明，其成功依赖于某种遗传事件发生的可能性。

决定T 542/04（大豆产品/杜邦）中一条类似的原则却产生了不同的结论。该案中，权利要求涉及具有一种基因型的大豆，该基因型赋予了一种特定种子水苏糖含量的可遗传表型，由于机械加工方法，如脱壳、破裂或粉碎，大豆是非存活的，并且种子可从子代品系获得，该子代品系通过植物杂交的方法使一特定基因纯合制备。权利要求也涉及多种使用大豆的方法以及制备不同大豆蛋白产品、不同大豆蛋白产品本身以及含有大豆的宠物食品的方法。上诉委员会的观点中，评价公开充分的主要问题是专利是否提供了充分的信息，涉及用于含有所述特定基因的等位基因的大豆品系生产和鉴定的信息以及用于这些等位基因的鉴定的信息。因为保护的方法涉及植物杂交步骤，所以，关键问题是是否相配的等位性检验在现有技术已知或被本申请公开。上诉委员会的结论是，本领域技术人员能够确定任何新鉴定的和分离的突变大豆品系的等位性，所述品系带有特定等位基因具有较低的棉子糖含量（第17点）。该案异议方提出无证据主张，该专利实施例的重复操作将不会产生要求保护的大豆品系，提供相应的用于权利要求1所述的方法的原始材料，意味着重复该专利实施例的主题依靠随机事件。上诉委员会确实参考了过去依靠随机事件导致公开不充分的判例，但是该案得出的结论是，本专利提供了充分的信息，如杂交和检验过程的每一阶段必须实施的步骤。因此，在缺乏反驳证据和支持依靠随机事件导致公开不充分的一般原则的情况下，上诉委员会认为本案是公开充分的。

权利要求撰写

尽管涉及天然植物的产品权利要求如果被视为发现，则可能不被EPO授权，但是此类权利要求的措辞一般如下所示：

植物 *X*，具有特征 a，b，c……

其中特征 a，b，c……是能够准确限定的植物内在或外在特征和/或参数。如果植物不能通过特征充分限定，权利要求可以包含制备植物的方法步骤。此类方法限定的产品权利要求可以有如下措辞：

植物 *X*，可通过含有步骤 1，2，3……的方法获得。

判例法最近提出了问题，即针对此类方法限定的产品权利要求的方式限定的植物，如果引用的方法属于所排除的“本质上属于生物学的方法”，那么植物是否排除可专利性。这个问题已经提交至扩大上诉委员会，在上述 D. Ⅵ. 2. b. 对术语“本质上属于生物学的”有具体的讨论。

允许的天然植物产品权利要求示例如下所示：

EP - B1 - 2135504 - 权利要求 1

一种非转基因除草剂抗性植物，其表达一种突变的 EPSPS 基因产物，所述基因产物与野生型酶相比具有相同水平的催化活性，其中 EPSPS 基因在拟南芥 Thr_{178}和 Pro_{182}位点或其他物种 EPSPS 基因类似的氨基酸残基位点突变，其中 Thr_{178}变为 Val 或 Leu，Pro_{182}变为 Leu 或 Ser。

该权利要求有一明确表述，即所述植物不是转基因的。

EP - B1 - 1973396 - 权利要求 1

具有减少或缺失创面诱导表面褪色的莴苣属植物，通过将 NCIMB 保藏号 41454 或 41441 植物与另一相同物种的植物杂交并通过一种筛选方法检验杂交植物获得，所述方法包括：

a）在待筛选的植物或植物部分和对照产生创伤表面；

b）孵育创伤表面使其内部或表面发生褪色；

c）观察植物或植物部分的内部或表面创伤表面褪色；

d）将观察到的待筛选植物或植物部分的内部或表面创伤表面褪色与对照比较确认与对照相比具有减少或缺失创面诱导表面褪色的植物。

EP - B1 - 1973396 - 权利要求 17

蔬菜产品，包含一种如权利要求 1 ~ 11 任一项所述的莴苣属植物或其部分。

引用的权利要求 1 如上所述，涉及莴苣属植物本身。

D. Ⅵ. 2. e. b. 天然植物方法权利要求

当撰写制备天然植物的方法权利要求时，EPC 第 53（b）条的排除条款再次成为此类权利要求授权的障碍。EPC 第 53（b）条规定，如果生产植物的生物学方法是“本质上属于生物学的方法”，则不能获得专利权，该条款在上述 D. Ⅵ. 1. a. b. 予以讨论。

在决定 T 1360/08（一年生苜蓿/PRISTINE FORAGE TECHNOLOGIES PTY LTD）中，权利要求涉及一种植物和用突变剂处理已知栽培品种的方法。上诉委员会认为，将已知栽培品种或野生型品种用突变剂处理不能被视为一种如杂交或筛选的自然现象；相反，它是技术性步骤，自身引入新的性状到产生的植物基因组中。上诉委员会因此认为，该方法与实施细则第 26（5）条规定的自然现象不符，要求保护的方法因而不属于 EPC 第 53（b）条规定排除的“本质上属于生物学的方法”。

对于可专利性的进一步要求，即新颖性、创造性和工业实用性以及申请的要求，即公开充分、权利要求的清楚和支持，参见 C. Ⅰ. 3. 。

权利要求撰写

制备天然植物的方法权利要求一般措辞可以如下所示：

一种制备植物 X 的方法，包括以下步骤 a，b，c……

根据上述讨论的“本质上属于生物学的方法”的界定，为了不落入 EPC 第 53（b）条规定的排除范畴，所述步骤 a，b，c 等至少一步应该是改变遗传性状的实质性技术步骤（如通过辐射）或该方法应该没有杂交和筛选步骤。

除上述制备天然植物的方法外，其中“制备”意味着获得一种新的植物基因组，植物在不影响植物遗传同一性的某种条件下培育来改善植物产量的方法权利要求也是可能的。此类方法也必须含有一个技术步骤来避免 EPC 第 53（b）条规定的排除。然而，该要求在大多数情况下都是满足的，因为通常增加产量等需要人类以技术的方法干预，这对获得的结果是决定性的。

而且，植物作为目标产品分离的原始材料被使用的方法权利要求是可以接受的。此类权利要求不受 EPC 第 53（b）条的影响，因为其不涉及植物的制备，而涉及植物来源的产品的制备。

授权方法权利要求的示例如下所示，这些例子与 EPC 第 53（b）条特别相关，因为它们对什么样的主题不会作为 EPC 规定的本质上属于生物学的方法予以排除提供了一些指导。以下权利要求也被认为符合 EPC 的进一步规定，尤其是 EPC 第 84 条的清楚性规定。技术性步骤用下划线标示。

EP－B1－0257845－权利要求 1

一种生产斑叶植物的方法，其特征在于，在植物生长期间用叶绿素抑制剂处理植物，由此直接或间接破坏所述植物体内的叶绿素或已知所述叶绿素生物合成。

上述方法中，生物生长期间用叶绿素抑制剂处理植物可以视为技术性步骤。

EP－B1－0361124－权利要求1

一种生产盾叶天竺葵植物的方法，所述植物花瓣中包含天竺葵色素和甲基花青素的至少一种花色素，和/或包含一种雄性不育因子，所述植物通过种子繁殖，包括：

（a）初始杂交，其中一方亲本的遗传材料由盾叶天竺葵提供，另一方亲本选自由以下植物构成的组：

i）P. x hortorum；

ii）P. scandens；

iii）一种级联型天竺葵属植物；

（b）筛选（a）的子代，并用选自由以下植物构成的组的植物与其进一步杂交：

i）P. x hortorum；

ii）P. scandens；

iii）一种级联型天竺葵属植物；

iv）由（a）产生的植物；

v）在一育种程序中产生的植物，其中初始遗传材料由盾叶天竺葵和 P. x hortorum、P. scandens 或一种级联型天竺葵属植物提供；

vi）盾叶天竺葵；

其中，在育种程序的任何阶段，表现目标特性的植物可以被筛选用于自花授粉获得纯系。

所述方法涉及通过去除表现此表型的任何果实来绕过自发性早期不育并在体外培养驯化胚成为分化的小苗。

上述方法中通过去除表现某表型的任何果实和体外培养胚成为分化的小苗可以视为技术性步骤。

EP－B1－0374755－权利要求1

一种生产双单倍体黄瓜植物的方法，包括分离未成熟或未受精的胚珠，或胚囊细胞，或子房组织中未成熟或未受精的胚珠或胚囊细胞，通过含有激素的培养基诱导胚的形成。当获得单性果实时，培养基含有细胞分裂素；获得非单性果实时，培养基含有生长素，再生胚形成指定的植物并使基因组加倍，如果不能自发发生的话。

上述方法至少含有分离胚珠和使用含有激素培养基的步骤。

EP－B1－2350290－权利要求 1

一种生产雄性不育植物的方法，所述植物在花粉发育早期，在花粉囊绒毡层中表达植物 BECLIN1 1 基因。

EP－B1－2289310－权利要求 4

一种提高有用作物产量的方法，所述作物暴露于干旱和/或热压力条件下，包括通过拌种、叶面喷洒或土壤施肥用一种或多种化合物处理有用植物，所述化合物选自由吡唑解草酯，双苯恶唑酸和 4－环丙基氨基羰基－N－（2－甲氧基苯甲酰）苯磺酰胺组成的组。

EP－B1－2288253－权利要求 1

一种从猩猩木植物组织生产体细胞胚的方法，特征在于使用胚诱导培养基，包括：至少 0.1～1 mg/l α－萘乙酸和至少 0.2～1 mg/l 噻苯隆，条件是如果 α－萘乙酸浓度低于 0.2 mg/l，噻苯隆浓度至少 0.4 mg/l。

EP－B1－2288253－权利要求 4

一种生产非嵌合猩猩木植物的方法，包括以下步骤：

a）产生权利要求 1～3 任一项所述的体细胞胚；

b）培育来自步骤 a）中产生的体细胞胚的成熟非嵌合猩猩木植物，特征在于所述步骤 a）中的猩猩木植物是嵌合植物。

EP－B1－2198700－权利要求 2

一种生产在靶 DNA 序列具有改变的甲基化谱的非转基因植物的方法，包括以下步骤：

a）在所述植物中提供用于诱导 RNA 指导的 DNA 甲基化的多聚核苷酸，所说多聚核苷酸含有与所述靶 DNA 序列互补的序列；

b）将所述多聚核苷酸导入植物细胞中；

c）在所述转化细胞中表达所述多聚核苷酸，由此诱导 RNA 指导的 DNA 甲基化；

d）在所述植物转化细胞中确定所述靶 DNA 序列的甲基化谱；

e）在所述靶 DNA 序列表现改变的甲基化谱的转化植物的筛选和自交；

f）从步骤 e）杂交后代中筛选植物，所述植物缺少用于步骤 b）导入的多聚核苷酸。

EP－B1－2195438－权利要求1

一种将目标分子导入具有细胞壁的植物细胞的方法，所述方法包括：

i）在新鲜培养基中亚培养一周龄植物悬浮培养物4～7天。所述培养物含有具有细胞壁的植物，所述培养基包含有效量的微管抑制剂，由此产生包含具有细胞壁的植物细胞的植物亚培养物；

ii）用目标分子包被直径少于100 nm的纳米微粒；

iii）将植物亚培养物和包被的纳米微粒彼此接触；

iv）共孵育所述植物亚培养物和包被的纳米微粒至少20分钟，以至于允许摄入纳米微粒和目标分子至具有细胞壁的植物细胞中。

EP－B1－1867728－权利要求1

一种在植物中生产有机结合的维生素B的方法，优选选自维生素B1、B2、B3、B5、B6、B7、B9、B12或其混合物，其中可萌发的植物种子首先浸泡于微生物B的溶液中，并在萌发期间用微生物B溶液喷洒。

D. Ⅵ. 2. e. c. 天然植物用途权利要求/目的限定型产品权利要求

当撰写用途权利要求时，应该考虑用途权利要求被EPO作为方法权利要求予以解释，参见C. Ⅰ. 3. e. a. 。

例如以下类型的用途权利要求：

亲本植物*X*用于制备植物品种*Y*的用途。

会被解释为如下类型的方法权利要求：

用于制备植物品种*Y*的方法，其中植物*X*用作亲本植物。

很明显，该权利要求可以作为用于生产植物品种*Y*的“本质上属于生物学的方法”解释，即作为一种传统的育种方法，因此落入了EPC第53（b）条所排除的范畴。

然而，当作为方法权利要求解释时，如果权利要求包含了一个技术性步骤，如D. Ⅵ. 2. a. b. 所述，应该不属于EPC第53（b）条排除的范畴。

对于进一步的可专利性要求，即新颖性、创造性和工业实用性，以及专利申请的要求，即公开充分和权利要求的清楚和支持，参见C. Ⅰ. 3. 。

权利要求撰写

为了规避EPC第53（b）条的排除条款，用途权利要求应按以下方式措辞：

植物 *X* 用于（技术）目的 *Y* 的用途。

其中，“技术”目的 *Y* 可以是任何技术目的。然而，当该目的在于使用植物 *X* 制备进一步的植物 *Y* 时，考虑到 EPC 第 53（b）条的排除条款，该目的就至关重要。当然，如上所述，当植物用于例如作为分离目标产品的来源（或任何其他技术目的），权利要求是允许的。

用途权利要求允许的示例如下所示：

EP－B1－2350290－权利要求 7

如权利要求 1 所述方法在诱导选自权利要求 3 所列群组的植物雄性不育中的用途。

上述权利要求有趣地以“方法的用途”表述。

EP－B1－2198700－权利要求 9

根据权利要求 2～8 任一项用于生产种子、果实、茎、根和叶或其他植物来源产品的方法获得的植物的用途，所述植物具有一个基因表达下调，优选的编码基因编码对动物、人或植物有害的产品，优选的基因编码过敏原或在植物中影响毒性生化物质水平的基因，或编码不想要的性状的基因，例如涉及启动过分成熟的基因。

EP－B1－1867728－权利要求 19

根据权利要求 1～18 任一项所述的方法在生产有机结合的维生素 B 中的用途。

如上述 EP 2350290 所述，该权利要求有趣地以“方法的用途”表述。

D. Ⅵ. 2. f. 杂种植物

此处术语“杂种植物”的含义参见本章的导言部分（D. Ⅵ. 1.）。

D. Ⅵ. 2. f. a. 杂种植物产品权利要求

如天然植物 D. Ⅵ. 2. e. a. 部分所述，EPC 第 53（b）条排除了植物品种的可专利性。这适用于不论植物是天然还是杂种植物的情形。如决定 G 1/98（转基因植物/诺华 II）的解释，植物是否被认为是排除的植物品种的问题仅取决于其是否符合实施细则第 26（4）条的规定。实施细则第 26（4）条表明了立法者的意图，为了被视为植物品种，该植物必须在遗传上同质且稳定繁殖。当指出植物群体“能被作为一个单元考虑其未发生变化的繁殖稳定性”，实施细则第 26（4）条涉及了作为排除的植物品种需要具备的稳定性要求。

考虑杂种植物时，“不变的繁殖”这一要求变得尤其重要，因为杂种植物经常表现出高度变化，因此，繁殖稳定性差。稳定性差是决定 T 320/87（杂种植物/路博润）中涉及的问题，对此上诉委员会明确指出：

来自此类种子的杂交种子和植物，在整代群体的某种性状中缺少稳定性，不能视为 EPC 第 53（b）条意义上的植物品种……（判例摘要Ⅱ）

杂种植物不太可能落入“植物品种”的法律界定中，因此，在某种性状中缺乏稳定性的杂种植物涉及的产品权利要求应该更可能规避 EPC 第 53（b）条的排除。

对于进一步可专利性要求，即新颖性、创造性和工业实用性以及专利申请的要求，即公开充分和权利要求的清楚和支持，参见 C. Ⅰ.3.。

权利要求撰写

一般来说，杂种植物可以通过以下类型的产品权利要求予以保护：

杂种植物 *X*，具有特征 a、b、c……

其中 a、b、c 等代表能够准确限定的植物表型或参数的结构特征。

然而，通过其特征描述杂种植物经常是困难的，如表型。这种情况下，制备植物的方法更适合限定杂种植物。因此，多数情况下，适当的权利要求是方法限定的产品权利要求。

方法限定的产品权利要求措辞可以是：

杂种植物 *X*，可通过含有步骤 1、2、3……的方法获得。

其中步骤 1、2、3 等是用于获得目标植物的步骤。然而，需要注意上述关于用“本质上属于生物学的方法”限定的植物产品是否可授权的讨论。尽管 EPC 没有强调这个问题，但是的确根据 EPC 第 53（b）条的措辞，植物产品仅当其是“植物品种”时应排除可专利性，两个上诉委员会已经将该问题提交至扩大上述上诉委员会。如 D. Ⅵ. 2. a. b. 所述，这些决定目前悬而未决，如 G 2/12（番茄Ⅱ/以色列）和 G 2/13（花椰菜Ⅲ/植物生物科学公司）。

下述示例体现了 EPO 授权的杂种植物权利要求。

EP-B1-0044723-［决定 T 320/87（杂种植物/路博润）所涉专利］权利要求 21

根据权利要求 20 所述的杂种种子生产的表型一致的杂种植物。

申请中没有可用信息能够使申请人足以用组成、结构或某种其他可检测参数限定产品时，EPO 允许用方法限定产品权利要求，因为植物不能通过生理学或形态学特征表征。

D. Ⅵ. 2. f. b. 杂种植物方法权利要求

当撰写制备杂种植物的方法权利要求时，必须再次考虑 EPC 第 53（b）条规定的本质上属于生物学的方法的排除。因此，此类权利要求必须包含一个可允许的技术性步骤（参见上述 D. Ⅵ. 2. b. b. 部分关于“本质上属于生物学的方法”的讨论）。对方法权利要求所要求的进一步信息可见天然植物部分（D. Ⅵ. 2. e. b. ）。

本节中，应该强调的是，EPC 第 53（b）条排除了生产任何植物的本质上属于生物学的方法，不论产生的植物是否是植物品种，结果便是生产杂种植物的方法。如果是本质上属于生物学的方法可能被排除可专利性，但是涉及相同杂种植物的产品权利要求可以接受。这是 C. Ⅰ. 3. a. c. 所述的一般情况的例外，即对于包含可接受的产品权利要求的申请而言，涉及该产品制备的权利要求无需实质审查通常也是接受的。

对于进一步的可专利性要求，即新颖性、创造性和工业实用性以及专利申请的要求，即公开充分和权利要求清楚和支持，参见 C. Ⅰ. 3. 。

权利要求撰写

有关生产杂种植物的方法权利要求的措辞，适用上述生产天然植物的方法权利要求的相同规则（参见 D. Ⅵ. 2. e. b. ）。

涉及制备杂种植物授权的方法权利要求的示例如下所示。考虑到 EPO 对 EPC 第 53（b）条的解释，该条款排除了生产植物的本质上属于生物学的方法的可专利性，这些例子特别令人感兴趣（技术性步骤用下划线标注）。

EP－B1－0263017－权利要求 1

一种制备禾本科杂种植物的方法，所述方法包括：从来源水稻的愈伤组织或悬浮细胞制备原生质体，从来源其他禾本科植物的愈伤组织或悬浮细胞制备原生质体，使原生质体细胞融合。特征在于融合通过电处理进行，所述电处理包括：在使用连续的交流电之间使用直流电和在含有水稻培养细胞作为滋养细胞的培养基中孵育产生的融合细胞，并进一步在含有植物激素的培养基中培养形成克隆细胞。

上述方法中，技术性步骤如通过电处理融合原生质体。

EP－B1－0385296－权利要求 1

生产杂种葱属植物的方法，包括以下步骤：制备来自两种不同葱属植物的两种不同原生质体，从供体分离原生质体，使原生质体细胞融合产生杂种细胞，然后培养杂种细胞，细胞融合后，杂种细胞从其他细胞分选出来，然后单独培养。其特征在于：细胞培养和分选细胞前，杂种细胞和其他细胞一起培养至少达到细胞膜再生的程度。

EP - B1 - 0044723 - （决定 T 320/87 - 杂种植物/路博润）权利要求 1

一种快速发育杂种和商业上生产杂种种子的方法，包括：

（a）筛选第一杂合亲本植物和筛选第二亲本植物；

（b）使第一亲本植物和第二亲本植物杂交获得表型一致的原始亲本来源的杂种；

（c）克隆所述第一亲本植物生产第一克隆的亲本株系；

（d）所述第一克隆的亲本株系与所述第二亲本植物或第二亲本株系杂交获得杂交种子，所述种子产生表型一致的杂种，当所述第二亲本植物是杂合的和由此产生的第二亲本株系用于步骤（d）的杂交，所述第二亲本株系必须通过克隆产生；

（e）根据要求重复步骤（c）和（d）获得杂种种子，所述种子产生表型一致的杂种植物和优选地产生来自种子的表型一致的杂种植物。

步骤（a）~（e）组合使该方法变成非本质上属于生物学的方法，尽管每个单一步骤都是本质上属于生物学的方法。在新判例法规定下，是否允许此类权利要求存疑。

D. Ⅵ. 2. f. c. 杂种植物用途权利要求/目的限定型产品权利要求

如天然植物部分已经讨论的，用途权利要求作为方法权利要求解释。因此，当用途权利要求涉及生产植物的本质上属于生物学的方法时，EPC 第 53（b）条成为允许用途权利要求的障碍。对该问题的更多细节，参见 D. Ⅵ. 2. b. 。

对于进一步的可专利性要求，即新颖性、创造性和工业实用性以及专利申请的要求，即公开充分和权利要求清楚和支持，参见 C. Ⅰ. 3. 。

权利要求撰写

用途权利要求的一般措辞可以是：

杂种植物 *X* 用于（技术性）目的 *Y* 的用途。

对于“技术性”目的，参见 D. Ⅵ. 2. e. c. 。

D. Ⅵ. 2. g. 转基因植物

此处术语“转基因植物”的含义参见本章的导言部分（D. Ⅵ. 1. ）。

D. Ⅵ. 2. g. a. 转基因植物产品权利要求

如 C. Ⅰ. 2. a. 讨论的，EPC 第 53（a）条排除了其公开或开发会违反“公共秩序”或“道德”的发明的可专利性。EPO 当前对术语“公共秩序”和“道德”的解释参见 C. Ⅰ. 2. a. a. 和 D. Ⅵ. 2. a. 。

要求保护的发明是否构成 EPC 第 53（a）条意义上的可专利性排除必须在个案中分析。决定 T 356/93（植物细胞/植物遗传系统公司）审查了植物发明的道德和公共秩序问题。

该决定下的专利（EP－B1－0242236），含有涉及转基因植物的权利要求，所述植物通过将保护植物抗除草剂的基因整合入植物基因组对除草剂双丙氨膦抵抗。而且，该专利包含涉及该植物的种子的权利要求和下述方法权利要求 24：

> 选择性保护栽培植物和选择性破坏杂草的方法，包括用由谷氨酰胺合成酶抑制剂组成的除草剂处理土壤的步骤。其中，植物细胞基因组中含有一个外源核酸序列，编码具有在被所述植物细胞聚合酶识别的启动子的调控下能够中和或失活谷氨酰胺合成酶抑制剂的酶活性的蛋白。

异议方/上诉人认为，所要求保护的主题的开发将破坏环境，因此，违反了 EPC 第 53（a）条对“公共秩序”以及“道德”的规定。上诉委员会否定了该观点，首先陈述道：植物生物技术本身不能被认为比传统选择性育种更加违反道德（第 17. 1 点）。并且得出结论：在已授权发明的开发将严重损害环境的条件下，EPC 第 53（a）条规定的欧洲专利权的撤销应以 EPO 决定撤销专利权时对环境的威胁被充分证实为条件（第 18. 5 点）。

上诉委员会认为，权利要求不能授权的观点主要基于一种可能性，即保护的主题也许导致不希望的破坏性事件，包括对生态系统的破坏。然而，对上诉委员会而言，这种由发明的开发导致的某些不希望事件发生的可能性不足以依据 EPC 第 53（a）条撤销专利。上诉委员会明确陈述：

> 不能从引证文献得到确定的结论，即任何所要求保护的主题的开发都会严重破坏环境从而违反“公共秩序”。根据 EPC 第 53（a）条的规定仅基于可能的、还没有确定的书面化的危害就否决一项专利是不公平的。（第 18. 7 点）

总之，根据 EPC 第 53（a）条的规定，涉及转基因植物的产品权利要求应该被允许，只要没有力证能够证明发明的开发会违反“公共秩序”规定的严重破坏环境或打破公共和平或社会秩序，或只要发明没有违反传统上接受的欧洲文化的行为标准而违反 EPC 第 53（a）条的道德规定。决定 T 356/93（植物细胞/植物遗传系统公司）也考虑了“道德”的规定。在决定第6点中，上诉委员会陈述了“道德的概念与信念相关，即某种行为是正确的和可接受的而另一种行为是错误的，这种信念以深深地根植于特定文化的可接受规范的全部为基础”。对EPC而言，这种文化是欧洲社会和文明固有的文化。因此，根据EPC第53（a）条的规定，“发明的开发与固有于该文化的传统可接受的行为准则不一致的，应以违反了道德而排除可专利性”。

为了试图表明部分群体认为所要求保护的主题不可接受，T 356/93中的上诉人使用了一项在瑞典农民间开展的调查，其中大多数（82%）反对遗传工程，尤其是除草剂抗性植物，以及在瑞士进行的一项涉及动物和植物可专利性的民意测验，其中多数（69%）反对就动物和植物授予专利。然而，上诉委员会认为，当根据EPC第53（a）条的规定评价主题的可专利性时，调查和民意测验本身不是决定性的。委员对该观点的理由包括一个事实，即调查和民意测验不会影响深深地根植于欧洲文化的道德规范。而且，调查和民意测验的结果易受提出的问题的类型或样本大小的影响而发生变动。特定人群的调查（如农民），往往反映了他们特定的兴趣和/或信念偏差。一般来说，EPC第53（a）条是否构成可专利性的障碍的问题必须具体问题具体分析。因此，依赖于调查或民意测验几乎是不可靠的。上诉委员会指出：

> 植物生物技术是在植物领域通过使用当代科学知识实现应用的改进或进步的技术。该技术的发展必然地对植物相关的自然现象有更好地理解和控制。

然而，在上诉委员会看来，这不会使该技术领域的活动本质上是错误的。确实，在上诉委员会的判决中，植物生物技术本身不被认为比传统选择性育种更加违反道德，因为传统育种者和分子生物学专家通过相同的动机引导，通过导入新的遗传材料改变植物的特性来获得新的并可能改进了的植物。在上诉委员会看来，遗传工程技术的强大潜力是民意表现出的关注和忧虑的起因，是该领域很多意见不同和争论的原因。实质上，上诉人的反对理由是“……通过人获得的对自然界的支配”。上诉委员会认为这种考虑可以理解，因为如何面对科学所产生的利弊总是困扰着人类。像任何其他的工具，植物工程技术能被用于建设性的或破坏性的目的。上诉委员会认为，这些技术的滥用或破坏性使用毫无疑问地违反了“公共秩序”或道德。根据这些考虑，上诉委员会评价了是否所要求保护的主题涉及植物生物技术的滥用或破坏性使用。上诉委员会发现没有此类滥用，因此，裁决认为除了不违反“公共秩序”外，也不违反道德。因此，保护的主题不会从EPC第53（a）条规定的可专利性排除。

随后的判例T 475/01（Phosphenotrizene-Resistenzgen/拜耳）与T 356/93

持相同观点。T 475/01 中，权利要求涉及转基因植物、其部分以及种子，特征在于通过一个抗性基因赋予某些除草剂抗性。上诉人认为所要求保护的主题违反 EPC 第 53（a）条规定的道德的主要观点是，具有显著伦理疑惑的某些人群反对活的生物体和它们的基因的专利性。上诉委员会不同意该意见，认为其没有违反“公共秩序”或道德。上诉委员会也意识到，很多人反对活的生物体和它们的基因的专利性，但认为这种反对本身不意味着此类专利根据 EPC 第 53（a）条是不道德的。上诉委员会指出，欧盟成员国已经参加生物技术指令第 4 条的起草和批准，该条声明只要发明的技术可行性不局限于特定的植物品种，植物便可作为主题的发明被授予专利权。生物技术指令第 4 条试图在该问题上寻求欧盟范围的共识。上诉委员会认为，对欧盟成员国来说，批准一项允许植物专利申请的条款，而同时又支持违反这一条款的另一条款是相互矛盾的。生物技术指令对所有欧盟成员国有约束力，且意在将植物（包括遗传上改变了的植物）在原则上是可专利性的观点编成法典。由于以上这些理由，上诉委员会没有接受上诉人的观点，即仅仅因为某些人群认为保护主题是不允许的，该主题就应根据 EPC 第 53（a）条的规定排除。得出该观点时，上诉委员会参考了上述早期决定 T 356/93。

而且，在转基因植物符合实施细则第 26（4）条规定的“植物品种”定义的情况下，排除植物品种可专利性的 EPC 第 53（a）条成为涉及转基因植物产品权利要求的授权障碍。

EPO 允许转基因植物权利要求的早期实践是基于以下解读，排除条款应被狭义地解释，不特定涉及植物品种而涉及更高级分类学命名的权利要求应该是允许的。在实践中，这意味着转基因植物的产品权利要求以不特指某一种植物品种来撰写，而是用更普通的措辞，如“表现特性 *X* 的转基因植物”。

对于进一步的可专利性要求，即新颖性、创造性和工业实用性以及专利申请的要求，即公开充分和权利要求清楚和支持，参见 C. Ⅰ.3. 。

权利要求撰写

一般来说，转基因植物的产品权利要求以上述用于杂种植物类似的方式撰写（D. Ⅵ. 2. f. a. ）。

以下涉及 EPO 转基因产品授权权利要求的示例。

EP－B1－0429458－权利要求 15

一种通过利用二氢吡啶二羧酸合成酶（DHDPS）的生物合成途径生产游离的 L－赖氨酸的转化植物，其中所述 DHDPS 是（a）外源基因的产物和（b）对受内源性产生的游离 L－赖氨酸导致的反馈抑制抗性。

EP－B1－0511979－权利要求 2

一种植物、种子或繁殖材料，含有权利要求 1 所述的细胞。

该专利的权利要求 1 涉及一种表达一种原核的铵特异性天冬酰胺合成酶的植物细胞。

EP－B1－0429478－权利要求 9

一种含有权利要求 8 所述转化植物细胞的转基因植物。

该专利权利要求 8 涉及含有一种特定表达盒的转化细胞。

EP－B1－0412912－权利要求 26

转基因的表型正常的植物，其属于香瓜物种并可通过权利要求 11 所述的方法获得。

该专利权利要求 11 记载了制备转基因香瓜的方法。

EP－B1－0369637－权利要求 11

一种转基因植物，其细胞中含有一个如权利要求 8 所述的嵌合基因，以至于植物通过抑制 DHPS 发挥作用展现出对除草剂的抗性。

该专利权利要求 8 特指嵌合基因。

EP－B1－0269601－权利要求 7

一种分化的番茄植物，对鳞翅类幼虫展现毒性，含有权利要求 4 的转化的番茄细胞。

该专利权利要求 4 涉及含有某一嵌合基因的转化的番茄细胞。

EP－B1－0242246－权利要求 16

非实质性生物学转化的植物，其细胞基因组中拥有稳定整合的权利要求 1～3 任一项所述的异源 DNA。

EP－B1－0186425－权利要求 25

一种含有权利要求 23 的植物细胞转基因的潮霉素抗性植物和其潮霉素抗性后代。

该专利权利要求 23 涉及含有一特定嵌合基因的转化植物细胞。

EP－B1－2390339－权利要求 5

一种细胞或油籽植物或转基因种子，其基因组中含有权利要求 4 的重组 DNA 构建体。

EP – B1 – 2376635 – 权利要求 2

一种抗线虫的转基因植物，含有一个重组表达载体，该载体包含一个根特异性启动子，可操作地与编码包含 SEQ ID NO：38 的 1～226 位氨基酸的富含丝氨酸—精氨酸蛋白的多聚核苷酸相连。

EP – B1 – 2356899 – 权利要求 4

一种对炭疽病和细菌性叶斑病病原体抵抗的转基因植物，包含：

一个 A）和 B）的组合。

A）一个具有特定 SEQ ID NOs 碱基序列的 RPS4 基因：

i）在特定 SEQ ID NOs 氨基酸序列中具有至少 1～30 个氨基酸的取代、缺失、插入和/或添加的蛋白质的编码 DNA；或 ii）在严谨条件下与特定 SEQ ID NOs 序列杂交的 DNA；或 iii）与特定 SEQ ID NOs 序列具有至少 90% 或更高氨基酸序列同一性的蛋白的编码 DNA；

B）一个具有特定 SEQ ID NOs 碱基序列的 RCH2 基因：

i）在特定 SEQ ID NOs 氨基酸序列中具有至少 1～30 个氨基酸的取代、缺失、插入和/或添加的蛋白质的编码 DNA；或 ii）在严谨条件下与特定 SEQ ID NOs 序列杂交的 DNA；或 iii）与特定 SEQ ID NOs 序列具有至少 90% 或更高氨基酸序列同一性的蛋白质的编码 DNA；

将其导入植物，当 A）和 B）每一个单独导入时，A）和 B）不赋予植物对病原体的抗性；当 A）和 B）以组合方式导入时，赋予植物对病原体的抗性。

EP – B1 – 2301948 – 权利要求 11

一种包含权利要求 10 的转基因植物细胞的转基因植物。

EP – B1 – 2298914 – 权利要求 1

一种转基因植物，具有下述稳定转染至其基因组的序列之一：

(a) 如 SEQ ID NO：9 所示的多聚核苷酸序列；

(b) 与 SEQ ID NO：9 至少 95% 同一性的多聚核苷酸序列；

(c) 编码含有如 SEQ ID NO：7 或 8 所示氨基酸序列多肽的多聚核苷酸；

(d) 编码含有与 SEQ ID NO：7 或 8 所示氨基酸序列至少 95% 同一性的多肽多聚核苷酸。

EP – B1 – 2267136 – 权利要求 1

一种草甘膦抗性的紫花苜蓿植物或其部分或其种子或其后代，所述植物或其部分、或其种子或后代的基因组包含：

（a）如图1所示的转基因遗传元件和至少一个选自序列3和4限定了插入位点的连接区序列；

（b）如图1所示的转基因遗传元件和至少一个选自序列7和8限定了插入位点的连接区序列。

其中，图1所示的转基因遗传元件存在于保藏在ATCC的紫花苜蓿事件J－101和J－163，保藏号为PTA－4814和4815。

EP－B1－2230310－权利要求14

相对于对照植物具有提高种子产量的转基因植物，由编码权利要求1限定的类bHLH11多肽的核酸序列的表达提高引起，其中所述核酸受一种中性强度组成型启动子调控，或一种来自所述转基因植物的转基因植物细胞。

上述示例仅代表涉及转基因植物的小部分EPO授权专利。

D. Ⅵ. 2. g. b. 转基因植物方法权利要求

如T 356/93（植物细胞/植物遗传系统公司）所述，EPC第53（a）条排除了违反道德或公共秩序的发明的可专利性，成为方法权利要求授权的障碍。该问题在上述转基因植物产品权利要求部分（D. Ⅵ. 2. g. a.）和一般性解释部分D. Ⅵ. 2. a. 讨论。

在天然和杂种植物部分（D. Ⅵ. 2. e. 和D. Ⅵ. 2. f. b.）讨论的用于生产植物的本质上属于生物学的方法的排除，不会成为涉及制备转基因植物方法权利要求可专利性的主要障碍，因为如T 356/93（植物细胞/植物遗传系统公司）和G 2/07（花椰菜/植物生物科学公司）后来确定和解释的，制备转基因植物的方法一般不会被视为是EPC第53（b）条意义上的“本质上属于生物学的方法”。这些决定的具体讨论内容参见D. Ⅵ. 2. a. b.。

最近，在决定T 1360/08（一年生苜蓿/PRISTINE FORAGE TECHNOLOGIES PTY LTD）中，上诉委员会考虑了一种生产植物的方法权利要求，涉及将已知特定种类的栽培品种或野生品种通过突变剂处理。上诉委员会将通过突变剂处理视为一个技术性步骤改变植物遗传基因来获得一种新的性状。因此，所要求保护的方法不会以EPC第53（b）条规定的本质上属于生物学的方法而被排除。

因为转基因植物的产生通常涉及遗传工程化植物细胞的步骤，该步骤引入或修饰了植物基因组中的性状，因此，制备转基因植物的方法正常情况下不会被依据EPC第53（b）条排除。

对于进一步的可专利性要求，即新颖性、创造性和工业实用性以及专利申请的要求，即公开充分和权利要求清楚和支持，参见 C. Ⅰ.3. 。

权利要求撰写

对于涉及制备转基因植物的方法权利要求，一般权利要求措辞可以是：

生产转基因植物的方法，包括引入外源 DNA *X* 进入所述植物细胞和从所述细胞再生植物的步骤。

该权利要求不会根据 EPC 第 53（b）条的规定以生产植物的本质上属于生物学的方法排除，因为其含有一个技术性步骤，即引入外源 DNA 进入植物细胞，并且该外源 DNA 在植物基因组中引入或改变了一个表型。

而且，如天然或杂种植物部分所述，其他方法权利要求也是可能的，涉及生长植物的培养条件或在方法中使用植物分离感兴趣的产品。

以下列举的权利要求是 EPO 允许的。特别有趣的是，它们没有被认为违反了 EPC 第 53（b）条，其排除生产植物的本质上属于生物学的方法的可专利性。每个示例中，用于避免被归为 EPC 第 53（b）条意义上的“本质上属于生物学的方法”的技术性步骤用下划线标示。

EP－B1－0397687－权利要求 1

一种生产转基因植物的非组织培养方法，包括：

（a）萌发菜豆或橹豆植物种子 24～48 小时；

（b）<u>用含有土壤杆菌来源的载体中的可转化基因的毒性或无毒土壤杆菌菌株孵育萌发期间、种子分化前产生的分生组织或中胚轴细胞</u>；

（c）允许细胞分化成成熟植物。

EP－B1－0242246－权利要求 5

生产植物或所述植物繁殖材料的方法，所述植物含有一个异源的稳定整合的遗传物质并能够在所述植物或繁殖材料中以能够失活或中和谷氨酰胺合成酶抑制剂活性的蛋白形式表达，所述方法包括：<u>用含有异源 DNA 以及调控元件的重组 DNA 转化细胞或组织</u>，所述调控元件选自那些能够在所述细胞或组织中引起所述异源 DNA 稳定整合和能够在所述植物细胞或组织中表达所述外源核酸序列的元件，再生来自用所述异源 DNA 转化的植物细胞或组织的植物或所述植物的繁殖材料或二者，任选地，生物学复制所述最后提及的植物或繁殖材料或二者，特征在于所述异源 DNA 具有权利要求 1～3 任一项 DNA 片段的核酸序列或所述编码具有膦丝菌素乙酰转移酶活性蛋白的部分序列。

EP-B1-0186425-权利要求17和18

17. 一种筛选含有潮霉素抗性的重组DNA的植物细胞的方法，包括：

(a) 转化权利要求12的表达载体至根瘤农杆菌菌株；

(b) 将表达载体的嵌合基因插入潮霉素敏感的植物细胞；

(c) 通过在足够阻止细胞生长的潮霉素存在的情况下，饲育细胞筛选表达潮霉素抗性的细胞。

18. 一种从权利要求17的方法筛选的含有潮霉素抗性重组DNA的细胞再生为成熟植株的方法，在适合成熟植物再生的条件下培养筛选细胞并再生为成熟植株。

EP-B1-0290395-权利要求8

一种生产转化的可育植物的方法，包括：根据权利要求1~7所述方法用DNA转化植物细胞材料和在培养条件下培养转化的植物细胞。

EP-B1-0316797-权利要求4

生产具有改变花颜色的植物的方法，特征在于编码具有黄烷酮醇-4还原酶活性的DNA序列通过基因工程技术导入不能正常还原二氢山萘醇的植物，所述还原酶具有对二氢山萘酚持续的底物特异性。

EP-B1-0301749-权利要求24

一种制备遗传转化的植物品系的方法，包括以下步骤：

制备外源基因拷贝，所述外源基因包含一个编码区和在植物细胞有效表达编码区的侧翼调控序列；

将外源基因拷贝与生物学载体颗粒连接；

将植物分生组织置于靶面；

在靶面物理加速携带外源基因拷贝的颗粒使某些颗粒进入至少分生组织的一些细胞的内部；

使分生组织生长为完整性成熟的植株；

从成熟植株获得自花授粉的种子；

从种子生长为子代植株；

分析子代植株外源基因的存在。

EP-B1-0429478-权利要求11

将一性状导入植物的方法，包含以下步骤：

(a) 分离其表达赋予植物性状的基因；

(b) 构建权利要求1~7任一项所述的带有分离基因的DNA植物表达盒;
(c) 用表达盒转化植物;
(d) 从转化的植物细胞再生植物。

EP-B1-0269601-权利要求1

一种生产遗传转化的对鳞翅类昆虫展现毒性的番茄植物的方法,包括:
(a) 插入番茄细胞基因组一个嵌合基因,含有:
(i) 一个引起在植物中行使产生mRNA转录功能的启动子;
(ii) 一个产生编码一种苏云金杆菌毒性蛋白的mRNA的编码序列,该蛋白质的编码DNA序列如图1的序列1-3471所示;
(iii) 一个3’非翻译区域,在番茄中添加多聚腺苷化的核苷酸至mRNA的3’末端;
(b) 筛选转化的番茄细胞;
(c) 再生来自遗传转化的对鳞翅类幼虫展现毒性的番茄植物的转化细胞。

EP-B1-0221044-权利要求35

一种生产能够产生所需增加量的多肽的遗传转化植物的方法,包括以下步骤:
(a) 插入植物细胞基因组中一个质粒DNA,该质粒DNA含有:
(i) 第一DNA片段,含有一个异源DNA序列和一个编码双生病毒DNA外壳蛋白组分的片段,所述第一DNA片段允许植物细胞中质粒DNA自主复制;一个第二DNA片段,含有一个来自编码双生病毒DNA外壳蛋白组分的片段的直接复制DNA序列,所述第二DNA片段与所述第一DNA片段的一侧相连,并允许从所述植物载体释放植物质粒;
(ii) 一个异源DNA序列,含有编码需要多肽的基因;
(b) 获得转化的植物细胞;
(c) 从转化的植物细胞再生遗传转化能够以增加量生产需要的多肽的植株。

EP-B1-2390339-权利要求11

一种生产转化植物的方法,包括:用权利要求1或2的多肽转化植物细胞,从转化植物细胞再生植株。

EP-B1-2376635-权利要求1

一种制备线虫抗性的转基因植物的方法,所述方法包括步骤:

a）提供重组表达载体，所述重组表达载体包含与编码AVR9诱导的_111B样蛋白质的多核苷酸有效连接的根特异性启动子，所述AVR9诱导的_111B样蛋白质包含SEQ ID NO：38的氨基酸1~226；

b）用重组表达载体转化植物细胞；

c）从转化的植物细胞再生转基因植物；

d）选择转基因植物，所述转基因植物当与不包含重组表达载体的野生型植物比较时，对植物寄生性线虫感染表现出增加的抗性。

像上述涉及转基因植物产品权利要求一样，以上示例仅代表涉及EPO授权的转基因植物方法专利的小部分。

D. Ⅵ. 2. g. c. 转基因植物用途权利要求/目的限定型产品权利要求

撰写涉及转基因植物用途权利要求时，权利要求的措辞应当使其不能解释为生产植物的本质上属于生物学的方法［EPC第53（b）条］，即与上述D. Ⅵ. 2. b. 和C. Ⅰ. 2. c. 部分讨论的G 2/07（花椰菜/植物生物科学公司）的观点一致，植物应被用于技术性目的。

对于进一步的可专利性要求，即新颖性、创造性和工业实用性以及专利申请的要求，即公开充分和权利要求清楚和支持，参见C. Ⅰ. 3. 。

权利要求撰写

用途权利要求的一般措辞如下：

转基因植物*X*用于（技术性）目的*Y*的用途。

对于“技术性”目的的更多细节，参见D. Ⅵ. 2. b. 和C. Ⅰ. 2. c. 。

允许的用途权利要求示例如下所示：

EP-B1-2045327-权利要求20

权利要求10~12任一项的转基因生物体或从中衍生的如权利要求19所述的细胞培养物、部分或转基因繁殖材料的用途，用于生产食品、动物饲料、种子、药物和精细化学品。

EP-B1-1961815-权利要求4

如权利要求1~3任一项所述的用于清除水体中过量磷的植物体的用途。

EP-B1-1881073-权利要求10

如权利要求1~9任一项所述的用于农产品生产的植物或种子的用途。

D. Ⅵ. 2. h. 植物部分

此处所用术语“植物部分”的含义参见本章的导言部分（D. Ⅵ. 1. ）。

当涉及植物部分时，排除植物品种可专利性的 EPC 第 53（b）条必须予以考虑。如 C. Ⅰ. 2. b. 和 D. Ⅵ. 2. b. a. 所述，在早期决定 T 49/83（繁殖材料/汽巴—嘉基）中，上诉委员会广义地解释了术语“植物品种”，既包含植物本身也包含繁殖材料。上诉委员会明确指出：

> 立法者不希望 EPC 授予此类植物品种的专利保护，不论是以繁殖材料或植物本身的形式。(第 2 点，最后一句)

因此，上诉委员会得出结论：

> 然而，EPC 第 53（b）条仅禁止在遗传上固定形式的植物品种中的植物或它们的繁殖材料。(第 3 点，最后一句)

术语“植物品种”包含繁殖材料的这一解释在之后的决定 T 356/93（植物细胞/植物遗传系统公司）中得到进一步发展。

然而，从 T 356/93（植物细胞/植物遗传系统公司）中不完全清楚，是否术语“植物品种”应包括繁殖材料，从而依据 EPC 第 53（b）条的规定将繁殖材料从专利保护中排除。尽管在理由部分提及了“转化的植物或种子”，但是 T 356/93 没有最终对涉及繁殖材料的权利要求的可授权性作出决定。

如上所述，标志性判决 G 1/98（转基因植物/诺华Ⅱ）讨论了术语“植物品种”。该案中，扩大上诉委员会面临的问题中不涉及是否如种子类繁殖材料应包括在术语“植物”的范围内，也不涉及如果所述植物属于排除的植物品种，排除范围是否也扩展至其种子。然而，该案中争论的权利要求包括一个涉及“一种包含重组 DNA 序列……的转基因植物和其种子”的权利要求。因此，至少清楚的是，植物和种子权利要求是被一起考虑的，在植物根据 EPC 第 53（b）条的规定不被排除的情况下，那么其种子也不会被排除，最终该案中授权的专利包括植物和种子。

随后的决定 T 1242/06（番茄/以色列）考虑了排除的植物品种的种子是否也作为“植物品种”排除的问题。该案中，上诉委员会考虑了涉及脱水番茄果实而不是整个番茄植株，上诉委员会在该文中陈述道：

> 因而产生的问题是，是否仅由于该缘故，保护主题可以避免植物品种的排除。然而，植物品种不仅可以由整株植物代表，也可以由如种子和植物部分的繁殖材料代表……因此，上诉委员会得出结论，本案中，植物果实含有种子，

并因而被视为是能够产生完整植物的植物部分，涉及植物果实的权利要求总的来说属于 EPC 第 53（b）条中植物品种的专利排除范畴。(第 27 点)

从以上可以看出，“植物品种”的排除也扩展至繁殖材料，例如种子以及此类所排除的植物的其他部分。

然而，只要繁殖材料不是“植物品种”，且能通过可靠的参数与任何其他繁殖材料区分，便可以要求专利保护。此类新的参数可以是，例如用化学制剂处理繁殖材料授予处理的繁殖材料新的特性。此类权利要求在 EP-A-0010588 中被 EPO 接受，其决定为上述 T 49/83，该申请允许的权利要求 13 示例如下。另一个示例是 T 542/04（大豆产品/杜邦），其中机械处理繁殖材料使材料不能存活，相关权利要求 1 如下文所示。

对于植物细胞，上诉委员会在 T356/93 中清楚表明：

像这样的……植物细胞不能被认为落入植物或植物品种的定义。在这方面，值得进一步注意的是根据 EPO 目前的实践，植物细胞被认为属于广义上的“微生物学产品”……（第 23 点）

这在随后的决定 G 1/98 中得到证实，该决定中扩大上诉委员会认为：

微生物与用于植物遗传修饰的生物部分不同。另一方面，的确在 EPO 的现行实践下，细胞和其部分像微生物一样被对待（参考决定 T 356/93）。这看起来是合理的，因为当代生物技术从传统微生物学发展而来，细胞可以与单细胞生物相比。(第 5.2 点)

因此，植物细胞不是“植物”，因而不能作为 EPC 第 53（b）条规定的“植物品种”被排除。

D. Ⅵ. 2. h. a. 植物高度分化部分

此处所用的术语“植物高度分化部分”的含义参见本章导言部分（D. Ⅵ. 1.）。

D. Ⅵ. 2. h. a. a. 植物高度分化部分的产品权利要求

一般而言，任何植物部分都可以不违反 EPC 第 53（b）条的规定成为产品权利要求的主题。一个例外也许是上文讨论的以遗传固定的形式存在的繁殖材料。

对于进一步的可专利性要求，即新颖性、创造性和工业实用性以及专利申请的要求，即公开充分和权利要求清楚和支持，参见 C. Ⅰ. 3. 。

权利要求撰写

以产品权利要求的方式保护植物部分一般存在两种可能。

第一种可能的权利要求版本如下所示：

植物材料 *X*，具有特征 a、b、c……

其中，特征 a、b、c 等是结构特征和/或参数。

如果材料足以通过如表现某种表型或植物材料中含有某一特定 DNA 限定，那么此类权利要求是合适的。

植物材料经常仅可能通过其制备方法表征，即采用方法限定的产品权利要求形式。

涉及植物部分的方法限定的产品权利要求可以有以下一般措辞：

植物材料 *X*，可通过含有步骤 1、2、3……的方法获得。

允许的产品权利要求示例如下所示：

EP－B1－0242246－权利要求 13

种子，其具有稳定整合至其基因组的如权利要求 1～3 任一项所述的 DNA 片段。

该权利要求中，种子通过其基因组的特定 DNA 片段表征。

EP－B1－0316797－权利要求 1

正常情况下不能还原二氢山萘醇的植物和植物部分，特征在于通过该植物中天然条件下不存在的 DNA 序列，该序列具有黄烷酮醇－4－还原酶（DFR）活性蛋白，对二氢山萘醇具有持续的底物特异性。

上述权利要求中的植物部分通过植物中天然不存在的 DNA 序列限定。

EP－A－10588－［决定 T 49/83（繁殖材料/汽巴—嘉基）所涉专利］权利要求 13

用权利要求 1 中式 I 的肟衍生物处理的栽培植物的繁殖材料。

上述权利要求中新的特征是用肟衍生物处理繁殖材料，该特征不是植物品种权保护新品种的特征，也不是遗传固定的。

EP－B1－0511979－权利要求 2

含有如权利要求 1 所述的植物、种子或繁殖材料。

上述权利要求中，种子和繁殖材料分别通过形成材料的部分和表达特定原核基因的细胞限定。

EP－B1－0042912－权利要求 23

遗传转化的幼芽，属于香瓜物种，可在权利要求 8～14 任一项所述方法的过程中制备。

上述权利要求的幼芽通过其制备方法限定，包括用根癌农杆菌转化幼芽。需要注意的是，幼芽可以通过权利要求 8～14 任一项的特定方法获得，但幼芽不局限于权利要求 8～14 所述方法的直接产物。

EP－B1－0369637－权利要求 13

由如权利要求 11 或 12 的转基因植物获得的种子。

该案中，种子通过其来源的植物限定。

EP－B1－0362244－权利要求 1

用机械处理暴露的有用植物的成熟胚，具有不超过约 20% 重量百分比的水含量，作为 DNA 或 RNA 形式的外源遗传信息的接受系统，通过繁殖种皮和损伤胚获得。

上述权利要求是上面建议的第一种和第二种权利要求版本的组合，即产品通过特性（水含量）和方法步骤（种皮和损伤胚）限定。

EP－B1－2390339－权利要求 5

基因组中含有权利要求 4 的重组 DNA 载体的细胞、油籽植物或转基因种子。

EP－B1－2390339－权利要求 15

从通过权利要求 11 的方法制备的植物获得的转基因种子，其中所述种子含有权利要求 1 或 2 的多肽。

EP－B1－2376635－权利要求 3

种子，对含有重组表达载体的转基因不分离，所述载体含有一个与 AVR9 诱导的_111B 样蛋白质编码多核苷酸可操作地连接的根特异性启动子，所述蛋白含有 SEQ ID NO：38 的氨基酸 1～226。

EP－B1－2356899－权利要求 6

权利要求 4 或 5 任一项所述的转基因植物的部分或繁殖材料，其中转基因植物的部分或繁殖材料含有权利要求 4 所述的 A）和 B）的组合。

EP – B1 –2350290 – 权利要求 6

含有权利要求 5 的重组载体的植物、细胞或组织。

EP – B1 –2333088 – 权利要求 12

权利要求 10 所述植物的转化种子。

D. Ⅵ. 2. h. a. b. 植物高度分化部分的方法权利要求

在 T 1242/06（番茄/以色列）中，上诉委员会认为植物品种不仅可由完整植物代表，而且可由诸如种子的繁殖材料和植物部分代表，该观点意味着，即使属于植物品种，繁殖材料的保护至少可通过方法权利要求获得，因为此类权利要求也保护通过方法所直接获得的产品（参见 C. Ⅰ. 3. e. a.）。这在 G 1/98（转基因植物/诺华Ⅱ）中被确认，该案中，扩大上诉委员会认为：

方法专利所赋予的保护延伸至由该方法直接获得的产品，即使产品本身是不可获得专利的。

扩大上诉委员会最后陈述：

当审查生产植物品种的方法权利要求时，EPC 第 64（2）条不作考虑。

EPC 第 64（2）条规定，如果欧洲专利的主题是方法，通过专利赋予的保护延伸至通过此方法直接获得的产品。同样的标准适用于生产高度分化的植物部分的方法，只要保护的方法不是 EPC 第 53（b）条意义上的“本质上属于生物学的方法”，那么该方法就不应该被排除可专利性，即使该方法的直接产品属于可排除的情形。

对于进一步的可专利性要求，即新颖性、创造性和工业实用性以及专利申请的要求，即公开充分和权利要求的清楚和支持，参见 C. Ⅰ. 3. 。

权利要求撰写

用于制备植物部分的方法权利要求可以具有以下一般用语：

用于制备植物部分 *X* 的方法，包括步骤 a、b、c……

除以上权利要求外，其中“制备”意味着植物部分的新基因组被制备了，涉及培养植物部分的条件的方法权利要求也是可能的，其中处理的植物部分的遗传同一性保持不变。

而且，当植物部分用作分离目标产品的来源时，也可撰写方法权利要求。

授权的方法权利要求示例如下：

EP－B1－0242236－［决定 T 356/93（植物细胞/植物遗传系统公司）所涉专利］权利要求 7

生产植物或所述植物繁殖材料的方法，所述植物或植物繁殖材料含有稳定整合的异源遗传物质并能够在所述植物或繁殖材料中以能失活或中和谷氨酰胺合成酶抑制剂活性的蛋白质形式表达，该方法包括：用含有异源 DNA 的 DNA 重组体转化所述植物细胞或组织，所述 DNA 含有一个编码所述蛋白的外源核苷酸序列以及调控元件，所述调控元件选自能够使所述植物细胞或植物组织中的异源 DNA 稳定整合，再生用所述异源 DNA 转化的所述植物或所述植物的繁殖材料或两者，优选地，生物学复制所述最后提及的植物或繁殖材料或两者。

除其他内容外，上述方法涉及生产繁殖材料，其中主要步骤是用含有异源 DNA 的 DNA 重组体转化植物细胞或组织。该权利要求在上诉程序中依据决定 T 356/93（植物细胞/植物遗传系统公司）被允许。

EP－B1－0290395－权利要求 6

权利要求 1～5 的方法，其中植物材料是植物组织、植物胚、分生组织、腋芽、干条或愈伤组织。

该专利的权利要求 1 涉及转化植物材料的方法。

EP－B1－0362244－权利要求 5

制备如权利要求 1 所述的胚的方法，其中含有种子的胚的外壳在水分含量不超过 20% 重量百分比的胚的区域被磨蚀，以至于 DNA 或 RNA 形式的外源遗传信息可以进入胚，且不会实质性破坏其发芽能力。

EP－B1－0242246－权利要求 5

制备植物或所述植物繁殖材料的方法，所述植物或植物繁殖材料含有稳定整合的异源遗传物质并能够在所述植物或繁殖材料中以能失活或中和谷氨酰胺合成酶抑制剂活性的蛋白质形式表达，该方法包括：用含有异源 DNA 的 DNA 重组体转化所述植物细胞或组织，所述 DNA 含有一个编码所述蛋白的外源核苷酸序列以及调控元件，所述调控元件选自能够使所述植物细胞或植物组织中的异源 DNA 稳定整合，再生用所述异源 DNA 转化的所述植物或所述植物的繁殖材料或两者，优选地，生物学复制所述最后提及的植物或繁殖材料或两者，特征在于所述异源 DNA 具有权利要求 1～3 任一项或所述部分的 DNA 片段的核酸序列，所述 DNA 片段编码具有膦丝菌素乙酰转移酶活性的蛋白。

EP－B1－1865053－权利要求1

提高种子大小或重量的方法，包括在植物种子中提高细胞分裂素氧化酶水平或活性。

尽管不涉及制备植物，上述权利要求也很有意思，因为增加种子大小或重量的产品是本身改变了的种子。

D. Ⅵ. 2. h. a. c. 植物高度分化部分的用途权利要求/目的限定型产品权利要求

如在D. Ⅵ. 2. e. c. 提到的，用途权利要求是方法权利要求的一种形式。同样，当撰写用途权利要求时，必须记住权利要求不得涵盖如决定G 2/07（花椰菜/植物生物科学公司）中界定的生产植物的本质上属于生物学的方法［EPC第53（b）条］。这意味着，如下措辞的权利要求可能不被允许：

用于制备植物*Y*的植物部分*X*的用途。

因为其能够以如下制备植物的本质上属于生物学的方法来解释：通过使植物部分X长成完整植物来生产植物Y的方法。

从植物部分再生植物可以以仅包括生物学步骤来解释，此类方法至少不会被视为生物学方法，而是被视为包括一系列农业技术和生物学步骤的方法［T 356/93（植物细胞/植物遗传系统公司），第40.9点］。生物学方法根据EPC第53（b）条的规定是可专利性的，在G 2/07中澄清了，农业技术步骤不必然使方法成为完全的本质上为非生物学的方法。

根据EPC第53（b）条的规定，用于技术目的的植物部分的用途应该是允许的（参见D. Ⅵ. 2. e. c.）。

对于进一步的可专利性要求，即新颖性、创造性和工业实用性以及专利申请的要求，即公开充分和权利要求清楚和支持，参见C. Ⅰ. 3.。

权利要求撰写

用途权利要求的措辞可以是如下所示：

植物部分*X*用于（技术性）目的*Y*的用途。

“技术性”目的*Y*可以是，例如从植物部分的产品的分离。

允许的用途权利要求示例如下所示：

EP－B1－2247736－权利要求7

权利要求5的玉米种子制备加工食品或饲料商品的用途，其中，所述加工食品或饲料商品包含可检测量的多肽，所述多聚核苷酸含有SEQ ID NO：1、

SEQ ID NO：2 或其互补序列的核苷酸序列。

D. Ⅵ. 2. h. b. 植物未分化或低分化部分

此处使用的术语“植物未分化或低分化部分”的含义参见本章导言部分（D. Ⅵ. 1. ）。

D. Ⅵ. 2. h. b. a. 植物未分化或低分化部分的产品权利要求

植物细胞、细胞培养物和植物组织的保护不受 EPC 第 53（b）条规定的排除植物品种的影响，主要有以下原因：

——这样的细胞不会被视为“植物”或“植物品种”[T 356/93（植物细胞/植物遗传系统公司），第 40. 2 点]，因此不会根据 EPC 第 53（b）条的规定排除可专利性；

——根据 EPO 的实践，术语“微生物”包括植物细胞[如 T 356/93（植物细胞/植物遗传系统公司），第 34 点；观点被扩大上诉委员会在 G 1/98（转基因植物/诺华Ⅱ）中确认，第 5. 2 点]，其根据 EPC 第 53（b）条的规定是可专利性的。

——遗传修饰的植物细胞及其培养物被视为“微生物学产品”[T 356/93（植物细胞/植物遗传系统公司），第 35 点]，因此根据 EPC 第 53（b）条的规定是可专利性的。

对于进一步的可专利性要求，即新颖性、创造性和工业实用性以及专利申请的要求，即公开充分和权利要求清楚和支持，参见 C. Ⅰ. 3. 。

微生物学产品可专利性的更多信息参见 D. Ⅴ. 。

权利要求撰写

产品权利要求中，有几种可能的方式限定细胞、细胞培养物等。例如，这些发明可以通过它们的特性，通过它们的制备方法或引用在承认的保藏机构已保藏的保藏号限定，保藏的详细情况在 D. Ⅴ. 具体讨论。

一般来说，通过特性描述产品的权利要求可以有如下措辞：

植物细胞（或植物细胞培养物或植物组织培养物），具有特性 a、b、c……

在大多数要求保护转化细胞的一般申请中，细胞可以通过描述导入细胞的外源基因（即通过基因型）或通过细胞表达的外源基因产物（即通过表型）适当地限定。

作为以上权利要求类型的可替代方式，如果限定的植物细胞不能通过其表现的特性充分限定，可以考虑撰写方法限定的产品权利要求。就转基因植物细胞来说，方法限定的产品权利要求形式一般不是必要的，因为如上所示，植物细胞通常足以通过导入的外源 DNA 表征。然而，如果植物细胞通过复杂的方法获得，如通过细胞融合等，通过特性描述所获得的融合产物是很困难的。在这种情况下，通过方法限定产品的权利要求更适合限定产品。

通过方法制备产品的权利要求一般可以有以下措辞：

植物细胞（或植物细胞培养物或植物组织培养物），可通过包含以下步骤1、2、3……的方法获得。

如上讨论的，当相关方法由于“本质上是生物学的”而被排除，通过方法限定的植物产品权利要求是否应该被允许的问题，目前在扩大上诉委员会的 G 2/12（番茄Ⅱ/以色列）和 G 2/13（花椰菜Ⅱ/植物生物科学公司）案件中还未解决，还没有发表观点。然而，这些案件中，扩大上诉委员会的进一步观点不应影响对涉及植物细胞的方法限定的产品权利要求的认可。原因如下：大量决定中上诉委员会已经认为，植物细胞应该作为微生物分类，而不是植物。在缺少“植物”主题的情况下，EPC 第 53（b）条的排除不适用。

授权的产品权利要求示例如下所示（表征的特征在每个案件中用下划线标示）。

EP－B1－0270615－权利要求 1

转基因芸苔细胞和其后代，含有一个表达盒，其中，所述细胞以无癌基因和能够再生为形态学上正常完整的植物表征，以 5’到 3’方向转录的所述表达盒包含：

（1）在所述芸苔细胞中起作用的转录起始位点；

（2）DNA 序列，含有一个开放阅读框，所述开放阅读框在其 5’末端有一个起始密码子或一个与内源转录产物互补的核酸序列；

（3）在芸苔细胞中起作用的转录终止区；

（4）结构基因，能够在所述芸苔细胞中表达用于转基因芸苔细胞的筛选。

其中，所述细胞能够在所述核酸序列的 DNA 序列表达的条件下被培养时，所述表达盒能够改变所述芸苔细胞的表型。

同一专利含有涉及细胞培养物的权利要求 14：

权利要求 1～4 任一项所述细胞的细胞培养物。

EP－B1－0154204－权利要求 6

植物组织培养物，其生长对 2－（2－咪唑啉－2－yl）－吡啶或喹啉除草剂或磺酰胺除草剂的抑制作用抗性，所述除草剂正常情况下抑制所述组织培养物的生长，其中，所述抗性通过改变的对所述除草剂抑制抗性的羟基乙酸合成酶获得，所述除草剂正常情况下抑制未改变的羟基乙酸合成酶活性。

EP－B1－0369637－权利要求 10

用权利要求 8 所述的嵌合基因转化的植物细胞。

EP－B1－0429458－权利要求 10

含有外源基因的转化植物细胞，所述外源基因表达二氢吡啶二羧酸合成酶（DHDPS），对受内源性产生的游离 L－赖氨酸导致的反馈抑制抗性。

EP－B1－0511979－权利要求 1

表达原核铵特异性天冬酰胺合成酶（ASN-A）的植物细胞。

EP－B1－0301749－权利要求 22

包括大豆细胞的可再生的大豆组织，在其基因组中含有外源基因，特征在于，至少一些大豆细胞携带生物惰性材料的小粒子，其用于携带外源基因进入细胞。

EP－B1－1973396－权利要求 12

权利要求 1～11 任一项所述的植物部分，其中，植物部分表现减少的创伤诱导的表面脱色或能够长成表现减少的创伤诱导的表面脱色的植物。

EP－B1－1785481－权利要求 9

含有 DNA 序列的植物胚，所述 DNA 序列包含至少一个受启动子调控的 WUSCHEL 编码序列，所述启动子选自由珠心特异性启动子和既是珠心特异的、又是诱导型的启动子组成的组。

D. Ⅵ. 2. h. b. b. 植物未分化或低分化部分的方法权利要求

与前述产品权利要求的论述一样，植物细胞和其培养物不能被视为 EPC 第 53（b）条意义上的植物，因此，制备植物细胞、其培养物等的方法不能根据 EPC 第 53（b）条的规定排除可专利性。而且最重要的方法，即含有遗传工程操作植物细胞步骤的制备转基因植物细胞的方法，视为“微生物学方法”[T 356/93（植物细胞/植物遗传系统公司），第 35 点]，因此根据 EPC 第 53（b）条的规定是允许的。

对于进一步的可专利性要求，即新颖性、创造性和工业实用性以及专利申请的要求，即公开充分和权利要求清楚和支持，参见 C. Ⅰ.3.。

权利要求撰写

制备植物细胞或来自其的细胞培养物的方法权利要求可以有如下措辞：

制备植物细胞（或植物细胞配岩谷或植物组织培养物）的方法，包括以下步骤1、2、3……

除以上制备植物细胞等的方法权利要求外，其中“制备”意味着植物细胞的遗传同一性通过该方法被改变，涉及用于培养细胞的某些条件的权利要求也是允许的，其中细胞的遗传同一性通过该方法未被改变。此外，涉及目标产品制备的方法权利要求是允许的，其中植物细胞用作所述产品的来源。

允许的方法权利要求包括如下示例：

EP-B1-0200746-权利要求10

赋予植物细胞除草剂GS抑制剂抗性的方法，包括用权利要求5的DNA序列组合转化所述细胞。

EP-B1-0186425-权利要求19

赋予植物细胞潮霉素抗性的方法，包括整合权利要求1~10任一项的嵌合基因作为染色体或质粒的功能元件至潮霉素敏感的植物细胞的基因组。

D. Ⅵ.2. h. b. c. 植物未分化或低分化部分的用途权利要求/目的限定型产品权利要求

如之前在D. Ⅵ.2. e. c. 讨论的，用途权利要求作为方法权利要求类型来解释。当撰写涉及特定目的植物细胞的用途权利要求时，必须考虑EPC第53(b)条。用途权利要求应该撰写成不被解读为生产植物的本质上属于生物学的方法，该方法依照EPC第53(b)条的规定排除可专利性[如决定G 2/07(花椰菜/植物生物科学公司)界定的](D. Ⅵ.2. b. b.)。

对于进一步的可专利性要求，即新颖性、创造性和工业实用性以及专利申请的要求，即公开充分和权利要求的清楚和支持，参见C. Ⅰ.3.。

权利要求撰写

如上所述，所要求保护的用途应该具有技术属性，意味着应该引述至少一种“技术性”的非生物学特征或步骤。一般权利要求可以有以下措辞：

植物*X*用于（技术性）目的*Y*的用途。

技术性目的可以是除生产新植物外的任何目的，如制备目标产品等。

D. Ⅵ. 2. i. 小结

综上所述，只要权利要求不涉及单个植物品种，涉及植物产品的权利要求便可避免依据 EPC 第 53（b）条从可专利性中排除。这适用于即使权利要求涵盖了更宽泛保护种类的植物品种。涉及一种或多种单个植物品种的权利要求将根据 EPC 第 53（b）条的规定从可专利性中排除，而无论所要求保护的植物类型（如天然的、杂种的、转基因的等）。EPO 判例法将种子视为等同于种子来源的植物，种子能够生长，因而以上排除可专利性的标准也适用于涉及种子产品的权利要求。

天然植物可能被视为“发现”，根据 EPC 第 52（2）（a）条的规定不被认为是适用于专利保护的发明，或者被视为“植物品种”，根据 EPC 第 53（b）条的规定排除可专利性。

对于涉及未分化或低分化植物材料的权利要求，如细胞或细胞组织培养物，根据 EPC 第 53（b）条的规定不应排除可专利性，因为这些产品不被视为“植物”，因此不能根据 EPC 第 53（b）条的规定视为排除的“植物品种”。

对于涉及植物（包括种子）生产或应用的方法权利要求，只要它们不是 EPC 第 53（b）条意义上的“本质上属于生物学的方法”，就避免了从可专利性中排除。方法如果包含或由植物全基因组有性杂交和后续筛选子代植物组成，则在性质上是“本质上属于生物学的方法”，因此从可专利性中排除。但是，如果方法包括导入或修饰生产的植物的基因组性状的技术性步骤，以至于植物产品不仅仅是混合选自有性杂交的植物基因的结果，那么该方法不是“本质上属于生物学的方法”，不能根据 EPC 第 53（b）条的规定排除可专利性。这甚至涵盖了产生的植物产品（或种子）本身可能被视为“植物品种”而被排除的情况。这是因为 EPC 的条款规定，制备方法权利要求的保护范围延伸至由该方法所直接获得的产品［EPC 第 64（2）条］，但当审查生产植物品种的方法权利要求时，该条不予考虑。

植物不以“植物品种”或违反公共秩序从可专利性中排除，或生产植物的方法不以性质上属于“本质上属于生物学的方法”从可专利性中排除的事实，并不意味着涉及植物或方法的权利要求一定是可授权的。如同其他任何发明一样，不排除可专利性的主题必须仍然满足授权的一般专利性要求。

D. Ⅶ. 动物

D. Ⅶ. 1. 导言

本章讨论动物和动物部分保护的可能性。

如下所述：

术语“动物”包括自然动物和转基因动物。

术语“自然动物”包括自然产生的动物以及通过动物饲养方法所获得的动物。

术语“转基因动物”指含有在正常情况下野生动物个体中不会被发现的外源 DNA 序列的动物。通常来说，该外源 DNA 经由如下方式导入动物，即基因工程修饰适当的动物细胞，进而使其生长成为完整的转基因动物。外源 DNA，举例来说，可以为控制另一基因或蛋白编码序列本身表达的调控序列。

术语“动物部分”包括动物器官（如肝脏、心脏、皮肤、血液等）、繁殖材料（如精子和卵子）以及动物组织。动物的成分如动物细胞、基因、蛋白等，在 D. Ⅱ.、D. Ⅲ. 和 D. Ⅳ. 讨论。

鉴于目前 EPO 的通常做法以及参考相关判例，将对上述每一主题予以保护的相关类型进行阐述。

当将动物保护的可能性与之前 D. Ⅵ. 讨论的植物保护的可能性进行比较时，区别之一在于动物仅能通过专利进行保护。与植物品种权不同，不存在并行的动物保护权。

D. Ⅶ. 2. 依照欧洲专利公约保护动物

对于其他任何类型发明可专利性的一般要求同样适用于动物。由此，其适用如新颖性、创造性和工业实用性的基本可专利性要求，以及对于申请的要求，例如充分公开（EPC 第 83 条）和清楚（EPC 第 84 条）。因为申请的充分公开（EPC 第 83 条）对于特定类型的动物发明具有特殊的重要性，下述 D. Ⅶ. 2. a. 将就这一主题进行详述。

如之前 B. Ⅰ. 和 C. Ⅰ. 2. b. 所述，EPC 第 53（b）条以将动物品种（英文：“animal varieties”；德文：“Tierrassen”；法文：“races animales”）排除在可授予专利权的范围之外。但 EPC 在可授予专利权的生物技术发明中提到了动物品种。实施细则第 27（b）和（c）条规定：

生物技术发明也属于可授予专利权的发明，条件是其涉及：

……

(b) 植物或动物，其技术的可行性不限于某一特定植物或动物品种；

(c) 微生物学方法或其他技术性方法，或通过上述方法获得的产品，其中植物或动物品种除外。

与实施细则第26（4）条对术语“植物品种”作出了明确定义不同，EPC或EPO上诉委员会的判例均未对术语“动物品种”作出正式的定义。然而，T315/03（转基因动物/哈佛大学）判决在判例摘要7.2中指出：

参考分类等级给出（术语“动物品种”的）定义，既与植物品种的定义方式一致，又符合立法的确定性。通过该定义，可以依据EPC第53（b）条以及解释其的实施细则第27（b）条审查权利要求的主题是否被排除在可授予专利权的范围之外，即是否在涉及动物的案件中，发明的技术可行性不限于某一特定动物品种。

遗憾的是，上诉委员会没有进一步明确何种水平的“分类等级”足以满足界定“动物品种”的要求。不确定的是，当与实施细则第26（4）条对植物的要求一致时，如下所述的分类等级能界定出特定的动物品种，即位于单独一个分类单元下的任何动物种群，其为：(a) 表现由一特定基因型或多基因型组合而导致的特征；(b) 通过表现至少一种所述特征，而将其与其他动物种群区分；(c) 基于繁殖过程中保持不变的稳定性将其视为一个单位。

需要注意上述与实施细则第26（4）条定义的一致性，仅是将动物套用于植物。然而，上诉委员会的多个意见表明，EPO认为EPC第53（b）条涉及植物的排除条款同样应适用于动物，这样的延伸看起来是合理的。

许多涉及动物的相关欧洲判例法关注了EPC的该排除条款［EPC第53（b）条］。因此，该排除条款将成为接下来各节的主题。许多EPO的动物专利申请涉及转基因动物。基于此，EPC第53（a）和（b）条规定的可专利性的排除，将在接下来涉及转基因动物的更多章节进行详细讨论。

D. Ⅶ. 2. a. 动物发明的充分公开

上诉委员会在T 19/90（肿瘤小鼠/哈佛大学）判决对充分公开的要求进行了审查。该判决中的产品权利要求（权利要求19）涉及“非人哺乳动物”。专利说明书包括了实施例，其中代表性的非人哺乳动物是小鼠。上诉委员会认定请求保护的发明在说明书中作出了充分公开，并明确指出：

然而，不能仅基于权利要求的保护范围较宽这一事实本身，认定申请不符合 EPC 第 83 条对充分公开的要求。仅当存在严重的质疑且其能经由可验证的事实证实时，该申请才能以公开不充分的理由被驳回。(第 3.3 点)

上诉委员会进一步解释道：

发明明确记载了本领域技术人员如何将活化的癌基因序列插入非人哺乳动物的基因组以实现染色体掺入，公开了将活化的小鼠 *myc* 基因插入合适的质粒，然后在细胞发育的特定阶段将其通过显微注射导入小鼠卵子。首先，上述内容保证了发明能在鼠身上重现。其次，可以假定本领域技术人员能意识到……该发明同样可以成功地用于其他适合的哺乳动物。因此，没有理由因为从（申请中特别加以描述的）小鼠推及为一般的哺乳动物，而将该申请驳回。

在之后的相关判决 T 315/03（转基因动物/哈佛大学）中，上诉委员会基于附加请求 1（参见如下 D. Ⅶ. 2. c. a. a）审查了充分公开的问题。异议者声称获得肿瘤小鼠具有困难，但除了提及专利权人自己的观点外，没有提供任何证据。上诉委员会提及了之前的 T 19/90 判决，其认为仅当对请求保护的主题的可重复性存在严重质疑，且其能经由可验证的事实证实时，专利才能以公开不充分的理由被驳回。上诉委员会认为这一点不满足，并裁定附加请求 1 的主题是充分公开的。

D. Ⅶ. 2. b. 自然动物

术语“自然动物”在本文中的定义见于本章的导言（D. Ⅶ. 1.）。

D. Ⅶ. 2. b. a. 自然动物产品权利要求

通过产品权利要求以期获得自然动物的专利保护，面临一些阻碍。

首先，在缺乏更多体现新技术教导的特征时，自然产生且仅发现于自然界的动物不被认为是发明，而是发现。由于欧洲专利仅对发明授予专利权，而非发现［EPC 第 52（2）a）条］，因此涉及上述不具有技术特征的自然动物的产品权利要求，是不能授权的。对于发现的可专利性排除，其论述见于 C. Ⅰ. 1. a. 。

其次，由于 EPC 第 53（a）条将违反公共秩序或道德的发明排除在可专利性范围之外，因此构成了对涉及自然动物产品权利要求的可授权性的障碍。对于与 EPC 第 53（a）条相关的动物专利来说，最重要的判决大概为 T 19/90（肿瘤小鼠/哈佛大学）和之后的 T 315/03（转基因动物/哈佛大学）判决。由于这些判决涉及了转基因动物，且道德和公共秩序问题与动物的转基因性密切相关，因此将在之后的 D. Ⅶ. 2. c. a. 对其进行讨论。

最后，由于 EPC 第 53（b）条将“动物品种”排除在可专利性范围之外，因此构成了对产品权利要求可授权性的障碍。EPC 第 53（b）条的排除性规定将与转基因动物的专利性一起，在下文进行详细论述（D. Ⅶ. 2. c. a.）。

如果某一动物发明不落入上述排除性条款规定的范围之内，则其还需要满足其他的可专利性要求，即发明必须具备新颖性（EPC 第 54 条）、创造性（EPC 第 56 条）及工业实用性（EPC 第 57 条）。适用于其他常规主题的原则同样适用于动物发明。例如 T 315/03 判决就表明了该观点，该案中，上诉委员会指出 EPC 对于可专利性的认可包括了显然的推定。上诉委员会认为，在 EPC 第 52（1）条和第 54 ~ 57 条中，如下这点是明确的，即如果发明满足了新颖性、创造性和工业实用性这三个标准，则其“应当”是能被授予专利权的。在该判决中，上诉委员会遵循审查其他非动物发明的标准方法进一步审查了创造性，包括对基于在该专利相关日之前可获得的现有技术，本领域技术人员能否预期获得该专利的问题进行了考虑。

类似的创造性考虑方法也见于 T 606/03（基因捕获/ARTEMIS）判决，该案中，上诉委员会就包括一涉及转基因小鼠的权利要求，在创造性审查中也采用了标准方法。

如上所示，对于动物发明的审查，EPO 在如新颖性和创造性的可专利性要求上，采用了与非动物发明同样的标准。

除了以上的可专利性要求，对申请的要求也必须满足。尤其是，申请必须以本领域技术人员能实现的形式（EPC 第 83 条）对发明进行公开，并且权利要求还必须是对于本领域技术人员来说足够清楚且得到说明书支持的（EPC 第 84 条）。对于专利申请上述要求的概要介绍，见于 C. Ⅰ. 3. b.、C. Ⅰ. 3. e. b. 和 C. Ⅰ. 3. e. c.。

上诉委员会在早期的基础性判决 T 19/90（肿瘤小鼠/哈佛大学）中，依据 EPC 第 83 条对动物发明充分公开的必要条件进行了审查。该决定涉及的专利申请在实施例中公开了一转基因小鼠，但是产品权利要求涉及了转基因非人哺乳动物。上诉委员会认为根据说明书的记载，请求保护的发明是充分公开的。由于该充分公开的问题直接与请求保护的转基因动物相关，其将在涉及转基因动物的 D. Ⅶ. 2. c. a. 进行详细讨论。

与动物发明需依据 EPC 第 83 条进行公开相关，如下问题被提了出来，即是否动物的繁殖材料能依据实施细则第 31 条进行保藏（参见附录 4 以及 C. Ⅰ. 3. b. b.）。该问题的提出是存在合理之处的，因为实施细则第 31 条允许“生物材料”进行保藏，并且实施细则第 26（3）条规定该术语是指任何含有遗传信息且本身能繁殖或能在生物系统中被繁殖的材料。动物繁殖材料看来似乎落在了该规定的范围之内。

权利要求撰写

一般来说，动物的表征方式可以和其他任何产品一样，即通过其特征（如内在/外在的特征或参数）或通过方法，限定为产品权利要求。

权利要求撰写的第一种方式可以是：

动物 X，其特征在于 a、b、c……

当请求保护的动物是通过繁殖方法获得时，则以方法限定的产品权利要求形式对其进行表征，可能是最佳的方式。通常来说，这样的权利要求可采用如下撰写方式：

动物 X，其可通过如下方法获得，包括步骤 1、2、3……

允许的产品权利要求示例如下：

EP-B1-1982587-权利要求 1

评估色素沉着过度的动物模型，其中源自非洲后裔的人类黑色皮肤被移植到免疫缺陷的非人动物上。

EP-B1-1757186-权利要求 3

患不宁腿综合征（RLS）和周期性肢体运动障碍（PLMD）的啮齿动物模型，其根据权利要求 1 或 2 的方法获得。

EP-B1-1645183-权利要求 1

新生的 NOD/SCID/IL2rg 缺失小鼠，其被移植了人造血前体细胞或人成熟造血细胞。

EP-B1-1645183-权利要求 11

疾病模型小鼠，其是将细菌、病毒、肿瘤细胞和肿瘤抗原中的任一个施用于权利要求 1 的小鼠而获得的。

EP-B1-1640454-权利要求 1

CD9/CD81 双缺失非人动物，其至少在体细胞中，编码 CD19 和 CD81 的基因功能缺失。

EP-B1-1321032-权利要求 9

心力衰竭动物模型，其通过权利要求 1 的方法获得。

D. Ⅶ. 2. b. b. 自然动物方法权利要求

当撰写方法权利要求时，必须考虑 EPC 第 53（c）条。根据其规定，针对动物的手术或治疗方法，以及施用于动物的诊断方法，是被排除在可专利性范围之外的。因此，涉及治疗方法的权利要求是不被允许的。该问题在 C. Ⅰ. 2. d. 中讨论。

然而，通过动物制备特定产品的方法，例如具有治疗活性的产品（也被称为药物农场），是不被 EPC 第 53（c）条所排除的。该观点同样适用于提高动物生产力的方法，例如提高绵羊的羊毛产量或肉的质量等。这些方法本质上既不属于治疗方法，也不属于诊断方法，因此不被 EPC 第 53（c）条所排除。

并且，依据 EPC 第 53（b）条的排除性规定，本质上为制备动物的生物学方法是不具备可专利性的，因此对于涉及制备天然动物的方法权利要求来说，其也是被禁止授予专利权的。

在植物领域，早期的 T 320/87（杂种植物/LUBRIZOL）判决考虑了在何种情况下某方法能被认为是 EPC 第 53（b）条意义上的“本质上属于生物学的”的问题。该判决中，上诉委员会认为该问题必须基于发明的本质进行判断，整体上考虑人类干预和其对所获结果的影响。尽管该判决中上诉委员会仅讨论了制备杂种植物的方法的可授权性，但上诉委员会的裁定应同样适用于动物发明，尤其是对于制备动物的方法是否本质上属于生物学这一问题。根据该早期判决，如果方法权利要求包括<u>至少一个技术性步骤</u>且对最终结果具有决定性的影响，则该方法权利要求依据 EPC 第 53（b）条应被认为是可授予专利权的。

对于术语“本质上属于生物学的”所涉及的问题，可见于扩大上诉委员会的合并判决 G 2/07（花椰菜/植物生物科学公司）和 G 1/08（番茄/以色列）。扩大上诉委员会在这两个判决中对该问题作了进一步阐释。这两个判决的判例摘要是相同的，具体如下：

1. 产生植物的非微生物学方法，若含有或仅有植物全基因组有性杂交以及后续对植物进行选择的步骤，则原则上属于 EPC 第 53（b）条所指的“本质上属于生物学的”方法，需被排除在可授予专利权的范围之外。

2. 仅因为该方法进一步含有的步骤或杂交和选择步骤中的部分内容是技术性的，且用于帮助或协助植物全基因组有性杂交或实现后续对植物进行的选择，则该方法仍不能避免被 EPC 第 53（b）条的规定所排除。

3. 然而，对于在有性杂交和选择步骤中进一步含有技术性步骤的方法，如果该步骤本身在所获植物的基因组中导入了某一特征或对基因组的某一特征进行了修饰，以至于该导入和修饰的特征不是通过有性杂交而使所选择的植物产生了基因杂交的结果，则该方法是不能依据EPC第53（b）条被排除在可授予专利权的范围之外的。

4. 在审查是否该方法因为属于EPC第53（b）条意义上的“本质上属于生物学的”方法而被排除在可授予专利权的范围之外时，该技术性步骤是否为新的或已知的方法，对已知方法的改变是否为微小或重大的，是否存在于自然界或能在自然界发生，或者是否发明的本质依赖于此，均与之不相关。

审查指南规定，涉及动物的发明应适用同样的标准：

基于全基因组有性杂交进而选择植物或动物的制备植物或动物的方法，由于是“本质上属于生物学的”而被排除在可授予专利权的范围之外，即使其他涉及制备植物或动物或进一步对其处理的技术性步骤出现在权利要求的杂交和选择步骤之前或之后（参见G 1/08和G 2/07）。例如，对于一种仅涉及将动物（配子）群体繁殖和饲养、以选择具有特定特征的方法（例如马的杂交、异种繁殖或选择性繁殖），其本质上仍属于生物学的，因而不能被授予专利权。即使该方法含有其他技术性的特征，例如使用遗传分子标志物选择亲本或后代，其仍是本质上属于生物学的，不能被授予专利权（审查指南G-Ⅱ 5.4.2）。

至于可授予专利权的进一步要求，例如新颖性、创造性和工业实用性以及对专利申请的要求，例如充分公开、清楚和权利要求得到支持，参见C. Ⅰ.3.。

权利要求撰写

对于涉及自然动物制备的权利要求，其一般的撰写方式可参见如下：

一种制备动物*X*的方法，包括如下步骤a、b、c……

文中的“制备”是指制备新的动物基因组以获得该动物，所述基因组与起始动物的不同。

为了避免落入EPC第53（b）条的排除性规定中，步骤a、b、c等中的至少一个应为能决定所获动物特征的、本质上属于技术性的步骤，这与上述G 1/08和G 2/07判决基于植物的裁定一致。

除了上述制备动物的方法权利要求外，方法权利要求还可以涉及将动物作为分离获得期望产品的来源。权利要求可以如下所述：

一种从动物*Y*中制备产品*X*的方法，包括步骤a、b、c……

方法权利要求还可涉及对动物进行特定处理以获得期望的效果，条件是该处理不包括治疗或诊断方法或外科手术。例如，用于提高产量的、培育动物的方法权利要求是允许的。

符合上述要求的方法权利要求，列举如下：

EP－B1－0213405－权利要求 1

大量生产食虫昆虫的方法，在饲养笼中将昆虫成虫（其源自在先形成的接种物，该接种物包含寄生的第一宿主卵且放置于第一支持物上）与用于被寄生的第二宿主卵接触，放置于第二支持物上，由此其中的一部分被分离以形成所述接种物。该方法的特征在于，将源自在先培养的接种物且具有恒定数量的昆虫成虫在恒定温度下培养，其中所述接种物在笼中活化一定时间，该时间与成虫在该温度下出现所需的时间相当，所述第一和第二支持物以相同的速度持续通过所述笼、所述速度使第二宿主卵（其被从接种物中出现的昆虫所寄生）在昆虫饲养期间以持续和固定的方式在特定时间内被提供，并且第二宿主卵由此被寄生，然后持续被收集，由此经在先培养后，第二宿主卵的一部分形成接种物，并以所述第一支持物的形式被分离。

上述方法包含了一些技术步骤，例如第一和第二支持物以相同的速度持续通过笼，该步骤导致该方法在整体上为本质上非生物学的。

EP－B1－0348543－权利要求 1

一种将动物分娩信号化的方法，尤其是狗，其特征在于对由于分娩时释放的羊水导致突然升高的空气湿度进行检测，然后立即激发为声学和/或光学信号。

上述方法既不是动物的外科手术方法或治疗方法，也不是诊断方法，因此为 EPC 第 53（c）条所允许。并且，由于没有制备动物，因此也不能依据 EPC 第 53（b）条将该权利要求排除在可授予专利权的范围之外。

EP－B1－0186833－权利要求 19

一种制备抗细胞毒素的单克隆抗体的方法，该细胞毒素经聚丙烯酰胺 SDS 凝胶电泳测定的 M. W. 为 17 000±500 D，其包括用该蛋白纯化或非纯化的制剂免疫鼠，通过权利要求 15～18 任一的免疫分析法检测产生该抗体的杂交瘤，培养该杂交瘤并获得期望的抗体。

虽然上述方法包括了免疫鼠的步骤，但是由于其涉及的是产品制备，而非对动物的处理，因此是 EPC 第 53（c）条所允许的。

EP－B1－0193585－权利要求 19

一种制备抗疟原虫属环孢子蛋白的抗体的方法，所述方法包括使用权利要求 1 的肽对非人宿主进行免疫。

上述权利要求是 EPC 第 53（c）条所允许的，原因在于该方法涉及的是蛋白质制备，而非对非人宿主以治疗为目的的处理。

EP－B1－0187858－权利要求 16

一种制备抗恶性疟原虫子孢子 CS 抗原的抗体的方法，该方法包括使用权利要求 1～4 任一的肽免疫宿主，所述宿主仅作为获得抗体的来源。

与之前两个举例的权利要求比较可知，该权利要求限定了宿主仅作为获得抗体的来源。这清楚地表明了请求保护的方法不涉及对宿主进行以治疗为目的的处理。

EP－B1－1982587－权利要求 5

一种制备用于评价色素沉着过度的动物模型的方法，其包括将源自非洲后裔的人类黑色皮肤移植到免疫缺陷的非人动物上，移植后培养动物至少 6 个月。

EP－B1－1887859－权利要求 1

在非人哺乳动物中制备人类免疫系统的动物模型的方法，包括如下步骤：

a）将人造血干细胞移植到 NOD/SCID 小鼠中；

b）使用人细胞系的细胞培养上清液调制小鼠，该细胞选自 358/8，其衍生自 NCI-H358 并获得亚克隆，以及 A－549，其中培养上清液含有 20 pg/ml～10 ng/ml 的人白介素－8、白介素－6、血管内皮生长因子（VEGF）、干扰素－γ－诱导的蛋白 10、单核细胞趋化蛋白－1、血管生成素以及组织型纤溶酶原活化剂。

EP－B1－1769677－权利要求 10

一种制备携带人疱疹病毒的非人动物的方法，包括如下步骤：

a）将根据权利要求 9 的方法获得的、第一种携带人疱疹病毒的非人动物，与和第一种动物同种但不同性别的第二种非人动物杂交；

b）选择携带人疱疹病毒的后代。

由于强调了杂交的特征，基于近期的判例法［例如 G 1/08（番茄/以色列］，上述权利要求可能会被认为属于 EPC 第 53（b）条意义上的“本质上属于生物学的”方法，因而被排除在可授予专利权的范围之外。

D. Ⅶ. 2. b. c. 自然动物用途权利要求/目的限定型产品权利要求

参见 C. Ⅰ. 3. e. a.，当撰写用途权利要求时，需注意用途权利要求应解释为方法权利要求。因此，假设用途权利要求不包括技术性步骤，则其也应依据 EPC 第 53（b）条对本质上属于生物学的动物制备方法的规定，被排除在可授予专利权的范围之外。

例如，某一权利要求撰写如下：

通过动物 *X* 培养动物 *Y* 的用途。

其可被解读为如下类型的权利要求：

通过将动物 *X* 作为一亲本以培养动物 *Y* 的方法。

该权利要求应被视为本质上属于生物学的方法，而基于 EPC 第 53（b）条被排除。然而，依据 G 2/07（花椰菜/植物生物科学公司）和 G 1/08（番茄/以色列），对于包括技术性步骤的用途权利要求，由于其非“本质上属于生物学的”，因而不应基于 EPC 第 53（b）条被排除。

至于可授予专利权的进一步要求，例如新颖性、创造性和工业实用性，以及对专利申请的要求，例如充分公开、清楚和权利要求得到支持，参见 C. Ⅰ. 3。

权利要求撰写

为了避免落入 EPC 第 53（b）条的排除性规定之内，用途权利要求应按照如下方式撰写：

动物 *X* 用于（技术性）目的 *Y* 的用途。

其中的“技术性”目的可以是任意的。然而，一旦该目的在于通过动物 X 进一步培养其他动物，则会变得危险，原因在于其可能落入了 EPC 第 53（b）条规定的排除范围之内。特别需要指出的是，在工业领域中，将动物用于检测的用途，例如用于检测工业产品（如用于确定不存在致热或致敏效果）或现象（如用于测定水或空气污染），是可被授予专利权的（审查指南 G-Ⅲ 2）。

可允许的涉及动物的用途权利要求列举如下：

EP – B1 – 2327299 – 权利要求 1

将施用利血平以诱导慢性肌肉疼痛和/或慢性触觉痛敏的啮齿动物用于制备慢性疼痛的疾病动物模型的用途。

EP－B1－1982587－权利要求 7

一种评价或筛选色素沉着过度形成的抑制剂或色素沉着过度的消除剂的方法，其中使用权利要求 1 的动物模型。

EP－B1－1645183－权利要求 19

权利要求 1 或 2 的小鼠或权利要求 3～6 任一方法获得的小鼠用于制备免疫活性细胞和/或源自所述免疫活性细胞的生理活性物质的用途。

EP－B1－1640454－权利要求 11

权利要求 1～7 任一的 CD9/CDB1 双缺失非人动物在制备慢性阻塞性肺疾病动物模型中的用途，其包括检测 CD9/CDB1 双缺失非人动物与慢性阻塞性肺疾病显型的相似程度的步骤。

EP－B1－1545195－权利要求 1

雌性小鼠在制备人围绝经期和/或绝经期模型的用途，该雌性小鼠的卵巢原始卵泡完全缺失、FSH 循环水平升高、窦状卵泡缺失、血浆 17β－雌二醇水平不能被检测出来、发情周期被扰乱，并且通过施用 160 mg/kg/天的 4－乙烯基环己烯双环氧化物，诱导其卵巢重量减少。

EP－B1－1321032－权利要求 8

权利要求 1 的心力衰竭动物模型在筛选预防或治疗心力衰竭物质中的用途。

EP－B1－2246434－权利要求 1

GNMT－/－小鼠在研究抑郁、精神分裂症或阿尔茨海默病中的用途，所述小鼠的基因组由于甘氨酸 N－甲基转移酶（GNMT）基因座的重组而被破坏。

EP－B1－1644733－权利要求 7、10、24～29、32～36

斑马鱼血脑屏障形成的发生和周期在设计筛选分析……的生物活性物质的方法中的用途。

……在中枢神经系统（CNS）、脑或眼中。(权利要求 7)

……且不透过血脑屏障。(权利要求 10)

斑马鱼在检测被测物质是否……中的用途。

……能有效地透过血脑屏障而被转运。(权利要求 24)

……能有效地转运入脑中。(权利要求 25)

……能有效地从脑中被转运出。(权利要求 26)

……能通过 p－糖蛋白透过血脑屏障而被转运。(权利要求 27)

……干扰 p－糖蛋白的功能。(权利要求 28)

……改变 p－糖蛋白的表达。(权利要求 29)

……通过血脑屏障被代谢。(权利要求 36)

斑马鱼的用途……

……用于检测，与被分离出的特定被测物相比，组合被测物的血脑屏障穿透性是否改变。(权利要求 32)

……用于检测体：脑药物浓度梯度。(权利要求 33)

……用于在血脑屏障存在下，将被测物的相对效果与预期的 CNS 活性相比较。(权利要求 34)

……用于检测被测物跨越血脑屏障的穿透性。(权利要求 35)

D. Ⅶ. 2. c. 转基因动物

此处术语“转基因动物”的含义参见本章的导言（D. Ⅶ. 1. ）。

D. Ⅶ. 2. c. a. 转基因动物产品权利要求

D. Ⅶ. 2. c. a. a. 公共秩序和道德

如 C. Ⅰ. 2. a. 所述，EPC 第 53（a）条将公开或商业利用违反公共秩序或道德的发明排除在可授予专利权的范围之外。这些术语在 T 356/93（植物细胞/PLANT GENETIC SYSTEMS）判决中得到了解释，并在之后的 T 315/03（转基因动物/哈佛大学）判决中被进一步确认。本质上来看，EPC 第 53（a）条所指的“公共秩序”应被解释为保障公共安全和作为社会一部分的个体的完整性，包括对环境的保护。EPC 第 53（a）条所指的“道德”应被解释为涉及一种信念，其认为某些行为是正确的，而其他一些行为则是错误的。对于 EPC 来说，这种信念基于全部公认的且深深地源自欧洲社会和文明中的规范。与该文化普遍接受的行为标准不一致的发明，应基于 EPC 第 53（a）条所规定的“道德”层面，而被排除在可授予专利权的范围之外。

在动物发明领域，上诉委员会在众所周知的肿瘤小鼠判决中［T 19/90（肿瘤小鼠/哈佛大学）］审查了上述规定。

该案中，主要请求中的权利要求 19 涉及转基因非人哺乳动物，具体如下：

一种生殖细胞和体细胞含有活化的肿瘤基因序列的转基因非人哺乳动物，该基因通过染色体掺入导入该动物基因组或该动物祖先的基因组中，该肿瘤基

因任选地可进一步为权利要求 3～10 任一所定义的基因。

上诉委员会没有判定能否依据 EPC 第 53（a）条禁止上述权利要求被授予专利权，而是将该案发回至审查部门，由其谨慎地衡量动物所受痛苦以及给环境带来的可能的风险，以及发明对人类的益处，从而对该问题进行判断［T 19/90（肿瘤小鼠/哈佛大学），第 5 点］。

审查部门认为该案件与三个不同的问题相关，即人类对治疗普遍和危险的疾病的关注，保护环境免于有害基因无控传播，以及避免虐待动物。基于上述问题，审查部门认为该发明不应认为是违反道德或公共秩序的。然而，审查部门强调在每一个案件中衡量全部相关问题是必要的，并且在适用 EPC 第 53（a）条时，不同案件可能会得出不同结论。

在 T 19/90 被授予专利权后，多方对该专利提出强烈异议，并最终提出了上诉，其中包括如下的产品权利要求：

19. 一种生殖细胞和体细胞含有活化的肿瘤基因序列的转基因<u>啮齿动物</u>，该基因通过染色体掺入导入该动物基因组或该动物祖先的基因组中，该肿瘤基因任选地可进一步为权利要求 3～10 任一所定义的基因。（加注重点）

在该判决的大量篇幅中，上诉委员会考虑了 EPC 第 53（a）条对可专利性的排除性规定应如何被适用的问题。上诉委员会指出，实施细则第 28 条（参见附录 2）所列出的情形，是无论在何种情况下都应依据 EPC 第 53（a）条被排除在可授予专利权的范围之外的。

实施细则第 28 条列出的情形仅是列举而非穷举的。落入实施细则第 28 条规定的任一案例范围的权利要求，无需额外考虑，必然被 EPC 第 53（a）条排除。然而，未落入实施细则第 28 条规定的任一特定判例范围的权利要求，仍可能由于违反 EPC 第 53（a）条特指的公共秩序或道德而落入其他一般性的排除性规定范围之内，即其是控制性条款。基于上述考虑，上诉委员会依据 EPC 第 53（a）条定义了两种不同类型的排除："实施细则第 28 条型的" EPC 第 53（a）条规定的排除，以及"真正的" EPC 第 53（a）条规定的排除。

在 T 315/03 判决中，对于权利要求请求保护的主题，上诉委员会尤其认真地考虑了实施细则第 28（d）条规定的情形。为了避免被该规定排除，实施细则第 28 条详细说明了动物遭受痛苦的可能性（无论多微小），以及其必须与人或动物"实质上的医疗利益"存在可能的相关性。上诉委员会认为在实施细则第 28 条的判断中需要考虑三个问题：

（1）动物可能正在遭受痛苦？

(2) 实质上的医疗利益已经被确定?

(3) 若 (1) 和 (2) 成立,遭受的痛苦和医疗的利益是否均与同一动物相关?

在衡量这种平衡时,上诉委员会提及“痛苦和利益间的必要相关性”,并指出专利仅应扩展到特定的动物,即其所遭受的痛苦与医疗的利益是平衡的。进一步地,上诉委员会认为,确定动物遭受痛苦的可能性与实质上的医学利益是一个基于证据的问题,相同水平的、用于证明的证据,应适用于每一个标准。

如上所述,即使当某权利要求基于实施细则第28 (d) 条 [例如“实施细则第28条型的” EPC 第53 (a) 条规定的排除] 不被排除时,其仍可能被更上位的、控制性条款 EPC 第53 (a) 条所排除。在 T 315/03 判决中,上诉委员会裁定适用于“真正的” EPC 第53 (a) 条规定的排除标准,应如在先的 T19/90 (肿瘤小鼠/哈佛大学) 判决一样被扩展。该判决中,上诉委员会将“对人类有益”与动物遭受的痛苦进行了平衡,因此与实施细则第28 (d) 条提及的“实质上的医疗利益”相比,适用了更上位的标准。

在 T 315/03 判决中,上诉委员会认定上述权利要求19 应依据实施细则第28 (d) 条而被排除在可授予专利权的范围之外,其原因在于,虽然权利要求涉及的是广义的“转基因啮齿动物”,但是没有证据表明其存在任何益处,更不用说将请求保护的方法应用于所有啮齿动物,或者除了鼠之外的其他真正的啮齿动物时,可能获得任何实质上的医疗利益。涉及转基因啮齿动物的权利要求是缺乏上述“痛苦和利益间的必要相关性”的。因此,其适用于实施细则第28条列举的排除情形,并且仅由于该原因,该权利要求就应依据“实施细则第28条型的” EPC 第53 (a) 条的排除性规定而被排除。

然而,需要注意的是第三附加请求中的权利要求19,具体如下:

19. 一种生殖细胞和体细胞含有活化的肿瘤基因序列的转基因鼠,该基因通过染色体掺入导入该动物基因组或该动物祖先的基因组中,该肿瘤基因任选地可进一步为权利要求3~10任一所定义的基因。(加注重点)

该权利要求不再涉及任何啮齿动物,而是限定为鼠。上诉委员会认可了该权利要求,其全部主题 (即对于鼠) 在遭受的痛苦和实质上的医疗利益上确实存在必要相关性。上诉委员会判定该请求保护的主题不应依据实施细则第28 (d) 条而被排除 (例如不作为“实施细则第28条型的”判例而排除)。采用上述标准意味着,上诉委员会接下来将不得不考虑该权利要求是否仍可能依据 EPC 第53 (a) 条更上位的规定而被排除,例如其是否仍属于 EPC 第53

(a) 条规定的“真正的”排除。上诉委员会依据 T 19/90 采用的更上位的标准得出同样的结论，其写到“……在缺乏相应的可能的利益时，动物不应遭受痛苦”。对于异议中的附加争议，即遭受痛苦的程度与可能的环境危害（任一均是非实质上的）这两者之间的关联性也没能得到上诉委员会确认，依据 T 19/90审查所阐释的 EPC 第 53 (a) 条规定的更上位的标准，第一附加请求中的权利要求应以违反道德或公共秩序为由而被排除在可专利权的范围之外。

在 EPO 可用的判例法中，对于动物，T 315/03 详尽和细致的论述也许是对 EPC 第 53 (a) 条规定的可专利性排除进行的最全面的审查。

允许的产品权利要求列举如下：

EP－B1－2421357－权利要求 1

一种非人哺乳动物，其基因组包括：

a) 在非人哺乳动物宿主恒定区上游的多个人 IgH V 区，一个或多个人 D 区以及一个或多个人 J 区；

b) 任选的，在非人哺乳动物宿主 κ 恒定区上游的一个或多个人 Ig 轻链 κ V 区和一个或多个人 Ig 轻链 κ J 区，和/或在非人哺乳动物宿主 λ 恒定区上游的一个或多个人 Ig 轻链 λ V 区和一个或多个人 Ig 轻链 λ J 区；

其中非人哺乳动物能产生一系列嵌合抗体或嵌合重链以及任选的嵌合轻链，且具有非人哺乳动物恒定区和人可变区；

其中 DNA 插入的该非人哺乳动物基因组含有未被删除的、外源性 V (D) J 区，所述非人哺乳动物是啮齿动物，并且人重链 DNA 插在非人哺乳动物恒定区和非人哺乳动物 J 区 3’末端；

或一种非人哺乳动物，其基因组包括：

(a) 在非人哺乳动物宿主 κ 恒定区上游的多个人 Ig 轻链 κ V 区和一个或多个人 Ig 轻链 κ J 区，和/或在非人哺乳动物宿主 λ 恒定区上游的多个人 Ig 轻链 λ V 区和一个或多个人 Ig 轻链 λ J 区；

(b) 任选的，在非人哺乳动物宿主恒定区上游的一个或多个人 IgH V 区，一个或多个人 D 区和一个或多个人 J 区；

其中非人哺乳动物能产生一系列嵌合抗体或嵌合轻链以及任选的嵌合重链，且具有非人哺乳动物恒定区和人可变区；

其中 DNA 插入的该非人哺乳动物基因组含有未被删除的、外源性 V (D) J 区；

所述非人哺乳动物是啮齿动物，并且人 κ 和 λ 链 DNA 插在非人哺乳动物恒定区和非人哺乳动物 J 区 3’末端。

EP – B1 –2392657 – 权利要求 27

一种基因重组的非人哺乳动物，其由个体发生的转化非人细胞产生，该细胞表达一外源基因，且插入了如权利要求 1 的修饰的转座子载体，或者由个体发生的转化非人细胞产生，该细胞表达一外源基因，且插入了如权利要求 1 的修饰的转座子载体，并进一步插入了在外源基因两个或任一末端具有 Lox 或 Frt 序列的外源基因表达盒。

EP – B1 –2218786 – 权利要求 9

一种非人哺乳动物，其具有如权利要求 1 ~4 任一所示的哺乳动物人工染色体载体，从而能表达人细胞色素 P450 基因。

EP – B1 –2218786 – 权利要求 13

根据权利要求 9 ~12 任一所示的非人哺乳动物，其是鼠。

EP – B1 –2218786 – 权利要求 14

根据权利要求 13 的非人哺乳动物，其中的鼠是子代鼠。

D. Ⅶ. 2. c. a. b. 动物品种和本质上属于生物学的方法

EPC 第 53（b）条除了将动物品种排除在可授予专利权范围之外，还禁止向涉及转基因动物的产品权利要求授予专利权。

在 T 19/90（肿瘤小鼠/哈佛大学）判决中，上诉委员会进一步审查了下述权利要求是否与 EPC 第 53（b）条相关：

一种生殖细胞和体细胞含有活化的肿瘤基因序列的转基因非人哺乳动物，该基因通过染色体掺入导入该动物基因组或该动物祖先的基因组中，该肿瘤基因任选地可进一步为权利要求 3 ~10 任一所定义的基因。

以往，对于 EPC 第 53（b）条的解读产生了一些疑问，其原因在于被专利保护所排除的动物群体在 EPC 的三种官方语言中为不同的且不等同的术语所定义。与法文“races animales”或英文“animal varieties”相比，之前的德文“Tierarten”涉及的分类单元更高。

上述三种官方语言导致的 EPC 第 53（b）条含义上的区别，经由 2000 年新版的 EPC 中第 53（b）条得到改善，其将德文的“Tierarten”（animal species）修改为“Tierrassen”（animal races）。这与法文的“races animales”或至少与英文的“animal varieties”更一致，原因在于“animal races”和“animal varieties”都代表一个物种内更小的动物亚群。

T 19/90（肿瘤小鼠/哈佛大学）判决没有对被专利保护所排除的动物群体作出定义，其仅写道：

EPC 第 53（b）条规定的可授予专利权的例外适用于特定种类的动物，而非动物本身（判例摘要Ⅰ）。

上诉委员会将该问题交至审查部门自由裁量（该案件交由其重审），以审查 EPC 第 53（b）条是否禁止上述产品权利要求被授予专利权。

审查部门认为上述产品权利要求依据 EPC 第 53（b）条是允许的，主要基于下述原因：

与 EPC 第 53（b）条的“animal variety”“race animale”“Tierart”相比，哺乳动物和啮齿动物构成了更高的参考分类单元，因此依据该条款不应被排除在可授予专利权的范围之外［审查决定（肿瘤小鼠/哈佛大学）的判例摘要Ⅰ］。

如上所述，该专利在审查部门授权后被提出了异议，在异议中得到维持且后续又进入上诉程序的产品权利要求 19 如下所述：

19. 一种生殖细胞和体细胞含有活化的肿瘤基因序列的转基因啮齿动物，该基因通过染色体掺入导入该动物基因组或该动物祖先的基因组中，该肿瘤基因任选地可进一步为权利要求 3 ~ 10 任一所定义的基因。

T 315/03（转基因动物/哈佛大学）为上诉判决。某些异议者在上诉中提出依据 EPC 第 53（b）条将所有物种的动物排除是立法者的本意。上诉委员会对此持反对意见，其指出 EPC 第 53（b）条的措辞清楚地表明立法者的本意是仅排除有限种类的动物，而非全部动物。

但是何种动物是被特别排除的？上诉委员会在 T 315/03 判决中进一步阐述了该问题，决定第 11.8 点指出：

通过参考分类等级而作出的动物品种的定义（variety、species 或 race）应与植物品种的相关位置一致，这体现了法律的确定性，基于实施细则第 23c（b）条［即现行的实施细则第 27（b）条］的解释，依据 EPC 第 53（b）条对涉及动物的案件作出评价时，需要考虑发明的技术可行性是否不限于特定的动物品种（variety、species 或 race）。

因此，上诉委员会在 T 315/03 中澄清，在对植物和动物品种作出定义时，均应适用相同的标准，其还明确指出 G 1/98（转基因植物/NOVARTIS Ⅱ）的裁定也应适用于动物品种：基于单一动物品种（variety、species 或 race，依据 EPC 撰写中使用的不用词语）的专利不应被授予专利权，但当权利要求的保护范围包括多个品种时，则可以被授予专利权。

EPC 第 53（b）条表明，如果转基因动物是微生物学方法获得的产品，则不落入 EPC 第 53（b）条规定的排除范围之内。依据 EPC 第 53（b）条，微生物学方法或其产品是具备可专利性的。

EPO 尚未决定过是否转基因动物能被认为是 EPC 第 53（b）条意义上的、微生物学方法获得的产品。T 19/90 判决没有审查该问题，在后续相关的 T 315/03判决中，上诉委员会指出 EPC 第 53（b）条涉及微生物学方法或其产品的限制性条款，与在审的权利要求不相关。

然而，在考虑到转基因植物领域的判例，尤其是 T 356/93（植物细胞/PLANT GENETIC SYSTEMS）时，EPO 不认为转基因植物属于微生物学产品（参见 D. Ⅵ. 2. g. a.）。因此，转基因动物也同样不应被视为微生物学产品，即使制备转基因动物的方法包括了微生物学步骤，例如用重组 DNA 转化动物细胞的步骤。制备完整的转基因动物的方法，虽然进一步包括了转化起始细胞的步骤，但该方法本身在整体上仍不应被认为是微生物学的方法，进而其获得的产品也不属于微生物学产品。

至于其他可专利性的要求，例如新颖性、创造性和工业实用性，以及对于申请的要求，例如充分公开以及权利要求的清楚和支持，参见 C. Ⅰ.3.。

权利要求撰写

一般来说，转基因动物可通过其特征，例如内在或外在的特征和/或参数，而被限定为产品权利要求，其可以是明确限定的权利要求，也可以是通过方法来限定的产品权利要求，即通过制备方法来表征动物。

通过特征描述的动物权利要求一般可采用如下撰写方式：

一种转基因动物，其特征在于含有外源 DNA *X*。

通过方法限定的产品权利要求一般可采用如下撰写方式：

一种可通过如下方法获得的转基因动物，其包括步骤 a、b、c……

步骤 a、b、c 等是制备请求保护的动物所必需的手段。

EP-B1-0169672-［涉及审查决定（肿瘤小鼠/哈佛大学）］权利要求 19

一种生殖细胞和体细胞含有活化的肿瘤基因序列的转基因非人哺乳动物，该基因通过染色体掺入导入该动物基因组或该动物祖先的基因组中，该肿瘤基因任选地可进一步为权利要求 3～10 任一所定义的基因。

D. Ⅶ. 2. c. b. 转基因动物方法权利要求

对于治疗方法类权利要求被专利保护所排除的问题，已在上文与涉及自然动物的方法权利要求一起被讨论过，参见 D. Ⅶ. 2. b. b. 。其观点同样适用于涉及转基因动物的发明。对 EPC 第 53（c）条的进一步详细论述，参见 C. Ⅰ. 2. d. 。

另外，还必须考虑 EPC 第 53（a）条的问题，其将违反公共秩序或道德的发明排除在可授予专利权的范围之外。在 T 19/90（肿瘤小鼠/哈佛大学）和 T 315/03（转基因植物/哈佛大学）判决中，基于相关的 EPC 第 53（a）条，上诉委员会没有对基础申请（涉及 T 19/90）和所获专利（涉及 T 315/03）中的方法权利要求和产品权利要求进行区分。因此，如 D. Ⅶ. 2. c. a. a 所述，方法权利要求适用于同样的标准。

根据 EPC 第 53（b）条对本质上属于生物学的动物制备方法进行排除（参见 D. Ⅶ. 2. c. a. b. ），看起来并非禁止转基因动物的制备方法被授予专利权的主要依据，这是因为排除性规定从原则上来说范围是较窄的。因此，制备转基因动物的方法，通常来说，如 G 2/07 和 G 1/08（参见下文的 D. Ⅵ. 2. b）判决所述，不认为是本质上属于生物学的方法，但前提条件是该转基因不仅仅作为如培养中的选择标志物而被导入。例如 T 19/90（肿瘤小鼠/哈佛大学）主要请求中的权利要求 1 涉及如下方法：

> 一种生产转基因非人哺乳动物的方法，其具有提高的成瘤可能性，该方法包括在非人哺乳动物基因组中将活化的肿瘤基因序列掺入染色体。

上诉委员会认为该权利要求依据 EPC 第 53（b）条是应被认可的，并明确指出：

> 该发明包括制备转基因非人哺乳动物的方法权利要求，其通过在非人哺乳动物基因组中将活化的肿瘤基因序列掺入染色体而提高成瘤可能性。该肿瘤基因通过技术手段插入载体（例如质粒）中，然后将其在胚胎早期进行显微注射。上诉委员会认为……这不是 EPC 第 53（b）条意义上的“本质上属于生物学的方法”。（第 4. 9. 1 点）

在 T 19/90 判决中，上诉委员会没有对该方法权利要求是否属于 EPC 第 53（b）条意义上的微生物学方法作出认定。在后续相关的 T 315/03 判决中，上诉委员会就同样问题指出，EPC 第 53（b）条涉及微生物学方法或其产品的规定与之是不相关的。制备转基因动物的方法是否应被视为微生物学方法这一问题，对于该方法权利要求的可授权性是重要的，因为在多数判例中，只要转基因掺入的目的不仅仅是作为培养中的选择标志物，就不应被视为本质上属于生物学的。因此，其不应依据 EPC 第 53（b）条而被排除。

T 15/10（鱼腥味/LOHMANN）判决考虑了请求保护的动物制备方法是否是本质上属于生物学的问题。在审的权利要求涉及选择禽类的方法，包括在基因上检测禽蛋中的鱼腥味（如味道），基于检测信息选择禽类以及（任选地）利用该信息进一步的育种。异议者声称请求保护的方法构成了 EPC 第 53（b）条意义上的、本质上属于生物学的动物制备方法，其应被排除在可授予专利权的范围之外。上诉委员会依据 G 2/07 和 G 1/08（参见 D. Ⅵ. 2. b.）判决确立的标准，没有认可该观点。上诉委员会认为该权利要求完全不涉及制备动物的方法，更不涉及包括动物全基因组杂交步骤的方法。反之，该方法提供了可能用于进一步的育种信息。上诉委员会因此判决该权利要求不应被视为“本质上属于生物学的动物制备方法”而被 EPC 第 53（b）条所排除。

至于其他可专利性的要求，例如新颖性、创造性和工业实用性，以及对于申请的要求，例如充分公开以及权利要求的清楚和支持，参见 C. Ⅰ.3. 。

权利要求的撰写

撰写方法权利要求通常可采用如下方式：

一种制备转基因动物的方法，包括将外源基因 DNA *x* 导入所述动物细胞的步骤。

除了制备动物的方法权利要求，将动物作为分离某产品的来源的方法权利要求也是可行的。在涉及转基因动物的案件中，这种类型的权利要求尤其与被称为“药物农场”的方法相关。例如转基因牛分泌转基因编码的产品，其作为牛奶的一个成分被纯化出来。此类权利要求可撰写为：

一种制备产品 *X* 的方法，包括从转基因动物 *Y* 中分离所述成分 *X* 的步骤。

允许的方法权利要求列举如下：

EP－B1－0169672－［涉及审查决定（肿瘤小鼠/哈佛大学）］权利要求 1

一种生产转基因非人哺乳动物的方法，其具有提高的成瘤可能性，该方法包括在非人哺乳动物基因组中将活化的肿瘤基因序列掺入染色体。

该在动物基因组中将活化的肿瘤基因序列掺入染色体的步骤是技术性的，因此导致该方法在整体上为非本质上属于生物学的，被 EPC 第 53（b）条所允许。

EP－B1－2421357－权利要求 15

一种制备完全人源化抗体或抗体链的方法，包括免疫如权利要求 1、3～5、8～10 和 14 任一所述的非人哺乳动物，然后将抗体或嵌合抗体链中与抗原特异反应的非人恒定区替换为人恒定区，任选地，其通过对编码该抗体或嵌合抗体链的核酸的工程化来实现。

EP－B1－2218786－权利要求 17

一种制备具有生物活性的人细胞色素 P450 的方法，包括在如权利要求9～14 任一所述的非人哺乳动物、如权利要求 15 所述的鼠或其后代或如权利要求 16 所述的细胞、器官或组织中表达人细胞色素 P450 基因，产生具有生物活性的人细胞色素 P450，并回收产生的人细胞色素 P450。

EP－B1－2218786－权利要求 18

一种检测药品或食品的药理学效应和/或代谢的方法，包括将药品和食品施用于如权利要求 9～14 任一所述的非人哺乳动物、如权利要求 15 所述的鼠或其后代或如权利要求 16 所述的细胞、器官或组织，然后对该药品和食品的药理学效应和/或代谢进行检测。

EP－B1－2147594－权利要求 19

一种制备期望的抗体的方法，包括将如权利要求 1～18 任一所述的鼠类哺乳动物暴露于抗原，以诱导抗体应答反应，然后分离特异于所述抗原的抗体。

EP－B1－2147594－权利要求 20

一种制备期望的抗体的方法，包括将如权利要求 1～18 任一所述的鼠类哺乳动物暴露于抗原，以诱导抗体应答反应，然后分离产生该抗体的细胞，培养和收获该抗体。

EP－B1－2147594－权利要求 21

一种制备期望的抗体的方法，包括将如权利要求 1～18 任一所述的鼠类哺乳动物暴露于抗原，诱导抗体应答反应，然后分离编码该抗体至少一部分的核酸分子，将该核酸分子或其拷贝或其衍生物插入表达盒，并在宿主细胞中表达该抗体。

D. Ⅶ. 2. c. c. 转基因动物用途权利要求/目的限定型产品权利要求

由于 EPC 第 53（b）条对本质上属于生物学的制备动物的方法进行了排除，而导致在用途权利要求的撰写中产生的问题，已经在前述自然动物的用途权利要求部分论述过（D. Ⅶ. 2. b. c.）。此外，权利要求应采用适当的措施，从而不被解释为本质上属于生物学的产生动物的方法。如果动物是用于技术目的的，例如用于检测药物等，则用途权利要求通常是被 EPC 第 53（b）条所允许的，不应被排除。并且在撰写该类权利要求时，还应注意 EPC 第 53（c）条，以免其被解释为治疗方法。

至于可授予专利权的进一步要求，例如新颖性、创造性和工业实用性，以及对专利申请的要求，例如充分公开、清楚和权利要求得到支持，参见 C. Ⅰ.3.。

权利要求撰写

用途权利要求通常的撰写方式如下：

转基因动物 *X* 用于 *Y*（技术）目的的用途。

其中的“技术”目的可以是任意的。然而，当该目的是将一种动物用于培养其他动物时，则会变得危险，原因在于其可能会落入了 EPC 第 53（b）条规定的排除范围之内。当然，将转基因动物作为分离期望产品（例如转基因编码的产品）的来源时，该权利要求是允许的。在这种情况下，用途权利要求可按如下方式撰写：

转基因动物 *X* 用于制备化合物 *Y* 的用途。

并且当撰写该类权利要求时，还需注意 EPC 第 53（c）条，以免其被解释为需被排除的治疗方法。

允许的用途权利要求列举如下：

EP – B1 –2207885 – 权利要求 8

如权利要求 1 ~7 任一所述的四元转基因鼠作为阿尔茨海默病治疗模型的用途。

EP – B1 –2207885 – 权利要求 9

如权利要求 1 ~7 任一所述的四元转基因鼠作为阿尔茨海默病预防模型的用途。

EP – B1 –2154250 – 权利要求 10

如权利要求 1 ~9 任一所述的非人哺乳动物在化合物筛选方法中的用途，该化合物能诱导涉及异型生物质的 CYP3A4 在细胞中的表达，该方法包括将非人哺乳动物暴露于该化合物，对报告分子基因表达的诱导或潜力进行测定。

EP – B1 –2114130 – 权利要求 1

NK1 –/– 鼠或具有功能性物质 P 受体的鼠作为 ADHD 动物模型的用途，该鼠已被施用了物质 P 受体抑制剂，其中该鼠对甲强龙或 d – 安非他明的响应，显示降低的运动性。

EP－B1－2093280－权利要求 22

如权利要求 1～10 任一所述的非人动物模型在鉴定肥大细胞作为生理或病理条件下的效应、调节或靶细胞中的用途。

EP－B1－2093280－权利要求 23

如权利要求 1～10 任一所述的非人动物模型在检测外源施用的化合物对肥大细胞在生理或病理条件下的影响中的用途。

D. Ⅶ. 2. d. 动物部分

此处术语“动物部分”的含义见于本章的导言部分（D. Ⅶ. 1. ）。

D. Ⅶ. 2. d. a. 动物部分产品权利要求

通常来说，动物的任何部分都可作为产品权利要求的主题。虽然 EPC 第 53（a）条将违反公共秩序或道德的发明排除在可授予专利权的范围之外，但对于涉及动物器官等的产品权利要求，其可授权性不应被严格的限制。参见上文涉及自然动物或转基因动物的产品权利要求的论述（D. Ⅶ. 2. b. a. 、D. Ⅶ. 2. c. a. ），对于涉及动物部分的产品权利要求来说，其可授权性也应适用同样的原则，与请求保护有生命的动物相比，对其道德方面的要求应更低。

上文的 D. Ⅵ. 2. h. 中，就植物部分的可专利性，提到近期的判例法认为植物品种的种子也应被视为 EPC 第 53（b）条意义上的“植物品种”，并且因此被排除在可授予专利权的范围之外。然而，对于动物部分来说，采用相同的观点应为不合理的。植物种子能独立繁殖，产生完全发育的植物品种。而单独的、任何一种动物的部分，除了全能干细胞外，不存在相应的独立繁殖的可能性。对于干细胞技术的这方面问题，将在 D. Ⅷ. 中论述。由于排除性规定的范围通常是较窄的，因此 EPC 第 53（b）条不应被解释为包括动物部分。

至于可授予专利权的进一步要求，例如新颖性、创造性和工业实用性，以及对专利申请的要求，例如充分公开、清楚和权利要求得到支持，参见 C. Ⅰ. 3. 。

权利要求撰写

通常来说，在通过产品权利要求对动物部分提请保护时，存在两种可能的方式：a）通过特性（如明确限定的、内在或外在的特征和/或参数）来限定的产品权利要求；b）以制备步骤为特征、通过方法限定的产品权利要求。

一般来说，当请求保护的动物部分包括在动物体内时，其不能被称为动物部分；但是天然存在的动物部分（例如器官），且当其已通过特定方式处理并产生新特征时是除外的。例如，该处理导致动物器官更好地适用于移植或储存。在许多情况下，方法限定的产品权利要求可以成为适合的权利要求类型，其中请求保护的动物部分以基本的处理步骤为特征。

该类型权利要求通常的撰写方式如下：

通过一种方法处理的动物部分 *X*，该方法包括步骤 a、b、c……

当然，如果经特定方式处理的、请求保护的动物部分能通过由该方法获得的新特征进行充分限定时，如下类型的产品权利要求也是可以的：

动物部分 *X*，其特征在于 a、b、c……

其中特征 a、b、c 等，是结构和/或参数特征。

对于转基因的动物部分，请求保护的部分通常通过其含有的新遗传信息来限定。该类权利要求的撰写方式可以如下所示：

动物部分 *X*，其特征在于含有 DNA *Y*。

DNA *Y* 是导入动物的转基因，该动物通常不含有该 DNA。

EPO 允许的涉及动物部分的权利要求列举如下：

EP – B1 – 0105290 – 权利要求 7

通过如权利要求 1 ~9 任一所述的方法获得的心脏瓣膜。

在上述权利要求中，该产品以其制备方法为特征。该专利的权利要求 1 ~ 9 公开了一种用于人或动物移植的生物组织的保存方法。

EP – B1 – 0296475 – 权利要求 13

一种通过如权利要求 1 ~9 所述的方法获得的、冷冻、培养、成层的上皮层，其解冻后用于皮肤愈伤敷料，具有保留的胞内结构并含有能实现有丝分裂和代谢的上皮细胞。

上述权利要求中，该产品通过其特征以及制备方法来限定。权利要求 1 ~ 9 涉及保存上皮层的方法。

EP – B1 – 0065827 – 权利要求 10

一种适用于活体移植的猪心脏瓣膜，其特征在于当被移植到雄性 Sprague-Dawley 大鼠的腹壁肌肉中时，从该瓣膜上切除的一尖瓣组织基本上保持至少 4 周非钙化。

EP-B1-0116579-权利要求1

用于抗皱处理的天然组织移植物，其特征在于含有源自反刍动物胎儿的软骨胶原，且其仅经过浸软和揉搓处理，该浸软包括将软骨组织浸没在等体积的9%生理标准血清和90%乙醇中25~35天，经9%的生理血清中漂洗后，在磨臼中揉搓为均质可注射混合物。

EP-B1-2218786-权利要求16

一种细胞、器官或组织，含有源自如权利要求9~14任一所述的非人哺乳动物或如权利要求15所述的鼠或其后代的细胞，其特征在于保留了如权利要求1~4所述的哺乳动物人造染色体载体，因而能表达人细胞色素P450基因。

EP-B1-1680959-权利要求5

一种源自转基因鼠的免疫细胞，其染色体上的部分或全部TRIF相关受体分子（TRAM）基因如权利要求1或2所述被纯合敲除。

EP-B1-1340424-权利要求14

一种源自如权利要求5~12所述的转基因非人哺乳动物或其后代的器官型脑片培养物。

D. Ⅶ. 2. d. b. 动物部分方法权利要求

EPC第53（c）条对治疗方法的排除，限制了方法权利要求被授予专利权，例如取自动物的动物部分（如血液）在体外经特定方式处理，然后返回同一主体的情形。然而，对于从动物中取出动物体内的一部分（例如血液）且在体外处理后不返回供体体内，更甚至于返回不同主体的体内的方法，依据EPC第53（c）条规定应被视为被允许的（审查指南G-Ⅱ 4.2.1），前提条件是当从动物取材时不需要采用外科手术的步骤。并且任何涉及制备动物部分的方法（例如人造皮肤），依据EPC第53（c）条是允许的。该主题的进一步论述参见C. Ⅰ.2.d.。

根据EPC第53（b）条的规定，其将制备动物的、本质上属于生物学的方法排除在可授予专利权的范围之外，但不应对制备动物部分的方法的可专利性作出限制，究其原因在于排除性规定的范围是较窄的；EPC第53（b）条的术语“动物”不应被解释为包括“动物部分”，但全能干细胞除外。

至于可授予专利权的进一步要求，例如新颖性、创造性和工业实用性，以及对专利申请的要求，例如充分公开、清楚和权利要求得到支持，参见C. Ⅰ.3.。

权利要求撰写

多数情况下，方法权利要求涉及的是对天然产生的动物部分（例如器官），进行特定处理，而非制备该器官。因此，方法权利要求通常可采用如下的撰写方式：

一种处理动物部分的方法，包括步骤 a、b、c……

然而，当发明涉及转基因动物时，制备动物部分的权利要求也可采用如下方式：

一种制备动物部分 *X* 的方法，包括将外源 DNA *Y* 导入该动物细胞并由此再生部分 *X* 的步骤。

除了上述类型的方法权利要求外，其他的涉及将动物部分用作分离期望产品的来源的方法权利要求也是可行的。

允许的方法权利要求列举如下：

EP－B1－0116579－权利要求 4

一种产生用于抗皱处理的天然组织移植物的方法，其特征在于从反刍动物胎儿取软骨组织，将其在等体积混合的 9% 标准生理血清和 90% 乙醇中浸泡软化 25～35 天，9% 标准生理血清中充分漂洗，然后在磨中揉搓为均质可注射混合物并无菌密封包装，上述不同操作在室温下于臭氧环境中进行。

上述方法在动物体外进行且不将该组织返回供体动物。因此，不属于 EPC 第 53（c）条意义上的治疗方法。

EP－B1－0296475－权利要求 1

一种保存上皮层的方法，包括步骤：

a）室温下将上皮层在含有冷冻保护剂的培养基中孵育 2～15 分钟；

b）将该上皮层冷冻，冷却速度不超过－2℃/分钟，直到 0℃上下。

上述权利要求也涉及在动物体外处理器官且不将器官返回同一供体动物的方法。因此，依据 EPC 第 53（c）条是被允许的。

EP－B1－0105290－权利要求 1

一种处理与保存生物组织的方法，该组织用于人或动物体移植且移植后的钙化减少或降低，其特征在于包括将所述组织与有效量的连二磷酸盐离子溶液接触以减少组织的钙化，该离子溶液含有至少一种生理上接受的盐或 pH 7.0～7.6 的缓冲液，以及除了钙外，以重量计超过 0.003% 的二价阳离子，其与固定化部位的钙形成竞争，然后直到使用前，将该组织在所述溶液中保存。

上述方法中，组织是在动物体外处理的并且不返回同一供体。因此，该方法依据 EPC 第 53（c）条是被允许的。

EP－B1－0096997－权利要求 1

一种冷却与保存切除器官的方法，包括：

（a）用冰点小于 2℃ 的血液替代液灌注器官，在灌注期间替代液的温度从体温（37℃）降至 2℃；

（b）用冰点小于 －4℃ 的冷冻保护液灌注器官，在灌注期间保护液的温度从 2℃ 降至 －4℃；

（c）用冰点不超过 －60℃ 的惰性液体灌注器官，在灌注期间液体的温度从 －4℃ 降至 －60 ~ －80℃，该较低的温度等于或高于液体的冰点；

（d）直至器官需被移植前，在等于或高于步骤（c）所获温度下保存该器官。

上述方法中，器官在体外处理并且不返回同一主体。因此，该权利要求依据 EPC 第 53（c）条是被允许的。

EP－B1－0080518－权利要求 1

一种通过水从新宰杀的小牛胸腺中提取治疗有效量的激素的方法，其特征在于，无菌条件下将 12 ~ 16 周大小的小牛的胸腺取出，取出物在至少 －30℃ 的低温下冷却，解冻后加入无菌水对其进行均质化，均质化的液体在约 4℃ 下放置数天，然后快速离心、过滤，将过滤后沉淀上的上清液移出，在约 4℃ 下放置数天，再次快速离心、过滤，第二次过滤后所得的上清液制成可应用的制剂。

EP－B1－1118268－权利要求 1

1. 一种冷冻保存斑马鱼精子的方法，包括：

（a）从雄性斑马鱼体腔中取出睾丸；

（b）用冷冻保护剂漂洗步骤（a）分离的睾丸，以获得精子悬浮液；

（c）冷冻该精子悬浮液。

其中步骤（b）加入的冷冻保护剂的量，需使所获的精子悬浮液体积小于 30 μl。

上述方法中，器官“胸腺”被用作分离期望的产品的原料。这类权利要求不受 EPC 第 53（c）条的影响。

D. Ⅶ. 2. d. c. 动物部分用途权利要求/目的限定型产品权利要求

参见 D. Ⅵ. 2. e. c. 的论述，用途权利要求被解释为方法权利要求。因此，依据 EPC 第 53（c）条对治疗方法的排除，以及依据 EPC 第 53（b）条对本质上属于生物学的制备动物的方法的排除，也限制了用途权利要求的可授权性。例如，如下类型的权利要求：

动物部分 X 用于治疗 Y 疾病的用途。

依据 EPC 第 53（c）条是不被允许的。

并且对于 EPC 第 53（b）条，如下类型的权利要求：

动物部分 X 用于制备动物 Y 的用途。

也可能是被不允许的。该权利要求可被解释为本质上属于生物学的制备动物的方法。

然而，涉及动物部分用于技术应用的权利要求不应依据 EPC 第 53（c）条或 EPC 第 53（b）条驳回。对于 EPC 第 53（c）条所称的“第二医疗用途权利要求”的可授权性，其论述见于 C. Ⅰ. 3. e. d. 。

至于可授予专利权的进一步要求，例如新颖性、创造性和工业实用性，以及对专利申请的要求，例如充分公开、清楚和权利要求得到支持，参见 C. Ⅰ. 3. 。

权利要求撰写

用途权利要求的撰写方式可如下所示：

动物 Y 的部分 X 用于（技术）目的 Y 的用途。

该“技术”目的 Y 可以是，例如从动物部分分离产品、检测活性产物或制备药物。

EPO 允许的、涉及动物部分的用途权利要求列举如下：

EP - B1 - 0357958 - 权利要求 1

哺乳动物肝组合物在制备治疗哺乳动物任意非皮肤病病毒感染或慢性疲劳综合征的药物中的用途，该感染非肝病毒感染，为如逆转录病毒、HIV-1 病毒、Epstein-Barr 病毒的感染，该组合物包括作为活性成分的哺乳动物肝提取物，其是热稳定的，在丙酮中不可溶，且在水中可溶。

上述权利要求属于传统的“瑞士型”第二医疗用途权利要求。

EP - B1 - 0200214 - 权利要求 1

小牛胸腺提取物在制备治疗哺乳动物寄生虫感染的药物中的用途，该提取物在 pH 8.6 的聚丙烯酰胺凝胶电泳中显示两个主要特征条带，其与作为药物组合物制备指示剂的溴酚蓝相比，具有约 0.25 和约 0.44 的 Rf。

上述权利要求也属于“瑞士型”第二医疗用途权利要求。

EP-B1-1716752-权利要求 4

源自如权利要求 1~3 任一所述的非人动物的巨噬细胞或脾细胞在作为对细菌胞壁成分无反应的细胞模型中的用途。

EP-B1-1932544-权利要求 1

修饰的哺乳动物软骨细胞，用于体内治疗软骨缺损，其中该软骨细胞在体外通过导入与可操作性启动子连接的、编码异源多肽的异源多聚核苷酸而被修饰，且该修饰的软骨细胞当被导入哺乳动物关节时，产生所述多肽。

上述权利要求属于 EPC 第 54（5）条允许的、目的限定型产品权利要求。

D. Ⅶ. 2. e. 小结

综上所述，涉及动物的权利要求只要不违背公共秩序和道德，就不会因为 EPC 第 53（a）条的规定而被排除在可授予专利权范围之外。EPO 判例法对此已形成多种判定的标准。

涉及动物的权利要求只要不涉及特定的动物品种，就不会依据 EPC 第 53（b）条而被排除在可授予专利权范围之外。这甚至涵盖了保护较多种的动物品种的权利要求。而涉及一种或多种特定动物品种的权利要求，不论请求保护的动物的类型如何（例如自然或转基因的），依据 EPC 第 53（b）条都会被排除在可授予专利权范围之外。

依据 EPC 第 52（2）（a）条，自然动物更应被视为一种“发现”，而不应认为属于可专利保护的发明或作为“动物品种”，其应依据 EPC 第 53（b）条而被排除在可授予专利权范围之外。

涉及动物部分的权利要求，例如器官或组织培养物，不应被排除在可授予专利权范围之外，除非该部分可被视为“动物品种”。这种情况并不常见。

涉及制备或应用动物的方法权利要求，只要不是 EPC 第 53（b）条定义的“本质上属于生物学的”，就不应被排除在可授予专利权范围之外。审查指南指出，在涉及植物时提出的、评价该问题的标准也应适用于动物。

基于此，以“本质上属于生物学的”为特征的方法，如果含有或仅为动物全基因组有性杂交以及之后对后代的选择，则应被排除在可授予专利权范围之外。但是，如果该方法包括了技术性的步骤，即所获动物导入或修饰了遗传性状，并导致该动物产品不仅仅是所选动物通过有性杂交而获得的基因杂交产物，则该方法不是“本质上属于生物学的”，不应依据 EPC 第 53（b）条而被排除在可授予专利权范围之外。

不以属于“动物品种”或违背公共秩序而将动物排除在可授予专利权范围之外，或者不以符合“本质上属于生物学的”而将制备动物的方法排除在可授予专利权范围之外，不意味着该涉及动物或方法的权利要求必然是可授权的。正如其他发明一样，为了授权，可专利性上不被排除的主题还必须满足可授权的通常要求。

D. Ⅷ. 人体

D. Ⅷ. 1. 导言

本章在考虑了 EPO 目前的惯例并参考了一些重要判例的情况下，对保护人体及其组成部分的可能性进行了讨论。

这里所使用的术语：

在没有其他解释的情况下，术语“人体”是指活体的人体。

术语“人体组成部分”包括人类器官（如肝脏、心脏、皮肤、血液等）以及繁殖材料（如生殖细胞和人体组织）等。人体的其他组分，如细胞、基因、蛋白质等，分别在 D. Ⅱ.、D. Ⅲ. 和 D. Ⅳ. 中讨论。

D. Ⅷ. 2. 依照欧洲专利公约保护人体

与人体相关的欧洲判例法主要集中讨论 EPC 的排除规定，特别是关于 1973 年版 EPC 第 52（4）条［现在的 EPC 第 53（c）条］和第 53（a）条。因此，排除规定是以下各章所关注的主要内容。

值得注意的是，EPC 第 53（b）条是针对植物和动物品种而不是人类的，因此其与人体相关发明并无关联。最重要的是，根据实施细则第 29（2）条，人体的一个孤立部分构成可专利性的主题，即使该部分与天然存在的部分完全相同。另见审查指南 G-Ⅱ 5.2。

D. Ⅷ. 2. a. 人体

这里所使用的术语“人体”的含义与本章导言中的规定相同（D. Ⅷ. 1.）。

D. Ⅷ. 2. a. a. 人体产品权利要求

人体产品权利要求获得专利保护的主要障碍是 EPC 第 53（a）条，特别是，其排除了违反道德规范的发明的可专利性。虽然到目前为止还没有判例法明确规定对人体进行专利授权违反 EPC 第53（a）条，但目前的共识是针对人类活体的专利是不被允许的。根据实施细则第 28（a）条，克隆人是明显排除可专利性的主题之一。

类似地，根据 EPC 第53（a）条和第29（1）条（见审查指南 G-Ⅱ 5.3），针对人类胚胎的权利要求也是不被允许的。

由于 EPC 第53（b）条只排除与植物和动物相关发明的可专利性，因此其不构成针对人体产品权利要求的授权障碍。在 EPC 第53（c）条中，EPC 明确区分了动物和人体，在该款中单独提及人或动物体的治疗方法，因此不能认为将某些动物发明从可专利性中排除可以延伸到与人体相关的发明上。

由于针对人体的权利要求不具备可专利性，所以没有必要针对其讨论进一步的可专利性要求，例如新颖性和创造性的要求，或者针对人体的产品权利要求的任何可用的撰写方式。

D. Ⅷ. 2. a. b. 人体方法权利要求

关于人体相关申请中的方法权利要求，必须考虑 EPC 第 53（a）条和 53（c）条。根据 EPC 第53（a）条，实施细则第28（a）条和第28（c）条，人类的克隆方法和改变人类遗传同一性的方法不能获得专利保护。EPC 第53（c）条排除了针对人体的手术或治疗方法，或施用于人体的诊断方法的可专利性。因此，此类处理方法的权利要求是不被允许的，如 C. Ⅰ. 2. d. 中所讨论的那样。

EPC 第53（c）条也可能构成针对“体细胞基因治疗”过程的权利要求的可专利性障碍，其中人体的细胞在体外进行遗传工程改造（如通过用功能基因替换非功能性基因）然后再返回到供体中。虽然这种方法的决定性技术步骤，即细胞的遗传工程，是在人体以外进行的，但整个过程可能被认为是在 EPC 第53（c）条意义上的人体操作方法，其属于被专利授权所排除的主题。审查指南提到了一种落入 EPC 第53（c）条的类似方法，其中在体外产生内切开术但需要包括另外的手术步骤的过程。此外，当处理的血液返回供体时，血液分析过程也不在专利保护范围内（审查指南 G-Ⅱ 4.2）。在 C. Ⅰ. 2. d. 中有关于将人体治疗方法排除在专利性之外的进一步讨论。

此外，制备人体的方法可被认为是一种人类繁殖过程，因此 EPC 第53（a）条构成对于这类方法权利要求的授权障碍。另外，这一条款对于所谓的“种系基因治疗”的发明将特别重要，其包括生殖细胞的遗传工程以治愈遗传性疾病。根据 EPC 第53（a）条和实施细则第28（b）条，这些方法是不能被授权的。

关于方法权利要求，其中人体用作制备感兴趣的产品的“工厂”（如用于制备人抗体）或作为分离感兴趣的产物的来源（如有药物活性价值的蛋白质），上诉委员会尚未就其是否涉及道德问题给出结论。

如果方法权利要求不属于上述被排除的范围内，则还必须满足进一步的可专利性要求，即发明必须具备新颖性（EPC 第 54 条），必须包含创造性的步骤（EPC 第 56 条）以及其必须易于工业应用（EPC 第 57 条）。

由于涉及从人体中制备产品的方法权利要求的可专利性的判例法主要涉及人体组分（如细胞、蛋白质等），这些判例法分别在 D. Ⅱ.、D．Ⅲ.、D. Ⅳ. 和 D. Ⅴ. 中讨论。

除上述可专利性要求外，还必须满足申请的相关要求。特别地，申请必须以能够使技术人员实施该发明的方式公开该发明（EPC 第 83 条），并且权利要求对于本领域技术人员来说必须足够清楚和能够得到说明书的支持（EPC 第 84 条）。有关这些申请要求的一般性讨论见 C. Ⅰ. 3. b. 、C. Ⅰ. 3. e. b. 和 C. Ⅰ. 3. e. c. 。

权利要求撰写

从上述讨论中可以明显看出，制造人类的方法权利要求无法克服根据 EPC 第 53（a）条和实施细则第 28（a）条所设置的障碍，其规定违反道德的发明排除在可授权范围之外。因此，以下类型的方法将不被允许：

制造人类的方法，包含以下步骤 a、b、c……

相似地，改变人类遗传同一性的方法也将根据 EPC 第 28（b）条被排除。

此外，根据 EPC 第 53（c）条，在人体上实施的诊断、治疗或手术方法的权利要求是不被允许的。然而，根据 EPC 第 53（c）条，涉及处理人体但在性质上不是外科手术的治疗性或诊断性的方法权利要求是被允许的。这意味着，例如美容的方法是可授权的主题。其他更多被允许和被不允许的主题的例子可以在审查指南 G-Ⅱ 4.2 中找到。因此，EPC 第 53（c）条允许的方法权利要求可以有以下措辞：

一种美容方法，包含步骤 a、b、c……

其中“美容”意味着所请求保护的方法不能用于治疗目的。

关于美容方法和治疗方法的特征区分，将在 C. Ⅰ. 2. d. 中进一步讨论。

除了上述关于美容方法的权利要求之外，涉及使用人体作为分离感兴趣的产品来源的方法权利要求，是 EPC 第 53（c）条及 EPC 第 53（a）条所允许的，尽管根据审查指南规定，将人体用作“试验动物”进行筛选目的将与

EPC 第 53（a）条冲突（见审查指南 G-Ⅱ 4.2.2）。这样的方法权利要求可以有以下措辞：

一种制备产品 *X* 的方法，包括通过步骤 a、b、c……处理人体。

必须在申请中明确上述方法不包括治疗方法。可选地，在权利要求中放弃治疗方法。下面给出了一个被允许的方法权利要求的例子：

EP－B1－0187858－权利要求 16

一种制备抗恶性疟原虫子孢子的 CS 抗原的抗体的方法，所述方法包括使用权利要求 1～4 中任一项所述的肽免疫宿主，所述宿主仅用作获得抗体的来源。

在这一方法中，下划线标出的短语澄清了治疗性操作不是该方法的目的。

D. Ⅷ. 2. a. c. 人体用途权利要求/目的限定型产品权利要求

在撰写用途权利要求时，应考虑用途权利要求通常被解释为方法权利要求，如 C. Ⅰ. 3. e. a. 中所述。因此，上述根据 EPC 第 53（a）和（c）条从可专利性主题中排除某些方法主题的问题，在用途权利要求中同样需要考虑。

可能的用途权利要求是使用人体获得感兴趣的产品。

关于进一步的可专利性要求，即新颖性、创造性和工业实用性，以及对申请文件的要求，即充分公开和权利要求的清楚和支持，参见 C. Ⅰ. 3. 和 D. Ⅷ. 2. a. 。

权利要求撰写

原则上，用途权利要求可以采用以下措辞：

使用人体来制备产品 *X*。

D. Ⅷ. 2. b. 人体组成部分

在本章 D. Ⅷ. 1. 的导言中给出了术语“人体组成部分”的含义。

D. Ⅷ. 2. b. a. 人体组成部分产品权利要求

原则上，人体的任何组成部分都可以成为产品权利要求的主题。

EPC 第 53（a）条将违反道德或公共秩序的发明排除在可专利性范围之外，其是否构成人体组成部分（如器官或组织）产品权利要求的可专利性障碍，至今还没有被 EPO 所决定。根据法律规定，不得授予人体器官和移植物专利。特别地，很多关注集中于人类生殖细胞的可专利性上。这将在 D. V. Ⅲ. 2. b. d. 中单独讨论。

关于进一步的可专利性要求，即新颖性、创造性和工业实用性，以及对申请文件的要求，即充分公开和权利要求的清楚和支持，参见 C. Ⅰ.3. 和 D. Ⅷ. 2. a. e. 。

权利要求撰写

通常，通过产品权利要求来保护人体组成部分有两种可能性：可以通过其特征定义产品权利要求，例如可被明确定义的内在或外在特征和/或参数，或通过其制备步骤表征的方法限定的产品权利要求。

一般来说，当请求保护的人体组成部分包括在人体内时，其不能被称为人体组成部分，但是天然存在的人体组成部分（如组织），当其已经被特定方式处理以提供该组成部分新的特性时是除外的。例如，通过处理使该部分适于移植或储存。在许多情况下，方法限定的产品权利要求会是适当的权利要求类型，其中请求保护的人体组成部分通过主要处理步骤进行限定。

这种权利要求类型可以有以下一般措辞：

通过一种方法获得的人体组成部分 *X*，所述方法包含步骤 a、b、c……

如果请求保护的以某种方式处理的人体组成部分，可以由其通过处理获得的新特性充分界定，则还可以采用以下类型的产品权利要求：

人体组成部分 *X*，具有特性 a、b、c……

其中特性 a、b、c 等，是结构特征和/或参数特征。

以下显示了一些已经被 EPO 授权的，指向人体组成部分的权利要求，其中人体组成部分用下划线标出：

EP－B1－0108588－权利要求 1

一种储存稳定的基本上<u>无血浆的血小板浓缩物</u>，其包含用于给予人或动物的平衡盐溶液中的血小板。

在权利要求 9 中，血小板被定义为人血小板。浓缩物的特点是储存稳定性。用于使浓缩物储存稳定的方法在权利要求 10～16 中被定义。

EP－B1－0020753－权利要求 6

皮肤等价物，其特征在于含有<u>成纤维细胞</u>的收缩的水合胶原晶格，以及负载在所述收缩的氢胶原晶格上的<u>角质形成细胞</u>。

根据说明书的实施例 9，成纤维细胞可以是活检中获得的人包皮成纤维细胞。

EP－B1－0105290－权利要求11

一种利用权利要求1～9中任一项所述的方法获得的心脏瓣膜。

专利的权利要求1～9描述了处理和保存旨在接种在人或动物受试者上的生物组织的方法。

EP－B1－1305410－权利要求1

一种人胰腺细胞系，其是通过将正常人胰岛细胞与来自至少一种永生人类细胞系的细胞电融合产生的，其中人胰腺细胞能够分泌胰岛素。

EP－B1－0795008－权利要求1

一种人肥大软骨细胞细胞系。

D. Ⅷ. 2. b. b. 人体组成部分方法权利要求

EPC第53（c）条对治疗方法的排除构成了涉及人体组成部分（例如血液）的方法权利要求可专利性的障碍，该人体组成部分取自人体，在体外用某种方式处理，然后返回到同一供体，例如透析方法（见审查指南G-Ⅱ 4.2）。然而，根据EPC第53（c）条（审查指南G-Ⅱ 4.2.1），从人体中获得的人体组成部分（例如血液），在体外被处理，例如储存于血库中是被允许的。

此外，根据EPC第53（c）条（审查指南G-Ⅱ 4.2.1），利用人体组成部分（例如器官）作为起始材料分离目标产品的方法权利要求是被允许的。

至于这一方法是否违反EPC第53（a）条，到目前为止上诉委员会还没有给出结论。

关于进一步的可专利性要求，也就是新颖性、创造性和工业实用性，以及对申请的要求，即充分公开和清楚、得到说明书支持，见C. Ⅰ.3. 和D. Ⅷ. 2. a. a.。

权利要求撰写

在多数情况下，方法权利要求指向一种天然存在的人体组成部分的处理，例如器官或者组织，而不是制备该器官的方法。这样的权利要求可以采用如下通用表述：

一种处理人体组成部分的方法，包含步骤a、b、c……

除了上述类型的权利要求，也可以设想另外一种方法权利要求，其中人体组成部分作为分离目标产品的起始材料，这样的权利要求可以表述为：

一种从人体组成部分 *Z* 中分离 *X* 的方法，包含步骤 a、b、c……

在下面的授权权利要求中，制备人体组成部分的内容用下划线标出：

EP - B1 - 0020753 - 权利要求 1

一种制备活组织的方法，其特征在于：

a）形成一种水合胶原晶格；

b）使成纤维细胞与所述水合胶原晶格接触；

c）在能使所述细胞附着到所述胶原晶格上并能使胶原晶格收缩的条件下保持所述水合胶原晶格和所述细胞，以形成活的组织。

EP - B1 - 0108588 - 权利要求 10

制备根据权利要求 1 所述的储存稳定的血小板浓缩物的方法，包括离心含血小板的血浆以获得血小板沉淀并重新悬浮沉淀物，其特征在于从血小板颗粒中除去基本上所有的上清血浆，然后将沉淀重新悬浮于平衡的盐溶液中，所述盐溶液基本上不含等离子体。

在上述专利的权利要求 11 中，血浆被限定为人类血浆，获得自新鲜采集的全血或通过血液分离术得到的。

EP - B1 - 0341245 - 权利要求 1

一种冷冻保存心脏瓣膜的方法，包括以下步骤：

a. 从心脏解剖获得心脏瓣膜；

b. 将解剖的心脏瓣膜置于具有抗生素和冷冻保存剂的等渗介质中；

c. 根据冻结程序冻结心脏瓣膜，以保持可接受的细胞活力水平；

d. 将心脏瓣膜储存在 -132℃ 以下的温度；其特征在于，所述冻结程序包括：

（1）将解剖的心脏瓣膜置于冷冻室中；

（2）以约 0.01℃/分钟的速度将所述冷冻室的温度降低至约 4℃ 的样品温度；

（3）以约 1.5℃/分钟的速度将所述冷冻室的温度降低至约 -3℃ 的样品温度；

（4）以约 95℃/分钟的速度将所述冷冻室的温度降低至室温约为 -140℃；

（5）将所述冷冻室的温度保持在约 -140℃ 约 1 分钟；

（6）以约 20℃/分钟的速度将所述冷冻室的温度升高至约 -100℃；

（7）将所述冷冻室的温度保持在约 -100℃ 约 6 分钟；

（8）以约 10℃/分钟的速度将所述冷冻室的温度升高至约 -70℃；

(9) 以约20℃/分钟的速度将所述冷冻室的温度升高至约－26℃；

(10) 将所述冷冻室的温度保持在约－26℃约2分钟；

(11) 以1℃/分钟的速度降低所述冷冻室的温度，直到冷冻室的温度为大约－80℃。

EP－B1－0033402－权利要求18

一种用于保存待移植器官的方法，其包括在含氧饱和的含有全氟化碳化合物的灌注液中灌注所述器官，所述灌注液是白蛋白、林格溶液和全氟化碳化合物的稳定乳液的混合物，白蛋白为1%～8%（重量/体积），全氟化碳化合物占灌注液的7.5%～12.5%（重量/体积），该方法的特征在于，林格溶液的钾离子量增加到8～20meq/ltr。

EP－B1－0105290－权利要求1

用于处理和保存旨在接种在人或动物受试者上的生物组织以及在接枝操作之后减少或延长钙化衰减的方法，其特征在于，其包括将所述组织与有活性的次磷酸等渗溶液接触为了减少组织的钙化，所述等渗溶液包含至少一种生理学上可接受的盐或缓冲液，其生理可接受的盐或缓冲液的pH为7.0～7.6，大于0.003%（重量百分比）的除钙之外的二价阳离子进入钙的固定化位置进行竞争，以及在所述溶液中保存所述组织直至其使用。

D. Ⅷ. 2. b. c. 人体组成部分用途权利要求/目的限定型产品权利要求

如C. Ⅰ.3. e. a中所述，医药申请中，除了所谓的目的限定型产品权利要求，用途权利要求基本上被解释为方法权利要求。因此，EPC第53（c）条对于治疗方法的排除构成了用途权利要求的可专利性障碍。例如一种如下类型的权利要求：

人体组成部分*X*治疗*Y*疾病的用途。

是EPC第53（c）条所不允许的，但是“组成部分*X*，用于治疗*Y*疾病”是EPC第53（c）条所允许的。

EPC第53（c）条也不禁止人体组成部分被用于技术目的的用途权利要求，例如用于分离目标产品。

到目前未知，关于人体组成部分（如器官）的用途是否违反EPC第53（a）条的问题，上诉委员会尚未给出结论。

关于可专利性的进一步要求也就是新颖性、创造性和工业实用性，以及对申请的要求，即充分公开和清楚、得到说明书支持，见C. Ⅰ.3. 和D.

Ⅷ. 2. a. e. 。

权利要求撰写

用途权利要求可以采用如下表述：

人体组成部分 *X* 用于（技术）目的 *Y* 的用途。

“技术”目的 *Y* 可以是从人体部分中分离产品。

D. Ⅷ. 2. b. d. 人体干细胞

D. Ⅷ. 2. b. d. a. 导言

人类干细胞对于未来发展新的疾病治疗途径具有广阔的、未开发的潜力，预计价值在 10 亿美元左右。由于这种潜力，在人体发明部分将其单独列为独立的一章。虽然提交的申请并不是太多，但出于道德因素考虑，该领域仍受到严格的审查。这些因素也促使 EPO 扩大上诉委员会在 G 2/06（胚胎的使用/WARF）中的决定，以及欧盟法院在 *Brüstle* 案（CJEU 判例 C 34/10）中作出的决定。尽管这两个判例的考虑因素略有不同，但每个判例都需要决定是否以及在何种情况下使用人类胚胎提供干细胞将构成干细胞和干细胞衍生发明专利的可专利性障碍。虽然欧盟法院的决定对 EPO 没有约束力，但 EPO 审查员至少可以将其作为自己对于干细胞发明审查决定的进一步参考。与人类干细胞发明的可专利性特别相关的是 EPC 第 53（a）条和实施细则第 28（a）和（c）条，以及 EPC 第 29（1）和（2）条。此外，审查指南还包含有关 EPO 在审查干细胞发明是否符合 EPC 第 53（a）条和实施细则第 28（c）条（审查指南 G-Ⅱ 5.3）的审查实践的进一步信息。根据审查指南，如果在申请的申请日，干细胞只能通过一种必然涉及破坏人类胚胎的方法获得，那么实施细则第 28（c）条将成为针对人类干细胞的产品权利要求的授权障碍。这意味着在撰写干细胞申请时，建议在专利说明书中指出用于获得干细胞的替代手段，例如 Chung Y 等人发表的文献（Cell Stem Cell，2008，第 113 ~ 117 页）。

Chung 等人发表的这篇文献对于涉及使用人类胚胎干细胞系的方法和产品的专利申请很重要。另一篇文章（Yamanaka 等，Cell，2007，第 135 卷，第 861 ~ 872 页），对于涉及包括诱导的人多能干细胞的方法和产品的专利申请很重要。如果特别需要利用人类胚胎并要求破坏人类胚胎获得干细胞，实施细则第 28（c）条肯定会构成发明授权的障碍，而在上述文献发表日期之后提交的申请，在根据实施细则第 28（c）条进行审查时遇到的问题可能会减少。最近的判例法对于与人胚胎干细胞相关的发明专利仍然持限制性的立场。

在一个近期判例中，T 2221/10（培养干细胞/TECHNION），上诉委员会在附带意见中指出，利用人类胚胎干细胞系而不破坏胚胎的发明，如果该细胞系最初是通过破坏人类胚胎的方式衍生而来，则根据 EPC 第 53（a）条和实施细则第 28（c）条，该发明被排除在可授权主题之外。

在另一个判例 T 1836/10（获得胚胎干细胞/WüRFEL）中，上诉委员会决定：只要人类胚胎在制备胚胎干细胞的过程中用作起始材料，该发明就可能违反 EPC 第 53（a）条和实施细则第 28（c）条，即使胚胎在该过程中没有被破坏。实施细则第 28（c）条广泛地排除了用于工业或商业目的的人类胚胎的任何使用，因此直接使用胚胎作为起始材料并具有商业适用性的方法被解释为使用胚胎“用于工业或商业目的”，违反实施细则第 28（c）条的规定，因此被排除在可专利性范围之外。

法律仍在变动中，如近期的欧盟法院 C 364/13 案中，涉及孤雌生殖产生的胚胎是否也应视为实施细则第 28（c）条意义上的胚胎。总法律顾问就此提出了个人观点。他向欧盟法院提出建议，孤雌生殖体不应被视为实施细则第 28（c）条意义上的胚胎，因为其不能发育为人。

以下讨论依据现有的可专利性排除条款以及近期的法律实践，哪种类型的干细胞及其使用方法可能面临问题。

D. Ⅷ. 2. b. d. b. 全能人体干细胞

全能人体干细胞能够发育成完整的人体。由于违反实施细则第 29（1）条的规定，也不符合欧盟法院 G 2/06 或 C 34/10 判决所规定的做法，因此其不能被授权专利权。

方法和用途权利要求将面临实施细则第 28（a）和（c）条的问题，因为使用全能干细胞的方法将被视为克隆人类的过程，也被视为使用人类胚胎（即全能人体干细胞）用于工业或商业目的。

D. Ⅷ. 2. b. d. c. 多能人体干细胞

这里需要区分是源自胚胎的多能人胚胎干细胞还是通过诱导人分化细胞获得的多能干细胞（即所谓的 iPSC）。在前一种情况（多能胚胎干细胞）中，鉴于 G 2/06 和上文所讨论的 T 1836/10 号决定，根据实施细则第 28（c）条，其可专利性可能存在问题，实际上，根据实施细则第 28（c）条，任何使用人类胚胎的发明都可能遇到这一问题。对于 iPSC，2007 年 11 月 30 日 Yamanaka 在 *Cell* 杂志上发表了其相关工作后，该技术成为现有技术，在该日期之后提交的涉及诱发多能细胞的专利不应再受到实施细则第 28（c）条的限制。类似地，这种细胞的方法和用途权利要求原则上应该是实施细则第 28 条所允许的。

D. Ⅷ. 2. b. d. d. 通过体细胞核转移（SCNT）获得的细胞

创建这样的细胞以获得干细胞的来源将涉及类似于受精卵母细胞的细胞的产生，其可以被视为是 EPO G 2/06 和欧盟法院 C 34/10 判决中所涉及的胚胎。

因此，通过体细胞核转移获得干细胞可能会面临实施细则第 28（a）和（b）条，以及根据 T 1836/10，实施细则第 28（c）条的问题。进而，针对这样的细胞的方法和用途在这些规则下也是不被允许的。

D. Ⅷ. 2. b. d. e. 通过单性生殖获得的干细胞

通过阅读欧盟法院第 C 34/10 号判决，可能会得出如下结论，单性生殖也会被认为是胚胎的发育阶段，从而可能面临实施细则第 28 条的问题。然而，最近提请 CJEU 的案件（C 364/13）涉及通过单性生殖产生的胚胎是否会导致 C 34/10 意义上的“胚胎”。目前，这样的路线是否可以成为申请人获得干细胞而不与实施细则第 28 条规定相冲突的选择，尚无定论。单性生殖有望作为一种干细胞的来源。鉴于总法律顾问关于这些问题（如前述）的有利意见，将允许这些细胞或方法获得专利。

D. Ⅷ. 2. b. d. f. 成体干细胞

成体干细胞很可能不被视为实施细则第 28 条意义上的胚胎，因此在该法条下不会面临任何问题。这一点同样适用于基于成体干细胞的方法和用途权利要求。

D. Ⅷ. 2. b. d. g. 人体干细胞领域可授权权利要求举例

在下面的权利要求中，细胞的类型和/或细胞被要求保护的形式用下划线标示。从以下权利要求可以看出，有几种方案可用于避免权利要求被解读为从人类胚胎获得细胞，根据实施细则第 28（c）条，从人类胚胎获得细胞可能是有问题的。

EP – B1 – 2139989 – 权利要求 1

一种分离的同源细胞群，包含超过 95% 的表达可检测的 K8 和 K18 的人类外胚层祖细胞，如通过 RT-PCR 测定的并且在增殖状态下可持续至少 15 代。

EP – B1 – 2137300 – 权利要求 1

一种分离的衍生自胃肠道黏膜的多能干细胞或专能干细胞。

EP – B1 – 2078073 – 权利要求 1

一种分离或纯化的人肾来源的细胞群，所述细胞群能够在培养物中自我更新和扩增，其中细胞群阳性表达细胞表面标志物 HLA I 和 CD44，以及 Oct-4、Red-1、Pax-2、Cadherin-11、FoxD1、WT1、Eyal、HNF3B、CXC-R4、Sox-17、EpoR、BMP2、BMP7 或 GDF5 中的至少一个，不表达细胞表面标志物 CD133、E – 钙黏蛋白和 Wnt-4，不表达 Sox2、FGF4、hTert、SIX2 或 GATA-4 中的至少一个。

EP－B1－2019861－权利要求1

一种肾干细胞，特征在于它们共表达CD133和CD24。

EP－B1－1896571－权利要求1

一种分离的专能干细胞群，通过以下方法制备：
(a) 提供包括整个导管的成体胰管组织；
(b) 切割所述导管组织；
(c) 培养所述切碎的组织；
(d) 从步骤(c)的培养物中收获浮现的单层细胞群。

EP－B1－1711597－权利要求1

一种分离的细胞群体，由源自人的肝组织的细胞组成，其是：
(a) $CD117^{+}$、$CD34^{+}$、$CD45^{-}$和Lin^{-}；
(b) 能够在培养中增殖；
(c) 能够将体内分化成肝细胞、胆管细胞和窦细胞。

EP－B1－1619244－权利要求1

来自人骨髓的大小筛选的干细胞，其通过以下方式处理：

(a) 包含神经胶质细胞分泌型神经营养因子(GDNF)的神经营养因子或(b)包含用于治疗神经疾病的垂体腺苷酸环化酶活化多肽(PACAP)的神经营养因子。

EP－B1－1979470－权利要求1

一种延缓非人胚胎干细胞的生物细胞分化的方法，该方法包括在E－钙黏蛋白活性抑制剂存在下培养细胞，并在体外扩增生物细胞群，同时延缓增殖的培养细胞的分化。

EP－B1－1698639－权利要求1

一种保持非源自人胚胎的多能细胞群体的体外方法，包括在不存在gp130活化的情况下向该群体施用细胞内作用并维持或赋予细胞多能性的因子，而该因子与SEQ ID NO：2所示的多肽具有至少50%的序列同一性。

EP－B1－0701608－权利要求1

一种制备嵌合有蹄类动物的方法，包括：

(a) 将具有第一遗传互补物的有蹄类胚胎干细胞引入与胚胎干细胞相同物种的受体胚胎，所述受体具有第二遗传互补物以形成嵌合有蹄类胚胎；

(b) 将嵌合有蹄类动物胚放置在适于完成发育的环境中以形成嵌合的有蹄类动物。

EP-B1-1435787-权利要求1

一种分离毛囊干细胞的方法，该方法包括：在休止期或早期成熟期期间，从皮下腺正下方的毛囊突出区域分离巢蛋白表达细胞，其中分离基于标记物巢蛋白的表达。

D. Ⅷ. 2. c. 小结

下面的表格总结了 EPC 关于人体衍生材料的可专利性。

EPC 关于人体衍生材料的可专利性

人体衍生材料	产品、方法和用途权利要求的可专利性及相关法条
——人体本身	
产品	(-) EPC 第 53 (a) 条
方法	(+) 如果不违反 EPC 第 53 (a) 和 (c) 条
用途	(+) 如果不违反 EPC 第 53 (a) 和 (c) 条
——人体的组成部分	
a) 部分，例如器官、组织培养物等	
产品	(+) 如果不违反 EPC 第 53 (a) 条
方法	(+) 如果不违反 EPC 第 53 (a) 和 (c) 条
用途	(+) 如果不违反 EPC 第 53 (a) 和 (c) 条
b) 干细胞/人类胚胎	
b1) 胚胎干细胞	(?) 实施细则第 28 (c) 条；基于 T 2221/10 和 T 1836/104 非常严格，取决于申请日
b2) iPSCs	(+)
b3) 成体干细胞	(+)
c) 人类基因、蛋白等 *	
产品	(+)
方法	(+)
用途	(+)

符号解释

(-)：不允许

(+)：允许

(?)：根据成文的判例法取得授权非常困难

*：在 D. Ⅱ. 和 D. Ⅲ. 中详述

E.
专利侵权

E. Ⅰ. 导言

就专利诉讼而言，欧盟仍缺乏统一制度。这不仅对于欧盟各成员国专利商标局授予的国家专利是事实，对于欧洲专利也是事实：尽管欧洲专利申请是在位于慕尼黑和海牙的 EPO 集中审查的，且欧洲专利（潜在的）在所有 EPC 成员国生效，欧洲专利的所有权人必须在各不同的成员国分别对其专利执法。在某种程度上，该现状将随着可能于 2016 年生效的单一专利和统一专利法院的引入而改变。

然而，就目前来讲，直到新的“统一体系”正式生效前，人们仍需要仔细考虑传统的逐国专利执法方式。毕竟，即使引入单一专利后，基于国家专利和选择退出的欧洲专利的诉讼将仍然以从前的方式处理（更多内容见下文）。有鉴于此，我们首先介绍欧洲已实践了数十年的专利诉讼概览，然后再转向新的统一体系。

E. Ⅰ.1. 诉讼前的注意事项

欧盟的成员国中，除了英国，都属于大陆法系。英国属于普通法系。欧盟各成员国的专利侵权诉讼在结构体系上与美国的专利侵权诉讼有根本的不同。以下重点介绍与法律执业人员有关的问题。

首先，原告/专利权人将在其认为对案件最有利的地点对其专利执法。

假设涉案产品在整个欧盟范围内销售，则大多数情况下原告/专利权人可在欧盟范围内相当自由地选择起诉法院。根据适用的欧盟法，公司不仅可能在其住所地所在的国家被诉，也可能在其生产、销售或宣传侵权产品的国家被诉。然而，在大多数案件中，原告/专利权人通常在被告的生产地起诉，以有效阻止被告的侵权行为。如果诉讼取得成功且原告/专利权人获得禁令救济，那么生产以及其后的销售行为都将被有效地禁止。

然而，在某些情况下，面对在某欧盟成员国生产的侵权人，原告在该国没有专利保护或出于某种原因不愿意在该国起诉。甚至有可能是这种情况：被告的住所和生产地在非欧盟国，却往几个或所有欧盟成员国销售侵权产品。在这种情况下，原告/专利权人必须做出选择，因为当然不可能在所有 28 个欧盟成员国都起诉被告。在大多数情况下，只会发起一场诉讼；只有罕见的情况下才会在多个欧盟成员国发起平行侵权诉讼。

在选择法院也就是执法专利的国家时，费用因素起了重要作用。此外，在诉讼中获胜的预期当然也很重要。

回顾欧盟各侵权法院每年处理的案件可发现，绝大部分专利侵权案件都是在少数几个国家提起的。2011 年欧盟范围内约有 2000 件新的专利诉讼案件，其按国家的分布如下❶：

成员国	2011 年的案件量/件
德国	1250
法国	280
意大利	260
英国	53
荷兰	50
其他国家	<10

这并不是说，上述国家以外的国家的法院没有经验或名声，但是处理大量专利侵权诉讼本身就能够说明问题。能够自由选择法院的专利权人将在其认为是最佳选择、也就是公认专利权人胜诉率高的国家提起侵权诉讼。一份针对杜塞尔多夫地区法院（2011 年收到 475 件新诉讼，是整个欧盟专利诉讼最多的法院）的分析显示，2006 ~ 2009 年专利权人在该法院的胜诉率为 63%。相比之下，在荷兰的胜诉率只有 23%。❷ 如果某管辖法院被认为是倾向于专利权人，就会吸引专利权人在该法院提起诉讼。

费用也影响法院地的选择。与美国相比，各欧盟国家的专利执法费用往往相当合算。费用高低依赖于以下方面：技术复杂程度、所涉专利数量、证人和专家的数量以及审判时间长短。大多数诉讼的费用（其中大部分是诉讼方的

❶ 来源：Kühnen/Claessen，GRUR 2013，592，593。

❷ 来源：Elmer/Lewis，in：Managing Intellectual Property，September 2010，p. 5，6。

律师费和专利代理人费）在 4 万（简单案件）~20 万欧元（复杂案件）。不考虑些微差别，这个费用幅度在所有欧盟国家可能都是现实的。唯一的例外是英国，英国的诉讼费用在 15 万 ~150 万欧元❶。

影响法院地选择的另一个因素是预期的诉讼时间长短。欧洲的诉讼程序效率相当高，这也解释了为什么成本相当低。对此，有一系列的原因，其中最重要的是没有耗时的证据开示或单独的马克曼听证程序。此外，欧洲的诉讼倾向于书面形式审理，但英国例外，持续多天的侵权听证在欧盟国家很少见。

E. Ⅰ.2. 跨境问题

欧盟的许多案件都涉及跨境问题，仅仅因为产品在整个欧盟范围销售，以及专利权人在一个欧盟成员国以上拥有（平行）专利权。

E. Ⅰ.2. a. 一般原则——有限属地效应

一般原则为：一件专利比如在英国而非德国被侵权，则专利权人不得在德国起诉专利侵权。任何授权专利都有地域限制。

然而，许多法律事实牵涉某些跨境要素，并非一目了然。有必要详细分析这些跨境行为是否侵犯了国内专利权。

例如，从德国出口被视为国内行为，亦即可能侵犯（德国）国内专利权。❷ 在国内生产某专利设备的所有部件，并出口到另一国家组装起来，可能侵犯该设备专利的专利权❸。

关于方法专利，过去数年中一些高度复杂的法律事实得以发展，特别是关于当客户、数据库和用户位于不同国家的客户机/服务器系统。同样的，即使确定国内管辖权的一般原则为某方法的每一步都需在一国国内完成，但欧洲的法院采用另一种更切实际的方式：他们可能会追问方法专利的“核心”是在哪儿实施的，或者是否国内行为对于实施该方法是不可或缺的❹。

如果方法在国外（如在该方法没有获得专利保护的国家）实施，但所得到的产品进口到欧盟一成员国，则专利权人可基于巴黎公约第 5 条之 4 禁止该

---

❶ 高等法院简化程序的情况下。

❷ 德国联邦最高法院，GRUR 1957，231 - Taeschner v. Pertussin I。

❸ 杜塞尔多夫地区法院，InstGE 6，130 f. - Diffusor - 仅限于各不同部件专门适用于组装被专利保护的设备的情形。

❹ 杜赛尔多夫上诉法院，BeckRS 2010，12415-Prepaid-Karten Ⅱ。

进口产品的行为❶。实践中，如某方法在其实施国（如中国）没有专利保护，也允许欧洲专利的权利人禁止进口由该方法直接获得的产品。

然而，在某些情况下并不清楚什么构成了方法专利的“直接获得的产品”。如在生命科学领域经常遇到的就是筛选方法的问题。如果在某筛选方法的实施国该方法没有专利保护，则专利权人很难阻止筛选行为。但是，判例已经发展到在没有专利保护的国家得到的测试结果，被送往有效方法专利存在的国家。问题便产生了，这些测试结果是否可作为方法专利“直接获得的产品”。这是高度可辩的话题。杜塞尔多夫地区法院❷认为，筛选方法专利的权利人无权禁止从没有专利保护的另一国进口这些测试结果的行为❸。

实践中，非常相关的一个方面是互联网网页上的特定广告是否构成国内侵权。互联网网页是外文的这一单一事实并不必然有助于被告。在法国，在互联网上供应产品但没有披露价格和销售条件时，不视为国内邀约❹。

就在国外生产和销售的设备分销合同的国内履行是否构成侵权的问题，不同国家有争议：意大利法院❺认为是侵权行为，而德国法院❻和荷兰法院❼认为不是。

E. Ⅰ.2. b. 跨境禁令

从理论上讲，在某些情况下，一国法院也可审理与国外专利有关的侵权诉讼，并就这些专利发布禁止令。此类禁止令在这些国家的国家管辖权以外生效，因此也被称为“跨境禁令”。不过，这类判例非常少见。

例如，荷兰和德国法院认可，在某些情况下法院可发布在法院管辖权以外生效的跨境禁令。特别地，荷兰法院在 1998 年确立了“网中蜘蛛”原则❽。该原则允许原告起诉多个住址不在荷兰的被告，只要主要被告（也就是“网中蜘蛛”）住址位于荷兰即可。但是，对相关欧盟条例❾影响广泛的这一荷兰

---

❶ 更精确的说法，欧盟的所有成员国也都是 EPC 和巴黎公约的签约国。EPC 第 64（2）条规定了对由专利方法直接获得的产品的保护；该条被纳入欧盟和 EPC 成员国的国内专利法中。

❷ 杜塞尔多夫地区法院，案卷号 4b O 247/09，2010 年 2 月 16 日（www.duesseldorfer-archiv.de/? =node/3079）。

❸ 关于可比的美国专利法第 271（g）条，参见联邦巡回上诉法院判例，GRUR Int. 2003，1040，1043-Bayer AG v. Housey Pharmaceuticals，Inc。

❹ TGI Paris，PIBD No 840-Ⅲ-50（GRUR Int. 2007，442 简化版）。

❺ CCass Rom，GRUR Int. 2004，876-Omeprazol.

❻ RGZ 75，128，131 = JW 1911，227-Hartgußarbeitsbacken.

❼ RB Den Haag，BIE 1995，365，367.

❽ EGP v. Boston Scientific（Gerechtshof Den Haag，23. 04. 1998），[1999] FSR 352.

❾ 第 44/2001 号条例第 6 条。

解释被欧盟法院于 2006 年在 *Primus v. Roche* 案件中推翻❶。

同时，2016 年欧盟法院在另一判决 *GAT v. LuK* 中限制了跨境禁令❷。略去该案的非必要细节，法院基本上决定，一旦专利的有效性尚在一国外法院的审理过程中（通常都是这种情况），该国外法院即有排他性的管辖权，也就是国内法院需要驳回或中止基于该外国专利的侵权诉讼。

然而，*GAT v. LuK* 只禁止依据案件实质作出的跨境决定。关于跨境临时禁令程序，欧盟法院于 2012 年就众所期待的 *Solvay v. Honeywell*❸ 案件作出决定，允许基于欧洲专利的国外部分发布临时跨境禁令，即使该专利的有效性涉诉。至少荷兰法院❹是这样解释该判决的，也就意味着临时跨境禁令在荷兰的再次兴起。

E. Ⅰ.2. c. Torpedo 行为

Torpedo 行为指在侵权诉讼效率较低的国家起诉。这样的 Torpedo 行为通常由潜在被告发起，在诉讼过程可能很慢的某法院❺就多个国外专利（在大多数情况下源于同一欧洲专利）请求不侵权的确认之诉，从而长时间内阻止原告/专利权人就这些国外专利在其他国家法院提起侵权诉讼。这是基于《布鲁塞尔公约》❻ 第 21 条，该条规定一旦某争议被提交至不同欧盟国家的法院，任何非最先受理的法院都应中止诉讼，直到最先受理的法院确定了管辖权。Torpedo 行为利用的法院可能最终拒绝对于某国外专利权人拥有的欧洲专利国外部分的管辖权，但实践中因为最先收到诉状的法院可花费数年来拒绝该管辖权，因而阻止国外侵权诉讼长达数年的效果就实现了。这样的 Torpedo 行为在实践中能够奏效的原因之一，就是欧盟国家在对待案件被法院受理的时间点上有相当大的差异。但是在 2001 年，欧盟第 44/2001 号条例协调了各国法规。该条例的第 30 条（未决诉讼规则）规定，在所有欧盟成员国，一旦起诉书提交至某法院，即视为该法院就该事宜受理了案件。此外，很多法院清楚认识到了侵权人的“Torpedo 策略”：德国法院甚至考虑过在明显滥用欧盟法的情况

❶ Primus v. Roche, CJEU, C-539/03.

❷ GAT v. LuK, CJEU, C-4/03.

❸ Solvay v. Honeywell, CJEU, C-616/10.

❹ Rechtsbank Uthrcht, GRUR-Prax 2012, 498-Boehringer v. Teva.

❺ 意大利和比利时法院经常因为该目的而被利用（滥用）。

❻ 1968 年 9 月 27 日，关于民商事案件管辖权与判决执行的布鲁塞尔公约。

下拒绝中止诉讼❶，但英国法院并不认可潜在滥用❷。最后，这些 Torpedo 行为针对的关键法院（意大利和比利时法院）作决定也比过去更快，致延迟的效果被最小化。尽管如此，任何 Torpedo 行为对原告/专利权人来说肯定还是麻烦事。

如今在欧盟，Torpedo 行为不再起关键作用，但我们仍需要密切关注相关判例法。例如，2013 年 6 月 10 日，意大利最高法院合议庭在 *General Hospital v. Asclepion* 案❸中作出一致决定，即使专利权人也是国外实体，意大利法院对于欧洲专利的国外部分也可拥有管辖权。在该决定之前，相当清楚的是，意大利法院会最终拒绝类似案件的管辖权。因此，该决定表明了与此前判例法的偏离问题。

E. Ⅱ. 保护范围

E. Ⅱ. 1. 权利要求解释和字面侵权

专利侵权分析是在被诉侵权产品或方法和涉诉专利的权利要求之间进行比较。当比较发现被诉侵权产品或方法满足所主张权利要求的每个技术特征时，法院即会认定侵权。如果每个技术特征都是按字面意思符合，即确定为字面侵权。

在整个欧洲管辖范围，欧洲专利都必须依照 EPC 第 69 条及其释义协定书来解释。这就是说，一件欧洲专利的保护范围是由权利要求决定的，说明书和附图用以解释权利要求。当就一件专利的权利要求发生争议时，这样的解释工作总是有必要的。按照关于公约第 69 条的释义协定书第 1 条的规定，EPC 不应当被理解为专利保护范围限定于权利要求用词的严格字面含义，而说明书和附图仅在权利要求有歧义时才被考虑。另一方面，权利要求也不应被视为只是一般性指导。相反地，法院需要平衡对专利权人的保护，给予其合理范围内的确定性，同时考虑到希望避免侵权的第三方。

毋庸置疑，每个专利都是不同的，即使针对单个给定专利和相同的侵权产品，欧洲各法院的判决也可能大相径庭。多年前，Epilady 专利在欧洲多国涉

❶ 杜塞尔多夫地区法院，InstGE 3，8-Cholesterin-Test。

❷ 上诉法院，Research in Motion UK Ltd v. Visto Corporation，［2008］EWCA Civ 153。

❸ 未公开决定。

诉，各法院关于权利要求如何解释给出了诸多不同的观点。❶ 但 Epilady 只是专利诉讼律师在欧洲可能遭遇到的诸多示例中的一个。一旦被诉侵权人对侵权有争议，欧洲各国法院是否会以同样的方式解释专利权利要求就是个很难回答的问题。

法院会考虑本领域技术人员的理解，以及在结合上下文语境阅读权利要求时本领域技术人员如何理解权利要求的用语。❷

德国法院倾向于强调专利是其本身的词典，也就是说对于权利要求中术语的理解是由这些术语在说明书中的使用来确定的。❸ 然而，德国法院也认可权利要求中用词的通常含义，和/或一般所认为的含义。❹ 在最近的一份判决中，德国联邦最高法院强调保护范围限于权利要求❺，意味着仅记载在说明书中、而没有在权利要求中的替代方案，不落入专利保护范围。

E. Ⅱ.2. 等同侵权和目的性解释

即使权利要求的一个或多个特征没有被字面侵权，被诉产品或方法也仍然可能侵权。在大多数国家，这一点被确定为适用“等同原则”，该原则审查权利要求的特征和被诉产品或方法之间是否只存在非实质性的区别，以及发明的变形是否以具有相同技术效果的手段解决了发明的根本问题。

在德国，联邦最高法院在一系列相关判决❻中总结了被称为 Cutting blade 或 Custodiol 的三个标准（以判决的名字命名）：

为了使某偏离专利权利要求字面意思的方案落入该权利要求的保护范围，……是不够的，还要考虑：

---

❶ 参见如德国：杜塞尔多夫上诉法院，1991 年 11 月 21 日决定，GRUR Int. 1993，242；意大利：米兰地区法院，1992 年 5 月 4 日决定，GRUR Int. 1993，243；荷兰：海牙上诉法院，1992 年 2 月 20 日决定，GRUR Int. 1993，242。

❷ 英国上议院，Kirin-Amgen v. Hoechst Marion Roussel，［2004］UKHL 46；德国联邦最高法院，案卷号 X ZR 163/03，GRUR 2006，311-Baumscheibenabdeckung。

❸ 德国联邦最高法院，案卷号 X ZR 85/96，GRUR 1999，909/IIC 1992，932-Tension Screw。

❹ 德国联邦最高法院，案卷号 X ZR 255/01，GRUR 2004，1023/IIC 2005，971-Bottom Separating Mechanism。

❺ 德国联邦最高法院，案卷号 X ZR 16/09，GRUR 2011，701，IIC 2011，851-Occlusion Device；该判决并不太反常，只是作为模棱两可案件的一个近期示例专利。在该案中，当强调权利要求用语时，与当强调说明书和专利的技术教导的含义时，会得出完全不同的结论。

❻ 德国联邦最高法院，GRUR 2002，511 et. seq.；IIC 2003，302-Plastic Pipe；GRUR 2002，515 et. seq.；IIC 2002，873-Cutting blade Ⅰ；GRUR 2002，519 et. seq. -Cutting blade Ⅱ；GRUR 2002，523，et. seq. -Custodiol Ⅰ；GRUR 2002，527，et. seq.；IIC 2003，197-Custodiol Ⅱ。

(1) 它以变化的但客观上仍具有同样效果的手段解决了发明的根本问题；

(2) 本领域技术人员能以其专业知识到达具有同样效果的变化后的手段，如果不参考专利权利要求同样的效果就无法确定，那么看是否以同样的方式；

(3) 本领域技术人员必须考虑的事项还应以专利权利要求的技术教导的意思为指导，也就是本领域技术人员认为该变化后的手段的偏离方案具有同等价值。

上述第三个标准有点模糊，在实践中要回答该问题尤其复杂。

杜塞尔多夫上诉法院的 *Thermostable DNA-Polymerase*❶ 案中，专利涉及一种热稳定 DNA 聚合酶，具有 SDS-PAGE 测定分子量 86.000 ~ 90.000 Da。然而，涉嫌侵权的方案中的 DNA 聚合酶的分子量为 85.000 Da。法院依照等同原则认定不侵权，因为技术专家会认为专利所保护的技术教导在该权利要求限定的范围内是关键的和决定性的。

在 *Murine Monoclonal Antibody*❷ 案中，杜塞尔多夫上诉法院有机会再次适用 Custodiol 标准。专利涉及鼠单克隆抗体，而被诉产品是具有源自鼠源性抗体超变区的重组人源性单克隆抗体。

法院认为，被诉产品没有使用涉诉专利：排除字面侵权，因为术语“鼠源性抗体”不能延伸为涵盖“人源性抗体”。法院然后讨论被诉产品是否由等同原则覆盖，结论仍然是不侵权：尽管优先权日的技术专家可能想到使用鼠以外的动物制造抗体，但他不会想到通过导入人类基因序列来改变物种细胞的抗体，从而获得人源性抗体。有趣的是，法院认可优先权日的技术专家知道源自一特定物种（在此案中为鼠）的抗体不能经受体内使用，并理解为什么，该技术专家还知道单克隆抗体可通过以人类基因序列代替鼠源性抗体区域来获得，从而使其适于体内使用。然而，法院得出结论：

(在这种情况下) 如果专利考虑过将保护范围扩大到那些（即混合鼠源性/人源性）抗体，则本领域技术人员可期望专利包含这一方向上的暗示。但是，考虑到这样的暗示并不存在，本领域技术人员则会期望保护范围只包括含有单物种序列的单克隆抗体。

在最近的 *Occlusion Device*❸ 案中，德国联邦最高法院考虑了一件保护可折

❶ 杜塞尔多夫上诉法院，2010 年 1 月 14 日决定，案卷号 I-2 U 69/08，BeckRS 2010，15821-Thermostable DNA-Polymerase。

❷ 杜塞尔多夫上诉法院，2012 年 2 月 10 日决定，案卷号 I-2 U 80/02，InstGE 5，91-Murine Monoclonal Antibody。

❸ 德国联邦最高法院，GRUR 2011，701，ICC 2011，851-Occlusion Device。

叠医疗器械的专利。根据专利权利要求的要求，在器械两相对端的绞合线配有夹套。然而，被诉产品不带夹套，而是将绞合线对折，用承窝盖过其终端，并将绞合线终端焊接起来。绞合线的焊接在专利说明书中有披露，但没有记载在权利要求里。法院认为，被诉产品不侵权：如果专利披露了获得一种技术效果的各种技术方案（夹套和焊接），但只有其中一种写入了权利要求中，那么权利要求就只覆盖其中一种。法院的理由是，需要考虑到申请人做出了只要求保护披露的多个技术方案中的一种的决定，因而结果便是只披露于说明书中而未写入权利要求的技术方案不被等同原则所覆盖。

几乎不可能调和以上两个判决：在 *Murine Monoclonal Antibody* 案中，因为变化形式（人源性抗体）未披露，所以排除等同原则；而在 *Occlusion Device* 案中，因为变化形式被披露，但没有明确写入权利要求而排除等同原则。

在 *Diglycide Compounds* 案❶中，德国联邦最高法院处理了被诉实施例包含既未在权利要求中也未在说明书中提到的特征这一情形。法院认为，在此种情形下，需要分析相较于说明书中披露的替代特征，该未包含的特征的效果是否更接近于权利要求中的特征。在“否”的情况下，要排除等同原则。

德国联邦最高法院尚未决定的方面是，在说明书对于权利要求中方式的替代方式只字不提时，如何评估等同性。在最近的一个判决❷中，杜塞尔多夫上诉法院不得不处理一个该类案件。最终，法院否定了等同侵权，因为被诉实施例的替代方式被认为与专利的核心教导相反。此外，法院也考虑了专利权人在 EPO 此前的异议程序中将权利要求特别限定到某特定特征。

在荷兰，基于等同原则的侵权概念并没有法条基础。但是，在被诉实施例字面上不满足专利权利要求的一个（或多个）特征的情形下，法院会确定是否以等同措施实施了权利要求。荷兰法院适用所谓的“功能—方式—结果测试法”，即等同措施为以实质相同的方式产生实质相同的结果，并实现实质相同的功能的措施。荷兰最高法院似乎从来没有清晰界定字面侵权和等同侵权。但是，在 *Dreizler v. Remeha* 案❸中，荷兰最高法院并没有否定上诉法院所适用的“功能—方式—结果测试法”。

在 *Yamanouchi v. Biogen*❹ 案中，海牙地区法院考虑了该测试法在化合物专利中是否适合的问题。该法院认为，在此种情况下，应适用所谓的“非实质

---

❶ 德国联邦最高法院，GRUR 2012，45-Diglycide Compounds。

❷ 杜塞尔多夫上诉法院，2013 年 9 月 13 日决定，案卷号 I-2 U 23/13，BeckRS 2013，18740。

❸ 荷兰最高法院，1995 年 1 月 13 日决定，BIE 1995，63 页。

❹ 海牙地区法院，1998 年 10 月 28 日决定，案卷号 98/0398。

性区别测试法”，而非“功能—方式—结果测试法”。

法国也适用等同原则。最近的报道案件之一是 *Technogenia v. Ateliers Joseph Mary et al*❶ 案。该案中，巴黎上诉法院讨论了与专利中的医疗范围界限有所偏离的各种被诉设备。涉诉专利要求一种有机黏结剂的质量百分比为0.5%～1.5%。结果，一种被诉侵权方案包含 1.74% 的有机黏结剂，并被判定为侵权。有趣的是，法院并未提到等同原则。另一被诉侵权方案包含 2.0% 和 2.5% 质量百分比的有机黏结剂，法院对此判定依据等同原则侵权。

法院强调，有机黏结剂的低配比具有避免焊接部件发泡现象的效果，因此，只要涂层中黏结剂保持低配比，黏结剂比重的不同并不对功能（保证涂层的黏结性）或追求的结果产生影响❷。

尽管有机黏结剂的含量偏离较大，法院还是认为被诉产品以与专利相同的方式，实现了同样的功能（焊接部件没有发泡），并达到了相似的效果（易实现的且很好的焊接质量），这就足以确定等同侵权的成立。有趣的是，不同于例如德国、英国和荷兰法院，法国法院看起来并未使用本领域技术人员的视角。

在同一份判决中，法院还需确定专利另一特征的保护范围，即含 0.2%～1% 甘油的涂层，而被诉产品之一只含有 0.1%。该诉求被驳回。巴黎上诉法院认为，该变化形式据信没有产生增加增塑剂的效果，而专利所要求的范围能使拉杆更具有灵活性和同质性。

在英国，等同领域最全面的判决便是上议院在 *Kirin-Amgen* 案中作出的决定❸。专利涉及以 DNA 重组技术生成蛋白促红细胞生成素。其对于治疗贫血有效，因在兴奋剂中使用过而引起关注。

上议院采取的分析路径与欧盟其他国家侵权法院有所不同。上议院确定，对权利要求应进行“目的性解释”。在 *Kirin-Amgen* 案中，Hoffman 法官指出，“目的性解释”是确定保护范围的约束性原则：

> 只有一个必须回答的问题，即 EPC 第 69 条及其释义协定书所确定的：本领域技术人员如何通过专利权人在权利要求中的用语理解专利权人的意图？其他所有方面……都仅仅是引导法官对这一问题做出回答❹。

可能得出的一个还很公允的结论是，*Kirin-Amgen* 案暗示了确定专利范围

---

❶ 巴黎上诉法院，2007 年 1 月 10 日决定，案卷号 04/696，IIC 2010，844。

❷ 巴黎上诉法院，2007 年 1 月 10 日决定，案卷号 04/696，IIC 2010，848。

❸ 上议院决定 Kirin-Amgen v. Hoechst Marion Roussel，［2004］UKHL 46。

❹ 上议院决定 Kirin-Amgen v. Hoechst Marion Roussel，［2004］UKHL 69。

的两步法。其中第一步是“通常的（字面）含义”：

所以，为使协定书问题中的术语“主要、字面或依据上下文的含义”有意义，解释必须考虑已假定了作者严格依照词语的通常含义用词❶。

法院强调，对专利权利要求的解释需基于与文档或合同解释同样的基本原则，即特别考虑到作者本来的意图。在专利法领域，专利说明书的目的便是为本领域技术人员描述和界定发明。专利权人对其用词负责，因为他可以自由选择词语；而只有在特殊情况下，专利才能被理解为所使用的词语具有非通常含义或包括非必要元素。

第二步是“目的性解释”，Hoffman 法官在 *Kirin-Amgen*❷ 案中对此描述如下：

“目的性解释”并不是说延伸或超越专利权人在权利要求中寻求保护的技术主题的范畴。问题在于，本领域技术人员如何通过专利权人在权利要求中的用语理解专利权人的意图。基于此目的，专利权人选择的用语通常有特别的重要性。

在 *Kirin-Amgen* 案中，专利教导从人源中分离促红细胞生成素基因并导入合适的宿主细胞，其后宿主细胞表达外生促红细胞生成素基因，从而生成促红细胞生成素。被告采用了被称为“基因活化”的不同方法，并非将（外生）促红细胞生成素基因导入宿主细胞，而是活化人体细胞中已有的促红细胞生成素基因。该方法使人体细胞表达内生促红细胞生成素基因。当原告提交专利申请时，该“基因活化”技术尚不为人所知。问题为是否侵犯权利要求 19 和 26（同为方法限定的产品权利要求）。Hoffman 法官得出的结论是不侵权，因为：

本领域技术人员不会将权利要求理解为其充分涵盖了基因活化。他会认为权利要求限于编码促红细胞生成素的外生 DNA 序列的表达❸。

无论称其为“等同原则”还是“目的性解释”，结果是相似的。两者都在于防止仅仅做了微小和/或非实质性改动的被诉侵权人绕过侵权。实践中真正的困难是基于等同侵权原则或依照目的性解释预测案件结果。所有这些案件在定义上都是不明确的，通常既有好的侵权论据，也有同样好的不侵权论据。

❶ 上议院决定 Kirin-Amgen v. Hoechst Marion Roussel，[2004] UKHL 64。
❷ 上议院决定 Kirin-Amgen v. Hoechst Marion Roussel，[2004] UKHL 80。
❸ 上议院决定 Kirin-Amgen v. Hoechst Marion Roussel，[2004] UKHL 80。

E. Ⅱ. 3. 特殊权利要求类型

E. Ⅱ. 3. a. 产品权利要求/化合物权利要求

在欧洲，结构已知的新化合物的保护范围是相对明确的。EPO 在决定 G 22（减摩添加剂/美孚石油公司Ⅲ）❶ 中指出：

此类判例中需要考虑的初始问题是，针对物理实体（如化合物本身）的权利要求所赋予的保护范围。作为 EPC 基础原则被普遍接受的是，要求保护物理实体本身的专利赋予该物理实体绝对保护；也就是说，不论其存在位置和存在环境怎样（因此覆盖到该物理实体无论已知还是未知的所有使用）。

德国法院遵循了“化合物的保护范围是绝对的”这一观点。在标志性判例 *Imidazoline* 案❷中，德国联邦最高法院认为化学方法生成的化合物的保护不限于某种具体的功能：

如前所概述的，主题为化合物产品发明的保护范围，使专利权人关于该发明所覆盖的化合物产品的商业使用享有无限制的排他性权利。专利权人可禁止该发明的化合物产品的任何商业使用，无论该使用相对于发明是否具有新颖性。即使有人就发明所覆盖的化合物产品发明了一种非显著的、因而有创造性的使用，他也不能未经专利权人事先同意便对其进行商业使用。所以，产品保护从原则上来讲是绝对的。

应当指出的是，在人类基因序列领域绝对保护限于专利中所披露的和权利要求中所要求的使用/目的（参见下文 E. Ⅱ. 5. e.）。

可能出现的情况是产品中只能发现被保护化合物的痕迹（残余）。在荷兰和德国都有相关报道案件，当事实上只有少量被保护化合物在被诉产品中检测到时，法院否决了专利保护，导致该结论的论据是产品中的化合物不具有专利中所明确的相关技术效果。在 *Handley Page vs. KLM*❸ 案中，荷兰法院认为仅仅因为被诉侵权产品与专利产品一模一样而认定侵权是不充分的。即便如此，即所要求保护的发明的所有元素都出现在被诉侵权产品中，被诉产品仍需有与专利的教导相一致的功能，才能认定侵权。

---

❶ 1989 年 12 月 11 日决定，OJ EPO 1990，93。

❷ 德国联邦最高法院，1972 年 3 月 14 日决定，IIC 1972，386-Imidazoline。

❸ BIE 1942，118 段，147 页。

在 *Grasherbizid*❶案中，德国杜塞尔多夫地区法院也作出过类似的判决：

如果中间体已经在化学上转变成了一种与中间体在物理性能和技术适用性上有所不同的新物质，则中间体产品专利的保护范围不延伸至最终产物。即使最终产物包含未转化中间体的残余，但只要该残余在最终产物中不起作用，那么使用该最终产物的行为不构成侵权。

然而，需要指出的是，尽管讨论过该最低限度例外规则，但更高级别的法院尚未采纳此规则，因此远未在德国构成成文法。

E. Ⅱ.3. b. 组合物权利要求

组合物通常不像化合物那样被精确定义。权利要求中经常使用范围来表述不同组分的比重或选中组分的浓度。如果是这种情况，问题就在于含有不同范围各组分的被诉侵权组合物是否以及在多大程度上落入了专利的保护范围。德国联邦最高法院在标志性的 *Custodiol* Ⅱ❷案中的判决便是一个很好的例子。专利涉及一种含有 11 种添加剂的溶液，均在权利要求中注明。每种添加剂对应的含量以 mmol/l 表示，并具有额外容差，从而有一个上限和下限。除其他成分以外，专利提供了 10 ± 2 mmol/l 的氯化镁和 16 ± 11 mmol/l 的盐酸组氨酸。被诉实施例只使用了 4 mmol/l 的氯化镁，并以另一种添加剂代替了盐酸组氨酸。如上文 E. Ⅱ.2. 中所讨论的，*Custodiol* Ⅱ案同时也是德国关于等同原则的标志性判例。法院认为❸：

某值必须精确符合的解释，最重要的是应当与本领域技术人员意识到这是一个关键值时的解释相符。因此，专利权利要求中一个具体的数值或尺度如何理解，也就成为在个案中本领域技术人员如何解释的问题，该问题将由审判法官来定夺。

在该案中，被诉实施例被判定不侵权：

根据以上详细解释的情况，以及目前无法归结于专利权利要求中氯化镁含量的显著差异，被诉实施例不在涉诉专利的保护范围内❹。

---

❶ 杜塞尔多夫地区法院，GRUR 1987，898-Grasherbizid。

❷ 德国联邦最高法院，2002 年 3 月 12 日，案卷号 X ZR 73/01；IIC 2003，197-Custodiol Ⅱ，参见第 342 页脚注 6。

❸ 德国联邦最高法院，2002 年 3 月 12 日，案卷号 X ZR 73/01；IIC 2003，197-Custodiol Ⅱ，200 页。

❹ 德国联邦最高法院，2002 年 3 月 12 日，案卷号 X ZR 73/01；IIC 2003，197-Custodiol Ⅱ，203 页。

E. Ⅱ. 3. c. 方法限定的产品权利要求

在生命科学领域，方法限定的产品权利要求比其他技术领域更常见。方法限定的产品权利要求涉及（在整体或至少部分）由其生产工艺定义的产品。通常情况下，方法限定的产品权利要求会引述单独保护的生产过程。而经常出现的问题是，权利要求中所定义的生产工艺是否在实质上限制了此类权利要求的保护范围，也就是说使用不同生产方法而获得相同产品的被告是否侵权。这一点还远不清楚，欧盟不同法院采取的方式也大相径庭。

在德国，看起来广泛认可的是宽泛的用语如“可由工艺 *y* 获得的产品 *x*”意味着具体产品可能（但不必须）由所引述的生产工艺获得。在这种情况下，考虑到具体披露的生产工艺仅是获得产品的方法之一，生产工艺是否具备新颖性和创造性对于权利要求的专利性无关，而产品本身必须是具备新颖性和创造性的。当使用术语“可获得的”时，用语上是完全清楚的。接下来，当转向侵权分析时，被告是否实际使用生产工艺 *y*，或采用了其他工艺来生产同种产品，对于侵权判断无关。

然而，当权利要求使用限定性的用语如“由工艺 *y* 获得的产品 *x*”时，就有所不同了。此类用语将披露和要求保护的产品描述为一个（单个）具体生产工艺的结果。此类情形中的问题是，这些用语的使用是否事实上限定了权利要求。在德国，有关这一问题的判例法随时间发生过转变。在德国联邦最高法院的 *Trioxan*[1] 案决定中，用语“可获得的”和“获得的”被认为是完全不同的。根据这一观点，使用用语“获得的”的申请人无疑表明其只要求保护在权利要求中描述的生产工艺所获得的产品。然而，1993 年，德国联邦最高法院在 *Tetraploide Kamille*[2] 案的无效程序中，认为术语“获得的”和“可获得的”是完全等同的，从而表明了立场的转变。具体而言，法院认为用语“获得的”没有将保护范围限定到由所引述的生产工艺获得的产品。

然而，并不完全清楚德国侵权法院是否会沿袭这一方式。杜塞尔多夫地区法院在 1996 年的 *Oberflächenaktives Material*[3] 案判决中认为，工艺的定义间接划定了专利产品的范围。根据该法院的决定：

对于每个单独的判例，通过对权利要求和说明书的解释来确定，在何种程

---

[1] 德国联邦最高法院，BGH GRUR 1972，80 页及其后 – Trioxan。

[2] 德国联邦最高法院，BGH GRUR 1993，651，655 – Tetraploide Kamille。

[3] 杜塞尔多夫地区法院，1996 年 8 月 6 日决定，案卷号 4 O 265/95，BeckRS 2010，24439 – Oberflächenaktives Material。

度上所披露的生产工艺导致了所要求保护产品必须具有的物理或化学特征，从而认定由不同生产工艺获得的产品是否侵权。

在*Aufzeichnungsträger*❶案中，德国联邦最高法院采取了类似方式。法院认为，需要从所引述的工艺导致了所获得产品的哪些特征这一点来解释专利：

通过权利要求的解释来确定，是否以及在何种程度上所引述的工艺导致了产品的特征❷。

与德国不同的是，在前述 Kirin-Amgen❸案之后，英国法院似乎对于方法限定的产品权利要求解释得相当窄。Kirin-Amgen 案的权利要求 26 涉及：

根据权利要求 1、2、3、5、6 和 7 中任一的 DNA 序列在真核宿主细胞中表达的多肽产品。

所引用的权利要求 1 ~ 7 描述了方法。

上议院认为，专利仅对由所引述的方法获得的产品赋予保护。从实质上来讲，该决定强调了方法的重要性，当然比德国法院对于方法限定的产品权利要求所授予的保护范围要窄。

E. Ⅱ. 3. d. （第二医药）用途权利要求/药品标示外使用

化合物不仅能被链接到具体的生产工艺，还能链接到具体的使用目的。这样的权利要求被称为“目的限定型权利要求”或“使用权利要求”。至于为什么申请人会选择这样的权利要求，存在不同的原因。通常，化合物本身不是新的，而具体的目的/功能是新的。问题在于是否权利要求中包含的目的/功能限定了保护范围，亦即用于或可能用于不同目的/功能的同一化合物是否侵权。

在德国，这方面经常被援引的判例是*Antivirusmittel*❹案。专利要求保护一种含 1 - 金刚烷胺或 1 - 金刚烷胺盐酸盐的抗病毒化合物。专利申请之后几年，所要求保护的化合物被发现也可用于治疗帕金森氏症，且被告上市的含 1 - 金刚烷胺的药品就是用于治疗帕金森氏症。德国联邦最高法院驳回了诉讼，因为认为存疑的权利要求为以功能限定的功能性权利要求类型：

“功能性权利要求”包含一个最终要素，即实现某种特定的目的。这是受

---

❶ 德国联邦最高法院，BGH GRUR 2005，749 - Aufzeichnungsträger。

❷ 德国联邦最高法院，BGH GRUR 2005，750/751 页。

❸ 上议院决定 Kirin-Amgen v. Hoechst Marion Roussel，［2004］UKHL 46。

❹ 德国联邦最高法院，1987 年 6 月 16 日决定，案卷号 X ZR 51/86；GRUR 1987，794 - Antivirusmittel。

专利保护发明的必要要素，只有内在的目的见效了，发明才被实现。如果该目的没有被追求或达到，但达到了另一个与权利要求所确认的不同的目的，则需要排除对专利的使用。

法院认为，受专利保护发明的具体目的需要在“实际上相当的程度”实现。就目前的案件而言，法院认为设计用于治疗帕金森氏症的药不是用于治疗病毒病。即使遭受帕金森氏症的患者可能也巧合地患有病毒病，这也不意味着涉案药品侵权：

用于治疗帕金森氏症的涉案产品偶尔也预防病毒病这一事实，在实际相当的程度上，不能被认为是专利预防病毒病目的的实现。

可将该决定总结如下：如果专利的目的既未有意实现也未完全达到，则不侵权。

此后，下级法院将这一概念作了进一步阐释。但是，判例仍是非常有限。经常被引用的最近几个判决之一，是杜塞尔多夫地区法院的 *Ribavirin*❶ 案。该案中的权利要求（也被称为“瑞士型”权利要求）如下：

利巴韦林结合聚乙二醇化 α 干扰素的使用，用于生产治疗患有慢性丙型肝炎感染的患者的药物组合物，其特征在于，该组合物的给药时间周期是 40 ~ 50 周，且患者为基因型 1 感染、病毒载量为每毫升血清大于 200 万拷贝数的初治患者。（由作者总结并强调了部分内容）

被告提供利巴韦林胶囊，销售给患有慢性丙型肝炎感染的患者。法院拒绝了原告的侵权诉求。尽管被控药品说明书特别注明：

用于治疗由于禁忌症或不耐受而对 α 干扰素无反应的慢性丙型肝炎患者。作为伴随治疗，用于正在接受 α 干扰素治疗的慢性丙型肝炎患者。

在援引上述 *Antivirusmittel* 案判决的同时，法院认为药品说明书仅涉及和描述了在单一疗法中使用利巴韦林治疗丙型肝炎的潜在应用。只要利巴韦林结合其他产品的使用在现有技术中被描述过，那该使用就是在现有技术已知的范围内。法院继续强调：

（没有提及）任何如权利要求 1 所述的以所要求保护的具体使用来治疗特定的患者群。以专利权利要求 1 的利巴韦林的具体使用为导向的说明，并不存在。

---

❶ 杜塞尔多夫地区法院，GRUR-RR 2004，193-Ribavirin。

值得指出的是，依据原告的指控，该种特定的患者群已包含在更大的“无反应”患者群中。然而，法院认为不能从药品说明书中看出被告的意图是事实上治疗该种特定的患者亚群。尽管不能排除被控利巴韦林胶囊事实上可能用于治疗专利所提到的特定患者群，但这对于侵权问题不是决定性的。相反地，通过援引上述 *Antivirusmittel* 案判决，杜塞尔多夫地区法院得出的结论是未达到“有目的使用”。法院非常强调药品说明书：

原告未能成功论证受专利保护的使用强加于买方或买方因而客观上使用被控产品……尽管不能排除被控产品治疗的患者可能属于专利定义的患者亚群，但这对于专利侵权也不是决定性的……认定侵权所缺少的是在相当大的范围内以目标为导向，在联合疗法中治疗所定义的患者亚群。(强调了部分内容)

为了不使保护范围延伸得过宽，德国法院要求任何有关产品依据专利的教导而使用的证明文件都应与产品清晰地关联起来。因此，相当笼统地告知潜在消费者有关一种具体化合物的潜在使用，而没有提及和在（物理上）关联特定产品的，不侵犯功能性权利要求的专利权❶。

在仿制药领域，应当注意欧盟第 726/2004 号条例第 3 条第 3）b 段：通常情况下，仿制药的产品特性总结必须与原研药相一致。这也包括预期用途（适应症、剂量）。但是，仿制药厂也可依赖于欧盟第 2004/27 号指令第 11 条的排除条款，相关部分如下：

对于依照第 10 条的上市核准，当仿制药上市时，如参照药品涉及的适应症或剂量仍受专利保护，则相关内容不需要纳入产品特性总结。

因此，实际上仿制药厂可避免在产品信息册里放入受专利保护的使用（第二医疗用途）相关的医疗目的。问题是仅仅不提及受专利保护的使用（第二医疗用途）这一事实是否足够逃脱专利侵权责任。表面上看，似乎是这样。然而，在很多情况下处方医生或者药剂师知道仿制药所含化合物对于受专利保护的使用（第二医疗用途）的适应性，那么实际效果就是，至少在某种程度上，无论受专利保护的用途是否被排除了，事实上还是会依照该用途来开处方和销售仿制药。这被称为药品标示外或跨越标示使用，即患者对药品的使用并非仿制药标示上所推荐的。

到目前为止，德国法院尚没有药品标示外使用相关案例报道。

---

❶ 杜塞尔多夫上诉法院，2013 年 1 月 31 日决定，案卷号 I－2 U 54/11，BeckRS 2013，11782－Cistus。

但是，荷兰海牙地区法院 2010 年作出过一个 *Ribavirin* 决定[1]（*Schering v. Teva* 案）。权利要求请参阅前述的德国 *Ribavirin* 决定。该案中的被告明确排除了原告受专利保护的适应症（即针对特定亚群的联合疗法）。荷兰法院拒绝了侵权认定，因为被告已经：

排除了原告权利要求中的特定患者类型（基因型 1 感染的初治患者）。这就足够落入专利保护范围之外了。换言之，被告没有生产仿制药版本利巴韦林以用于专利所要求保护的具体适应症的上市核准。

然而，荷兰法院也提及了事实上的市场状况：

在如下假设情况中，该不侵权认定将会不同（该假设情况非本案）：

已经证实，由于 SmPC 中药效章节提到的临床试验和从试验中得到的结论，Teva 的利巴韦林仿制药（诱发性的或非诱发性的）也可用于基因型 1 感染的初治患者。

E. Ⅱ. 3. e. 伴随式诊断权利要求

伴随式诊断权利要求在 C. Ⅰ. 2. d. 中讨论过。该类权利要求可以表征为如下的权利要求用语：

化合物 *X*，用于治疗患有疾病 *Z* 且标记 *Y* 呈阳性的患者。

当涉及侵权时，实际上相当复杂，因为考虑到通常有三个潜在的侵权者，而每一个都不满足权利要求的所有特征：第一个，实际生产化合物（以上的例子中：化合物 *X*）的制药公司；第二个，确定患者是否标记 *Y* 呈阳性的诊断实验室；第三个，给呈阳性患者开化合物 *X* 处方的医生。截至目前，该类权利要求在欧洲法院还未被审理过。很有可能的是，该类权利要求的处理将类似于使用权利要求。

实践中，可能针对在产品说明书中确认了患者群的制药公司执法以下权利要求：

化合物 *X*，用于治疗疾病 *Y*，其中患者具有基因标记 *Z*。

在这种情况下，可能认定侵权。相比之下，如果权利要求确认的是过程步

---

[1] 2010 年 11 月 10 日决定，http：//www. ie-forum. nl/backoffice/uploads/file/IE-Forum/IEForum%20Uitspraken/Octrooirecht/10 –437%20Schering_Teva%20cs%20_ribavi-rine%20 +%20interferon%20alpha_%20def%20versie%20（2）。

骤（目前 EPO 所偏好的），例如：

化合物 *X*，用于治疗疾病 *Y*，其中患者经过以下步骤的基因标记 *Z* 测试……

由于不太可能在产品说明书中提及这些步骤，使得针对制药公司执法这样的权利要求比较困难。

E. Ⅱ. 3. f. 筛选方法和遍延式权利要求

实践中高度争议的是筛选方法专利的保护范围。大多数此类权利要求都涉及确认/分离感兴趣的物质（如一种蛋白质）。

术语“遍延式权利要求”涉及试图扩大保护范围的权利要求，例如从筛选方法专利扩展到该筛选方法所确认的化合物。

直接遍延式权利要求可能具有以下用语：

使用根据权利要求 *x* 所述的方法识别出的化合物来生产适于治疗疾病 *y* 的药品。

或者更具体的：

使用根据权利要求……所述的方法识别出的受体激动剂……

此外，还存在未被清楚划定为遍延式权利要求的权利要求，被称为褪色的遍延式权利要求。专利权人试图以此类权利要求来扩展（遍延）至确认的产品，如下：

一种确认一种物质是一种蛋白质的抑制剂还是激活剂的方法，该物质存在于细胞中时引发除所述蛋白质在所述细胞中含量以外的表型特征的响应变化，包含：

(a) 提供第一细胞，过度生产所述蛋白质并对所述蛋白质表现出所述表型特征；

(b) 提供第二细胞，以比所述第一细胞低的含量生产所述蛋白质或完全不生产所述蛋白质，且在较小的程度上对所述蛋白质表现出所述表型特征或完全不表现；

(c) 将所述第一和第二细胞分别与所述物质共同培养；

(d) 比较所述第一细胞对所述物质的表型特征和所述第二细胞对所述物质的表型特征。

尽管该权利要求看起来限定于一种监测特定产品特征（抑制剂或激活剂）

的过程，但该类权利要求被专利权人用来针对用受专利保护的筛选方法得到的药物执法。

关于直接遍延式权利要求，其是否实际有效通常受到质疑。尽管 EPO 在授权该类权利要求方面越来越严格，但还是有该类权利要求被授权。通常这些权利要求不能被清晰地识别为遍延式权利要求。

关于“褪色的”遍延式权利要求，需要进行仔细分析。首先，必须确定所确认的物质是否可被理解为 EPC 第 64（2）条所规定的由方法直接获得的。在大多数情况下，恐怕答案是否定的，因为基础性的筛选方法涉及的是确认一种物质，而不是生产物质。因此，所确认的产品通常不能被视为由受专利保护的方法“直接获得”的产品。

然而，当专利不仅限定于筛选，也可以说导致了物质生成时，就产生了争议。在这种情况下，如果所产生的物质也存在于被控产品（通常为药品）中，则结果有可能不同。

杜塞尔多夫地区法院 *Ranibizumab*❶ 案决定便是一个好的例子。法院需要决定包含一种噬菌体展示技术的方法的侵权问题。有上诉提起，但后来撤回了。据报道，在英国、法国和荷兰也有平行诉讼进行。相关权利要求 1 如下：

一种对于特定靶点具有结合特异性的分子的制作方法，包括：

（特征 1. 1.）

制作丝状噬菌体颗粒群体，在其表面展示具有一定范围结合活性的结合分子群体，其中所述结合分子包含针对互补性特定结合对成员的抗体抗原结合区，其中所述结合分子通过与所述丝状噬菌体颗粒的基因Ⅲ型蛋白质融合的方式展示在所述丝状噬菌体颗粒的表面，其中所述每个丝状噬菌体颗粒包含编码所述结合分子的核酸且所述结合分子由核酸表达并由所述颗粒展示在其表面；

（特征 1. 2.）

选择展示有理想结合活性的结合分子的丝状噬菌体颗粒，将所述丝状噬菌体颗粒群体与一特定靶点相接触，从而使展示在噬菌体颗粒上的具有理想结合活性的单个结合分子与所述靶点结合；

（特征 1. 3.）

从所述靶点分离所结合的丝状噬菌体颗粒；

---

❶ 杜塞尔多夫地区法院，案卷号 4a 143/10，2011 年 11 月 10 日决定，BeckRS 2012，20233-Ranibizumab。

(特征1.4.)

回收分离的展示有理想结合活性的结合分子的丝状噬菌体颗粒;

(特征1.5.)

从分离的丝状噬菌体颗粒分离编码所述结合分子的核酸;

(特征1.6.)

在一重组系统中插入编码所述结合分子的核酸,或其对于所述靶点具有结合特异性的片段或衍生物;

(特征1.7.)

在所述重组系统中制造对于所述靶点具有结合特异性、从丝状噬菌体颗粒分离的一分子,其中所述分子是所述结合分子或其对于所述靶点具有结合特异性的片段或衍生物。

进口和销售该专利方法的直接产品(雷珠单抗)被认为侵权。被告的主要抗辩理由之一是原告的权利要求为遍延式权利要求,原告试图将其保护范围扩大至有商业价值的产品,尽管据被告称发明并没有对最终产品做出实质贡献。相反地,噬菌体展示是一种筛选方法,因而是允许人们选择结合分子而非制作结合分子的纯粹研究工具。

法院认定侵权,因为权利要求构成一种生产工艺:

基于这些考虑,所保护的方法构成一种生产工艺,而不是操作过程。尽管一些"筛选方法"被视为操作过程……权利要求符合操作过程的条件在这里并不适用。虽然根据特征1.1.和1.2.,发生了筛选("噬菌体展示"),但权利要求1并不仅限于筛选。相反地,接下来发生了核酸的分离(根据特征1.3.~1.5.),且生成结合分子或其对于所述靶点具有结合特异性的片段或衍生物。结果就是,一种用于制造特别针对某些靶点的结合分子的方法。因此,专利方法不限于对于对象施加不改变该对象的影响,而是生成了产品。

法院认为被告包含活性成分雷珠单抗的被诉产品是专利所保护方法的直接产品。

与德国法院不同的是,英国高等法院[1]在平行诉讼中认为雷珠单抗并非由落入权利要求的方法所制造(同时认为权利要求无效)。但是,法院也指出:

如果雷珠单抗是由落入……权利要求1……的方法所制造,则为通过该方法直接获得的产品。这种假设情况下,诺华将构成侵权。

---

[1] 2011年7月5日决定,HC09 C04770 [2011] EWHC 1669 (Pat)。

这就是说，尽管权利要求涉及一种筛选技术，英国法院事实上与德国法院一样，将权利要求解释为涵盖了由所要求保护的方法所直接获得的产品。

考虑到无法排除有关“筛选方法”精确保护范围的不确定性，实践中还是建议增加涉及产生最终（商业）产品步骤的权利要求。这当然有助于扩大保护范围。

E. Ⅱ.3. g. 补充保护证书（SPC）

根据欧盟第469/2009条例（以下简称“SPC条例”，参见附录7）第4条和第5条，SPC赋予了延长的专利保护期。SPC条例在欧盟各成员国直接适用。

然而，对于SPC授予包含活性成分A的产品，而被控侵权者使用了不仅包含A，还包含其他单独成分（B、C等）的复合产品的情形应如何处理，第4条（保护的主题）和第5条（证书的效力）并不完全清楚。在CJEU的判例*Novartis AG v. Actavis UK Ltd*[1]案中，此问题得以解决。

英国和德国法院向CJEU提出了本质上一样的问题[2]：

欧盟第469/2009号条例的第4条和第5条是否可理解为，授予单个活性成分（在本案中为缬沙坦）的SPC所赋予的保护，延伸至包含该单个活性成分的活性成分组合形式（在本案中为缬沙坦+氢氯噻嗪）？

CJEU在2012年2月9日*Actavis*决定[3]中对此问题作了如下肯定回答：

欧洲议会和欧洲理事会2009年5月6日关于对药品提供补充保护证书的第469/2009号条例第4条和第5条应当被理解为，当包含一活性成分的“产品”被基础专利保护，专利所有人能依赖于该专利对该“产品”所赋予的保护，禁止包含该活性成分与其他活性成分结合的药品上市；那么对该“产品”所授予的补充保护证书也能使专利所有人在基础专利到期后、证书到期前禁止第三方就药品核准上市所授予的产品作为药品使用。

该决定看似难以理解。实质上，法院是说例如抗原A的SPC所有人，可针对包含抗原A和其他抗原或活性成分结合的产品执法SPC。

有关SPC范围的其他细节参见C. Ⅱ.1.。

---

[1] 2012年2月9日决定，案例C-442/11，BeckRS 2012，80847。

[2] 杜塞尔多夫地区法院，2011年11月8日决定，案卷号4b O 66/11，LSK 2012，100260。

[3] BeckRS 2012，80847。

E. Ⅱ. 3. h. 植物品种权

在欧洲层面，植物品种权由欧盟第2100/94号条例❶［植物品种权保护条例（CPVR），参见附录8］予以规范。应当注意的是，在欧盟各成员国的国家法律层面，植物也受到保护。

一旦授权，植物品种即受到CPVR第13条及以下条款的保护。

保护范围是由授权决定来确定的，也就是说侵权法院受到授权决定所确定的受保护植物的特征结合的约束。但是，考虑到植物内在的一定变异性，法院认可在有限的程度上，保护范围应延伸至"所预期的变异"。这一点类似于专利案件中的等同原则。德国法院对此使用术语"容差范围"❷。为定义"容差范围"，法院要确定列在授权决定中的植物品种特征，当在现有气候和其他条件（即现实条件）下种植时出现的情况。德国联邦最高法院认可，审判法官通常可自由裁量以确定是否构成植物品种侵权❸。杜塞尔多夫法院适用德国联邦植物品种办公室（Bundessortenamt）关于特异性、一致性和稳定性的审查指南来确定被诉植物是否事实上侵犯了植物品种权❹。与杜塞尔多夫法院不同的是，卡尔斯鲁厄上诉法院❺在2004年的一份判决中通过对应特征的植物学比对来确定保护范围。

法院依次审查特征是否存在差别。这就要求受保护的植物品种和被诉材料都在同样的地方、同样的生长季节种植，然后进行比较（"比较种植法"）。

可能有两种不同的侵权行为：

第一种，依照CPVR第13条第2段，"品种组成"或"受保护品种的收获材料"的以下方面需要品种权所有者授权：

a）生产或繁殖；

b）为繁殖而进行的种子处理；

c）许诺销售；

d）销售或其他市场活动；

---

❶ 1994年7月27日欧盟植物品种权保护条例（No. 2100/94）。

❷ 德国联邦最高法院2009年4月23日决定，案卷号Xa ZR 14/07，BeckRS 2009，13342；杜塞尔多夫上诉法院2006年12月21日决定，案卷号I-2 U 94/05，BeckRS 2007，02436-Lemon Symphony。

❸ 德国联邦最高法院2006年2月14日决定，案卷号X ZR 94/04，GRUR-RR 2006，575-Melanie。

❹ 但是，杜塞尔多夫上诉法院在2007年4月26日的决定（案卷号1-2 U 87/01，BeckRS 2007，18589）中认为，侵权法院不受依照审查指南所种植植物的数量约束。

❺ 卡尔斯鲁厄上诉法院2004年5月26日决定，案卷号6 U 216/03，GRUR-RR 2004，283-Botanischer Vergleich。

e）从共同体出口；
f）进口至共同体；
g）用于上述目的 a）～f）的原种制作。

关于“收获材料”，只在以下情形赋予保护：1）收获材料是由未经授权使用的品种组成获得的；2）品种权所有者没有充分的机会行使与品种组成有关的权利（参见 CPVR 第 13 条第 2 段）。该限制使得品种权所有者不能就源于授权品种组成的植物所收获的材料主张权利。

第二种，CPVR 第 18 条第 3 段禁止对于植物物种使用可能与已注册植物品种权的命名混淆的命名。

E. Ⅱ. 4. 专利的效力——概论

依据 EPC 第 64（1）条的规定，任何授权的欧洲专利都应与指定国的国内专利具有同样的权利。暂且不论成员国法律之间的细微差别，以下行为构成对发明的使用：

——关于产品：生产、许诺销售、销售、进口/出口或使用或占有该产品；
——关于方法：实施该方法，或者将方法许诺销售给第三方。

依据 EPC 第 64（2）条的规定，保护也延伸至由受保护的方法所直接获得的产品。《巴黎公约》第 5 条之 4 赋予专利权人禁止进口并在国内销售此类产品的权利，即使受专利保护的方法是在国外实施的（包括在没有专利保护的国家实施）。

此外，专利的辅助（间接）使用在欧洲也是众所周知的概念。辅助（间接）使用的基本概念将专利的保护范围扩展至对辅助工具（产品）的许诺销售或交付，其使辅助工具（产品）的接受者能使用发明。

E. Ⅱ. 5. 与生命科学相关的特殊问题

E. Ⅱ. 5. a. Bolar 条款

在医药领域，研发豁免特别重要，这也被称为 Bolar 条款或 Roche-Bolar 条款，以判例 *Roche Products v. Bolar Pharmaceutical*[1] 命名。根据该豁免规则，在

---

[1] Roche Products v. Bolar Pharmaceutical，733 F 2d 858（Feb. Cir. 1984），与仿制药生产相关的美国判例。

专利到期前的有限期限内，为了获得上市核准而进行研发和试验不构成侵权。本质上讲，该规则允许仿制药厂进行某些在其他情况会被视为侵权的行为。在欧洲，该豁免规则由一系列欧盟指令❶及由其所转化的欧盟成员国法律予以确定。根据决定 T 223/11（伊班膦酸/瑞士罗氏公司）：

> Bolar 豁免背后的原则是，仿制药厂应当能够采取必要的准备措施，以便专利一旦到期即没有迟延地进入市场❷。

根据欧盟第 2004/27 号指令第 10（6）条的规定，为了第 1 段、2 段、3 段和 4 段的申请（与仿制药和生物仿制药的欧盟上市核准有关）及后续的实际要求而实施必要的研发和试验，不视为与药品的专利权或 SPC 相冲突。

因此，豁免的行为并不必然被（通常的）实验使用豁免所涵盖，因为所豁免的研发和试验具有清晰的商业目的，也就是说非纯粹的科研性质，也不必然产生对于受专利保护药品的更多知识。

欧盟第 2004/27 号指令第 10（6）条在各成员国的实施相当不同。

在德国，Bolar 豁免是关于：

> 为了获得进入欧盟市场的药品核准或者在欧盟成员国或第三国的药品核准所必要的研发和试验及对应的实际要求。

该德国条款较为宽泛，（1）不区分仿制药和原研药的上市核准，（2）无论上市核准是在欧洲还是其他地区都无差别地适用。

其他欧盟成员国（如荷兰和比利时）采取了相对较窄的方式来实施 Bolar 豁免。

各国的 Bolar 豁免制度有相当深远的经济影响。到目前为止清楚的是，Bolar 豁免在欧盟各成员国的实施并不相同，因此在进入某一成员国市场前有必要获得具体的建议。

目前还在审的一个案件中，杜塞尔多夫法院（初级和中级法院）需要决定 Bolar 例外或实验使用豁免是否只适用于实际实施试验或研究的人，或者也可覆盖至将受专利保护的物质销售和/或许诺销售给意欲获得药品上市的仿制药厂的第三方。杜塞尔多夫地区法院❸详细阐释了德国专利法框架下的 Bolar 例外或实验使用豁免，并注意到交付受专利保护的产品或物质并不自动落入此

---

❶ 欧盟第 2001/82/EC 号指令（由第 2004/28/EC 号指令修订）和第 2001/83/EC 号指令（由第 2002/98/EC 号，2003/63/EC 号，2004/24/EC 号和 2004/27/EC 号指令修订）。

❷ 同上，第二点，第 5 段。

❸ 杜塞尔多夫地区法院，2012 年 7 月 26 日决定，案卷号 4a O 282/10，IIC 2013，361-Solifenacin。

类豁免。法院将豁免解释得很窄：准备行为如交付受专利保护的产品或物质不在豁免范围内。就其他人员而言，如受专利保护产品的销售方，只有在其被视为研究/试验的共同组织者时才享受豁免，例如意欲获得的上市核准或研究/试验的结果与他们的自身利益相关。然而，如果销售方从交易中获得经济利润，且购买方所实施的研究/试验对销售方仅仅是可取的或有利的，就没有充分的理由将此类行为予以侵权豁免。

上诉程序中，杜塞尔多夫上诉法院[1]决定中止诉讼并将以下问题提请至CJEU：

1. 欧盟第2001/83号指令第10条第6段是否必须解释为：按照欧盟第2001/83号指令第10条第6段的规定，第三方出于纯粹经济原因，许诺销售或交付受专利保护的活性物质给仿制药厂，用于后者为获得上市核准进行的研究或试验，此类交付行为也被排除在专利保护之外？

2. 如果针对第1个问题的答案是肯定的：

a）第三方的豁免状态是否依赖于所供应的仿制药厂确实使用了所提供的活性物质用于欧盟第2001/83号指令第10条第6段所规定的受豁免的研究或试验？此种情况下，如果第三方不知道其客户意图的豁免使用且不确定该使用，专利保护的排除是否也同样适用？或者第三方的豁免状态是否仅仅依赖于，在交付行为时第三方能有充分的理由认为，依据所有的情况判断（例如，供应公司的介绍、所提供少量的活性物质、相关活性物质专利保护即将到期、获得的关于客户可靠性的经验），所供应的仿制药厂将只在上市核准的情况下，使用所提供的活性物质用于受豁免的研究和试验？

b）在交付行为的情况下，第三方是否有义务采取单独的防范措施，确保其客户将活性物质只用于受豁免的研究和试验，或者第三方的防范措施是否根据受专利保护的活性物质仅仅是许诺销售还是事实上已经交付而有所不同？

上诉法院将其观点总结为：

（3）提请法院（即杜塞尔多夫上诉法院）的观点：

提请法院支持以下方式：第三方的商业交付行为原则上也享有德国专利法第11条第2b段和欧盟第2001/83号指令第10条第6段所规定的上市核准豁免。但是，当第三方实施交付行为时，必须有理由认为，根据情况判断所交付的活性物质确实将专门用于为上市核准而受豁免的试验和研究。在此情况下，所供应公司的介绍、所提供少量的活性物质、相关活性物质专利保护即将到期

[1] 杜塞尔多夫上诉法院，2013年12月5日决定，案卷号I-2 U 68/12，BeckRS 2013，21605。

和已获得的关于客户可靠性的经验都可能相关。此外，第三方自己必须采取防范措施，以避免对于所交付活性物质的不受豁免的使用，其中所采取的措施根据第三方仅仅是许诺销售还是供应受专利保护的活性物质而有所不同。在许诺销售的情况下，清楚指明只有少量产品将被交付且仅用于上市核准研究的目的就足够了。在供应的情况下，第三方和其客户需要定期签署有足够违约金约束的使用协议。在特殊情况的个案中，也可能需要采取其他措施。

CJEU 将如何决定该案还无从知晓❶。提请的争议问题对于欧洲的仿制药产业具有特别的重要性，因为许多仿制药厂都依赖于从第三方供应的受专利保护的成分。

在爱尔兰，“豁免”（于 2006 年列入爱尔兰法律）曾被解释得很窄，只有仿制药厂为获得仿制药品上市核准的法律审批而进行的行为才被豁免。2013 年 7 月，爱尔兰政府（经过全面评估后）同意了修改国家专利法的建议，以扩展 Bolar 条款的范畴。相关条款扩展为包括：

为了获得新药和仿制药上市核准的目的，所有必要的研究、测试、试验、临床试验和现场试验，以及后续的实际要求。此外，研发使用豁免也将修改并扩展，从而包括在该国进行的与获得非欧盟成员国上市核准有关的行为。

相关法案预计在 2015 年实施。

在英国，最初的立法方式（2005 年）仅仅达到欧盟法的最低要求。英国的豁免仅覆盖为了获得仿制药在欧盟的上市核准而进行的试验。

英国政府于 2014 年 7 月 14 日通过新法案❷，并于 2014 年 10 月 1 日生效。修法紧随着 2011 年和 2012 年英国知识产权局对医药产业利益相关者的咨询。咨询的反馈意见倾向于将豁免范围扩大至原研药，对临床试验采取更自由的方式，从而使英国与其他欧盟成员国更趋一致。最明显的是，新法案在以下方面扩大了英国的豁免范围：

——地域范围扩张，现在包括为提供数据给欧盟内外的审批机构而进行的行为；

——豁免适用于与任何药品类型有关的测试，不再仅限于仿制药，也包括所有的新药和新组合；

——也包括核准后测试和卫生技术评估。

法国豁免以下行为：

---

❶ 截至原著截稿时。——译者注

❷ 2014 年立法改革（专利）命令。

为了获得在欧盟任一成员国或欧洲经济区的任一成员国的药品上市核准而进行的研究和试验，也包括为进行这些研究和试验而实施的行为。

法国版本被认为包括仿制药和原研药，但其仅限于为获得欧盟或欧洲经济区的上市核准。

E. Ⅱ. 5. b. 实验使用

早在 Bolar 条款实施之前，一些欧盟成员国就对实验使用予以豁免，如英国和德国。这些条款仍然有效❶，并将豁免与以下行为关联起来：

……为实验目的实施的与发明主题有关的行为……

在德国，联邦最高法院在 *Clinical Trials* Ⅰ❷案决定中认为，仅将发明作为一种"手段"来实施主题与发明不同的研究，不享有实验使用豁免权：

发明主题必须是为了获得知识而进行的测试行为的对象。

基本上，这就是说为了享有豁免，实验必须围绕获得与发明有关的知识，而不是用发明来获得知识。另一个特别结果是，受专利保护的研究工具不太可能被豁免，因为使用受专利保护的研究工具时，便已经利用了发明去获得发明以外的知识。

然而，如果基于上市核准的商业目的，上述行为可被允许（即被豁免）。参见前述 E. Ⅱ. 5. a. 。

只有作为试验实施对象的化合物或工艺能享有该豁免。困难之处在于，生物技术研究的情况下，如何清楚区分哪个物质是研究对象、哪个物质仅仅作为工具使用。

E. Ⅱ. 5. c. 研究工具

术语"研究工具"包括用于研究所需的产品和方法，既包括各种传统的研究辅助手段（如试剂、试剂盒），现在也包括生物学研究工具（如单克隆抗体、酶、药物靶点、PCR、有助于为药物确认/提供活性剂的手段等）。那么，问题在于这些研究工具的使用是否可依照欧盟成员国的 Bolar 或实验使用条款享有豁免。

众所周知，在欧洲研究工具具备可专利性。如果专利权利要求保护研究工

---

❶ 例如英国：1977 年专利法第 60（5）（b）条；德国：德国专利法第 11（2）（a）条。

❷ IIC 1997，103。

具本身，那么事实就很清楚了：任何使用该权利要求的研究工具都侵权。相反，有关受专利保护研究工具本身的实验可能被豁免，但这样的情况可能很少见。

然而，如果专利保护研究工具本身以外的对象，那么通过运用研究工具来使用专利的豁免问题便存有争议了。

到目前为止，尚没有关于此问题的欧盟判例。在德国，实验使用被豁免的要求是与“发明主题”有关。因此，很明显，任何对于受专利保护研究工具的使用，如果是关于研究工具本身以外的对象所获得的科研成果，因为此类使用并不针对发明本身获取信息，所以不应当落入实验使用豁免的范畴。然而，当研究工具被用于获得药品上市核准，情况就有所不同。此种情况下，Bolar条款可能适用。但是，如果获得药品上市核准的目的能够为任何对受专利保护研究工具的使用开脱，则可能过度延伸Bolar条款所豁免的行为范畴。在德国，豁免的行为范畴限于那些为获得药品上市核准的必要行为，而非任何用于药品上市核准的工具都豁免于专利侵权。

E. Ⅱ. 5. d. 欧盟生物技术指令

当涉及基因序列方面的生物材料时，某些特定的条款就起作用了：欧盟生物技术指令（98/44/EC）[1]（以下简称“生物技术指令”）在第8条及其后条款包含了关于保护范围的特别规定。

生物技术指令在经过长达10年的讨论后于1998年由欧洲议会批准，其后需要最迟在2000年7月30日前纳入欧盟各成员国的国内法。但是，德国直至2005年才开始实施该指令。到目前为止，所有的欧盟成员国都已在其国内法制定了相关法条。

第8条规定了“生物材料”的保护范围，第2（1）（a）条定义生物材料为“含有基因信息的且能自我复制或在生物学系统中进行复制的任何材料”。

此类生物材料的专利所有者有权禁止对自我复制的材料的使用，只要所复制的材料以相同或不同的方式存在且具有与该生物材料同样的特性［参见生物技术指令第8（1）条］。

对于产生生物材料的方法专利，生物技术指令第8（2）条将其保护延伸至从通过该方法直接获得的生物材料复制而产生的生物材料（同样地，只要所复制的材料以相同或不同的方式存在且具有与该生物材料同样的特性）。

---

[1] 欧洲议会和理事会1998年7月6日关于生物技术发明的法律保护指令（98/44/EC）（OJ 1998 L 213，13页）。

关于基因信息（如DNA序列），生物技术指令第9条规定其保护范围延伸至与该产品结合在一起的、含有该基因信息且执行其功能的所有材料。

生物技术指令第10条规定了繁殖获得的生物材料的专利权耗尽。尽管在该指令批准以前，专利权耗尽条款就已经常见于欧盟成员国的国内专利法，但是由于生物材料的自我复制能力，关于该类材料的特殊条款还是有必要的。如果生物材料的上市目的本身就是繁殖，则一旦专利权人（或经其许可的第三人）已经将该生物材料投入成员国市场，专利权人便不能禁止所繁殖的材料在欧盟境内分销。但是，第二代繁殖所获得的材料不享有第10条规定的专利权耗尽。

第11条确立了所谓的“农民特权”。

E. Ⅱ.5. e. 基因序列可获得专利保护的限制——孟山都判决

前述生物技术指令第9条规定：

> 对一项含有基因信息或由基因信息组成的产品专利的保护应延伸至与该产品结合在一起的、含有该基因信息且执行其功能的所有材料。

在孟山都案件❶中，欧盟法院研究了以下情形中的保护范围限制：孟山都拥有一件有关DNA序列的欧洲专利，该序列一旦导入大豆植物DNA，就能使大豆植物具有抗草甘膦除草剂的性能。草甘膦在农业中被广泛应用来杀死对其不具有抗性的野草。该专利带来的好处是包含有受保护DNA序列的大豆植物变得对草甘膦除草剂具有抗性，从而可选择性地杀死野草，同时使大豆植物不受伤害。根据该专利基因改造后栽培的大豆植物被称为“RR大豆”。被告将大豆粉从孟山都没有专利保护的阿根廷进口到荷兰。该大豆粉含有极少量的“RR大豆”的DNA，表明是由“RR大豆”制备而成。

该案的根本问题是如何解释生物技术指令第9条的要求，即落入保护范围的产品不仅含有基因信息，而且执行其功能。欧盟法院认为，进口的大豆粉含有的基因信息并没有在大豆粉中执行其功能。法院注意到，只有当受保护的酶具有活性时，也就是说当包含在生物材料里的基因信息提供了针对草甘膦除草剂的抗性时，孟山都发明的功能才被执行。然而，大豆粉所含有的DNA序列不再赋予大豆粉针对除草剂的抗性。大豆粉是多道处理工艺的产物，是“死”的材料。因此，法院认为该大豆粉中的基因信息不再像大豆植物还“活着”时一样，执行其功能。

---

❶ Monsanto Technology LLC v. Cefetra et al., C-428/08，欧盟法院（大审判庭）2010年7月6日决定。

孟山都抗辩称，在合适的条件下，大豆粉中包含的基因信息最终有可能重新执行其功能。但法院认为这是不确定的，因为这种 DNA 序列功能的“复活”事实上要求将序列重新导入其他植物。

欧盟法院还指出，生物技术指令禁止欧盟成员国对受专利保护的 DNA 序列提供绝对保护，即不考虑所包含的 DNA 序列是否在材料中执行其功能。这意味着，法院将生物技术指令视为在欧盟范围内形成了相关事务彻底的协调化，因此，成员国不能实施超越了生物技术指令第 9 条所规定的保护范围的法律法规。

E. Ⅲ. 执法选择

E. Ⅲ.1. 导言

在欧盟各国，专利权人有各种不同的执法选择。尽管通过一些欧盟条例和指令，已经实现一定程度的协调化，但各成员国的法律差别还是较大。

E. Ⅲ.2. 警告信

专利权人通常可在法院系统以外通过向涉嫌侵权者发出警告信来解决潜在专利纠纷。在警告信中，专利权人简要地解释专利并指出侵权原因。专利权人通常要求涉嫌侵权者：

——承诺停止正在进行的和未来的侵权行为；

——提供有关侵权产品供应链、营业额和利润的信息；

——从贸易渠道召回侵权产品；

——销毁其持有的剩余侵权产品；

——补偿专利权人所遭受的损失。

警告信的缺点便是引起涉嫌侵权者注意，其有可能被诉，并由此引发涉嫌侵权者的 Torpedo 行为（参见 E. Ⅰ.2. c.）。但是在德国，警告信广泛使用。

E. Ⅲ.3. 刑事诉讼

关于专利侵权是否可构成刑事犯罪，欧盟各成员国的规定有所不同。例如在德国，故意侵犯专利权可构成刑事犯罪，并对侵权者处以罚金或者最高 5 年的监禁。然而，在德国尽管刑事诉讼理论上具有可适用性，但很明显都是特殊情况而非一般规则。在英国，侵犯专利权不会导致刑事责任。

E. Ⅲ. 4. 边境查封

欧盟第608/2013号条例对海关边境查封作了规定。知识产权所有者可申请查封从非欧盟或非欧洲经济区成员国进口或出口的商品。海关实际上可查封涉嫌侵犯知识产权（其中包括专利、药品和植物保护产品的SPC、欧盟和成员国的植物品种权）的产品。如果知识产权所有者和所查封产品的报关员（或所有者）都同意，可在海关检查下销毁查封产品。如果查封产品的报关员（或所有者）不同意，专利权人则应于10日内对其提起专利侵权的法律诉讼，该期限可另延长10日。知识产权所有者需要将诉讼的启动事宜通知海关，否则将放行查封产品。即使是在诉讼已经启动的情况下，如果提供担保以保护专利权人的利益，所有海关手续已完成，且法院未发出预防措施命令（如临时禁令），则查封产品的报关员（或所有者）也可请求海关放行产品。

对于小件托运产品，欧盟第608/2013条例还规定了销毁的特别、快速程序。但是，该程序不适用于技术性知识产权（特别是专利权）。

大体而言，欧盟海关查封通常是阻止侵权产品进入欧盟的相当有效的方式。但是，当专利难以阅读和理解或进口产品必须经过分析才能判断是否涉嫌侵权时，情况可能会复杂一些。实践中，海关查封是否能保证成为针对专利侵权的有效手段，还需个案分析。

德国海关当局披露的2012年统计数据表明，医药产品占：

——查封产品总值的0.84%（等于112万欧元）；

——查封次数的1.04%（等于272起）。

在整个欧盟，近年来假冒药品的查封次数如下：

年份	查封次数
2005	148
2006	497
2007	2043
2008	3207
2009	3374
2010	1812
2011	2494
2012	2530
2013	1175

假冒药品的零售额在 2011 年是 2760 万欧元，在 2012 年是 820 万欧元，在 2013 年是 1200 万欧元。

在欧盟法以外，一些国家还另有可适用的国内边境措施，了解这一点很重要。在任何情况下都需要咨询相关国国内律师。

最后，值得注意的是，欧盟在很大程度上已经消除内部边境控制措施（申根协定）。也就是说，一旦产品进入欧盟，就能不再受海关检查而横跨欧盟内部国境。这就要求专利权人事先查明涉嫌侵权产品可能在哪个欧盟口岸进入欧盟，从而通知当地海关。

E. Ⅲ. 5. 对于案件实质内容的判决

大多数专利诉讼都经过一个完整的审判过程，得到由管辖民事法院作出的对于案件实质内容的判决。如前面所概括的（参见 E. Ⅰ. 1.），计划对涉嫌侵权者采取行动的原告应当仔细考虑起诉地。审判的时间长短、可能的结果、法院的专业水平和费用都是原告应当考虑的因素。由于本书篇幅所限，甚至描述欧盟各成员国的不同诉讼形式都难以实现。不过，我们在此强调实践中客户最感兴趣的几个方面。

E. Ⅲ. 5. a. 分别审理制度

欧盟的一些国内法院将侵权和有效性问题一起处理（例如英国、法国、荷兰），而其他国家法院则分开处理（尤其是德国）。有人可能想当然地认为，既然专利的保护范围对于侵权和有效性都起作用，则应当由一个法院而不是两个来决定，因此更倾向于由同一法院来审理这两个问题。但是，也有人强调，应由更能胜任的机构（如 EPO 或欧盟成员国专利法院这样具有技术专家的机构）而非侵权法院来决定有效性问题，并且在大多数情况下应假定授权的专利是初步有效的。这些考虑因素倾向于由不同的机构对侵权和有效性问题分别作出决定。

无论哪种审判制度的结果“更好”（无论结果如何），当原告决定是在分别审理体制（如德国）还是在单一审理体制（如英国）执法其专利时，都应该考虑战略性的因素。在分别审理体制下，民事法院可能中止侵权诉讼，直到有效性诉讼的结果出来，但在实践中只有对于专利会被维持有效产生严重怀疑时才会中止侵权诉讼。与此相反，能够同时决定侵权和有效性问题的（如英国法院）就不会有这样的延迟；在某种程度上，这是很有意义的，特别是因为保护范围由同一法院来确定，因而避免了不同法院对这一关键问题产生不同意见的可能。然而，这也意味着有效性问题是由非技术专家的法官来决定的，可能被看作一个不利条件。

E. Ⅲ. 5. b. 证据调查程序

另一个起作用且在欧盟各国有所不同的方面是（审判前）证据调查程序的可适用性及如何处理。

例如在德国，基本原则之一是原告承担获取确认侵权相关证据的全权责任。因此，德国法并不允许通常意义上的审判前证据调查程序。但是，欧盟关于知识产权执行的欧盟第2004/48号指令（以下简称“执行指令”）带来了一些变化。遵照该指令，如果有足够的可能性发生专利侵权，德国法院便允许提交文件，或者检查（位于特定场所的）某个对象甚至（在涉嫌侵权人财产上实施的）某个工艺。这也意味着，在任何情况下，专利权人都需要以证据来支持其诉求，而不能在不提供可能发生侵权的详细解释时就请求检查物品和工艺。实践表明，此类以临时禁令方式授予的检查请求在德国并不是经常提交。但是，就提出的请求而言，据报道准予率很高。

相比之下，英国法院在执行指令生效前就已经使用搜查和扣押令（以前被称为 Anton Piller 命令）。此类搜查和扣押令要求被告允许原告律师（在独立监督人的陪同下）进入被告的场所，搜查侵权物品和其他材料（特别是侵权产品）。为获得此类命令，原告需要提交有力的初步证据，并确定涉嫌专利侵权行为导致的损失可能非常巨大。此外，原告可在一定程度上提供证据表明，在各方申请做出之前，将要搜查的物品和其他材料可能被损毁。

在法国，可通过 Saisie-contrefaçon 命令来获取侵权证明。Saisie-contrefaçon 允许专利权人要求法警记录侵权行为，几乎总是被用来获取侵权证明。该命令在单方程序中发出，特别是专利权人仅凭有效权属在一天内即可获得。法警就发现的物品提交书面描述（报告），甚至可根据命令条款扣押有疑问的物品。除非涉嫌侵权人提出保密要求，报告和/或扣押物品将被交给专利权人，用于其确定侵权事宜。据报道，Saisie-contrefaçon 具有显著效果，因此广泛应用于专利侵权诉讼，因为报告和/或扣押物品为法院提供了当事人自身无法提供的事实。只有法院诉讼程序在20个工作日内或31个日历日内（以后者为准）启动，扣押才维持有效。

一经要求，法警可由专利权人的专利律师陪同，以获得技术问题方面的协助。法警也可请求由摄影师、技术人员或警察陪同。

Anton Piller 命令和 Saisie-contrefaçon 在执行指令以前便已存在。其他国家（如意大利、比利时和西班牙）也有达到类似效果的措施。目前，在整个欧盟，由于执行指令的实施，各国都提供了证据保全措施。

E. Ⅲ. 5. c. 临时救济/临时禁令

专利权人通常都想尽快解决专利纠纷。在医药公司针对仿制药厂执法其专利的努力中，这一点尤其是事实。

在临时措施的可适用性方面，存在重要差异。因此，应当考虑以下方面：

在荷兰，单方禁令只有在特殊情况下才能获得，例如制造商的侵权事实已确定时，可向经销商发出禁令。在荷兰更常见的是所谓的“kort-geding”程序，指在2~4个月内作出的判决。荷兰“kort-geding”通常被认为很有效率，因为荷兰法院很容易接受紧急请求，且在原告提交请求后数周内就可确定审判日。

此外，荷兰法律允许就案件实质内容的加快程序，从而在10~11个月内作出判决。

在英国，专利事务中也可适用临时禁令。在 *BASF v. Sipcam* （*UK*） *Limited*❶案中，尽管法官对于侵权问题尚未决定，英国高等法院还是发出了禁令。法官认为起决定性的是被告的行为，尤其是被告不允许检查其商业生产工艺，且违反了不在指定日前销售被控产品的承诺。

在 *Novartis AG v. Hospira UK Limited* 案❷中，英国上诉法院认为，即使涉诉专利在一审中已被撤销，也并不必然禁止临时禁令。在一审中，高等法院无效了两件诺华专利。诺华就该决定提起上诉，且提出了侵权诉讼，请求针对被告 Hospira 的临时禁令。最初，临时禁令请求在一审中被高等法院驳回。尽管无效决定仍在上诉中，上诉法院还是推翻了高等法院的决定并颁布临时禁令。上诉法院的原因在于，存在对于诺华难以估量的损失（主要由于预期的价格侵蚀），该损失超过了禁令可能对 Hospira 造成的损害。上诉法院站在原告一方，认为仿制药厂有责任在上市新产品前扫清侵权障碍：

> 对于仿制药厂，在来自专利权人的有根据的异议全部消除之前，上市的侵权障碍并未完全扫除。如果仿制药厂在允许一审审判和拟上市日期同时发生，即使一审判决有利于它，它也面临着上诉成功的风险。

在 *Merck and Bristol-Myers Squibb v. Teva et al.* 案❸中，英国高等法院发出了

---

❶ 2013年9月12日决定，[2013] EWHC 2863 (Pat)。

❷ 2013年5月22日决定，[2013] EWCA Civ 583。

❸ 2013年11月7日决定，[2013] EWHC 1958 (Pat)。

针对仿制药厂梯瓦的临时禁令。法院发现了有利于专利权人的各项事宜。被告曾在专利权人的补充保护证书到期前的相当长时间（22 个月）获得过上市核准。尽管原告提出了相关请求，被告却未能陈述有关可能产品上市的意图。最后，法院还考虑到在另一案件（与本案无关）中，被告梯瓦曾经上市过一款畅销药（blockbuster）的仿制版本，尽管在此之前被告向原告/专利权人保证过会等到专利到期再上市。

在德国，临时禁令只有在侵权行为清楚且专利明显有效的紧急情况下才被授予。临时禁令可在提交申请后数日内颁布。最低要求是不太可能认为临时禁令在事后看来无正当理由。在杜塞尔多夫上诉法院的标志性判决 *Harnkatheter-set*❶ 案后，有效性成为一个特别问题。大体而言，只有专利已经过异议或无效程序被认定有效，才适用临时禁令。只有在特殊情况下（例如知名企业已获得专利的许可），法院才可偏离这一规则。

然而，在仿制药上市的领域，德国法院在颁布临时禁令时看起来没有其他领域那么犹豫。根据杜塞尔多夫上诉法院的 *Flupirtin-Maleat* 案判决❷，即使专利的有效性仍不太清楚，也可发出临时禁令：

> 仿制药厂的侵权行为便属于特殊情况。如果专利被维持有效，损失将是巨大的，而且这样的损失无法挽回（考虑到以固定价格确定的销售价格下降）；即使涉诉专利此后被无效，已发出的临时禁令是不公正的，也只会产生无正当理由将仿制药厂排除于市场的效果，这一点可通过向专利权人要求损失而获得补偿。如果考虑到总体而言仿制药厂对于产品上市不承担任何经济风险（因为药品已经过专利权人的测试并确立了市场），那么即使侵权法院对于专利的有效性尚无绝对的确定性，但根据分析有更多的论据支持有效而非无效，也需要颁布临时禁令。

在法国，根据法国知识产权法典第 L. 615－3 条可发出临时禁令，该法条是在侵权行为已经发生或即将发生的情况下授予临时性措施的法律基础。该法条也允许作出单方决定。然而，据报道，法国法院相当不愿发出临时禁令。该法律规定要求申请人（专利权人）确定，其专利“有可能”被侵权（或即将被侵权）。在作出侵权是否“有可能”的决定时，是否必须对专利的有效性进行深入分析，就这一点法国法院过去存在显著差异。在最近的 *Novartis v. Mylan*

---

❶ 杜塞尔多夫上诉法院，BeckRS 2010，15862-Harnkatheterset。

❷ 杜塞尔多夫上诉法院，GRUR-RR 2013，236-Flupirtin-Maleat。

*and Qualimed*案判决❶中，巴黎上诉法院认为，专利看起来初步有效便构成充分理由。此外，在该案中法院还指出，被告应提前充分挑战诺华专利的有效性，以在产品上市前获得关于有效性的判决。

在法国，任何情况下获得临时禁令的要求之一是已经提出针对案件实质内容的诉讼。法院需要2~4个月的时间作出决定。

特别是在仿制药上市的领域，仔细审查各法院存在的差异是明智的，这可能是赢得诉讼的关键。

在大多数欧洲管辖区，仿制药申请或获得上市核准都不构成侵权行为❷。在最近的*Virostatikum*案判决❸中，杜塞尔多夫上诉法院澄清，仅仅获得上市核准并不足以确定即发侵权，即便仿制药厂未回应警告信。申请人辩称，进入英国市场的威胁构成进入德国市场的迫在眉睫的危险，但法院拒绝了这一论点。

与此相反的是，德国联邦最高法院在*Simvastatin*案❹中认为，在德国仿制药登入医药数据库（“Lauer-Taxe”）以便分销的行为构成许诺销售，因而是侵权行为。

类似地，法院在同一决定中认为，在专利到期前公开的、关于只在专利到期后才销售受专利保护产品的广告也构成侵权。很明显，德国法院在该问题上的观点不同于英国专利法院❺。

杜塞尔多夫地区法院在*Desogestrel*❻案中发出了临时禁令，特别考虑到尽管被告（仿制药厂）在产品上市的数月前申请上市核准时有提起无效诉讼的机会，但被告并没有这样做。法院认可，在许多情况下，临时禁令是申请人有效挑战仿制药厂的唯一途径。

E.Ⅳ. 反垄断

E.Ⅳ.1. 导言

在生命科学领域，反垄断的考虑因素变得日益重要。在欧盟层面，核心条

❶ 巴黎上诉法院，2012年3月21日决定，案卷号11/12942（未刊印的）。

❷ 德国联邦最高法院，GRUR 1990，997-Ethofumesat。

❸ 杜塞尔多夫上诉法院，GRUR-RR 2013，241-Virostatikum。

❹ 德国联邦最高法院，GRUR 2007，221-Simvastatin。

❺ 1995年7月20日决定，Gerber Garment Technology Inc. v. Lectra Systems Ltd.，RPC 1995，383［412］。

❻ 杜塞尔多夫地区法院，BeckRS 2013，02395-Desogestrel。

款是欧盟运作条约（TFEU）第 102 条和第 103 条。违反这些条款可能受到欧盟委员会的处罚。此外，如果合同违反 TFEU 第 101 条，可能被认定无效。这在许可协议方面尤其重要。

高度相关的还有所谓的欧盟集体豁免规则。在生命科学领域，这些规则中最重要的是欧盟第 772/2004 号条例（技术转移条例），其后于 2014 年 5 月 1 日被欧盟第 316/2014 号条例❶取代。为了向从业者提供指引，发布的官方指南详细阐释了技术转移协议的反垄断问题。❷

技术转移条例规定了技术转移协议中，特别是许可协议中的某些具有潜在反竞争性质条款的豁免问题。前提条件是签订协议的双方当事人如果是竞争者，合计市场份额不超过 20%，而如果是非竞争者，则各自市场份额不超过 30%。如果双方当事人超过这些阈值，则协议需要进行个案分析。在第 4 条中，技术转移条例定义了一系列反竞争的核心限制条款，这些条款将使得整个协议无效。第 5 条定义了不适用豁免的一些限制条款，但不会使整个协议无效。

应当强调的是，新条例更加严格地对待强加给被许可人的有关挑战有效性的限制条款：禁止挑战条款仍然不能享有豁免。依照新条例的规定，只有在排他性许可情况下，当被许可人挑战被许可专利的有效性时，许可人终止许可协议的权利可享受豁免。

欧盟委员会指南第 4 章还包括了欧盟委员会对于专利池观点的有趣总结。❸

E. Ⅳ. 2. 专项调查（制药行业）

在制药领域，欧盟于 2008 年实施了“专项调查”，尤其关注仿制药上市的延迟问题。调查结果由欧盟委员会于 2009 年 7 月 8 日发布于有关制药行业专项调查结论的最终报告❹。

其中特别重要的是和解协议（即和解与专利侵权/有效性相关纠纷的协议），因为有潜在的反垄断问题。在此方面，委员会定义了不同和解类型：

——类型 A：特性：不限制仿制药进入市场；

——类型 B. Ⅰ.：特性：限制仿制药进入市场，但没有从原研药厂向仿制

---

❶ 欧盟委员会条例 EU No. 316/2014，OJ 2014 L 93，17 页。

❷ 参见欧盟委员会指南，2004/C 101/02。

❸ 欧盟委员会条例 EU No. 316/2014，OJ 2014 L 93，17 页。

❹ 参见 http：//ec. europa. eu/competition/sectors/pharmaceuticals/inquiry/communication_en. pdf。

药厂的价值转移；

——类型 B. Ⅱ.：特性：限制仿制药进入市场，且有从原研药厂向仿制药厂的价值转移。

欧盟竞争总署 DG COMP❶ 于 2013 年 12 月 9 日发布了关于欧洲专利和解协议的第 4 期监控报告。报告根据（1）限制仿制药厂以自己的产品进入市场，和（2）从原研药厂向仿制药厂的价值转移，继续区分了前述三种协议类型（A、B. Ⅰ. 和 B. Ⅱ.）。包含两个方面的协议被归类为 B. Ⅱ. 类型，有可能触发最高程度的反垄断审查。与之相反，对于类型 A 和类型 B. Ⅰ. 的和解协议不予批判，因为实质上，无论是原研药厂还是仿制药厂都没有屈服。

术语“价值转移”的定义广泛，包含各种由原研药厂向仿制药厂做出的让步，如支付货币或授予许可。如果仿制药厂的自由受到限制，且原研药厂做出了让步以达成妥协，则协议将被归为类型 B. Ⅱ.。可能由于这一对于和解协议非常严格的反垄断规则，类型 B. Ⅱ. 的和解协议已经从实践中消失。

实践中，在和解医药诉讼时当然需要谨慎行事，并应当考虑委员会在报告里表明的观点。

E. Ⅳ. 3. 有偿延迟协议/Lundbeck 决定

2013 年 6 月 19 日，欧盟委员会处罚了 Lundbeck 决定❷中涉及有偿延迟协议的当事人双方，罚金高达 1.45 亿欧元。Lundbeck 是西酞普兰（Citalopram）的原研药厂，仿制药竞争者即将以西酞普兰的仿制药版本进入市场。Lundbeck 与多家仿制药厂签订了协议，向后者付费使其不要参与竞争，而不是向仿制药公司执法其专利。委员会认为协议是反竞争的。委员会强调此类条款剥夺了患者获得廉价药品的机会，因而损害了患者利益，同时指出条款也损害了公共卫生系统，因为不得不长期承受人为高价药品的成本。此类有偿延迟协议被认为严重违反了欧盟竞争法（TFEU 第 101 条）。

E. Ⅴ. 单一专利和统一专利法院

E. Ⅴ. 1. 导言

数年前，欧盟委员会和欧洲议会通过了关于具备单一效力的欧洲专利

❶ 欧盟竞争总署，Directorate-General for Competition，负责为欧盟确立连贯的竞争政策。

❷ 欧盟委员会 2013 年 6 月 19 日决定，COMP/AT. 39226-Lundbeck，原因未公布。

（通常被称为“单一专利”）和统一专利法院（UPC）的立法。单一专利和统一专利法院生效的要件是足够数量的欧盟成员国批准。

这将极大改变欧洲诉讼版图。如 E. Ⅰ. 所解释的，暂且不论跨境禁令问题，目前欧盟的诉讼仍是碎片化的，因此专利权人不得不在 EPO 各成员国分别执法其专利。而这将随着单一专利和统一专利法院的到来而改变。

欧盟第 1257/2012 号条例是确立单一专利的基本法律文件。单一专利将在所有参与的欧盟成员国范围内有效并受到保护❶。申请人请求后，单一专利将由 EPO 授予，其单一效力也将在 EPO 登记。

获得单一专利的费用尚未确定。预期单一专利的费用高低将影响其在行业内的接受度。

E. Ⅴ. 2. 语言

欧盟第 1260/2012 号条例解决了翻译适用问题。一般原则是，当单一专利公布时，不再需要提供其他翻译版本❷。但是，有一个长达 12 年的过渡期，在此期间必须提供翻译版本，规则如下：

——如果 EPO 审查过程中的语言是法语或德语，则必须提供英文翻译；

——如果 EPO 审查过程中的语言是英语，则必须提供其他任何一种欧盟官方语言的翻译版本。

被控侵权时，有例外情况。根据欧盟第 1260/2012 号条例第 4 条的规定，特定条件下当被控侵权人或法院请求时，专利权人应以自己的成本提供单一专利的完整翻译件。执业者应当注意欧盟第 1260/2012 号条例第 4（4）条：当认定被告侵犯以外文写成的专利的情况下，如果原告未提供翻译件，则可减轻或排除损害赔偿。如果被告是非营利组织（NPO）、小型或中型企业或个体时，情况尤其如此。

E. Ⅴ. 3. 统一专利法院

E. Ⅴ. 3. a. 导言

UPC 由统一专利法院协议（UPC 协议）予以规定。所有 UPC 协议的签署国❸

---

❶ 截至原著截稿时，仅有西班牙和意大利尚未加入。

❷ 参见条例 EU 1260/2012 第 3 条。

❸ 除了西班牙、波兰和克罗地亚以外的所有欧盟成员国。

将有一个共同的法院。应当强调的是，对于其他非签署国，UPC 在欧洲专利指定方面不具有管辖权。

在关于（传统）欧洲专利、单一专利和 SPC 的诉讼方面，UPC 拥有排他性管辖权。管辖权特别包括针对实际发生的或即将发生的侵权行为的诉讼（及相关抗辩），确认不侵权诉讼，提起临时和保护性措施及禁令，无效诉讼和无效的反诉（参见 UPC 协议第 32 条）。

对于不属于 UPC 排他性管辖的事项，国内法院仍享有管辖权。实质上，国内法院将继续审理有关国内专利、已通知选择退出（见下）的传统欧洲专利及（如果有可能）国内实用新型的相关专利诉讼。

E. V. 3. b. 组织结构

UPC 的一审法院将分布于整个欧盟。中央法庭将位于巴黎，其分部位于伦敦（针对化学和医药类专利）和慕尼黑（针对机械工程类专利）。但 UPC 的骨干机构是各地方法庭和地区法庭。德国将有四个地方法庭（位于慕尼黑、曼海姆、杜塞尔多夫和汉堡），而英国和法国将各有一个。其他国家也将有地方法庭。仅有有限数量专利诉讼的国家可建立（共同）地区法庭❶。上诉法院将设在卢森堡。欧盟法院将审理特别选定的案件。

以下示意图描述了如前所述的组织结构：

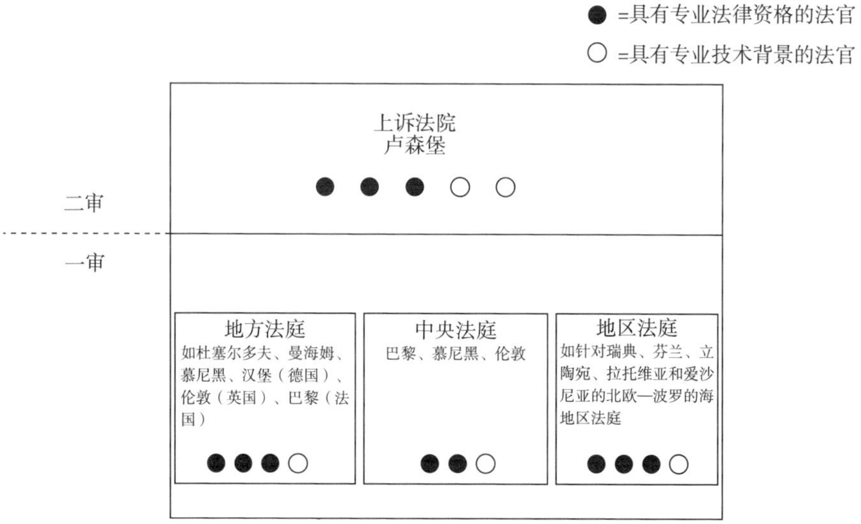

❶ 例如，瑞典、芬兰、立陶宛、拉脱维亚和爱沙尼亚宣布将建立一个共同地区法庭，丹麦也宣布希望加入该北欧—波罗的海地区法庭。

E. V. 3. c. 管辖权

作为一般原则，中央法庭只对单独的无效和不侵权事项享有管辖权，而其他所有案件都将由地方/地区法庭来审理。

一般原则为，应当在侵权行为发生地或者被告的住所地或营业地的地方/地区法庭提起诉讼［UPC 协议第 33（1）条］。但是，如果被告在成员国没有住所地或营业地，则应当在侵权行为发生地的地方/地区法庭或中央法庭提起诉讼。如果在成员国内不能确定具有管辖权的地方/地区法庭，则由中央法庭审理。

如前所述，无效和不侵权诉讼应当由中央法庭审理。但是，如果相同的当事人之间就同一专利已经有侵权诉讼在地方/地区法庭审理，则无效和不侵权诉讼也应当提交至审理侵权诉讼的地方/地区法庭。

如果，在侵权诉讼进行过程中，提起了无效反诉（几乎总是如此），则地方/地区法院可以：

——同时审理侵权和无效诉讼；

——将无效反诉交由中央法庭审理；

——如果当事人双方同意，将整个案件（侵权和无效）交由中央法庭审理。

当事人也可将案件提交至基于其选择的法庭，包括中央法庭。

E. V. 3. d. 过渡期和选择退出

在持续 7 年或 14 年的过渡期内，可适用例外情况。在过渡期内，关于传统欧洲专利的侵权或无效诉讼仍可提交至国内法院［UPC 协议第 83（1）条］。此外，传统欧洲专利的专利权人/申请人可选择退出 UPC，除非已提起相关诉讼［UPC 协议第 83（3）条］。选择退出的专利权人/申请人必须通知 EPO 登记处。在一定条件下，可撤回这样的选择退出通知［有时也称为选择加入，详情见 UPC 协议第 83（4）条］。需要记住的是，选择退出宣告只针对传统欧洲专利，也就是说不适用于单一专利。

选择退出条款（UPC 协议第 83 条）引发了执业者们相当广泛的讨论。原因在于是否选择退出的决定受到欧洲专利公约框架下的专利战略的影响。基本上，如果专利权人想要受益于跨越整个欧盟的执法选择（针对欧盟的“一站式执法”），就不应当选择退出，也就是说，什么也不做。结果，专利权人也承担了其传统欧洲专利被 UPC 无效的风险，也就是谚语说的，将鸡蛋放在一个篮子里。与之相反，如果传统欧洲专利的专利权人选择退出，其风险就最小化了，因为UPC不再有在整个欧洲将其专利无效的管辖权；然而，已选择退出的传统欧洲专利必须像当前一样在各国分别执法。

不幸的是，UPC协议第83条的用词不太清楚，导致了两派观点：一派认为尽管UPC不再对有疑问的具体案件享有管辖权，UPC协议本身还是适用的；相反观点认为，在选择退出的情况下，UPC协议不再适用，法院必须适用其国内法。关于选择退出的效力在适用法律上的解释争议，最终将如何决定仍有待观察。目前看来，如果宣告选择退出，整个UPC协议不再适用，而是由国内法院适用国内法。这也是筹备委员会在2014年1月29日的解释说明❶中表达的观点。

E. V. 3. e. 合议庭

UPC的合议庭应当来自多国，即由具有不同国籍的法官组成。

而且合议庭将包括具有专业法律资格和具有专业技术背景的法官。在地方/地区法庭，合议庭将包括三名具有专业法律资格的法官，以及在当事人的请求或合议庭的倡议下，一名具有专业技术背景的法官。中央法庭将由两名具有专业法律资格的法官和一名具有专业技术背景的法官组成。上诉合议庭将由三名具有专业法律资格的法官和两名具有专业技术背景的法官组成❷。

E. V. 4. 法律渊源

UPC判决的法律渊源包括欧盟法、UPC协议、欧洲专利公约、相关国际条约和国内法（参见UPC协议第24条）。

应当注意到UPC协议包括以下实质性的专利法条款：

——直接侵权（第25条）；

——辅助侵权（第26条）；

——豁免条款（第27条），尤其是关于：

——实验使用［第27（b）条］；

——为了繁殖，或发现和研发其他植物品种的目的使用生物材料［第27（c）条］；

——Bolar条款［第27（d）条］，允许实施根据欧盟第2001/82号指令第13（6）条或欧盟第2001/83号指令第10（6）条定义的、有关覆盖产品的

---

❶ 参见https：//www. unified-patent-court. org/NEWS。

❷ UPC培训中心于2014年3月在布达佩斯开放。中心将作为培训UPC系统法官和候选法官的协调办公室。

专利的行为；

——农民特权［第27（i）条］；

——依据生物技术指令（98/44/EC）第10条所豁免的行为。

法院将如何适用UPC协议的实质性条款还要拭目以待。到目前为止，欧盟范围内的协调化只涉及需要写入成员国国内法的欧盟指令和条例的解释。只有少数案件成功到达欧盟法院，也就是当国内法院确认需要关于欧盟法某方面的指示时，才提请欧盟法院解释。考虑到所有UPC法庭都将适用同样的法律，这一点将会改变。因此，合理估计未来几年可能会出现判例法新体系的发展。就绝大部分判例而言，都将由位于卢森堡的UPC上诉法院提供指引，但也应当考虑到欧盟法院可能就选定的法律问题作出决定。

E. Ⅴ.5. 临时措施

UPC协议授权UPC：

——命令当事人提交证据（第59条）；

——发布临时措施命令，以保全证据和检查场所（第60条）；

——禁止当事人从UPC管辖范围内转移任何资产（第61条）；

——发布临时禁令和提供保护性措施（第62条）。

特别重要的是临时禁令。根据UPC协议第62（2）条的规定，当考虑是否授予禁令时，UPC应权衡各方利益，且应特别考虑到授予或拒绝禁令对于任何一方可能带来的危害。根据UPC程序规则❶草案第209条，应当考虑以下方面：

——EPO相关异议程序（或其他国内法院无效诉讼）的结果；

——案件的紧迫性；

——被告是否已陈述过；

——是否已发出保护信。

如果有必要，临时禁令可由单方程序授予（即UPC发出临时禁令前无需被告陈述）。如果延迟将导致对于专利权人无法挽回的损失；或者破坏证据的风险显而易见时，情况尤其如此［UPC协议第60（5）条］。

E. Ⅴ.6. 当事人及其在统一专利法院的代理人

除了专利权人，排他性许可的持有人也有权在UPC提起诉讼［UPC协议

---

❶ 请注意UPC程序规则仍在审核中，还没有生效；草案可参见https：//www.unified-patent-court.org/consultations。

第47（2）条]。非排他性许可的持有人无权在UPC提起诉讼，除非专利权人事先通知且许可协议允许提起此类诉讼［UPC协议第47（3）条］。如果被许可人提起诉讼，专利权人有权加入诉讼［UPC协议第47（4）条］。

UPC诉讼必须由专业代理人代理。当事人应当由律师（被授权在成员国法院执业）或者已取得其他适当职业资格的欧洲专利律师代理❶。

E. V. 7. 程序性问题

大多数程序性问题都由正在审核中的UPC程序规则确定。此章的陈述内容是基于2014年10月31日的第17稿草案。筹备委员会已将草案公布。当前版本回应了执业者和业内对于此前版本的广泛咨询意见，但还将进一步审核。我们特意不讨论更多细节，仅仅因为这本书出版的时候，新草案很可能已经问世。但是，需要提及以下方面：

程序规则包含专利诉讼关键程序方面的详细条款（规则）。应当牢记的是，这些规则规范着UPC的所有专利诉讼，也就是在多达25个成员国的专利诉讼。然而，在过去的数年中，所有成员国也已确立了它们各自的程序法和某些（专利）诉讼方面的行为须知。因此，对于在UPC出庭的任何一方来说，考虑即将颁布的作为主要准则的详细条款都是必不可少的。不过，各成员国的律师和法官将如何实践这些规则仍然拭目以待。

程序规则的第一部分涉及一审法院程序，分为以下章节：

——第1章涉及各种不同诉讼中可适用的书面程序：

——侵权诉讼（第1节）；

——无效诉讼（第2节）；

——确认不侵权诉讼（第3节）；

——根据UPC协议第33（5）条（无效反诉）和第33（6）条（即如果有后续侵权诉讼，中止不侵权诉讼）提起的诉讼；

——许可协议补偿诉讼（第5节）；

——针对EPO决定的诉讼（第6节）；

——过渡办法，规定于第2章；

——口审程序，规定于第3章；

——第4章规定了确定损害赔偿的具体程序；

——第5章规定了关于决定诉讼费用的程序；

---

❶ 参见UPC协议第48条，该条提及例如欧洲专利诉讼资格证书，但是细节尚不清楚。

——第 6 章规定了诉讼费用担保。

第二部分涉及证据，包括：

——当事人双方的证人和专家（第 1 章）；

——法院专家（第 2 章）；

——要求提交证据和交流信息的命令（第 3 章）；

——保全证据的命令和检查命令（第 4 章）。

第三部分包括临时措施相关规则。

第四部分涉及上诉法院程序。

第五部分包括重要程序性问题的一般性条款，例如：

——送达（第 2 章）；

——代理人的权利和义务（第 3 章）；

——诉讼中止（第 4 章）；

——时限（的计算）（第 5 章）；

——诉讼当事人（第 6 章）；

——有关语言的杂项规定（第 7 章）；

——案件管理（第 8 章）；

——有关法院组织的规则（第 9 章）；

——判决和命令（第 10 章）；

——缺席判决（第 11 章）；

——必定败诉的或明显不予受理的诉讼请求（第 12 章）；

——和解（第 13 章）。

最后，第六部分包括关于费用和法律援助的规则。

附　　录*

ANNEX 1
Relevant Provisions of the EPC: Articles

Article 2
European patent

(1) Patents granted under this Convention shall be called European patents.

(2) The European patent shall, in each of the Contracting States for which it is granted, have the effect of and be subject to the same conditions as a national patent granted by that State, unless this Convention provides otherwise.

Article 52
Patentable inventions

(1) European patents shall be granted for any inventions, in all fields of technology, provided that they are new, involve an inventive step and are susceptible of industrial application.

(2) The following in particular shall not be regarded as inventions within the meaning of paragraph 1:

(a) discoveries, scientific theories and mathematical methods;

(b) aesthetic creations;

(c) schemes, rules and methods for performing mental acts, playing games or doing business, and programs for computers;

(d) presentations of information.

---

* 为便于读者更准确地查阅并理解欧盟相关法条，本书附录内容保留英文原文未做翻译。

(3) Paragraph 2 shall exclude the patentability of the subject-matter or activities referred to therein only to the extent to which a European patent application or European patent relates to such subject-matter or activities as such.
See decisions of the Enlarged Board of Appeal G 1/98, G 1/03, G 2/03

Article 53
Exceptions to patentability

European patents shall not be granted in respect of:

(a) inventions the commercial exploitation of which would be contrary to "ordre public" or morality; such exploitation shall not be deemed to be so contrary merely because it is prohibited by law or regulation in some or all of the Contracting States;

(b) plant or animal varieties or essentially biological processes for the production of plants or animals; this provision shall not apply to microbiological processes or the products thereof;

(c) methods for treatment of the human or animal body by surgery or therapy and diagnostic methods practised on the human or animal body; this provision shall not apply to products, in particular substances or compositions, for use in any of these methods.
See decisions of the Enlarged Board of Appeal G 3/95, G 1/98, G 1/03, G 2/03, G 1/04, G 2/06, G 01 /07, G 2/08

Article 54
Novelty

(1) An invention shall be considered to be new if it does not form part of the state of the art.

(2) The state of the art shall be held to comprise everything made available to the public by means of a written or oral description, by use, or in any other way, before the date of filing of the European patent application.

(3) Additionally, the content of European patent applications as filed, the dates of filing of which are prior to the date referred to in paragraph 2 and which were published on or after that date, shall be considered as comprised in the state of the art.

(4) Paragraphs 2 and 3 shall not exclude the patentability of any substance or composition, comprised in the state of the art, for use in a method referred to in Article 53(c), provided that its use for any such method is not comprised in the state of the art.

(5) Paragraphs 2 and 3 shall also not exclude the patentability of any substance or composition referred to in paragraph 4 for any specific use in a method referred to in Article 53(c), provided that such use is not comprised in the state of the art.
See decisions/opinions of the Enlarged Board of Appeal G 2/88, G 6/88, G 1/92, G 3/93, G 1/98, G 2/98, G 3/98, G 2/99, G 1103, G 2/03, G 2/08

Article 55

Non-prejudicial disclosures

(1) For the application of Article 54, a disclosure of the invention shall not be taken into consideration if it occurred no earlier than six months preceding the filing of the European patent application and if it was due to, or in consequence of:

(a) an evident abuse in relation to the applicant or his legal predecessor, or

(b) the fact that the applicant or his legal predecessor has displayed the invention at an official, or officially recognised, international exhibition falling within the terms of the Convention on international exhibitions signed at Paris on 22 November 1928 and last revised on 30 November 1972.

(2) In the case of paragraph 1(b), paragraph 1 shall apply only if the applicant states, when filing the European patent application, that the invention has been so displayed and files a supporting certificate within the time limit and under the conditions laid down in the Implementing Regulations.
See decisions of the Enlarged Board of Appeal G 3/98, G 2/99

Article 56

Inventive step

An invention shall be considered as involving an inventive step if, having regard to the state of the art, it is not obvious to a person skilled in the art. If the state of the art also includes documents within the meaning of Article 54, paragraph 3, these documents shall not be considered in deciding whether there has been an inventive step.
See decisions/opinions of the Enlarged Board of Appeal G 2/98, G 3/98, G 2/99, G 1/03, G 2/03

Article 57

Industrial application

An invention shall be considered as susceptible of industrial application if it can be made or used in any kind of industry, including agriculture.
See decisions of the Enlarged Board of Appeal G 1/03, G 2/03, G 1/04

Article 63

Term of the European patent

(1) The term of the European patent shall be 20 years from the date of filing of the application.

(2) Nothing in the preceding paragraph shall limit the right of a Contracting State to extend the term of a European patent, or to grant corresponding protection which follows immediately on expiry of the term of the patent, under the same conditions as those applying to national patents:

(a) in order to take account of a state of war or similar emergency conditions affecting that State;

(b) if the subject-matter of the European patent is a product or a process for manufacturing a product or a use of a product which has to undergo an administrative authorisation procedure required by law before it can be put on the market in that State.

(3) Paragraph 2 shall apply mutatis mutandis to European patents granted jointly for a group of Contracting States in accordance with Article 142.

(4) A Contracting State which makes provision for extension of the term or corresponding protection under paragraph 2(b) may, in accordance with an agreement concluded with the Organisation, entrust to the European Patent Office tasks associated with implementation of the relevant provisions.

Article 64

Rights conferred by a European patent

(1) A European patent shall, subject to the provisions of paragraph 2, confer on its proprietor from the date on which the mention of its grant is published in the European Patent Bulletin, in each Contracting State in respect of which it is granted, the same rights as would be conferred by a national patent granted in that State.

(2) If the subject-matter of the European patent is a process, the protection conferred by the patent shall extend to the products directly obtained by such process.

(3) Any infringement of a European patent shall be dealt with by national law.

See decisions of the Enlarged Board of Appeal G 2/88, G 1/98

Article 69

Extent of protection

(1) The extent of the protection conferred by a European patent or a European

patent application shall be determined by the claims. Nevertheless, the description and drawings shall be used to interpret the claims.

(2) For the period up to grant of the European patent, the extent of the protection conferred by the European patent application shall be determined by the claims contained in the application as published. However, the European patent as granted or as amended in opposition, limitation or revocation proceedings shall determine retroactively the protection conferred by the application, in so far as such protection is not thereby extended.

The Protocol on the Interpretation of Article 69 EPC is an integral part of the Convention pursuant to Article 164, paragraph 1).

See decisions of the Enlarged Board of Appeal G 2/88, G 6/88

Protocol on the Interpretation of Article 69 EPC of 5 October 1973 as revised by the Act revising the EPC of 29 November 2000

Article 1
General principles

Article 69 should not be interpreted as meaning that the extent of the protection conferred by a European patent is to be understood as that defined by the strict, literal meaning of the wording used in the claims, the description and drawings being employed only for the purpose of resolving an ambiguity found in the claims. Nor should it be taken to mean that the claims serve only as a guideline and that the actual protection conferred may extend to what, from a consideration of the description and drawings by a person skilled in the art, the patent proprietor has contemplated. On the contrary, it is to be interpreted as defining a position between these extremes which combines a fair protection for the patent proprietor with a reasonable degree of legal certainty for third parties.

Article 2
Equivalents

For the purpose of determining the extent of protection conferred by a European patent, due account shall be taken of any element which is equivalent to an element specified in the claims.

Article 82

Unity of invention

The European patent application shall relate to one invention only or to a group of inventions so linked as to form a single general inventive concept.

See decision/opinion of the Enlarged Board of Appeal G 1/91, G 2/92

Article 83

Disclosure of the invention

The European patent application shall disclose the invention in a manner sufficiently clear and complete for it to be carried out by a person skilled in the art.

See decision/opinion of the Enlarged Board of Appeal G 2/93, G 2/98

Article 84

Claims

The claims shall define the matter for which protection is sought. They shall be clear and concise and be supported by the description.

See decisions/opinions of the Enlarged Board of Appeal G 2/98, G 1/03, G 2/03, G 1/04

Article 87

Priority right

(1) Any person who has duly filed, in or for

(a) any State party to the Paris Convention for the Protection of Industrial Property or

(b) any Member of the World Trade Organization,

an application for a patent, a utility model or a utility certificate, or his successor in title, shall enjoy, for the purpose of filing a European patent application in respect of the same invention, a right of priority during a period of twelve months from the date of filing of the first application.

(2) Every filing that is equivalent to a regular national filing under the national law of the State where it was made or under bilateral or multilateral agreements, including this Convention, shall be recognised as giving rise to a right of priority.

(3) A regular national filing shall mean any filing that is sufficient to establish the date on which the application was filed, whatever the outcome of the application may be.

(4) A subsequent application in respect of the same subject-matter as a previous

first application and filed in or for the same State shall be considered as the first application for the purposes of determining priority, provided that, at the date of filing the subsequent application, the previous application has been withdrawn, abandoned or refused, without being open to public inspection and without leaving any rights outstanding, and has not served as a basis for claiming a right of priority. The previous application may not thereafter serve as a basis for claiming a right of priority.

(5) If the first filing has been made with an industrial property authority which is not subject to the Paris Convention for the Protection of Industrial Property or the Agreement Establishing the World Trade Organization, paragraphs 1 to 4 shall apply if that authority, according to a communication issued by the President of the European Patent Office, recognises that a first filing made with the European Patent Office gives rise to a right of priority under conditions and with effects equivalent to those laid down in the Paris Convention.

See decisions/opinions of the Enlarged Board of Appeal G 3/93, G 2/95, G 2/98, G 1/03, G 2/03

Article 88

Claiming priority

(1) An applicant desiring to take advantage of the priority of a previous application shall file a declaration of priority and any other document required, in accordance with the Implementing Regulations.

(2) Multiple priorities may be claimed in respect of a European patent application, notwithstanding the fact that they originated in different countries. Where appropriate, multiple priorities may be claimed for any one claim. Where multiple priorities are claimed, time limits which run from the date of priority shall run from the earliest date of priority.

(3) If one or more priorities are claimed in respect of a European patent application, the right of priority shall cover only those elements of the European patent application which are included in the application or applications whose priority is claimed.

(4) If certain elements of the invention for which priority is claimed do not appear among the claims formulated in the previous application, priority may nonetheless be granted, provided that the documents of the previous application as a whole specifically disclose such elements.

See decision/opinion of the Enlarged Board of Appeal G 3/93, G 2/98

See decision of the President of the EPO dated 17. 03. 2009, OJ EPO 2009, 236

Article 89

Effect of priority right

The right of priority shall have the effect that the date of priority shall count as the date of filing of the European patent application for the purposes of Article 54, paragraphs 2 and 3, and Article 60, paragraph 2.

See decisions/opinions of the Enlarged Board of Appeal G 3/93, G 2/98, G 3/98, G 2/99

Article 153

The European Patent Office as designated Office or elected Office

(1) The European Patent Office shall be

(a) a designated Office for any State party to this Convention in respect of which the PCT is in force, which is designated in the international application and for which the applicant wishes to obtain a European patent, and

(b) an elected Office, if the applicant has elected a State designated pursuant to letter(a).

(2) An international application for which the European Patent Office is a designated or elected Office, and which has been accorded an international date of filing, shall be equivalent to a regular European application(Euro-PCT application).

(3) The international publication of a Euro-PCT application in an official language of the European Patent Office shall take the place of the publication of the European patent application and shall be mentioned in the European Patent Bulletin.

(4) If the Euro-PCT application is published in another language, a translation into one of the official languages shall be filed with the European Patent Office, which shall publish it. Subject to Article 67, paragraph 3, the provisional protection under Article 67, paragraphs 1 and 2, shall be effective from the date of that publication.

(5) The Euro-PCT application shall be treated as a European patent application and shall be considered as comprised in the state of the art under Article 54, paragraph 3, if the conditions laid down in paragraph 3 or 4 and in the Implementing Regulations are fulfilled.

(6) The international search report drawn up in respect of a Euro-PCT application or the declaration replacing it, and their international publication, shall take the place of the European search report and the mention of its publication in the European

Patent Bulletin.

(7) A supplementary European search report shall be drawn up in respect of any Euro-PCT application under paragraph 5. The Administrative Council may decide that the supplementary search report is to be dispensed with or that the search fee is to be reduced.

See decision of the Enlarged Board of Appeal G 4/08.

Article 164

Implementing Regulations and Protocols

(1) The Implementing Regulations, the Protocol on Recognition, the Protocol on Privileges and Immunities, the Protocol on Centralisation, the Protocol on the Interpretation of Article 69 and the Protocol on Staff Complement shall be integral parts of this Convention.

(2) In case of conflict between the provisions of this Convention and those of the Implementing Regulations, the provisions of this Convention shall prevail.

See decisions/opinions of the Enlarged Board of Appeal G 2/95, G 6/95, G 1/02

ANNEX 2
Relevant Provisions of the EPC:
Rules relating to Biotechnological Inventions – Patentability

Rule 26

General and definitions

(1) For European patent applications and patents concerning biotechnological inventions, the relevant provisions of the Convention shall be applied and interpreted in accordance with the provisions of this Chapter. Directive 98/44/EC of 6 July 1998★ on the legal protection of biotechnological inventions shall be used as a supplementary means of interpretation.

(2) "Biotechnological inventions" are inventions which concern a product consisting of or containing biological material or a process by means of which biological material is produced, processed or used.

(3) "Biological material" means any material containing genetic information and capable of reproducing itself or being reproduced in a biological system.

(4) "Plant variety" means any plant grouping within a single botanical taxon of the lowest known rank, which grouping, irrespective of whether the conditions for the grant of a plant variety right are fully met, can be:

(a) defined by the expression of the characteristics that results from a given genotype or combination of genotypes,

(b) distinguished from any other plant grouping by the expression of at least one of the said characteristics, and

(c) considered as a unit with regard to its suitability for being propagated unchanged.

(5) A process for the production of plants or animals is essentially biological if it consists entirely of natural phenomena such as crossing or selection.

(6) "Microbiological process" means any process involving or performed upon or resulting in microbiological material.

★: *see ANNEX 6, EU Regulations*

See decisions of the Enlarged Board of Appeal G 1/98, G 2/06

Rule 27

Patentable biotechnological inventions

Biotechnological inventions shall also be patentable if they concern:

(a) biological material which is isolated from its natural environment or produced by means of a technical process even if it previously occurred in nature;

(b) plants or animals if the technical feasibility of the invention is not confined to a particular plant or animal variety;

(c) a microbiological or other technical process, or a product obtained by means of such a process other than a plant or animal variety.

Rule 28

Exceptions to patentability

Under Article 53(a), European patents shall not be granted in respect of biotechnological inventions which, in particular, concern the following:

(a) processes for cloning human beings;

(b) processes for modifying the germ line genetic identity of human beings;

(c) uses of human embryos for industrial or commercial purposes;

(d) processes for modifying the genetic identity of animals which are likely to cause them suffering without any substantial medical benefit to man or animal, and also animals resulting from such processes.

See decision of the Enlarged Board of Appeal G 2/06

Rule 29

The human body and its elements

(1) The human body, at the various stages of its formation and development, and the simple discovery of one of its elements, including the sequence or partial sequence of a gene, cannot constitute patentable inventions.

(2) An element isolated from the human body or otherwise produced by means of a technical process, including the sequence or partial sequence of a gene, may constitute a patentable invention, even if the structure of that element is identical to that of a natural element.

(3) The industrial application of a sequence or a partial sequence of a gene must be disclosed in the patent application.

ANNEX 3

Relevant Provisions of the EPC: Rules relating to Biotechnological Inventions – Biological Sequences

Rule 30

Requirements of European patent applications relating to nucleotide and amino acid sequences

(1) If nucleotide or amino acid sequences are disclosed in the European patent application, the description shall contain a sequence listing conforming to the rules laid down by the President of the European Patent Office for the standardised representation of nucleotide and amino acid sequences.

(2) A sequence listing filed after the date of filing shall not form part of the description.

(3) Where the applicant has not filed a sequence listing complying with the requirements under paragraph 1 at the date of filing, the European Patent Office shall invite the applicant to furnish such a sequence listing and pay the late furnishing fee. If the applicant does not furnish the required sequence listing and pay the required late furnishing fee within a period of two months after such an invitation, the application shall be refused.

See decision of the President of the EPO, OJ EPO 2011, 372, and the notice from the EPO, OJ EPO 2011, 376

OJ EPO 2011, 372 – Decision of the President of the European Patent Office dated 28 April 2011 on the filing of sequence listings

The President of the European Patent Office (EPO), having regard to Article 10 (2) EPC, Rules 2, 30(1), 68(2), 73(2) and 163(3) EPC and Rule 13ter PCT, has decided as follows:

Article 1 Filing of sequence listings in respect of European patent applications

(1) If nucleotide or amino acid sequences are disclosed in a European patent ap-

plication, the description must contain a sequence listing in electronic form complying with WIPO Standard ST. 25&.

(2) The sequence listing under (1) is to be filed on an admissible electronic data carrier1. If the sequence listing is also filed on paper, the applicant shall submit a statement that the sequence listings in electronic form and on paper are identical.

Article 2 Subsequent filing of sequence listings

(1) Where the applicant has not filed a Standard-compliant sequence listing in electronic form at the date of filing the European patent application, the EPO shall invite the applicant under Rule 30(3) EPC to file such a sequence listing and to pay the late furnishing fee within a non-extendable period of two months from the invitation.

(2) Sequence listings filed after the date of filing of the European patent application must be accompanied by a statement that the sequence listing does not include matter which goes beyond the content of the application as filed.

Article 3 Unreadable, incomplete or infected files

(1) If a file containing a sequence listing is unreadable or incomplete, the unreadable or incomplete part shall be deemed not to have been filed.

(2) If a file containing a sequence listing is infected with a computer virus or if it contains other harmful software, the file shall be deemed to be unreadable. The EPO shall not be obliged to open or process it.

(3) If a file containing a sequence listing is defective within the meaning of (1) or (2) at the time of filing, the applicant shall be informed forthwith. Article 2 of the present decision shall apply mutatis mutandis.

Article 4 Furnishing of sequence listings to the EPO acting as international authority under the PCT

Where a sequence listing in electronic form and compliant with WIPO Standard ST. 25 is not available to the EPO as International Searching Authority, Supplementary International Searching Authority or International Preliminary Examining Authority, the applicant shall be invited to furnish such a sequence listing under Rule 13ter. 1 (a) PCT and to pay the late furnishing fee under Rule 13ter. 1 (c) PCT within a non-extendable period of one month from the date of the invitation.

Article 5 Filing sequence listings with the EPO as designated or elected Office

On invitation to file a Standard-compliant sequence listing under Rule 163(3) EPC, Articles 1, 2 and 3 of the present decision shall apply mutatis mutandis.

Article 6 Publication and conversion of sequence listings by the EPO

(1) A sequence listing filed at the date of filing of the European patent application shall be published with the application documents (Rule 68(1) EPC) and the patent specification (Rule 73 EPC) as part of the description.

(2) Sequence listings filed in electronic form shall be converted ex officio for the purpose of publication and file inspection. A copy of the original file submitted by the applicant shall be made available on request.

Article 7 Previous decisions superseded

With the entry into force of this decision, the decision of the President of the EPO dated 12 July 2007 concerning the filing of sequence listings (Special edition No. 3, OJ EPO 2007, C. 1.) in the version amended by the decision of the President of the EPO dated 26 March 2010 concerning the furnishing of sequence listings to the EPO acting as international authority under the Patent Cooperation Treaty (PCT) (OJ EPO 2010, 328) shall cease to have effect.

Article 8 Entry into force

This decision shall enter into force on 1 June 2011 and apply to all European patent applications and international patent applications filed in accordance with the PCT on or after that date or pending on that date.

Done at Munich, 28 April 2011

Benot BATTISTELLI President

[1] See Article 2 of the decision of the President of the EPO dated 12 July 2007 concerning the electronic signatures, data carriers and software to be used for the electronic filing of patent applications and other documents, Special edition No. 3, OJ EPO 2007, A. 5.

& available from WIPO: http://www.wipo.int/standards/en/part_03_standards.html

Notice from the European Patent Office dated 18 October 2013 concerning the filing of sequence listings

This notice complements the decision of the President on the filing of sequence listings1 (hereinafter referred to as the" decision of the President") and describes the procedure under the EPC and PCT for the filing of sequence listings. It has been updated in order to take into account recent changes in said procedure triggered, inter alia, by decisions of the EPO's boards of appeal.

I. European patent grant procedure

1. Filing of sequence listings

1.1 If nucleotide or amino acid sequences are disclosed in a European patent application, the description must contain a sequence listing complying with WIPO Standard ST. 25 (Standard for the Presentation of Nucleotide and Amino Acid Sequence Listings in Patent Applications-hereinafter referred to as the " Standard") (Rule 30(1) EPC in conjunction with Article 1 of the decision of the President).

1.2 You can consult and download the current version of the Standard on the WIPO website under" Patents" – " WIPO Standards". The Standard describes in detail both the formal requirements for the filing of Standard-compliant sequence listings and how the sequences contained therein are to be presented.

1.3 The EPO recommends the use of BiSSAP software, which can be downloaded free of charge from the EPO website, to generate Standard-compliant sequence listings. Using the latest version of this software enables applicants to meet the formal requirements of the Standard. Applicants are still free to use other software such as PatentIn.

1.4 Under Article 1(1) of the decision of the President, sequence listings must be submitted in electronic form, i. e. in text format(TXT). Further information about the document format is set out in the Standard. The sequence listing should no longer be filed on paper or, in the case of electronic filing of the application, in PDF format (see Article 1(1) and(2) of the decision of the President). If the applicant also files the sequence listing of his own accord on paper or in PDF format, he must submit a statement that the sequence listings in electronic form and on paper or in PDF format are identical. In this case, the paper or PDF form will be disregarded in the further procedure.

1.5 A Standard-compliant sequence listing in TXT format must be filed for all sequence information that conforms to the length thresholds defined in the Standard (see No. 2 (ii)), irrespective of whether this sequence information is claimed or not. As an exception, sequences which belong to the prior art and can be found in publicly accessible sequence databases do not need to be included in the sequence listing if they have been identified by their database accession number and either the version number or the database release number in the application as originally filed. This applies even if reference is made to these sequences in one or more claims or if the sequences are essential features of the invention or necessary for the priorart search (see J 8/11 of 30 January 2013). If the European patent application discloses nucleotide or amino acid sequences that are fragments or variants of a priorart sequence, a sequence listing complying with WIPO Standard ST. 25 has to be filed for these sequence fragments or variants.

1.6 A sequence listing filed together with the application documents is part of the description. In calculating the additional fee under Rule 38(2) EPC and Article 2, 1a RFees, the pages of the sequence listing are disregarded as long as the listing complies with the Standard and is filed as a separate part of the description. If the sequence information in the sequence listing is reproduced in the description or in other parts of the application, contrary to the recommendation in the Standard, the pages concerned will be taken into account in the calculation of the additional fee (see the notice from the EPO dated 26 January 2009 concerning the 2009 fee structure, OJ EPO 2009, 118, point 3.2; see also the Guidelines for Examination in the EPO ("Guidelines"), A-III, 13.2).

1.7 The above relates equally to European divisional applications. As an independent European patent application, a divisional application must also satisfy the requirements of Rule 30 EPC in conjunction with the decision of the President (see G 1/05, OJ EPO 2008, 271, point 3.1 of the Reasons). Without prejudice to the requirements of Article 76(1), second sentence, EPC, if a sequence listing is to form part of the description of the divisional application, it must be submitted together with the other documents making up the divisional application, unless reference is made to a previously filed application containing a sequence listing as part of the application (Rule 40(1)(c) EPC). However, an applicant who has filed a Standard-compliant sequence listing in TXT format under Rule 30 EPC with regard to the earlier application (parent application) is exempted from having to submit said sequence listing for search purposes only (i. e. not as part of the description) in respect of the divisional application. The Office will add a copy of the Standard-compliant sequence listing in TXT format filed in conjunction with the earlier application for search purposes only (i. e. not as part of the application) to the dossier on the divisional application.

2. Subsequently filed sequence listings/correction of errors-late furnishing feeloss of rights

2. 1 Where the applicant has not filed a Standard-compliant sequence listing in TXT format at the date of filing the European patent application, the Receiving Section will inform the applicant of the deficiencies in question and invite him to file a Standard-compliant sequence listing in TXT format and pay the late furnishing fee within a nonextendable period of two months (Rule 30 (1) and (3) EPC in conjunction with Article 2 (1) of the decision of the President).

2. 2 Where the applicant fails to file a Standard-compliant sequence listing in TXT format and pay the late furnishing fee in due time, the application will be refused under Rule 30 (3) EPC. This also applies if a sequence listing is subsequently filed in TXT format but still contains deficiencies with respect to the Standard. Such deficiencies will not prompt the EPO to issue another invitation under Rule 30 (3) EPC, triggering a new period of two months, unless the previous invitation did not draw the applicant's attention to such remaining deficiencies (see J 7/11 of 24 January 2012, point 10 of the Reasons).

2. 3 If the application is refused under Rule 30 (3) EPC, the applicant can request further processing under Article 121 and Rule 135 EPC. A further processing fee is payable for each omitted act.

2. 4 A subsequently filed sequence listing may contain only the sequence information-in standardised form-contained in the original application documents. It may contain neither more nor fewer sequences than the number of sequences disclosed in the original description, and the numbering of the sequences must remain unchanged. The applicant must ensure that this is the case and submit a statement to that effect under Article 2 (2) of the decision of the President. It is recommended that the statement is worded as set out in thefootnote2.

2. 5 A sequence listing filed after the date of filing is not part of the description and therefore cannot be used to determine the originally disclosed content of the appli-

cation(Rule 30(2)EPC). It can only be used for the purposes of the search, and is not published with the application documents or patent specification.

2.6 Without prejudice to Rule 30 EPC, a sequence listing forming part of the description may be corrected or amended in accordance with Rule 139 and/or Article 123(2)EPC. In this case a complete new sequence listing in TXT format containing the corrections or amendments is to be filed.

II. Procedure before the EPO as international authority under the PCT

1. If the international application discloses one or more nucleotide and/or amino acid sequences and if a Standard-compliant sequence listing in TXT format is not available to the EPO as International Searching Authority(ISA), Authority specified for supplementary search (SISA) or International Preliminary Examining Authority (IPEA), the EPO will invite the applicant to furnish to it such a sequence listing under Rule 13ter.1(a)PCT within a non-extendable period of one month from the date of the invitation(Article 4 of the decision of the President).

2. The furnishing of a sequence listing in response to an invitation by the EPO as ISA, SISA or IPEA under Rule 13ter.1(a)PCT is subject to the payment of the late furnishing fee fixed by the President(see Rule 13ter.1(c)PCT and Article 4 of the decision of the President). The late furnishing fee may be refunded only where the amount was paid by mistake, without cause, or in excess of the amount due(Agreement between the EPO and the IB of WIPO, Annex C, Part II, paragraph(1)3).

3. Any Standard-compliant sequence listing in TXT format furnished by the applicant under Rule 13ter PCT for the purposes of the search only must be accompanied by a statement to the effect that the sequence listing does not include matter which goes beyond the disclosure in the international application as filed and/or that the Standard-compliant sequence listing in TXT format furnished under Rule 13ter PCT is identical to the sequence listing in the international application(Annex C, paragraphs 4(v)and(vi)). Any sequence listing furnished under Rule 13ter PCT is not part of the international application.

4. If the applicant fails to furnish the required Standard-compliant sequence listing in TXT format and pay the late furnishing fee due within the period under Article 4 of the decision of the President, the EPO as ISA will issue no further invitation to furnish the sequence listing, and will search the international application only to the extent that a meaningful search can be carried out without the sequence listing(Rule

13ter. 1(d) PCT). In this case, the international search report will either indicate that certain claims were found unsearchable or will be replaced by the declaration under Article 17(2)(a) PCT. However, if the Standard-compliant sequence listing in TXT format is received and the late furnishing fee paid after the applicable period yet before the start of the international search, the Standard-compliant sequence listing will be considered as having been received within that period.

5. A sequence listing in TXT format that contains (minor) deficiencies with respect to the Standard is deemed to comply with this Standard where these deficiencies may be corrected ex officio or under Rule 26 PCT or otherwise rectified under Rule 91. 1(b)(ii) to (iv) PCT, as the case may be. In the latter two cases a complete new sequence listing in TXT format containing the corrections or rectifications is to be filed.

6. If, contrary to the statement referred to in paragraph 3 above, the EPO as ISA finds that the sequence listing in TXT format furnished under Rule 13ter PCT is not identical to the sequence listing in the international application under Rule 5. 2(a) PCT, it will indicate that finding in the international search report and either proceed with the international search if the (minor) deficiency can be corrected or rectified under paragraph 5 above, or otherwise proceed under paragraph 4 above, as if the sequence listing in TXT format had not been furnished under Rule 13ter PCT.

7. If a sequence listing in TXT format is found to be deficient within the meaning of Article 3(1) or (2) of the decision of the President, the applicant will be invited to submit a replacement listing within the period under Article 4 of the decision of the President or, if such an invitation has already been issued, within the time remaining in the period stipulated in the invitation (see paragraph 4 above).

8. If the international search report has not been drawn up in full or in part (see paragraph 4 above), the EPO as IPEA will perform an international preliminary examination only to the extent that a meaningful examination can be carried out (Rule 66. 1(e) PCT). The applicant is informed accordingly and an entry is made in the international preliminary examination report (Rules 66. 2(a)(vii) and 70. 12(iv) PCT). In such case, no invitation to furnish a sequence listing is issued.

9. If, after receipt of the documents specified in Rule 45bis. 4(e)(i) to (iv) PCT, the EPO as SISA finds that a Standard-compliant sequence listing in TXT format is not available to it, it will proceed as above, in particular as under paragraph 1. The EPO as SISA will start the supplementary international search in accordance

with Rule 45bis. 5(a) PCT only if a Standard-compliant sequence listing in TXT format is available to it, i. e. if it is furnished to the IB of WIPO under Rule 45bis. 1(c)(ii) PCT and thereafter transmitted to the EPO under Rule 45bis. 4(e)(iii) (Agreement between the EPO and the IB of WIPO, Annex E, paragraph(4)4.

III. Procedure before the EPO as designated or elected Office (regional phase)

1. If a Standard-compliant sequence listing in TXT format is contained in the international application under Rule 5. 2 PCT, furnished to the EPO under Rule 13ter. 1(a) PCT or made accessible to the EPO by other means, the applicant does not have to submit the Standard-compliant sequence listing again in TXT format on entry into the regional phase before the EPO as designated or elected Office.

2. Where, however, a Standard-compliant sequence listing in TXT format is not available to the EPO on the expiry of the period under Rule 159(1) EPC, the applicant will be invited to file a Standard-compliant sequence listing in TXT format within two months from the invitation and to pay the late furnishing fee. Rule 30(2) and (3) EPC and Article 1 of the decision of the President are to be applied accordingly (see Rule 163(3) EPC in conjunction with Article 5 of the decision of the President).

3. If any deficiencies are not remedied in due time after such an invitation-this also applies to the payment of the late furnishing fee-the application will be refused (Rule 30(3) EPC). The applicant may request further processing of the application under Article 121 EPC.

IV. Publication of sequence listings

1. A sequence listing filed at the date of filing of the European or international patent application will be published with the application documents (Rule 68 (1) EPC; Article 153(4) EPC) and the patent specification (Rule 73 EPC) as part of the description (Article 6 of the decision of the President).

2. A sequence listing filed after the date of filing of the European patent application will not be published with the application documents or the patent specification because it is not part of the description (Rule 30(2) EPC).

3. For the purposes of publication (as far as a Standard-compliant sequence listing present on the date of filing is concerned) and file inspection, the Standard-compliant sequence listing filed by the applicant in TXT format is converted by the EPO. The EPO cannot guarantee that the converted version is without error and re-

flects exactly the original file. On written request to support@ epo. org, the EPO will supply a copy of the original file submitted by the applicant.

V. Entry into force, and superseded previous EPO notices

From the date of its entry into force on 1 January 2014, the present notice supersedes the notice from the European Patent Office dated 28 April 2011 concerning the filing of sequence listings (OJ EPO 2011, 376).

[1] *Decision of the President of the EPO dated 28 April 2011 on the filing of sequence listings, OJ EPO 2011, 372.*

[2] *"I hereby declare that the sequence listing does not go beyond the content of the application as filed."*

[3] *OJ EPO 2010, 304.*

[4] *OJ EPO 2010, 304.*

ANNEX 4

Relevant Provisions of the EPC: Rules relating to Biotechnological Inventions – Biological Deposits

Rule 31

Deposit of biological material

(1) If an invention involves the use of or concerns biological material which is not available to the public and which cannot be described in the European patent application in such a manner as to enable the invention to be carried out by a person skilled in the art, the invention shall only be regarded as being disclosed as prescribed in Article 83 if:

(a) a sample of the biological material has been deposited with a recognised depositary institution on the same terms as those laid down in the Budapest Treaty on the International Recognition of the Deposit of Microorganisms for the Purposes of Patent Procedure of 28 April 1977 not later than the date of filing of the application;

(b) the application as filed gives such relevant information as is available to the applicant on the characteristics of the biological material;

(c) the depositary institution and the accession number of the deposited biological material are stated in the application, and

(d) where the biological material has been deposited by a person other than the applicant, the name and address of the depositor are stated in the application and a document is submitted to the European Patent Office provid ing evidence that the depositor has authorised the applicant to refer to the deposited biological material in the application and has given his unreserved and irrevocable consent to the deposited material being made available to the public in accordance with Rule 33.

(2) The information referred to in paragraph 1(c) and (d) may be submitted

(a) within sixteen months after the date of filing of the application or, if priority has been claimed, after the priority date, this period being deemed to have been observed if the information is communicated before completion of the technical preparations for publication of the European patent application;

(b) up to the date of submission of a request under Article 93, paragraph 1(b);

(c) within one month after the European Patent Office has communicated to the applicant that the right to inspect the files under Article 128, paragraph 2, exists.

The ruling period shall be the one which is the first to expire. The communication of this information shall be considered as constituting the unreserved and irrevocable consent of the applicant to the deposited biological material being made available to the public in accordance with Rule 33.

See decision of the Enlarged Board of Appeal G 2/93

Rule 32

Expert solution

(1) Until completion of the technical preparations for publication of the European patent application, the applicant may inform the European Patent Office that,

(a) until the publication of the mention of the grant of the European patent or, where applicable,

(b) for twenty years from the date of filing, if the application is refused or withdrawn or deemed to be withdrawn, the availability referred to in Rule 33 shall be effected only by the issue of a sample to an expert nominated by the requester.

(2) The following may be nominated as an expert:

(a) any natural person, provided that the requester furnishes evidence, when filing the request, that the nomination has the approval of the applicant;

(b) any natural person recognised as an expert by the President of the European Patent Office.

The nomination shall be accompanied by a declaration from the expert vis-à-vis the applicant in which he enters into the undertaking given under Rule 33 until either the date on which the patent expires in all the designated States or, where the application is refused, withdrawn or deemed to be withdrawn, the date referred to in paragraph 1(b), the requester being regarded as a third party.

See Notice from the European Patent Office dated 07. 07. 2010 concerning inventions which involve the use of or concern biological material (OJ EPO 2010, 498).

See the general conditions set by the President of the EPOfor the recognition of experts in accordance with Rule 28 EPC[1973] (OJ EPO 1981, 359 ff.; 1992, 470).

Rule 33

Availability of biological material

(1) Biological material deposited in accordance with Rule 31 shall be available

upon request to any person from the date of publication of the European patent application and to any person having the right to inspect the files under Article 128, paragraph 2, prior to that date. Subject to Rule 32, such availability shall be effected by the issue of a sample. of the biological material to the person making the request (hereinafter referred to as "the requester").

(2) Said issue shall be made only if the requester has undertaken vis-à-vis the applicant for or proprietor of the patent not to make the biological material or any biological material derived therefrom available to any third party and to use that material for experimental purposes only, until such time as the patent application is refused or withdrawn or deemed to be withdrawn, or before the European patent has expired in all the designated States, unless the applicant for or proprietor of the patent expressly waives such an undertaking.

The undertaking to use the biological material for experimental purposes only shall not apply in so far as the requester is using that material under a compulsory licence. The term "compulsory licence" shall be construed as including ex officio licences and the right to use patented inventions in the public interest.

(3) For the purposes of paragraph 2, derived biological material shall mean any material which still exhibits those characteristics of the deposited material which are essential to carrying out the invention. The undertaking under paragraph 2 shall not impede any deposit of derived biological material necessary for the purpose of patent procedure.

(4) The request referred to in paragraph 1 shall be submitted to the European Patent Office on a form recognised by that Office. The European Patent Office shall certify on the form that a European patent application referring to the deposit of the biological material has been filed, and that the requester or the expert nominated by him under Rule 32 is entitled to the issue of a sample of that material. After grant of the European patent, the request shall also be submitted to the European Patent Office.

(5) The European Patent Office shall transmit a copy of the request, with the certification provided for in paragraph 4, to the depositary institution and to the applicant for or the proprietor of the patent.

(6) The European Patent Office shall publish in its Official journal the list of depositary institutions and experts recognised for the purpose of Rules 31 to 34.

Rule 34

New deposit of biological material

If biological material deposited in accordance with Rule 31 ceases to be available from the recognised depositary institution, an interruption in availability shall be deemed not to have occurred if a new deposit of that material is made with a recognised depositary institution on the same terms as those laid down in the Budapest Treaty on the International Recognition of the Deposit of Microorganisms for the Purposes of Patent Procedure of 28 April 1977, and if a copy of the receipt of the new deposit issued by the depositary institution is forwarded to the European Patent Office within four months of the date of the new deposit, stating the number of the European patent application or of the European patent.

ANNEX 5
Relevant Provisions of the EPC: Rule relating to form of claims

Rule 43

Form and content of claims

(1) The claims shall define the matter for which protection is sought in terms of the technical features of the invention. Wherever appropriate, claims shall contain:

(a) a statement indicating the designation of the subject-matter of the invention and those technical features which are necessary for the definition of the claimed subject-matter but which, in combination, form part of the prior art;

(b) a characterising portion, beginning with the expression "characterised in that" or "characterised by" and specifying the technical features for which, in combination with the features stated under subparagraph (a), protection is sought.

(2) Without prejudice to Article 82, a European patent application may contain more than one independent claim in the same category (product, process, apparatus or use) only if the subject-matter of the application involves one of the following:

(a) a plurality of interrelated products,

(b) different uses of a product or apparatus,

(c) alternative solutions to a particular problem, where it is inappropriate to cover these alternatives by a single claim.

(3) Any claim stating the essential features of an invention may be followed by one or more claims concerning particular embodiments of that invention.

(4) Any claim which includes all the features of any other claim (dependent claim) shall contain, if possible at the beginning, a reference to the other claim and then state the additional features. A dependent claim directly referring to another dependent claim shall also be admissible. All dependent claims referring back to a single previous claim, and all dependent claims referring back to several previous claims, shall be grouped together to the extent and in the most appropriate way possible.

(5) The number of claims shall be reasonable with regard to the nature of the invention claimed. The claims shall be numbered consecutively in Arabic numerals.

(6) Except where absolutely necessary, claims shall not rely on references to the description or drawings in specifying the technical features of the invention. In particular, they shall not contain such expressions as "as described in part... of the description", or "as illustrated in figure... of the drawings".

(7) Where the European patent application contains drawings including reference signs, the technical features specified in the claims shall preferably be followed by such reference signs relating to these features, placed in parentheses, if the intelligibility of the claim can thereby be increased. These reference signs shall not be construed as limiting the claim.

See decisions of the Enlarged Board of Appeal G 2/03, G 1/04

ANNEX 6

EU Regulations: Directive 98/44/EC of the European Parliament and of the Council of 6 July 1998 on the legal protection of biotechnological inventions – "Biotech Directive"

DIRECTIVE 98/44/EC OF THE EUROPEAN PARLIAMENT AND OF THE COUNCIL of 6 July 1998 on the legal protection of biotechnological inventions

[...]

CHAPTER I Patentability

[...]

Article 2

1. For the purposes of this Directive,

(a) 'biological material' means any material containing genetic information and capable of reproducing itself or being reproduced in a biological system;

(b) 'microbiological process' means any process involving or performed upon or resulting in microbiological material.

2. A process for the production of plants or animals is essentially biological if it consists entirely of natural phenomena such as crossing or selection.

3. The concept of 'plant variety' is defined by Article 5 of Regulation (EC) No 2100/94.

Article 3

1. For the purposes of this Directive, inventions which are new, which involve an inventive step and which are susceptible of industrial application shall be patentable even if they concern a product consisting of or containing biological material or a process by means of which biological material is produced, processed or used.

2. Biological material which is isolated from its natural environment or produced

by means of a technical process may be the subject of an invention even if it previously occurred in nature.

Article 4

1. The following shall not be patentable:

(a) plant and animal varieties;

(b) essentially biological processes for the production of plants or animals.

2. Inventions which concern plants or animals shall be patentable if the technical feasibility of the invention is not confined to a particular plant or animal variety.

3. Paragraph 1 (b) shall be without prejudice to the patentability of inventions which concern a microbiological or other technical process or a product obtained by means of such a process.

Article 5

1. The human body, at the various stages of its formation and development, and the simple discovery of one of its elements, including the sequence or partial sequence of a gene, cannot constitute patentable inventions.

2. An element isolated from the human body or otherwise produced by means of a technical process, including the sequence or partial sequence of a gene, may constitute a patentable invention, even if the structure of that element is identical to that of a natural element.

3. The industrial application of a sequence or a partial sequence of a gene must be disclosed in the patent application.

Article 6

1. Inventions shall be considered unpatentable where their commercial exploitation would be contrary to ordre public or morality; however, exploitation shall not be deemed to be so contrary merely because it is prohibited by law or regulation.

2. On the basis of paragraph 1, the following, in particular, shall be considered unpatentable:

(a) processes for cloning human beings;

(b) processes for modifying the germ line genetic identity of human beings;

(c) uses of human embryos for industrial or commercial purposes;

(d) processes for modifying the genetic identity of animals which are likely to cause them suffering without any substantial medical benefit to man or animal, and also animals resulting from such processes.

[...]

CHAPTER II Scope of protection

Article 8

1. The protection conferred by a patent on a biological material possessing specific characteristics as a result of the invention shall extend to any biological material derived from that biological material through propagation or multiplication in an identical or divergent form and possessing those same characteristics.

2. The protection conferred by a patent on a process that enables a biological material to be produced possessing specific characteristics as a result of the invention shall extend to biological material directly obtained through that process and to any other biological material derived from the directly obtained biological material through propagation or multiplication in an identical or divergent form and possessing those same characteristics.

Article 9

The protection conferred by a patent on a product containing or consisting of genetic information shall extend to all material, save as provided in Article 5(1), in which the product is incorporated and in which the genetic information is contained and performs its function.

Article 10

The protection referred to in Articles 8 and 9 shall not extend to biological material obtained from the propagation or multiplication of biological material placed on the market in the territory of a Member State by the holder of the patent or with his consent, where the multiplication or propagation necessarily results from the application for which the biological material was marketed, provided that the material obtained is not subsequently used for other propagation or multiplication.

Article 11

1. By way of derogation from Articles 8 and 9, the sale or other form of commercialisation of plant propagating material to a farmer by the holder of the patent or with his consent for agricultural use implies authorisation for the farmer to use the product of his harvest for propagation or multiplication by him on his own farm, the extent and conditions of this derogation corresponding to those under Article 14 of Regulation

(EC) No 2100/94.

2. By way of derogation from Articles 8 and 9, the sale or any other form of commercialisation of breeding stock or other animal reproductive material to a farmer by the holder of the patent or with his consent implies authorisation for the farmer to use the protected livestock for an agricultural purpose. This includes making the animal or other animal reproductive material available for the purposes of pursuing his agricultural activity but not sale within the framework or for the purpose of a commercial reproduction activity.

3. The extent and the conditions of the derogation provided for in paragraph 2 shall be determined by national laws, regulations and practices.

CHAPTER III Compulsory cross – licensing

[...]

CHAPTER IV Deposit, access and re – deposit of a biological material

Article 13

1. Where an invention involves the use of or concerns biological material which is not available to the public and which cannot be described in a patent application in such a manner as to enable the invention to be reproduced by a person skilled in the art, the description shall be considered inadequate for the purposes of patent law unless:

(a) the biological material has been deposited no later than the date on which the patent application was filed with a recognised depositary institution. At least the international depositary authorities which acquired this status by virtue of Article 7 of the Budapest Treaty of 28 April 1977 on the international recognition of the deposit of micro-organisms for the purposes of patent procedure, hereinafter referred to as the 'Budapest Treaty', shall be recognised;

(b) the application as filed contains such relevant information as is available to the applicant on the characteristics of the biological material deposited;

(c) the patent application states the name of the depository institution and the accession number.

2. Access to the deposited biological material shall be provided through the sup-

ply of a sample:

(a) up to the first publication of the patent application, only to those persons who are authorised under national patent law;

(b) between the first publication of the application and the granting of the patent, to anyone requesting it or, if the applicant so requests, only to an independent expert;

(c) after the patent has been granted, and notwithstanding revocation or cancellation of the patent, to anyone requesting it.

3. The sample shall be supplied only if the person requesting it undertakes, for the term during which the patent is in force:

(a) not to make it or any material derived from it available to third parties; and

(b) not to use it or any material derived from it except for experimental purposes, unless the applicant for or proprietor of the patent, as applicable, expressly waives such an undertaking.

4. At the applicant's request, where an application is refused or withdrawn, access to the deposited material shall be limited to an independent expert for 20 years from the date on which the patent application was filed. In that case, paragraph 3 shall apply.

5. The applicant's requests referred to in point (b) of paragraph 2 and in paragraph 4 may only be made up to the date on which the technical preparations for publishing the patent application are deemed to have been completed.

Article 14

1. If the biological material deposited in accordance with Article 13 ceases to be available from the recognised depositary institution, a new deposit of the material shall be permitted on the same terms as those laid down in the Budapest Treaty.

2. Any new deposit shall be accompanied by a statement signed by the depositor certifying that the newly deposited biological material is the same as that originally deposited.

[...]

ANNEX 7
EU Regulations: Acts relating to Supplementary Protection Certificates

Supplementary protection certificate for medicinal products:

—Regulation(EEC)No 469/2009, OJ L152 of 16. 6. 2009

Supplementary protection certificate for plant protection products:

—Regulation(EC)No 1610/96, OJ L 198 of 8. 8. 1996

Medicinal products for paediatric use:

—Regulation(EC)No 1901/2006, OJ L 378 of 27. 12. 2006,

—*Amended by*: Regulation(EC)No 1902/2006, OJ L 378 of 27. 12. 2006

On the Community code relating to medicinal products for human use

—Directive 2001/83/EC of the European Parliament and of the Council of 6 November 2001, OJ L 311 of 28. 11. 2001

—*Amended by*: Directive 2004/27/EC of the European Parliament and of the Council of 31 March 2004, OJ L 136 of 30. 4. 2004

On the Community code relating to veterinary medicinal products

—Directive 2001/82/EC of the European Parliament and of the Council of 6 November 2001, OJ L 311 of 28. 11. 2001

—*Amended by*: Directive 2004/28/EC of the European Parliament and of the Council of 31 March 2004, OJ L 136 of 30. 4. 2004

Regulation (EC) No 469/2009 of the European Parliament and of the Council of 6 May 2009 concerning the supplementary protection certificate for medicinal products

[...]

Article 1

Definitions

For the purposes of this Regulation, the following definitions shall apply:

(a) "medicinal product" means any substance or combination of substances presented for treating or preventing disease in human beings or animals and any substance or combination of substances which may be administered to human beings or animals with a view to making a medical diagnosis or to restoring, correcting or modifying physiological functions in humans or in animals;

(b)"product" means the active ingredient or combination of active ingredients of a medicinal product;

(c)"basic patent" means a patent which protects a product as such, a process to obtain a product or an application of a product, and which is designated by its holder for the purpose of the procedure for grant of a certificate;

(d)"certificate" means the supplementary protection certificate;

(e)"application for an extension of the duration" means an application for an extension of the duration of the certificate pursuant to Article 13(3) of this Regulation and Article 36 of Regulation(EC) No 1901/2006 of the European Parliament and of the Council of 12 December 2006 on medicinal products forpaediatric use.

[...]

Article 4

Subject matter of protection

Within the limits of the protection conferred by the basic patent, the protection conferred by a certificate shall extend only to the product covered by the authorisation to place the corresponding medicinal product on the market and for any use of the product as a medicinal product that has been authorised before the expiry of the certificate.

[...]

Article 13

Duration of the certificate

1. The certificate shall take effect at the end of the lawful term of the basic patent for a period equal to the period which elapsed between the date on which the application for a basic patent was lodged and the date of the first authorisation to place the product on the market in the Community, reduced by a period of five years.

2. Notwithstanding paragraph 1, the duration of the certificate may not exceed five years from the date on which it takes effect.

3. The periods laid down in paragraphs 1 and 2 shall be extended by six months in the case where Article 36 of Regulation(EC) No 1901/2006 applies. In that case, the duration of the period laid down in paragraph 1 of this Article may be extended only once.

4. Where a certificate is granted for a product protected by a patent which, before 2 January 1993, had its term extended or for which such extension was applied for, under national law, the term of protection to be afforded under this certificate shall be reduced by the number of years by which the term of the patent exceeds 20 years.

[...]

REGULATION(EC) No 1610/96 OF THE EUROPEAN PARLIAMENT AND OF THE COUNCIL of 23 July 1996 concerning the creation of a supplementary protection certificate for plant protection products

[...]

Article 1

Definitions

For the purposes of this Regulation, the following definitions shall apply:

1. 'plant protection products': active substances and preparations containing one or more active substances, put up in the form in which they are supplied to the user, intended to:

(a) protect plants or plant products against all harmful organisms or prevent the action of such organisms, in so far as such substances or preparations are not otherwise defined below;

(b) influence the life processes of plants, other than as a nutrient (e. g. plant growth regulators);

(c) preserve plant products, in so far as such substances or products are not subject to special Council or Commission provisions on preservatives;

(d) destroy undesirable plants; or

(e) destroy parts of plants, check or prevent undesirable growth of plants;

2. 'substances': chemical elements and their compounds, as they occur naturally or by manufacture, including any impurity inevitably resulting from the manufacturing process;

3. 'active substances': substances or micro-organisms including viruses, having general or specific action:

(a) against harmful organisms; or

(b) on plants, parts of plants or plant products;

4. 'preparations': mixtures or solutions composed of two or more substances, of which at least one is an active substance, intended for use as plant protection products;

5. 'plants': live plants and live parts of plants, including fresh fruit and seeds;

6. 'plant products': products in the unprocessed state or having undergone only simple preparation such as milling, drying or pressing, derived from plants, but excluding plants themselves as defined in point 5;

7. 'harmful organisms': pests of plants or plant products belonging to the animal or plant kingdom, and also viruses, bacteria and mycoplasmas and other pathogens;

8. 'product': the active substance as defined in point 3 or combination of active substances of a plant protection product;

9. 'basic patent': a patent which protects a product as defined in point 8 as such, a preparation as defined in point 4, a process to obtain a product or an application of a product, and which is designated by its holder for the purpose of the procedure for grant of a certificate;

10. 'certificate': the supplementary protection certificate.

Article 4

Subject-matter of protection

Within the limits of the protection conferred by the basic patent, the protection conferred by a certificate shall extend only to the product covered by the authorizations to place the corresponding plant protection product on the market and for any use of the product as a plant protection product that has been authorized before the expiry of the certificate.

Article 13

Duration of the certificate

1. The certificate shall take effect at the end of the lawful term of the basic patent for a period equal to the period which elapsed between the date on which the application for a basic patent was lodged and the date of the first authorization to place the product on the market in the Community, reduced by a period of five years.

2. Notwithstanding paragraph 1, the duration of the certificate may not exceed

five years from the date on which it takes effect.

3. For the purposes of calculating the duration of the certificate, account shall be taken of a provisional first marketing authorization only if it is directly followed by a definitive authorization concerning the same product.

ANNEX 8
EU and international Regulations: Acts relating to Plant Varieties

Council Regulation (EC) No 2100/94 of 27 July 1994 on Community plant variety rights Official Journal L 227, 01. 09. 1994

Amended by

—Council Regulation (EC) No 2506/95 of 25 October 1995 L 258 328. 10. 1995

—Council Regulation (EC) No 807/2003 of 14 April 2003 L 122 36 16. 5. 2003

—Council Regulation (EC) No 1650/2003 of 18 June 2003 L 245 28 29. 9. 2003

—Council Regulation (EC) No 873/2004 of 29 April 2004 L 162 38 30. 4. 2004

—Council Regulation (EC) No 15/2008 of 20 December 2007 L 8 2 11. 1. 2008

The citations below are from the consolidated version dated 31. 1. 2008:

[...]

Article 5

Object of Community plant variety rights

1. Varieties of all botanical genera and species, including, inter alia, hybrids between genera or species, may form the object of Community plant variety rights.

2. For the purpose of this Regulation, 'variety' shall be taken to mean a plant grouping within a single botanical taxon of the lowest known rank, which grouping, irrespective of whether the conditions for the grant of a plant variety right are fully met, can be:

—defined by the expression of the characteristics that results from a given genotype or combination of genotypes,

—distinguished from any other plant grouping by the expression of at least one of the said characteristics, and

—considered as a unit with regard to its suitability for being propagated unchanged.

3. A plant grouping consists of entire plants or parts of plants as far as such parts are capable of producing entire plants, both referred to hereinafter as 'variety constituents'.

4. The expression of the characteristics referred to in paragraph 2, first indent, may be either invariable or variable between variety constituents of the same kind provided that also the level of variation results from the genotype or combination of genotypes.

Article 6

Protectable varieties

Community plant variety rights shall be granted for varieties that are:

(a) distinct;

(b) uniform;

(c) stable; and

(d) new.

Moreover, the variety must be designated by a denomination in accordance with the provisions of Article 63.

Article 7

Distinctness

1. A variety shall be deemed to be distinct if it is clearly distinguishable by reference to the expression of the characteristics that results from a particular genotype or combination of genotypes, from any other variety whose existence is a matter of common knowledge on the date of application determined pursuant to Article 51.

2. The existence of another variety shall in particular be deemed to be a matter of common knowledge if on the date of application determined pursuant to Article 51:

(a) it was the object of a plant variety right or entered in an official register of plant varieties, in the Community or any State, or in any intergovernmental organization with relevant competence;

(b) an application for the granting of a plant variety right in its respect or for its entering in such an official register was filed, provided the application has led to the granting or entering in the meantime.

The implementing rules pursuant to Article 114 may specify further cases as examples which shall be deemed to be a matter of common knowledge.

Article 8

Uniformity

A variety shall be deemed to be uniform if, subject to the variation that may be expected from the particular features of its propagation, it is sufficiently uniform in the expression of those characteristics which are included in the examination for distinctness, as well as any others used for the variety description.

Article 9

Stability

A variety shall be deemed to be stable if the expression of the characteristics which are included in the examination for distinctness as well as any others used for the variety description, remain unchanged after repeated propagation or, in the case of a particular cycle of propagation, at the end of each such cycle.

Article 10

Novelty

1. A variety shall be deemed to be new if, at the date of application determined pursuant to Article 51, variety constituents or harvested material of the variety have not been sold or otherwise disposed of to others, by or with the consent of the breeder within the meaning of Article 11, for purposes of exploitation of the variety:

(a) earlier than one year before the abovementioned date, within the territory of the Community;

(b) earlier than four years or, in the case of trees or of vines, earlier than six years before the said date, outside the territory of the Community.

2. The disposal of variety constituents to an official body for statutory purposes, or to others on the basis of a contractual or other legal relationship solely for production, reproduction, multiplication, conditioning or storage, shall not be deemed to be a disposal to others within the meaning of paragraph 1, provided that the breeder preserves the exclusive right of disposal of these and other variety constituents, and no further disposal is made. However, such disposal of variety constituents shall be deemed to be a disposal in terms of paragraph 1 if these constituents are repeatedly used in the production of a hybrid variety and if there is disposal of variety constituents or harvested material of the hybrid variety.

Likewise, the disposal of variety constituents by one company or firm within the meaning of the second paragraph of Article 58 of the Treaty to another of such companies or firms shall not be deemed to be a disposal to others, if one of them belongs entirely to the other or if both belong entirely to a third such company or firm, provided no further disposal is made. This provision shall not apply in respect of cooperative societies.

3. The disposal of variety constituents or harvested material of the variety, which have been produced from plants grown for the purposes specified in Article 15(b) and (c) and which are not used for further reproduction or multiplication, shall not be deemed to be exploitation of the variety, unless reference is made to the variety for purposes of that disposal.

Likewise, no account shall be taken of any disposal to others, if it either was due to, or in consequence of the fact that breeder had displayed the variety at an official or officially recognized exhibition within the meaning of the Convention on International Exhibitions, or at an exhibition in a Member State which was officially recognized as equivalent by that Member State.

Article 11

Right of Priority

(1) [The right; its period] Any breeder who has duly filed an application for the protection of a variety in one of the Contracting Parties (the "first application") shall, for the purpose of filing an application for the grant of a breeder's right for the same variety with the authority of any other Contracting Party (the "subsequent application"), enjoy a right of priority for a period of 12 months. This period shall be computed from the date of filing of the first application. The day of filing shall not be included in the latter period.

(2) [Claiming the right] In order to benefit from the right of priority, the breeder shall, in the subsequent application, claim the priority of the first application. The authority with which the subsequent application has been filed may require the breeder to furnish, within a period of not less than three months from the filing date of the subsequent application, a copy of the documents which constitute the first application, certified to be a true copy by the authority with which that application was filed, and samples or other evidence that the variety which is the subject matter of both applications is the same.

(3) [Documents and material] The breeder shall be allowed a period of two years after the expiration of the period of priority or, where the first application is rejected or withdrawn, an appropriate time after such rejection or withdrawal, in which to furnish, to the authority of the Contracting Party with which he has filed the subsequent application, any necessary information, document or material required for the purpose of the examination under Article 12, as required by the laws of that Contrac-

ting Party.

(4) [Events occurring during the period] Events occurring within the period provided for in paragraph (1), such as the filing of another application or the publication or use of the variety that is the subject of the first application, shall not constitute a ground for rejecting the subsequent application. Such events shall also not give rise to any third-party right.

Article 13

Rights of the holder of a Community plant variety right and prohibited acts

1. A Community plant variety right shall have the effect that the holder or holders of the Community plant variety right, hereinafter referred to as 'the holder', shall be entitled to effect the acts set out in paragraph 2.

2. Without prejudice to the provisions of Articles 15 and 16, the following acts in respect of variety constituents, or harvested material of the protected variety, both referred to hereinafter as 'material', shall require the authorization of the holder:

(a) production or reproduction (multiplication);

(b) conditioning for the purpose of propagation;

(c) offering for sale;

(d) selling or other marketing;

(e) exporting from the Community;

(f) importing to the Community;

(g) stocking for any of the purposes mentioned in (a) to (f).

The holder may make his authorization subject to conditions and limitations.

3. The provisions of paragraph 2 shall apply in respect of harvested material only if this was obtained through the unauthorized use of variety constituents of the protected variety, and unless the holder has had reasonable opportunity to exercise his right in relation to the said variety constituents.

4. In the implementing rules pursuant to Article 114, it may be provided that in specific cases the provisions of paragraph 2 of this Article shall also apply in respect of products obtained directly from material of the protected variety. They may apply only if such products were obtained through the unauthorized use of material of the protected variety, and unless the holder has had reasonable opportunity to exercise his right in relation to the said material. To the extent that the provisions of paragraph 2 apply to products directly obtained, they shall also be considered to be 'material'.

5. The provisions of paragraphs 1 to 4 shall also apply in relation to:

(a) varieties which are essentially derived from the variety in respect of which the Community plant variety right has been granted, where this variety is not itself an essentially derived variety;

(b) varieties which are not distinct in accordance with the provisions of Article 7 from the protected variety; and

(c) varieties whose production requires the repeated use of the protected variety.

6. For the purposes of paragraph 5(a), a variety shall be deemed to be essentially derived from another variety, referred to hereinafter as 'the initial variety' when:

(a) it is predominantly derived from the initial variety, or from a variety that is itself predominantly derived from the initial variety;

(b) it is distinct in accordance with the provisions of Article 7 from the initial variety; and

(c) except for the differences which result from the act of derivation, it conforms essentially to the initial variety in the expression of the characteristics that results from the genotype or combination of genotypes of the initial variety.

7. The implementing rules pursuant to Article 114 may specify possible acts of derivation which come at least under the provisions of paragraph 6.

8. Without prejudice to Article 14 and 29, the exercise of the rights conferred by Community plant variety rights may not violate any provisions adopted on the grounds of public morality, public policy or public security, the protection of health and life of humans, animals or plants, the protection of the environment, the protection of industrial or commercial property, or the safeguarding of competition, of trade or of agricultural production.

[...]

Article 52

The right of priority

1. The right of priority of an application shall be determined by the date of receipt of the application. Where applications have the same date of application, the priorities thereof shall be determined according to the order in which they were received, if this can be established. Otherwise they shall have the same priority.

2. If the applicant or his predecessor in title has already applied for a property

right for the variety in a Member State or in a Member of the International Union for the Protection of New Varieties of Plants, and the date of application is within 12 months of the filing of the earlier application, the applicant shall enjoy a right of priority for the earlier application as regards the application for the Community plant variety right, provided the earlier application still exists on the date of application.

3. The right of priority shall have the effect that the date on which the earlier application was filed shall count as the date of application for the Community plant variety right for the purposes of Articles 7, 10 and 11.

4. Paragraphs 2 and 3 shall also apply in respect of earlier applications that were filed in another State.

5. Any claim for a right of priority earlier than that provided for in paragraph 2 shall lapse if the applicant does not submit to the Office within three months of the date of application copies of the earlier application that have been certified by the authorities responsible for such application. If the earlier application has not been made in one of the official languages of the European Communities, the Office may require, in addition, a translation of the earlier application in one of these languages.

[...]

Article 63

Variety denomination

1. Where a Community plant variety right is granted, the Office shall approve, for the variety in question, the variety denomination proposed by the applicant pursuant to Article 50(3), if it considers, on the basis of the examination made pursuant to the second sentence of Article 54(1), that this denomination is suitable.

2. A variety denomination is suitable, if there is no impediment pursuant to paragraphs 3 or 4 of this Article.

3. There is an impediment for the designation of a variety denomination where:

(a) its use in the territory of the Community is precluded by the prior right of a third party;

(b) it may commonly cause its users difficulties as regards recognition or reproduction;

(c) it is identical or may be confused with a variety denomination under which another variety of the same or of a closely related species is entered in an official register of plant varieties or under which material of another variety has been marketed in a Member State or in a Member of the International Unit for the Protection of New Varieties of Plants, unless the other variety no longer remains in existence and its denomination has acquired no special significance;

(d) it is identical or may be confused with other designations which are commonly used for the marketing of goods or which have to be kept free under other legislation;

(e) it is liable to give offence in one of the Member States or is contrary to public policy;

(f) it is liable to mislead or to cause confusion concerning the characteristics, the value or the identity of the variety, or the identity of the breeder or any other party to proceedings.

4. There is another impediment where, in the case of a variety which has already been entered:

(a) in one of the Member States; or

(b) in a Member of the International Union for the Protection of New Varieties of Plants; or

(c) in another State for which it has been established in a Community act that varieties are evaluated there under rules which are equivalent to those laid down in the Directives on common catalogues;

in an official register of plant varieties or material thereof and has been marketed there for commercial purposes, and the proposed variety denomination differs from that which has been registered or used there, unless the latter one is the object of an impediment pursuant to paragraph 3.

5. The Office shall publish the species which it considers 'closely related' within the meaning of paragraph 3(c).

[...]

INTERNATIONAL CONVENTION FOR THE PROTECTION OF NEW VARIETIES OF PLANTS

of December 2, 1961, as Revised at Geneva on November 10, 1972, on October 23, 1978, and on March 19, 1991

Article 1

Definitions

For the purposes of this Act:

(i)"this Convention" means the present (1991) Act of the International Convention for the Protection of New Varieties of Plants;

(ii)"Act of 1961/1972" means the International Convention for the Protection of New Varieties of Plants of December 2, 1961, as amended by the Additional Act of November 10, 1972;

(iii)"Act of 1978" means the Act of October 23, 1978, of the International Convention for the Protection of New Varieties of Plants;

(iv)"breeder" means

—the person who bred, or discovered and developed, a variety,

—the person who is the employer of the aforementioned person or who has commissioned the latter's work, where the laws of the relevant Contracting Party so provide, or

—the successor in title of the first or second aforementioned person, as the case may be;

(v)"breeder's right" means the right of the breeder provided for in this Convention;

(vi)"variety" means a plant grouping within a single botanical taxon of the lowest known rank, which grouping, irrespective of whether the conditions for the grant of a breeder's right are fully met, can be

—defined by the expression of the characteristics resulting from a given genotype or combination of genotypes,

—distinguished from any other plant grouping by the expression of at least one of the said characteristics and

—considered as a unit with regard to its suitability for being propagated unchanged;

(vii)"Contracting Party" means a State or an intergovernmental organization party to this Convention;

(viii)"territory," in relation to a Contracting Party, means, where the Contracting Party is a State, the territory of that State and, where the Contracting Party is an intergovernmental organization, the territory in which the constituting treaty of that intergovernmental organization applies;

(ix)"authority" means the authority referred to in Article 30(1)(ii);

(x)"Union" means the Union for the Protection of New Varieties of Plants founded by the Act of 1961 and further mentioned in the Act of 1972, the Act of 1978 and in this Convention;

(xi) "member of the Union" means a State party to the Act of 1961/1972 or the Act of 1978, or a Contracting Party.

Article 5

Conditions of Protection

(1) [Criteria to be satisfied] The breeder's right shall be granted where the variety is

(i) new,

(ii) distinct,

(iii) uniform and

(iv) stable.

(2) [Other conditions] The grant of the breeder's right shall not be subject to any further or different conditions, provided that the variety is designated by a denomination in accordance with the provisions of Article 20, that the applicant complies with the formalities provided for by the law of the Contracting Party with whose authority the application has been filed and that he pays the required fees.

Article 6

Novelty

(1) [Criteria] The variety shall be deemed to be new if, at the date of filing of the application for a breeder's right, propagating or harvested material of the variety has not been sold or otherwise disposed of to others, by or with the consent of the breeder, for purposes of exploitation of the variety

(i) in the territory of the Contracting Party in which the application has been filed earlier than one year before that date and

(ii) in a territory other than that of the Contracting Party in which the application has been filed earlier than four years or, in the case of trees or of vines, earlier than six years before the said date.

(2) [Varieties of recent creation] Where a Contracting Party applies this Convention to a plant genus or species to which it did not previously apply this Convention or an earlier Act, it may consider a variety of recent creation existing at the date of such extension of protection to satisfy the condition of novelty defined in paragraph (1) even where the sale or disposal to others described in that paragraph took place earlier than the time limits defined in that paragraph.

(3) ["*Territory*" *in certain cases*] For the purposes of paragraph (1), all the Contracting Parties which are member States of one and the same intergovernmental organization may act jointly, where the regulations of that organization so require, to assimilate acts done on the territories of the States members of that organization to acts done on their own territories and, should they do so, shall notify the Secretary-General accordingly.

Article 7

Distinctness

The variety shall be deemed to be distinct if it is clearly distinguishable from any other variety whose existence is a matter of common knowledge at the time of the filing of the application. In particular, the filing of an application for the granting of a breeder's right or for the entering of another variety in an official register of varieties, in any country, shall be deemed to render that other variety a matter of common knowledge from the date of the application, provided that the application leads to the granting of a breeder's right or to the entering of the said other variety in the official register of varieties, as the case may be.

Article 8

Uniformity

The variety shall be deemed to be uniform if, subject to the variation that may be expected from the particular features of its propagation, it is sufficiently uniform in its relevant characteristics.

Article 9

Stability

The variety shall be deemed to be stable if its relevant characteristics remain unchanged after repeated propagation or, in the case of a particular cycle of propagation, at the end of each such cycle.

Article 11

Right of Priority

(1) [*The right*; *its period*] Any breeder who has duly filed an application for the protection of a variety in one of the Contracting Parties (the "first application") shall, for the purpose of filing an application for the grant of a breeder's right for the same variety with the authority of any other Contracting Party (the "subsequent applica-

tion"), enjoy a right of priority for a period of 12 months. This period shall be computed from the date of filing of the first application. The day of filing shall not be included in the latter period.

(2) [*Claiming the right*] In order to benefit from the right of priority, the breeder shall, in the subsequent application, claim the priority of the first application. The authority with which the subsequent application has been filed may require the breeder to furnish, within a period of not less than three months from the filing date of the subsequent application, a copy of the documents which constitute the first application, certified to be a true copy by the authority with which that application was filed, and samples or other evidence that the variety which is the subject matter of both applications is the same.

(3) [*Documents and material*] The breeder shall be allowed a period of two years after the expiration of the period of priority or, where the first application is rejected or withdrawn, an appropriate time after such rejection or withdrawal, in which to furnish, to the authority of the Contracting Party with which he has filed the subsequent application, any necessary information, document or material required for the purpose of the examination under Article 12, as required by the laws of that Contracting Party.

(4) [*Events occurring during the period*] Events occurring within the period provided for in paragraph (1), such as the filing of another application or the publication or use of the variety that is the subject of the first application, shall not constitute a ground for rejecting the subsequent application. Such events shall also not give rise to any third-party right.

ANNEX 9
Bolar Directives

Art. 13(6) EU Directive 2001/82/EC(as amended by Directive 2004/28/EC) and Art. 10(6) EU Directive 2001/83/EC(as amended by Directive 2002/98/EC, 2003/63/EC, 2044/24/EC and 2004/27/EC).

Conducting the necessary studies and trials with a view to the application of paragraphs 1, 2, 3 and 4 and the consequential practical requirements shall not be regarded as contrary to patent rights or to supplementary protection certificates for medicinal products.

ANNEX 10
Register of cited decisions

(with corresponding page number(s) in [brackets])

T 1121/96(Erythropoietin/GENETICS INSTITUTE)[85]
T 32/97(Deleted tk-PRV vaccines/NOVAGENE)[35]
T 333/97(Somatic changes/MONSANTO)[193]
T 584/97(Use of nicotine/ELAN CORPORATION)[23]
T 669/97(Chimeric antibodies/CELL TECH THERAPEUTICS LTD)[197, 211, 217]
T 743/97(Thrombolytic proteins/GENETICS INSTITUTE)[158]
T 838/97(Translational inhibition/RESEARCH FOUNDATION)[104]
T 1055/97(Drug delivery conjugates/ENZO)[104]
T 1208/97(Analogs/AMGEN)[150]
T 1212/97(Immunoglobulin preparations/GENENTECH)[187, 197, 198]
T 91/98(Antiviral nucelosides/WELLCOME)[152]
T 149/98(Resistance development/BAYER)[261]
T 342/98(A. orizae/NOVOZYME)[224]
T 351/98(HIV-I/CHIRON CORPORATION)[85]
T 749/98(Cellulose/NOVOZYMES A/S)[158]
T 904/98(Dermal Aspirin/GUNDERSON)[22]
T 960/98(Detergent composition/UNILEVER PLC)[237]
T 965/98(DNA amplification/HOFFMANN-LA ROCHE AG)[108]
T 1020/98(Safeners/BAYER)[48]
T 1045/98(Eosinophilia/SCHERING)[151]
T 1052/98(Gene switch/SYNGENTA)[263]
T 1147/98(Cartilage-inducing factor/CELTRIX PHARMACEUTICALS INC.)[143]
T 190/99(–/YKK CORPORATION)[237]
T 522/99(Soybean desaturase/DU PONT)[143]
T 1099/99(Filamentous fungi/GENENCOR)[221]
T 58/00(Hepatic growth factor/MITSUBISHI)[85]
T 111/00(Monokine/FARBER)[92]
T 338/00(Multimeric receptors/SALK INSTITUTE)[8, 96, 138, 186]
T 340/00(Thermostable enzyme/HOFFMANN – LA ROCHE)[124]
T 626/00(Framework-mutated antibodies/WELLCOME)[192]
T 735/00(Anti-CRP antibodies/IATRON LABORATORIES, INC.)[187, 192, 204, 213]

T 787/00(Erythropoietin/KIRIN-AMGEN)[151]
T 792/00(Varied binding proteins/DYAX)[198]
T 984/00(Ti-plasmid vectors/MAX-PLANCK-GESELLSCHAFT)[261, 264]
T 1072/00(Borrelia Burgdorferi/MIKROGEN)[85, 151]
T 1074/00(Hematopoietic growth factors/GENETICS INSTITUTE)[105, 108]
T 1084/00(HIV-3 variants/INNOGENETICS)[108, 109, 237]
T 78/01(Insect resistant plants/MYCOGEN)[262]
T 179/01(Herbicide resistant plants/MONSANTO)[84]
T 230/01(Descarboethoxyloratadine/SEPRACOR)[22]
T 231/01(Porcine virus/SOLVAY)[221]
T 236/01(Domain-modified antibodies/COLUMBIA UNIVERSITY)[211]
T 246/01(Hair dying composition/KPSS)[59]
T 285/01(Bone resorption/WASHINGTON RESEARCH FOUNDATION)[164]
T 351/01(Tissue factor protein/GENENTECH)[42]
T 423/01(Langenpolymorphismen/MAX-PLANCK-GESELLSCHAFT)[128]
T 475/01(Phosphinothricin – Resistenzgen/BAYER)[12, 280]
T 486/01(IGF-1/GENENTECH INC. ET AL.)[23]
T 493/01(Acellular vaccine/CELLTECH)[44]
T 610/01(Plant growth/LONG ASHTON RESEARCH STATION)[109, 164, 264]
T 836/01(Interferon-beta2/YEDA RESEARCH AND DEVELOPMENT CO. LTD.)[22, 23]
T 857/01(Herpes simplex virus/GENERAL HOSPITAL)[231]
T 866/01(Euthanasia compositions/MICHIGAN STATE UNIVERSITY)[10, 11, 259]
T 881/01(Alpha-amylase reagent/MODROVICH I. E.)[143]
T 1010/01(Acellular vaccine/MEDEVA B. V.)[231]
T 1080/01(Thermostable enzyme/E HOFFMANN – LA ROCHE)[143, 159]
T 1120/01(Cell surface antigen/OSAKA BIOSCIENCE), [144]
T 1156/01(–/NIPPON PETROCHEMICALS)[66]
T 30/02(Xylanase/NOVOZYMES)[42]
T 127/02(Herpes virus mutants stromal keratitis/HARVARD)[30, 50]
T 397/02(Endogenous gene expression/APPLIED RESEARCH SYS)[105]
T 411/02(CTL4A receptor/BRISTOL-MYERS SQUIBB)[165, 198]

T 609/02(AP-1 complex/SALT INSTITUTE)[30, 32, 34]
T 645/02(Antibodies/EBERHARD KARLS UNIVERSIT T)[193, 194, 204]
T 660/02(Enzyme mutants/NOVOZYMES)[152]
T 885/02(Paroxedne methanesulfonate/SMITHKLINE BEECHAM)[45]
T 889/02(Membrane cofactor protein/WASHINGTON UNIVERSITY)[152]
T 891/02(Potato starch/BASF)[263]
T 946/02(Separation of proteins/NOVOZYMES)[45, 159]
T 986/02(Anticytokine/YEDA)[152]
T 1006/02(Selection of transformed cells/SYNGENTA)[265]
T 1018/02(Telecommunications system/BTG)[47]
T 1026/02(Oilseed Brassica/PIONEER HI-BRED INTERNAT., INC.)[267]
T 1067/02(Changed epitopes/NOVOZYMES)[159]
T 1146/02(Vaccines containing a saponin and a sterol/SMITHKLINE BEECHAM)[152, 165]
T 90/03(Phytase/BASF)[86, 140, 144]
T 142/03(Mite allergens/INSTITUTE FOR CHILD HEALTH RESEARCH)[92]
T 157/03(Reducing blood loss/ZYMOGENETICS)[159]
T 315/03(Transgenic animals/HARVARD)[11, 16, 253, 267, 301, 303, 311, 313, 314, 316, 317, 318, 319]
T 505/03(Conjugated linoleic acid/LODERS CROKLAAN)[45]
T 542/03(Combination/BERLEX)[193]
T 606/03(Gene trap/ARTEMIS)[304]
T 877/03(Anti-CD30 antibodies/ROCHE)[206]
T 984/03(Adhesive composition/BMG)[59]
T 1020/03(IGF-1/GENETECH, INC.)[23]
T 1165/03(Soybean transformation/MONSANTO)[265]
T 1190/03(Orphan receptor/KARO BIO)[93, 152]
T 1191/03(Virus proliferation/MEYER)[29]
T 94/04(Cytokine antagonists/REGENERON)[159]
T 187/04(Antikoerper/KREBSFORSCHUNGSZENTRUM)[187, 193, 206]
T 327/04(Influenza vaccines/DUPLIAR)[222]
T 328/04(Humoral immunity/DARTMOUTH COLLEGE)[228]
T 423/04(Staphylococcal antigens/JACKSON FOUNDATION)[227]

T 309/06(Phospholipase Al/SANKYO)[160]

T 329/06(Perfused microtissue/MIT)[13]

T 394/06(CASB7439 polypeptide/GLAXOSMITHKLINE BIOLOGICALS)[160]

T 405/06(Immunoglobulins/BRUSSEL)[188, 214]

T 412/06 (Proteinase inhibitor/MAX-PLANCK-GESELLSCHAFT ZUR FORDERUNG)[164]

T 463/06 (Transdermal patch for 17 – deacetyl norgestimate/ORTHO-MCNEILL PHARMACEUTICAL)[45]

T 578/06(Pancreatic cells/IPSEN)[153]

T 801/06(Cancer treatment with HSV mutant/CRUSADE)[30, 31]

T 936/06(Bacteriophage preparations/NYMOX)[48]

T 997/06(Insulin preparation/NOVO NORDISK)[153]

T 1063/06(Reach-through claim/BAYER SCHERING PHARMA AKTIENGESELLSCHAFT)[33, 34, 35]

T 1074/06(Infertility/ARS)[160]

T 1107/06(Botulinum toxins/ALLERGAN)[153]

T 1165/06(IL-17 related polypeptide/SCHERING)[94]

T 1188/06(A method for in vitro molecular evolution of protein function/BIOINVENT INTERNATIONAL AB)[134]

T 1189/06(Prostate-specific antigens/ABBOTT)[188, 214]

T 1242/06(Tomatoes/STATE OF ISRAEL)[17, 20, 257, 258, 259, 289, 292]

T 1396/06(HLA Binding peptides/EPIMMUNE)[154]

T 1599/06 (Mycobacterium vaccinating agent/UNIVERSITY OF CALIFORNIA)[165]

T 1815/06(Pre-ligand association domain/THE GOVERNMENT OF THE UNITED STATES)[165]

T 21/07(Endometriosis/SERONO)[160]

T 251/07(Inhibition of angiogenesis/SCRIPPS)[194]

T 414/07(Diseases of the breast/ABBOTT)[94, 207]

T 418/07(Human anti-TNFa antibodies/ABBOTT)[194]

T 433/07(Opsonic antibodies/HENRY M. JACKSON FOUNDATION)[199]

T 458/07(Ion exchange chromatography method/GENENTECH)[161]

T 617/07(Monoclonal NGF-antagonist antibodies/LAY LINE)[199, 212]

T 656/07(-/BRISTOL-MYERS SQUIBB)[47]
T 782/07(Human antibodies/WELLCOME)[195]
T 788/07(Brassica/PIONEER)[255]
T 815/07(-/THE PROCTER & GAMBLE COMPANY)[36]
T 847/07(Factor VIII formulation/BIOVITRUM)[145]
T 1437/07(Botulinum toxin for treating smooth muscle spasm/ALLERGAN)[161]
T 1450/07(TGFa-HII/HUMAN GENOME SCIENCES)[95]
T 1854/07(Oil from seeds/CONSEJO SUPERIOR)[15, 254, 255, 260, 267]
T 1898/07(Interferon formulations/BIOGEN)[145]
T 2050/07(DNA mixture analysis/PERLIN)[8]
T 120/08(-/CRETA FARM S. A.)[36]
T 155/08(IMPDH-inhibitors/BAYER CROPSCIENCE)[34]
T 491/08(Improved immunogenicity/GOVERNMENT USA)[31]
T 559/08(Intradermal delivery of substances/BECTON, DICKINSON AND COMPANY)[26]
T 744/08(Recovery of virus/XANOVA)[236]
T 775/08(Glyphosphate tolerant alfalfa/MONSANTO)[255]
T 786/08(Inhibitors ofJNK/UNIVERSITY OF MASSACHUSETTS)[161]
T 1199/08(Selected sperm/XY)[19]
T 1360/08(Annual medics/PRISTINE FORAGE TECHNOLOGIES PTY LTD)[270, 284]
T 1429/08(Chemokine receptor 88C/EUROSCREEN)[207]
T 1486/08(Filter material/PROCTER)[50]
T 1644/08(Novel endoglucanases/NOVOZYMES A/S)[125]
T 1872/08(Ink set/SEIKO EPSON)[59]
T 1980/08(Transmembrane Htk ligand/GENENTECH)[207]
T 2224/08(Producing L-amino acids with MalK mutants/AJINOMOTO)[230]
T 2239/08(Rice/BAYER)[255]
T 2256/08 (Folic acid containing pharmaceutical compositions/ORTHO-MCNEIL)[47]
T 18/09(Neutrokine/HUMAN GENOME SCIENCES)[83, 95, 125]
T 30/09(Ab to the prion PrP * * (Sc) isoform/BLOOD TRANSFUSION CENTRE)[203, 231]

T 593/09(-/TOYO KOHAN CO. , LTD)[36]

T 852/09(Enhancers/AVENTIS PHARMACEUTICALS INC. ET AL.)[34]

T 878/09(Method for the detection of prion proteins/PROTHERICS)[165, 202]

T 1635/09(Zusammensetzung für Empfangnisverhutung/BAYER SCHERING PHARMA AKTIENGESELLSCHAFT)[24]

T 2101/09(Human Delta3-notch/MILLENNIUM)[203, 206]

T 15/10(Fishy taint/LOHMANN)[319]

T 1525/10(Sustained release of fluvastatin/NOVARTIS AG)[48]

T 1836/10(Obtaining embryonic stem cells/WURFEL)[14, 338, 339, 342]

T 2068/10(Fixed-dried platelets/UNIVERSITY OF NORTH CAROLINA)[49]

T 2221/10(Culturing stem cells/TECHNION)[14, 338, 342]

T 1914/11(Liquid formulation of nicotine/MCNEILL)[36]

G 5/83(Second Medical Indication/EISAI)[21, 23, 28, 32, 46, 52, 72]

G 2/88(Friction reducing additive/MOBIL OIL III)[26, 355, 394, 396]

G 6/88(Plant growth regulating agent/BAYER)[26, 394, 396]

G 1/91(Unity/SIEMENS)[45, 54, 236, 247, 397, 435]

G 1/92(Limiting feature/ADVANCED SEMICONDUCTOR PRODUCTS)[394]

G 2/92(Non-payment of further search fees/ -)[53, 397]

G 2/93(Hepatitis A virus/THE UNITED STATES OF AMERICA)[39, 228, 397, 411]

G 3/93(Priority interval/ -)[41, 394, 398]

G 2/95(Replacement of application documents/ATOTECH)[398, 399]

G 3/95(Inadmissible referral)[394]

G 6/95(Interpretation of Rule 71a(1)EPC/GE CHEMICALS)[399]

G 1/98(Transgenic plant/NOVARTIS II)[1, 15, 254, 255, 256, 260, 274, 289, 290, 292, 296, 316, 393, 394, 396, 400]

G 2/98 (Requirement for claiming priority of"the same invention"/ -)[41, 42, 394, 395, 397, 398]

G 3/98(Six-month period/UNIVERSITY PATENTS)[394, 395, 398]

G 2/99(Six-month period/DEWERT)[394, 395, 398]

G 1/02(Competences des agents des formalites)[399]

G 1/03(Disclaimer/PPG)[41, 49, 393, 394, 395, 397, 398]

G 2/03 Disclaimer/GENETIC SYSTEMS)[393, 394, 395, 397, 398]

原书索引

说明：本索引的编制格式为：原版词汇 + 中译文 + 原版页码

Monoclonal antibodies, when poly-clonal antibodies known 多克隆抗体已知情况下，单克隆抗体的创造性 223
Methods of treatment 治疗方法 186
Monoclonal antibodies as mere alternatives 仅作为替代物的单克隆抗体 192，193
Morality andordre public 道德和公共秩序 186
Novelty 新颖性 186
Process claims 方法权利要求 216
From hybridoma 由杂交瘤产生 217
Synthesis by recombinant host 通过重组宿主细胞合成 216
Product claims 产品权利要求 203
Antibody as an essential element 抗体作为基本元素 215
Encoded by a nucleic acid 通过核酸编码 210
Functional features 功能性特征 205
Isolation from nature 从自然中分离 216
Parameters 参数 209
Structure 结构 210
Product-by-process claims 通过方法限定的产品权利要求 201，202，205，213，214
Sufficiency of disclosure 充分公开 195
Use claims 用途权利要求 218
Antitrust 反垄断 382
AntonPiller Order Anton Piller 命令 378

Bifurcation 分别审理制度 377
Biological material 生物材料
Relation to need for deposit 保藏需要 38
Biotech Directive 生物技术指令 1–3，5，12，13，267，281，373
Block Exemption Regulation 集体豁免规则 382
Bolar Provision Bolar 条款 368
Border seizure 边境查封 376
Burden of proof 举证责任
Sufficiency of disclosure 充分公开 102，104，235

Cease and desist letter 警告信 375
Claim categories 权利要求类型 46
Clarity 清楚 47
Medicinal products 药品 51
Diagnostics 诊断 51，52
Surgery 手术 51，52
Treatment of the human body 针对人体的治疗 51，52
Process claims 方法权利要求 46
Protection for directly produced product (Art. 64 (2) EPC) 由方法直接获得的产品的保护［EPC 第 64（2）条］46
Product claims 产品权利要求 46
Product-by-process claims 通过方法限定的产品权利要求 46
Purpose-limited product claims 目的限定型产品权利要求 46
Relevant date for admissibility when presented in combination with second medical use claims 当与第二医药用途权利要求结合时，可接受的申请相关日 72
Use claims 用途权利要求 46
Second medical use claim, relevant date for admissibility in combination with purpose-limited product claims 第二医药用途权利要求，当与目的限定型产品权利要求结合时，可接受的申请相关日 72

求，杂种植物 278
Use claims，natural plants 用途权利要求，天然植物 274
Use claims，transgenic plants 用途权利要求，转基因植物 288
Use claims，undifferentiated/poorly differentiated parts of plants 用途权利要求，植物未分化或低分化部分 299
Proteins 蛋白质
Process claims，by isolation from natural environment 方法权利要求，从自然环境中分离 179
Process claims，by synthesis from recombinant host cell 方法权利要求，通过重组宿主细胞合成 180
Product claims，by coding sequence of DNA 产品权利要求，通过编码 DNA 的序列 171
Product claims，by functional terms 产品权利要求，通过功能性术语 166
Product claims，by parameters 产品权利要求，通过参数 168
Product claims，by process of preparation 产品权利要求，通过制备工艺 175
Product claims，by proteins as essential elements 产品权利要求，通过蛋白质作为基本元素 177
Product claims，by structure 产品权利要求，通过结构 172
Use claims（including medical uses）用途权利要求（包含医药用途）183
Zebrafish 斑马鱼 311，326
Claim interpretation 权利要求解释 143
Antibodies 抗体
Specifically reactive 特异性反应 203
Claim boundary relevant for clarity，not for sufficiency of disclosure 发明的边界与清楚相关，与充分公开无关 237
Clarity 清楚 165
Reference to specification 参照说明书 200，201
Considering specification 考虑说明书 165
Meaning of “isolated” “分离的”的含义 142
Meaning of “pharmaceutical formulation” “药物组合物”的含义 194
Meaning of “suitable for” “适于”的含义 145
Mind willing to understand 愿意理解的头脑 237
Clarity 清楚 47
Antibodies 抗体 200
Arbitrary designations 任意指定 108，166
Claim breadth 权利要求的范围 109
Claim interpretation 权利要求解释 165，237
Claim not unclear just because broad 权利要求不因为宽泛就是不清楚的 265
Complexity of claim 权利要求的复杂性 47，48
Consistent terminology 一致的术语 265
Contradiction between claims and specification 权利要求与说明书之间的不一致 165，202
Determinability of claim boundary crucial 权利要求边界的可确定性很关键 202，236－238
Disclaimer 具体放弃式限定 48，49
During opposition 异议期间 162
Functional features 功能性特征 48，106，107，162，200，235，236
Homology 同源性 109

Polymers 聚合物 71，72
Differentiating characteristic 区别特征 71，72
Prior art 现有技术
Content of disclosure as of publication date 截至公开日披露的内容 188
Probability vs. certainty of prior art disclosure 现有技术公开的可能性 VS 确定性 222
Proteins 蛋白质 139
Purity 纯度 86，140，144
Purpose recited in claim 权利要求中所引述的目的 144
Selection invention 选择发明 54，55，56
Small molecules 小分子 71，72
Differentiating characteristic 区别特征 71，72
Vague feature 模糊不清的特征 187
Nucleic acids 核酸 79
Clarity 清楚 106
Discoveries 发现 80
Gene bank 基因库 83
In vitro method 体外方法 82
Industrial application 工业实用性 96
Inventive step 创造性 87
Methods of treatment 治疗方法 82
Morality andordre public 道德和公共秩序 81
Novelty 新颖性 82
Process claims 方法权利要求 131
Product claims 产品权利要求 109
By isolation 通过分离 134
By nucleic acid sequence 通过核酸序列 119
Deposit 保藏 124
Encoding amino acid sequence 编码氨基酸序列 117
Functional features 功能性特征 111
Genetic engineering or synthesis 基因工程或合成 132
Nucleic acids as essential element 核酸作为基本元素 127
Parameters 参数 122
Types of nucleic acid 核酸类型 129
Product-by-process claims 通过方法限定的产品权利要求 125
Sufficiency of disclosure 充分公开 97
Use claims 用途权力要求 135
Nucleotide sequences 核苷酸和氨基酸序列 37
Sequence listing 序列表 37
Off-label use 药品标示外使用 361
Parameters 参数 35
Antibodies 抗体
Product claims 产品权利要求 209
Clarity 清楚 48
Unusual parameter 不常见的参数 48
Description 说明书 54
Measurement method 检测方法 54
Microorganisms 微生物
Product claims 产品权利要求 242
Novelty 新颖性
New parameter, e. g. molecular weight, purity 新参数，如分子量、纯度 86
Nucleic acids 核酸 122
Proteins 蛋白质 168
Sufficiency of disclosure 充分公开 35
Measurement method 检测方法 36
Unusual parameters 不常见的参数 36
Patentability 可专利性
Basic requirements 基本要求 7
Pay-for-delay agreements 有偿延迟协

Process claims 方法权利要求 270，276，285，293，298
Product claims 产品权利要求 275，269，282，290，296
Product-by-process claims 通过方法限定的产品权利要求 20，259，269，275，276，290，291，296，297
Propagating material 繁殖材料 266
Deposit of 之保藏 266
Sufficiency of disclosure 充分公开 260
No different than for non-plant inventions 与非植物发明并无不同 262
Use claims 用途权利要求 274，278，288，295，299

Plausibility test 合理性测试
Industrial application 工业实用性 96，154

Polymers 化合物 71
Inventive step 创造性 72
Novelty 新颖性 71，72
Differentiating characteristic 区别特征 71，72

Preliminary injunction 临时禁令 379

Prior art 现有技术
Content of disclosure as of publication date 截至公开日披露的内容 188
Degree of certainty 确定的程度 144
Non-enabling/enabling 达到/未达到可实施程度的公开 82 - 84，140，141，144，151

Priority 优先权 40
Effective date 有效日期 40
Entitlement to priority 享有优先权 40
Multiple priorities 多项优先权 40
Same invention 同样的发明 40，41，42，43
Disclaimer 具体放弃 41

Sequence of proteins 蛋白序列 40

Problem invention 问题发明 28

Process claims 方法权利要求
Animals 动物 307，319，325
Antibodies 抗体 216
Directly obtained products 直接获得的产品 367
Human body 人体 330
Parts thereof 组成部分 335
Low molecular products and polymers 小分子产品和聚合物 77
Microorganisms 微生物 245，248
Nucleic acids 核酸 132，134
Plants 植物 270，276，285，293，298
Proteins 蛋白质 179，180

Processes of analogy 类似工艺 28，29

Product claims 产品权利要求
Animals 动物 305，314，317，323
Antibodies 抗体 203
Anticipation by prior art process 现有技术公开的方法破坏新颖性 144
Human body 人体 330
Parts thereof 组成部分 333
Low molecular products and polymers 小分子产品和聚合物 73
Microorganisms 微生物 239，240，242，243，244
Plants 植物 275，269，282，290，296
Proteins 蛋白质 166

Product-by-process claims 通过方法限定的产品权利要求
Animals 动物 20，304，305，317，323
Antibodies 抗体 201，202，205，213，214
Criteria for admissibility 允许标准 201
General 一般性规定 46
Human body 人体 333，334

Low molecular products and polymers 小分子产品和化合物 73
Microorganisms 微生物 243
No limitation of product by process features 制备方法特征不对产品构成限定 243
Novelty 新颖性 141－143，145，150
Plants 植物 20，259，269，275，276，290，291，296，297
Process confers new structure 方法赋予新结构 144
Proteins 蛋白质 143，144，145，150，175
Scope of protection 保护范围 357，358
Propagating material 繁殖材料
Relationship to "biological material" 与"生物材料"的关系 266
Proteins 蛋白质 137
Clarity 清楚 161
Discoveries 发现 138
Industrial application 工业实用性 154
Inventive step 创造性 145
Method of treatment 治疗方法 139
Morality andordre public 道德和公共秩序 139
Novelty 新颖性 139
Process claims 方法权利要求 179
By recombinant host cells 通过重组宿主细胞 180
Isolation from nature 从自然界分离 179
Product claims 产品权利要求 166
By nucleic acid 通过核酸 171
By structure 通过结构 172
Functional features 功能性特征 166
Parameters 参数 168
Proteins as essential elements 蛋白质作为基本元素 177
Product-by-process claims 通过方法限定的产品权利要求 143，144，145，150，175
Sufficiency of disclosure 充分公开 156
Use claims 用途权利要求 183
Purity 纯度
Novelty 新颖性 86，140，144
Purpose-limited product claims 目的限定型产品权利要求 21，28
Dosage 剂量 22
Dosage regimen 剂量方案 23
Medical effect 医疗效果 24
New indication 新适应症 22
New technical effect 新的技术效果 22
Non medical effect 非医疗效果 24
Patient group 患者群 22
Relevant date 相关日 72
Route of administration 给药途径 22
Subgroup of patients 患者亚群 23
Treatment regimen 治疗方案 23
Purposive construction 目的性解释 353
Reach-through claims (infringement) 遍延式权利要求（侵权）362
Requirements for grant 授权条件 27
Research tools (infringement) 研究工具（侵权）372

Saisie contrefaçon 侵权扣押 379
Scope of protection (infringement) 保护范围（侵权）348
Screening processes (infringement) 筛选方法（侵权）362
Second medical use claims (infringement) 第二医药用途权利要求（侵权）358
Sector Inquiry (pharmaceuticals) 专项调查（制药行业）383
Selection inventions 选择发明 54

Broad structural formula 较宽范围结构通式 55，56
Compound 化合物 55
Individualization 单体 55
Novelty 新颖性 54，55，56
Parameter range 参数范围 55，56
Sequence listing 序列表
Amino acid sequences 氨基酸序列 37
Nucleotide sequences 核苷酸序列 37
Prior art sequence 现有技术已知序列 111
Settlements 和解 383
Small molecule 小分子 71
Small molecules 小分子
Inventive step 创造性 72
Surprising effect 令人惊讶的效果 72
Novelty 新颖性 71，72
Differentiating characteristic 区别特征 71，72
Somatic gene therapy 体细胞基因治疗
Method of treatment 治疗方法 330
SPCs 补充保护证书 61
Active ingredient 活性成分 62
Basic patent 基础专利 62
Combination of active ingredients 活性成分组合 62，63
Different active ingredients 不同活性成分 63
Duration 期限 65
Negative duration 负期限 65
First market authorization 首次上市核准 61
Switzerland 瑞士 62
Veterinary market authorization 兽用药品上市核准 64
Human medicine 人用药品 61
More than one SPC 多项补充保护证书 63，64
Only one SPC 仅一项补充保护证书 63，64
Plant protection products 植物保护产品 61
Herbicides 除草剂 61
Insecticides 杀虫剂 61
Product 产品 62
Market authorization 上市核准 62
Scope of protection 保护范围 65，66，365
Second medical use claim 第二医药用途权利要求 64
Single active ingredient 单个活性成分 62，63
Veterinary medicine 兽用药品 61
Spider in the web “网中蜘蛛” 347
Stem cells 干细胞 337
Adult 成人 340
Allowed claims 可授权的权利要求 340，341
Morality andordre public 道德和公共秩序 338
Parthenogenesis 单性生殖 340
Pluripotent 多能 339
Somatic cellular nuclear transfer 体细胞核转移 339
Totipotent 全能 339
Sufficiency of disclosure 充分公开 29
Animals 动物 302，304
Antibodies 抗体 195
At least one way of performing invention 至少一种实施发明的方式 30
Availability of materials needed to perform invention 实施发明所需要的材料的可及性 262，263
Broad claim 概括的权利要求 30

Burden of proof 举证责任 102, 104, 235

Certainty of results 结果的确定性 196

Chance/fortuitous event 可能性/随机事件 267, 268

Chemical inventions and examples 化学发明和示例 30

Claim scope commensurate with technical contribution 权利要求范围与技术贡献相匹配 232

Criteria for 之标准 156

Denied if independent research project required 如果需要独立的项目研究,则不满足 231

Deposit (for further details see "Deposit") 保藏（详见"保藏"一节）97, 102, 103, 157, 226

Deposit not enough 仅保藏是不够的 197

Desiderata 期望得到之物 199

Disclosure of patent commensurate with scope of claims 专利公开程度与权利要求范围相匹配 261

Error in the description unharmful if skilled person could rectify 如果本领域技术人员能够校正说明书中的错误,则该错误无关紧要 230–231

Experimental data 实验数据 29, 30
　　Post published data 后公开数据 31, 32

Functional features 功能性特征 33, 34, 35, 98, 105, 158

Future embodiments 未来的实施例 97, 98

Incorrect data 不正确的数据 35

Inoperable embodiments 不能实施的实施例 97, 98, 159

Medical effect 医疗效果
　　Criteria for 之标准 161
　　Experimental data 实验数据 160
　　Post-published data 后公开数据 159
Medical use claims 医药用途权利要求 30, 31
　　Clinical data 临床数据 31
　　Therapeutic effect 治疗效果 30, 31
Microorganisms 微生物
　　Deposit (for further details see "Deposit") 保藏（详见"保藏"一节）226
Mode of action 作用方式 198
No best mode 无最佳模式 103
No example 无实施例 161
No insufficiency simply because claim broad 权利要求宽泛并不必然公开不充分 230
No obligation for deposit 没有保藏的义务 197
No requirement for examples or data 没有对实施例或数据的要求 29, 30, 261
Nucleic acids 核酸 97
Occasional failure acceptable 偶然的失败可接受 197, 200
One way is enough 只是一种方法便足够 98, 99
Parameters 参数 35, 160
　　Different test results 不同的测试结果 158, 159
　　Measurement method 检测方法 36
　　Reliable test 可靠的测试 160, 161
　　Unusual parameters 不常见的参数 36
Plants 植物 260
　　Chance/fortuitous event 可能性/随机事件 267, 268
Post-published data 后公开数据 31, 231

译后记

2015 年末，在结束了为期一年的慕尼黑知识产权法中心（MIPLC）LLM 学习后，我在德国冠科（Grünecker）律师事务所进行短期实习。实习期间，答复了几个生物医药发明的 EPO 审查意见。实习期末，生物部的合伙人 Heike Vogelsang-Wenke 女士，赠送我一本当时刚出版的《生命科学发明在欧洲的保护和执法》作为礼物表示感谢。

这本书是由冠科的数位资深专利律师写就的。拿到书后，我兴奋地通读了一遍，为其论述的系统性和全面性所折服。在生命科学发明的专利保护方面，欧洲走在了世界前列，其法律法规和判例对于我国在该领域的专利制度发展和相关政策考量都有很强的借鉴意义。从实操层面来讲，我国众多的医药企业也需要深入了解如何就其研发成果在欧洲获得专利保护，该书正是对这一迫切需求的回应。考虑到自 2015 年至今我国生物医药行业的蓬勃发展，本书的意义更不言而喻。

除我之外的其他四位译者为张颖、钟辉、于仁涛和李子东，都是国家知识产权局专利审查协作北京中心生物医药领域的资深审查员。具体分工如下，黎邈：章节 A.、B.、C. Ⅱ.、D. Ⅰ.、E.、原书索引，张颖：章节 C. Ⅰ.、D. Ⅶ.，于仁涛：章节 D. Ⅱ.、D. Ⅷ.，钟辉：章节 D. Ⅲ.、D. Ⅳ.，李子东：章节 D. Ⅴ.、D. Ⅵ.。我负责最后的统稿。

四位译者都是务实的技术型审查员。译书的两年期间，尽管有过无数次的邮件和电话讨论，我们甚至都没有一起吃过饭，我与其中一位译者至今素未谋面。他们是这个浮华的社交时代中的一股清流，并构成了知识产权界的中流砥柱。

翻译工作还得益于数位老师和同仁的帮助。他们是国知局专利审查协作北京中心外观设计部主任王晓峰、医药发明部主任马秋娟、知识产权出版社段红梅老师和冠科律师事务所金亦林先生。尤其感谢晓峰，他是我在 MIPLC 读书时的同学，马秋娟和段红梅两位老师都是由他帮忙牵线联系，否则本书的翻译和出版将遥遥无期。

最后，感谢一直鼓励我前行的父母和豁达包容的先生。翻译刚好在预产期前一周完工，所以也感谢当时还在腹中的小隐，让我能在工作之余，做这件有意义的事。

黎　邈

于北京

2019 年 10 月